Historia verdadera de Cozumel

Ric Hajovsky

COPYRIGHT 2016, RIC HAJOVSKY

Todos los derechos reservados. Este libro no puede ser reproducido, en su totalidad o en partes, en ninguna forma, sin el permiso escrito de la editorial.

ISBN 978-0-9828610-9-7

MMXVI
PAN AMERICAN PUBLISHING

Portada: *Mapa corográfica de la provincia de Yucatán que comprende desde la laguna de términos en el seno mexicano, hasta la de zapotillos en el golfo de honduras*, año 1814, autor desconocido.

1ER EDICIÓN, MARZO 2106

DEDICATORIA

Para Marie-France Lemire;
la mejor amiga, compañera y esposa
con la que un hombre pudiera haber soñado pasar toda su vida.

AGRADECIMIENTOS

Hay varias personas a quienes deseo dar las gracias por el estímulo y la ayuda que me brindaron durante la producción de este libro. Las muchas agradables conversaciones que Veudi Vivas Valdez y yo tuvimos durante los años a menudo me llevaron a nuevas líneas de investigación y siempre me ha impresionado su profundo conocimiento de la historia de las familias fundadoras de San Miguel. Mi buen amigo Pedro Joaquín Coldwell también con frecuencia me hizo atinados comentarios sobre el manuscrito en inglés y arregló generosamente la traducción en español. Fue un verdadero placer trabajar con la traductora, Beatriz Helena Sánchez Arcos, quien realizó un trabajo sobresaliente al preservar mi "voz" en la versión en español. Concepción Ortega Cuenca, mi correctora, es la más conocedora y cumplida colaboradora que yo podía haber pedido, y la oportunidad de trabajar con ella fue extraordinaria. Mi esposa Marie-France Lemire estaba siempre allí con su sabio consejo, y como caja de resonancia, correctora y crítica de la versión original de mi manuscrito en inglés.

ÍNDICE

Prefacio……………………………………...……………………….…vii

Capítulo 1
Primeros asentamientos y desarrollos de Cozumel………….....3

Capítulo 2
Ix Chel: Un mito manado de malentendidos………………....17

Capítulo 3
Los primeros europeos en llegar a Yucatán………………...57

Capítulo 4
Una reexaminación de la historia de Gonzalo Guerrero………...81

Capítulo 5
Cozumel de 1518 a 1527……………………………..…...99

Capítulo 6
Cozumel colonial…………………………………………..117

Capítulo 7
La historia real de los terribles piratas de Cozumel……………131

Capítulo 8
Cuando Cozumel estuvo en venta………………………..143

Capítulo 9
La historia *True Blue* de los Repobladores de 1848……….....165

Capítulo 10
La Hacienda Colombia……………………………………......191

Capítulo 11
La Guerra de Castas y otros conflictos……………………......201

Capítulo 12
Claude L. Goodrich y su colonia Americana………………....…..211

Capítulo 13
Descripciones por testigos oculares del Cozumel
posterior a 1866 ……………………………………………………………....223

Capítulo 14
Ruinas de la Iglesia de San Miguel del Siglo XVI………………......249

Capítulo 15
Otros cinco mitos desacreditados…………………………….....273

Capítulo 16
Indiana Jones, espías alemanes y Cozumel…………………....297

Capítulo 17
La prisión de una persona es el escape de otra………………309

Capítulo 18
Cómo el turismo, boas constrictoras y una estatua de Cristo
de un solo brazo llegaron a Cozumel………………………….......315

Capítulo 19
La Cruz de Cozumel, Casimiro Cárdenas y la Iglesia de El
Cedral……………………………………………………………………....327

Bibliografía seleccionada……………………………………….....349

PREFACIO

Para la mayoría de la gente, esta colección de artículos sobre la historia de la Isla de Cozumel contiene una cantidad sustancial de información acerca de su pasado que le resultará novedosa. Un sinnúmero de estos datos nuevos contradecirá creencias sostenidas durante mucho tiempo y el modo tradicional de ver la historia de la isla, pero es lo que normalmente sucede cuando la tradición oral se compara con el testimonio de testigos o con relatos históricos: estos no siempre coinciden. Las historias que se narran de padres a hijos, de abuelos a nietos, tienen una manera propia de transformarse y mutar, tal y como sucede con el mensaje que se va transmitiendo en susurros en el juego de niños del "teléfono descompuesto". Cuando el mensaje llega al último destinatario, a menudo ya no contiene la misma información que fue transmitida del primer par de labios al primer par de oídos. Solo puede confiarse en la primera versión como depositaria de toda la verdad; las versiones orales de las primeras versiones orales son definitivamente poco confiables, y, por ello, los documentos originales y las declaraciones de testigos oculares son mucho más valiosos que los relatos de terceras o cuartas personas.

Lo que resulta mucho peor que las creencias basadas en información equivocada o en leyendas transmitidas por la tradición oral son los cuentos inventados sobre la historia de Cozumel, elaborados con la intención de embellecer y adornar su pasado, o incluso de encubrir algunos hechos incómodos. Estos relatos fantásticos se comercializan ahora en forma tan masiva a través de los medios electrónicos, que la juventud actual tiende a creerlos sin pensarlo dos veces. Hoy en día estamos inundados con la constante publicación y republicación de estos falsos relatos acerca del pasado de Cozumel. Artículos de historia escritos por no historiadores, o información apócrifa "copiada y pegada" que proviene de sitios electrónicos no confiables, se han multiplicado por mil en Internet, en periódicos y en libros populares. No es inusual encontrar un párrafo erróneo sobre el pasado de Cozumel, copiado exactamente palabra por palabra, en cientos de sitios electrónicos, páginas de Facebook, Wikipedia, guías de viajes y otros similares. Los "autores" de estos engañosos y pirateados artículos muy rara vez se molestan en revisar documentación de los siglos XVI, XVII o XVIII; es demasiado fácil simplemente plagiar otro trabajo ya plagiado, como para esforzarse en hacer una verdadera investigación.

Una de las razones para la falta de un estudio serio sobre el tema radica en el hecho de que, durante muchos años, ha sido muy difícil para la mayoría de los historiadores revisar manuscritos y documentos antiguos y originales sobre los comienzos de la Isla de Cozumel; la mayoría de ellos se había mantenido en archivos que estaban considerablemente dispersos y eran de difícil acceso. No es hasta la llegada de Internet y de la web que estos documentos fueron asequibles y pudieron ser leídos con tan solo unos cuantos tecleos en la computadora. Ahora, las universidades, fundaciones privadas y archivos del gobierno escanean y suben cada día miles de documentos antiguos a Internet. Gracias a ellos, montones de información sobre el pasado de Cozumel se han vuelto accesibles por primera vez en siglos.

La mayor parte de la investigación para esta colección de artículos la hice con estos archivos digitales institucionales. No me apoyé para ello en los libros, artículos o sitios electrónicos con información de Cozumel de los siglos XVIII, XIX, XX o XXI. Tampoco me fie de las versiones traducidas de documentos originales. Realicé mis propias traducciones y con frecuencia me sorprendí por las diferencias halladas entre estas y las previamente publicadas. A menudo encontré que los primeros traductores habían insertados palabras, nombres o significados en sus textos que en realidad no aparecían en los documentos originales. A veces, estas inserciones o manipulaciones del significado de los pasajes fueron efectuadas para reafirmar el punto de vista del autor; otras, solo se trató de errores desafortunados. Que el autor pretendiera o no alterar el significado del texto resulta irrelevante; los resultados son los mismos. El significado original se cambió o permaneció escondido, y fue el nuevo significado, revisado, el que se le transmitió al público.

Para los artículos que abarcan los siglos XVIII, XIX y XX, me apoyé de manera exclusiva en información recolectada de cartas, reportes gubernamentales, periódicos, documentos y otras fuentes originales que fueron generados cerca de la época en que ocurrieron los eventos en cuestión. Una cantidad considerable de esta información fue registrada originalmente en inglés por capitanes, militares norteamericanos y de Texas, oficiales de gobiernos extranjeros, y civiles que visitaron la isla. Como consecuencia, mucha de esta información en inglés no ha sido tomada en cuenta por los historiadores hispanohablantes. Combinando la información de archivos españoles, cubanos, mexicanos, ingleses, irlandeses, beliceños, alemanes y norteamericanos, se puede reconstruir un relato de los eventos acaecidos en Cozumel en los siglos XVIII, XIX y principios del XX, que está reñido con las creencias actuales ampliamente difundidas.

He organizado esta colección de mis artículos más o menos en forma cronológica. Algunos de ellos fueron publicados previamente en periódicos como el *Quintanarroense y Primer Mestizaje*, o en revistas mexicanas como *AMMJE*. Otros textos los utilicé para presentaciones realizadas en el Museo de la Isla de Cozumel y en la Universidad de Quintana Roo, o para la Fundación de Parques y Museos de Cozumel. Algunos artículos también se publicaron en mi sitio web www.EverythingCozumel.com en inglés. Otros más, simplemente languidecieron en mi computadora, a la espera del día en que pudiera compartirlos con lectores interesados.

Cuando escribí originalmente estos artículos, lo hice sin notas a pie de página, debido a que la mayoría de ellos ya habían aparecido en revistas, periódicos y presentaciones donde no se usan estas notas. Cuando comencé a armarlos y editarlos para incluirlos en este libro, me di cuenta de que si ponía una nota a pie de página por cada referencia a un manuscrito, artículo, documento o imagen digital consultada durante mi investigación, las referencias serían casi tan largas como los propios artículos. Esto en sí mismo no era un problema insuperable; lo que me decidió a no incluir notas a pie de página fueron otras dos razones. La primera, que con frecuencia encontré que los vínculos electrónicos a manuscritos o documentos consultados en el pasado habían cambiado o habían sido borrados, y no era posible actualizar continuamente sus nuevas ubicaciones. Esto no quiere decir que las imágenes en cuestión ya no estén disponibles en la web; es solo que sus sitios no son siempre permanentes. Todo lo que uno tiene que hacer es buscar, ya sea en Google, Google Books, Google Image, o Google Scholar, y encontrará el sitio actual en la web. Esa fue mi segunda razón para no poner notas a pie de página: es tan fácil para el lector teclear el título, autor, descripción, o incluso una línea de una cita del libro en el cuadro de búsqueda de cualquier buscador en línea, que me pareció redundante colocar la misma información en una nota a pie de página que, de cualquier modo, requeriría que el lector realizase la pesquisa en Internet para consultar el documento original.

Ric Hajovsky
Isla de Cozumel, 2015

La Isla de Cozumel y la costa adyacente de Quintana Roo, 2001.
©DigitalGlobe

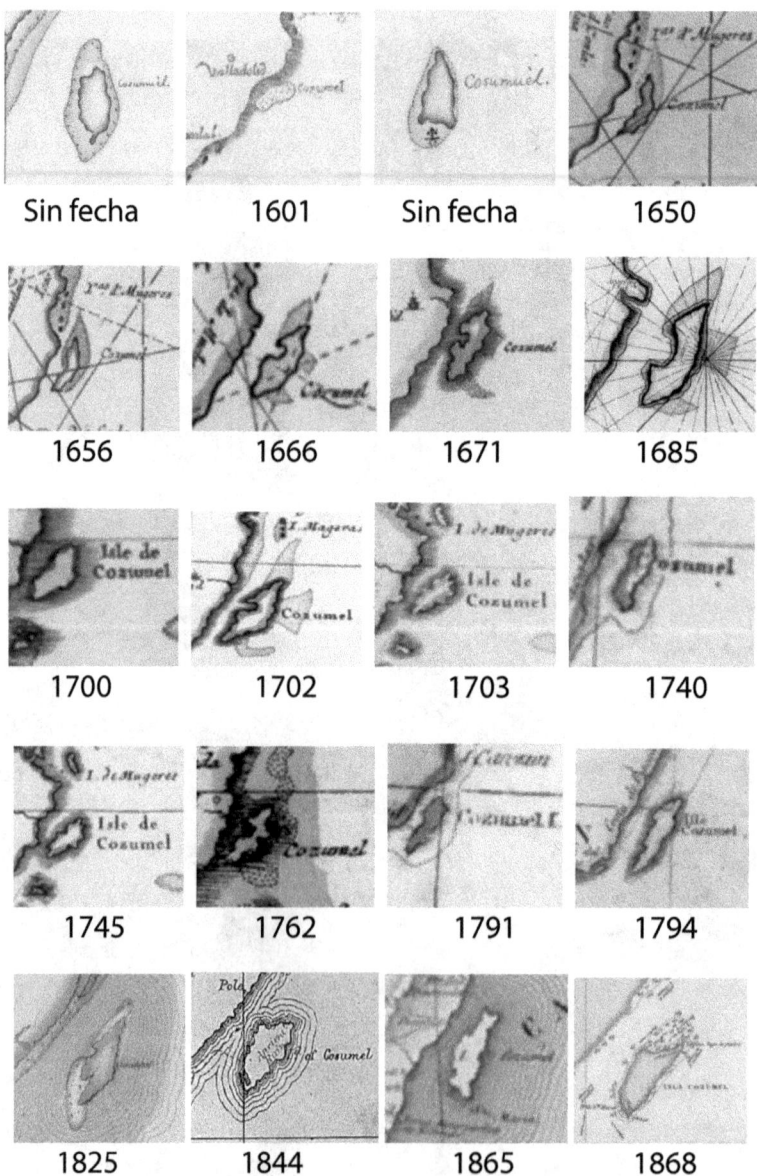

La Isla de Cozumel, como ha aparecido en diferentes mapas a través de los años.

Capítulo 1

Los primeros asentamientos y desarrollos de Cozumel

La pregunta surge con frecuencia: ¿cuándo fue Cozumel habitado por vez primera? Hasta el momento, no existe evidencia arqueológica que pueda establecer sólidamente una fecha anterior al Preclásico (o período Formativo Medio) unos 3,000 años atrás. Sin embargo, no hay razón para descartar la posibilidad de que pequeños grupos de paleo-indios, emigrados desde el estrecho de Bering, pudieran haber visitado la Isla de Cozumel o, incluso, haberse establecido de manera temporal hace alrededor de 14,000 años. Restos de esos primeros colonizadores del Nuevo Mundo están apareciendo apenas en los profundos cenotes de Quintana Roo. El esqueleto paleo-indio de "Eva de Naharon", recientemente descubierto en el sistema de cuevas del Naranjal, cerca de Tulum, data del año 11600 a. C., hace más de 13,600, según la prueba del carbono-14. Los restos paleo-indios de la "Mujer de la Palma" y el niño "Joven de Chan Hol", que datan de hace 10,000 años, y que fueron encontrados cerca de Tulum en los cenotes de Las Palmas y de Chan Hol, son solamente dos de otros hallazgos que han hecho retroceder la línea del tiempo en Quintana Roo. También se han descubierto huesos de un extinto caballo de la era del Pleistoceno Tardío, *Equus conversidens*, de hace aproximadamente 11,000 o 12,000 años, en el cenote Sifa en Cozumel. Si un caballo pudo llegar a la isla hace tanto tiempo, los paleo-indios ciertamente también pudieron hacerlo.

Estos paleo-indios fueron los precursores de la migración humana hacia el sur en las Américas. Hace 8,000 años, cazadores y recolectores del período Arcaico habían poblado Yucatán. Poco después, grupos de estos primeros colonos migraron desde el norte de Quintana Roo, para asentarse en la parte occidental de las Antillas y hacer la cultura casimiroide en Cuba, Puerto Rico, La Española, y otras islas de las Antillas.

Hace alrededor de 4,500 años, durante el Preclásico Temprano (también conocido como el período Formativo Temprano), en los inicios de la civilización maya, varias sociedades pequeñas comenzaron a fusionarse y se convirtieron en lo que ahora llamamos el proto-maya. En el transcurso de algunos cientos de años, estos proto-mayas empezaron a cultivar el maíz y sus asentamientos se volvieron más permanentes y se arraigaron. Para el año 1000 a. C., o 3,000 años atrás, la cultura maya había evolucionado hacia lo que ahora denominamos el Preclásico Medio o período Formativo Medio. Los primeros artefactos fechables de Cozumel datan de esa época.

El Preclásico Tardío (o período Formativo Tardío) comenzó hace 2,300 años, y entonces se establecieron en Cozumel los pueblos de Xamancab, Aguada Grande, Buenavista, San Gervasio, Oycib (Cedral), así como otros pequeños asentamientos. No obstante, no fue hasta el Postclásico que la isla se convirtió en algo más que un remanso en el esquema general de las cosas. En ese entonces, el maya Putún (también conocido como el maya Chontal) empezó a expandir su ruta comercial marítima, uniendo su base en Tabasco con otras costas, incluyendo a Cozumel.

Posiblemente, la primera mención registrada de la existencia de esas rutas comerciales fue hecha por Fernando Colón, hijo de Cristóbal Colón, quien relata un evento del cuarto y último viaje de su padre en su libro *Historie del S. D. Fernando Colombo; nelle quali s'ha particolare & vera relatione della vita & de'fatti dell'Almiraglio D. Christoforo Colombo suo padre*, escrito entre los años 1537 y 1539, y publicado en Venecia en 1571. Cuenta Fernando que en Cayo Bonacca (llamado Guanaja por Colón), en las Islas de la Bahía, Honduras, los españoles se toparon con una canoa llena de comerciantes indios que traían sus productos a los habitantes de la isla. Fernando también estuvo en ese viaje, así que fue testigo de lo que escribió.

Una traducción española del relato italiano de Fernando dice: "Habiendo llegado a la isla de Guanaja, mandó el Almirante al adelantado don Bartolomé Colón, su hermano, que fuese a tierra con dos barcas... quiso su buena suerte que llegase una canoa tan larga como una galera, y ocho pies de ancha, todo de un solo tronco, y de la misma hechura que las demás, la cual venía cargada de mercaderías de las partes occidentales, hacia Nueva España, en medio de ella había un toldo de hojas de palma, no diferente del que traen las góndolas en Venecia, que defendía lo que estaba debajo, de manera que ni la lluvia, ni el oleaje podían dañar a nada de lo que iba adentro. Debajo de aquel toldo estaban los niños, las mujeres, los muebles, y las mercaderías. Los hombres que guiaban la canoa, aunque eran vientecinco, no tuvieron ánimo para defenderse contra las barcas que les seguían... luego mandó sacar de la canoa lo que le pareció ser más rico y vistosos, como algunas mantas y camisetas de algodón sin mangas, labradas y pintadas con diferentes colores y labores, y algunos pañetes con cubrían sus vergüenzas de la misma labor y paños con que se cubrían las indias de la canoa, como suelen hacer las moras de Granada: espadas de madera larga, con un canal a cada parte de los filos, y en éstas, hileras de pedernales sujetos con pez y cuerdas, que entre gente desnuda cortan como si fuesen de acero; las hachuelas ara cortar leña eran semejantes a las de piedra que tienían los demás indios, salvo que eran de buena cobre; del que traían cascabeles, y crisoles para fundirle. Llevaban de bastimentos raizes y granos, iguales a los que comen en la Española; cierto vino hecho de maíz, semejante a la cerveza de Inglaterra, y muchas almendras que usan por moneda en la Nueva España, las que pareció que estimaban mucho".

Este pasaje es citado con frecuencia como prueba de que los indios con que Colón se reunió en Bonacca fueron mayas; sin embargo, bien pudieron haber sido indios no mayas de esa área (como Paya, Jicaque o Mam) que simplemente trasladaban mercancías entre la parte continental de Honduras y las islas exteriores; no hay manera de estar seguros de esto.

Otro relato del evento fue registrado por el historiador Pietro Martire de´Anghiera, en su libro *De orbe novo decades*, publicado en 1516. Martire escribió que la canoa que Colón vio estaba cargada con mercancías como "novaculae, cultelli, secures" (cuchillas y cuchillos grandes y pequeños) y recipientes de cocina de cerámica.

Bartolomé de las Casas también describió el encuentro de Colón con los comerciantes indios en su libro *Historia de las Indias*, escrito entre 1527 y 1561: "...en esta isla de Guanajes o Guanaja, llegó una canoa llena de indios, tan luenga como una galera, y de ocho pies de ancho;

venia cargada de mercaderías de Occidente y debía ser, cierto, de tierra de Yucatán, porque es cerca de allí, obra de 30 leguas o poco más. Traían en medio de la canoa un toldo de esteras, hechas de palma, que en la Nueva España llaman petates; dentro de debajo de cual venían sus mujeres e hijos y hacedejas y mercaderías, sin que agua del cielo ni de la mar les pudiese mojar cosa. Las mercaderías y cosas que traían eran muchas mantas de algodón, muy pintadas de diversos colores y labores, y camisetas sin mangas, también pintadas y labradas de los almaizares con que cubren los hombres sus vergüenzas, de las mismas pinturas y labores. Ítem, espadas de palo, con unas canales en los filos, y allí apegadas con pez e hilo ciertas navajas de pedernal, hachuelas de cobre para cortar leña y cascabeles y unas patenas, y crisoles para fundir el cobre; muchas almendras de cacao, que tienen por moneda en la Nueva España y en Yucatán y en otras partes. Su bastimento era pan de maíz y algunas raíces comestibles, que debían ser las que en esta Española llamamos ajes y batatas y en Nueva España camotes. Su vino era del mismo maíz, que parecía cerveza. Venían en la canoa hasta veinte y cinco hombres, y no se osaron defender ni huir, viendo las barcas de los cristianos.".

El hecho de que Las Casas indicara que él pensaba que esos comerciantes indios "debía ser, cierto, de tierra de Yucatán", simplemente porque estaban cerca de ahí, no le añade ningún peso al argumento; es solo su opinión personal que incluyó en la descripción del evento, 25 años después de que este ocurriera.

Grabado de canoa de altamar de 54 hombres.

Bernal Díaz del Castillo describió a otro grupo de grandes canoas mayas que distinguió mientras se encontraba con Fernando de Córdoba en su viaje a Yucatán en 1517. En su libro *Historia verdadera de la conquista de la Nueva España*, Díaz relata: "Y una mañana, que fueron cuatro de marzo, vimos venir diez canoas muy grandes, que se dicen piraguas, llenas de indios naturales de aquella poblazon, y venian a remo y vela. Son canoas hechas a manera de artesas, y son grandes y de maderos gruesos y cavados, de arte que estan huecos; y todas son de un madero, y hay muchas dellas en que caben cuarenta indios.".

Hernán Cortés, en su *Quinta carta de relación* a la Corona española en 1526, menciona cómo los españoles en Tabasco y Xicalango estuvieron obstaculizando el flujo de las tradicionales rutas marítimas comerciales mayas: "…en la costa de la mar, de la otra parte de la tierra que llaman Yucatán, hacia la bahía que llaman de la Asunción, estaban ciertos españoles, y que les hacían mucho daño; porque demás de quemarles muchos pueblos y matarles alguna gente, por donde muchos se habían despoblado y huído la gente de ellos a los montes, recibían otro mayor daño los mercaderes y tratantes, porque a su causa se había perdido toda la contratación de aquella costa, que era mucha…".

La evidencia física de estas rutas comerciales es quizás más confiable que estos primeros textos. Por ejemplo, una espátula vómica taíno (utilizada para inducir el vómito en rituales de ceremonias de limpieza) fue encontrada en una tumba del período Clásico en Altun Ha, Belice. Dado que los indios taínos ocuparon las Bahamas y las Antillas Mayores y Menores y no eran conocidos como comerciantes, cabe suponer entonces que un comerciante maya se trajo el instrumento consigo a Belice en un viaje marítimo realizado a alguna de esas islas. En Antigua, se encontró un grupo de hachas de jadeíta, llamadas celtas, en un sitio arqueológico en 1990. El origen de la jadeíta de la que se hicieron estas celtas fue el valle de Motagua, en Guatemala (a 3,000 kilómetros de distancia), según lo estableció el mineralogista George Harlow, del Museo de Antigua y Barbuda en St. John, Antigua. Maurice Ries halló, en la década de 1940, otro grupo de fragmentos de cerámica e implementos de obsidiana en el extremo occidental de Cuba. En la década de 1980, yo personalmente encontré una celta de jadeíta maya en un pequeño islote adyacente a

Highborn Cay, Bahamas, cerca de los restos de un naufragio español que estaba excavando con el Instituto de Arqueología Náutica. Entonces, si esa evidencia allá afuera en el Caribe prueba que los mayas estuvieron comercializando sus mercancías (y productos que adquirían en otros lugares) en tierras lejanas, ¿hay alguna evidencia física que apunte a que Cozumel haya sido uno de sus puertos de escala? Sí la hay. Durante excavaciones arqueológicas en Cozumel, se han descubierto muchos objetos de distintos orígenes: espejos de magnetita, cuentas de cerámica cubiertas de láminas de oro, campanas de cobre, obsidiana, sílex, jade, basalto, y una gran cantidad de cerámicas importadas del continente.

Además de estos artículos del comercio foráneo hallados en Cozumel, en el año 2013 encontré dos pequeñas "piedras de rayo" que se habían erosionado, fuera de un pequeño terraplén, y yacían a unas pulgadas una de otra en frente de la base de una estructura maya del período Postclásico en Cozumel. Dado que la isla se compone de piedra caliza y no produce cuarcita de manera natural, se asume que estas dos piedrecitas obviamente fueron importadas a Cozumel.

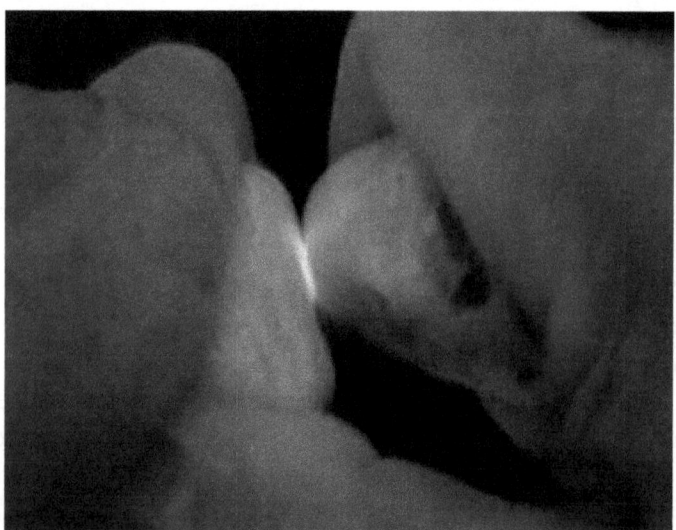

Las piedras de rayo cuando son frotadas una contra la otra desprenden un suave brillo.

Las piedras de rayo son pequeñas, suaves, guijarros de cuarcita de color blanco lechoso, que, cuando se frotan una contra la otra, producen un fuerte olor a ozono y destellos de luz que emanan desde su interior. Esta luz no es producida por chispas incandescentes, como cuando una piedra es golpeada por el metal, sino más bien por un proceso conocido como triboluminiscencia. Este tipo de luminiscencia es causada por las propiedades mecánico-luminiscentes de la cuarcita, que pueden ser activadas por fuerzas mecánicas de presión o fricción. En su artículo del *Cambridge Archaeological Journal* de 1999, David S. Whitley describe la triboluminiscencia como: "destello de fotones causado por electrones en los átomos de cuarzo que han sido expulsados por radiaciones gamma penetrando imperfecciones en la red de cristal. Un pequeño choque mecánico permite que estos electrones superen su barrera de energía y caigan en cascada al estado fundamental, desprendiendo un brillo a medida que regresan a su órbita atómica".

Me familiaricé con las piedras de rayo en el año 2009, mientras escribía *The Lost Kivas of San Lazaro*, el libro en el que detallo la excavación de dos kivas subterráneas en el pueblo tano-indio de San Lázaro del siglo XVII, cerca de Santa Fe, Nuevo México. Descubrimos dos pares de estos guijarros de cuarcita en el interior de una de las kivas, y subsecuentes investigaciones presentaron casos de pares de estas piedras especiales que fueron halladas en excavaciones arqueológicas a todo lo largo del suroeste de Estados Unidos.

Los indios Pueblo de Nuevo México consideraban estas piedras como mágicas y las utilizaban en ceremonias relacionadas con el clima. Otras tribus en California y Arizona las usaban de manera similar. Arqueólogos han reportado hallazgos de pares de piedras de rayo en muchas excavaciones realizadas en el sureste de Norteamérica, y un par de estas piedras descubiertas dentro de una kiva en algún momento en la década de 1930 se exhibe en el Museo Florence Hawley Ellis, en el Ghost Ranch cerca de Abiquiu, Nuevo México.

Las piedras de rayo pueden distinguirse de las "piedras para pulir", las "piedras para bruñir" y de los "guijarros para suavizar" por su color (deben ser blancas o traslúcidas para poder ver su débil brillo), su exagerada falta de facetas, y el hecho de que son encontradas en pares. En todos los pares de piedras de Nuevo México que he examinado, cada una de las piedras que conformaban el par eran, más o menos, de similar tamaño, forma y color. Creo que muchas veces los arqueólogos no reconocen la diferencia entre las piedras de rayo y las piedras para pulir, y a menudo las confunden.

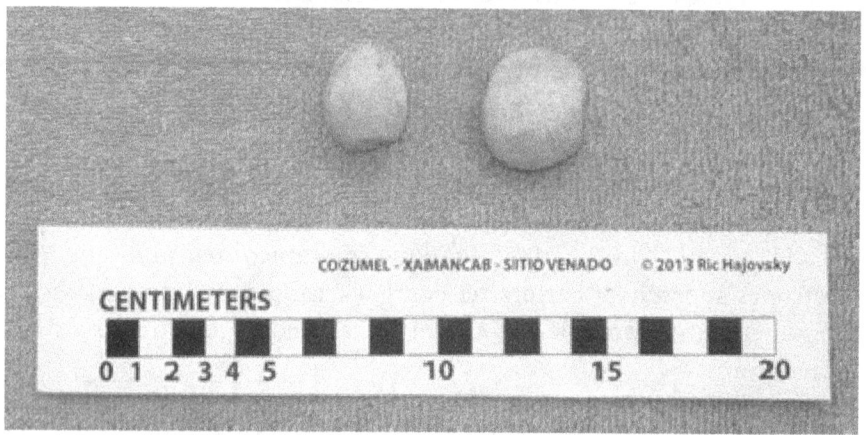

Dos piedras de rayo procedentes del Sitio Venado, en Cozumel.

Cuando comencé a buscar registros de otras menciones de las piedras de rayo en el contexto arqueológico de Yucatán, Quintana Roo, o en cualquier otro lugar en México, terminé con las manos vacías. Existen muchas referencias en la literatura a las piedras para pulir, las piedras para bruñir y los guijarros para suavizar, pero no sobre las piedras de rayo. ¿Pudiera ser que no se hubieran identificado apropiadamente las piedras de rayo y hubieran sido pasadas por alto? Encontré un reporte, *Classic Maya lithic artifacts from the Main Plaza of Aguateca, Guatemala*, escrito por Kazuo Aoyama, que parece indicar que este pudiera haber sido el caso. Aoyama escribe: "Aunque no conocemos las funciones de los guijarros para suavizar, parecen haber sido utilizados como suavizadores de estuco. Mientras que algunos guijarros muestran una faceta plana desgastada, otras piedritas tienen desgaste uniforme o no tienen evidencia de que han sido usadas".

Otra evidencia del papel que jugó Cozumel en la ruta marítima mercantil maya puede encontrarse en el Museo de la Isla en Cozumel. Ahí, uno puede apreciar los objetos olmecas (un pectoral de jade tallado y un colgante de piedra tallada) encontrados en las excavaciones hechas en San Gervasio durante la década de 1970 por los equipos de Jeremy Sabloff y William Rathje, de las Universidades de Harvard y Arizona, respectivamente. Cierto que es factible que esos objetos llegaran a Quintana Roo a través de una ruta comercial terrestre, pero tiene mucho más sentido la ruta comercial marítima que corría a todo lo largo de la costa desde Tabasco hasta Cozumel.

Por último, los únicos dos naufragios mayas conocidos fueron descubiertos en Cozumel. El primero lo encontró Ismay (Mary) Mykolyk (mejor conocida en Cozumel como María la Bandida) en Chen Río, en el lado este de la isla. Mientras buceaba ahí en la década de 1970, notó varias celtas de jadeíta y cuentas en la arena del fondo del mar. Investigaciones posteriores llevaron al descubrimiento de otras más, incrustadas en el tejido de arrecifes. A través de una cuidadosa excavación, fueron encontrados muchos más de estos artefactos. Algunos de ellos se muestran ahora en el Museo de la Isla.

Algunas de las varias celtas de jadeíta y otros artículos del comercio maya que se cayeron de una canoa y fueron descubiertos siglos más tarde en las aguas del Chen Río, en Cozumel.

Otro naufragio de una canoa maya se descubrió cerca de un pequeño oratorio maya en la parte oriental de la isla. Esta vez fue el resultado de un huracán lo que condujo a su hallazgo. La marea de la tormenta destruyó la ruina maya, pero también dejó al descubierto las celtas de jadeítas y las cuentas que constituían la carga de la embarcación naufragada en la costa. Si estas canoas se volcaron saliendo de Cozumel, o naufragaron llegando de las costas de Guatemala con las celtas de jadeíta para transbordar en Cozumel, nunca podrá saberse, pero sí ofrecen una prueba positiva de que la isla constituyó alguna vez un puerto en la ruta comercial maya de Putún (Chontal).

Cozumel y el negocio maya de la sal

La sal es una parte integral de los requerimientos nutricionales diarios de todos los humanos para sobrevivir, y esto también fue válido para los mayas de las tierras altas de los tiempos precolombinos. Pero la cantidad diaria de sal requerida era imposible de satisfacer con el contenido de sodio que llevaba la comida típica cotidiana maya; era necesaria una cantidad suplementaria para compensar el déficit. Además de consumir sal como complemento de su dieta, los mayas de las tierras montañosas también usaban el mineral como preservante de las comidas y como fijador de tinturas para textiles. No obstante, el único modo que tenían de producir sal localmente era hirviendo y evaporando el agua salada procedente de algunos manantiales y lagos salinos. Este era un ineficiente y laborioso método que requería de grandes cantidades de leña, al igual que de recipientes de cerámica especializados para el procesamiento, así que no es sorprendente que la principal fuente de sal de las tierras altas fueran las lejanas zonas costeras que podían producir el mineral a través de la evaporación solar del agua de mar, un método mucho más eficiente.

Al comenzar el período Clásico Tardío, los mayas obtenían su sal extra fundamentalmente de salinas localizadas en la costa norte de la península de Yucatán. Este producto comercial era transportado en canoas que se dirigían al oeste, hacia Veracruz, o al sur, hacia Honduras, donde primero lo llevaban río arriba y de ahí lo trasladaban a las tierras altas mayas. Belice también tuvo salinas operando durante este período, pero casi al final del período Clásico sus centros productores de sal dejaron de funcionar. El porqué de esto no queda claro; pudo haber sido por el colapso de las vecinas poblaciones mayas que eran las principales consumidoras de este producto, o pudo ser también debido al aumento registrado de un metro sobre el nivel del mar entre los años 800 y 1000 d. C., que bien pudo haber inundado e inutilizado las salinas costeras. Posteriormente, las salinas del norte de Yucatán se convirtieron en los principales abastecedores de sal para los montañeses de las tierras altas mayas.

Sin embargo, la mayoría de los arqueólogos consideran que Cozumel no fue una de esas áreas productoras de sal en los períodos precolombino y colonial. Creencias tales como que "existían importantes salinas a todo lo largo de la costa norte de Yucatán y cerca de Isla Mujeres, pero no en Cozumel…", del arqueólogo J. E. S. Thompson eran comunes, a pesar de documentos y registros coloniales que aluden a las exportaciones de sal de Cozumel. Otros, como el arqueólogo Anthony Andrews, admitieron que Cozumel pudo haber exportado sal, pero carecían de evidencia arqueológica para probarlo.

El traslado de este producto desde Cozumel quedó registrado el 2 de febrero de 1549 en una lista de impuestos, que describe las cantidades de productos y de mano de obra que los mayas yucatecos debían entregar anualmente como impuesto tributario a sus encomenderos, o terratenientes españoles. Una de las líneas de esta lista de 1549 menciona la exigencia para un conjunto de 220 jefes de hogares, obligados a pagar impuestos, de entregarle al encomendero de Cozumel, Juan Núñez, "3 fanegas de maiz, media fanega de frijol, 220 mantas de algodón, 160 pavos, 1 arroba de miel, 8 arrobas de cera, 6 fanegas de sal, 6 arrobas de pescado, y el servicio de dos indios". Una fanega era aproximadamente 55.5 litros, así que seis fanegas representaban 333 litros. El arqueólogo J. Eric S. Thompson negó que la sal estuviera incluida en este tributo originado en Cozumel, y declaró en su libro *Maya History and Religion*, de 1970, "pero uno puede suponer que esto fuera recogido de cualquier otro lugar por nativos de la isla".

Una segunda mención a la sal de Cozumel se hace en el manuscrito que data de 1695, de fray Francisco Morán, *Arte y vocabulario en lengua choltí*: "xoxom, la traen de cuçumel, iucatan". Xoxom significa sal gruesa en la lengua maya de Cholti (Chol). Es dudoso que la sal marina fuese todavía importada desde Cozumel en 1695, cuando fue escrito el manuscrito en cuestión; es más probable que Morán estuviera repitiendo una descripción en cholti, vinculada por mucho tiempo a la sal importada.

La razón por la que en la actualidad historiadores y arqueólogos creen que Cozumel estuvo "libre de sal" es que nunca se descubrieron en la isla salinas o salares; ninguna "pistola humeante" que pudiera probar que los mayas de Cozumel producían la sal y no simplemente transbordaban el producto. Sin embargo, después de revisar un viejo video que Dan Hartman realizó desde un pequeño avión volando a baja altura en el extremo norte de Cozumel, en la década de 1990, observé el área más detalladamente utilizando Google Earth®. Lo que vi parecían los muros exteriores de una salina cuadrada, mitad en el agua, mitad fuera de ella; había varios y cada molde abarcaba más o menos 250 metros cuadrados. Más de estas zonas amuralladas yacen debajo del agua, a un kilómetro al suroeste, cercanas a las ruinas de un pequeño islote en el Río de la Plata, y el sacbé que va a través de la laguna y que conecta al islote con la berma de la playa en el norte y la costa de la isla en el sur.

Imagen de Google Earth de una posible salina cerca de Punta Molas, tomada el 8 de mayo de 2012 y mostrada a la altura simulada de 829 pies. La línea amarilla es para la escala; mide 50.03 metros de largo.
©DigitalGlobe

Las múltiples líneas de piedras apiladas muy justamente fueron alineadas en trayectorias rectas y llegaban a afiladas esquinas de 90 grados. En la marea baja, muchos de los espacios contenidos dentro de los límites de las áreas amuralladas se secan. Los cristales de sal podían verse con claridad en algunos de los lechos de roca, ubicados dentro de las áreas amuralladas donde el agua salada se había juntado primeramente, y luego se había evaporado.

Algunas de las paredes eran visibles, sobresaliendo de las aguas poco profundas de la laguna.

Actualmente, estas posibles salinas se encuentran en una desolada y despoblada parte de la isla, pero durante los períodos Clásico, Postclásico y los primeros tiempos coloniales, este no fue el caso. Existían entonces varias poblaciones mayas cerca del extremo norte de la isla: Aguada Grande, La Expedición, y Zuuk, las cuales estaban conectadas con San Gervasio por sacbés, o caminos pavimentados.

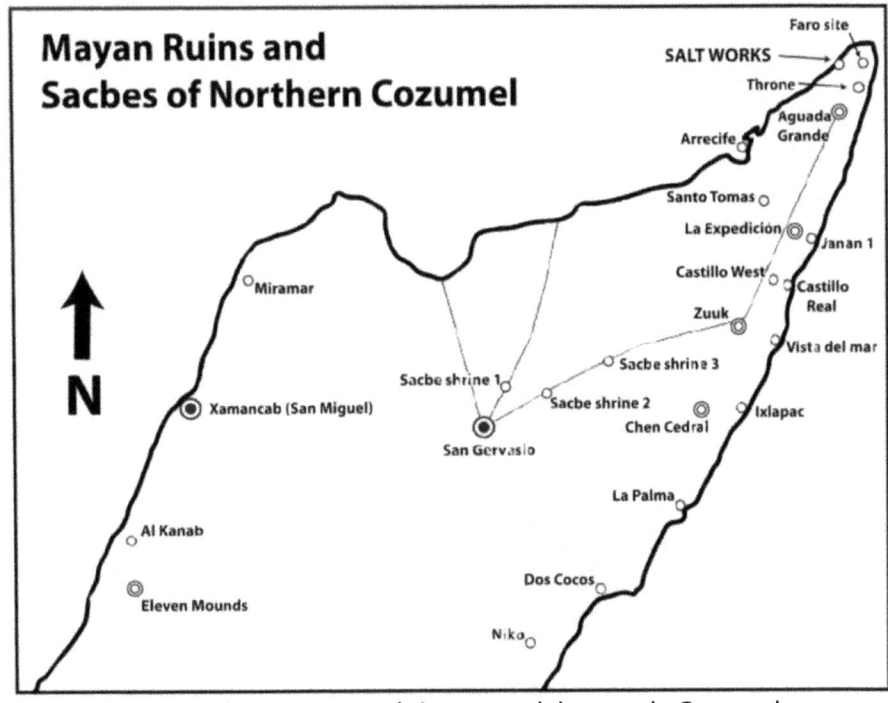

Mapa de las ruinas y sacbés mayas del norte de Cozumel.

Capítulo 2

Ix Chel: ¿oráculo de Cozumel, o un mito nacido de malentendidos?

Muchas personas creen firmemente que Cozumel era un centro de adoración y peregrinación, el cual todas las mujeres mayas tenían que visitar por lo menos una vez en su vida para venerar a la diosa Ix Chel, y buscar su bendición y profecías. Muchos arqueólogos, antropólogos, mayistas e historiadores están de acuerdo con esta idea. Pero, ¿dónde se origina esta creencia?, ¿cuáles son sus fuentes? De hecho, ¿es realmente cierta?

En lugar de seguir a pie juntillas a autores modernos, artículos de Wikipedia y *webmasters* de sitios electrónicos, revisé los textos originales en español, maya y latín que tienen las primeras menciones de las prácticas religiosas de los mayas de Cozumel con una mirada fresca. Me quedé estupefacto con las diferencias que encontré entre los textos originales del siglo XVI y las "nuevas, modernizadas y editadas" versiones en español que están a disposición del lector promedio, y aún más consternado por las discrepancias entre los originales y las traducciones al inglés publicadas.

Luego de este análisis, llegué a la conclusión de que las razones por las que muchas personas creen que era un requisito que las mujeres mayas tuvieran que "peregrinar una vez en la vida" a Cozumel, y por las que consideran que les daban una suprema importancia a la diosa y a su templo, tienen sus raíces en algunos de los documentos escritos por los primeros historiadores que parafrasearon, de manera distorsionada, los relatos de los testigos. Algunas de las declaraciones erróneas hechas en estos textos distorsionados, con el tiempo, dieron lugar a una teoría que no fue presentada sino hasta principios del siglo XX. Un par de décadas más tarde, escritores y antropólogos convencionales retomaron esta teoría, y entonces la regurgitaron en artículos y libros como un hecho irrefutable.

El único documento que menciona tanto a Ix Chel como a Cozumel en el mismo contexto fue escrito en 1579. En ningún otro texto se les vincula, hasta un documento que data del siglo XX. Por otra parte, hay muchos otros documentos antiguos en los que aparecen Cozumel y los dioses de Cozumel, pero claramente en ninguno de ellos se menciona a la diosa Ix Chel. Si Ix Chel era tan relevante como parece ser en la creencia popular, y su templo se consideraba uno de los tres lugares más importantes en Yucatán, ¿por qué no se les menciona cuando se habla de Cozumel en los primeros documentos y en los informes de testigos oculares?

Las siguientes páginas ofrecen una nueva mirada a las raíces de los mitos y leyendas que rodean a la diosa Ix Chel y a su templo. Después de examinar los textos originales de los primeros documentos, pareciera claro que se necesita reevaluar el papel que jugó Ix Chel en realidad en la vida religiosa de los mayas de Cozumel.

En primer lugar, los nombres que se le dieron a la diosa en los documentos posteriores a la Conquista, como Ix Chel, Ixchel, Yschel, Aixchel o Heschen nunca aparecieron en ningún jeroglífico fonético maya antes de la llegada de los españoles al Nuevo Mundo. El documento maya más antiguo donde se la menciona data de 1612 y fue escrito en maya chontal por el cacique Pablo Paxbolon, de Acalan-Tixchel, en el sur de Campeche. En él, se limita a enumerar a Yschel como uno de los muchos diferentes ídolos que se encuentran en todos los pueblos chontales, y nada más. La siguiente mención maya al nombre Ix Chel está en el *Ritual de los Bacabes*, un manuscrito maya yucateco, posterior a 1779, que consiste en una colección de encantamientos rituales. Todas las otras alusiones al nombre en los siglos XVI, XVII y XVIII se encuentran en documentos en español.

Hay lugar para el debate en cuanto a la traducción o significado del nombre Ix Chel. "Ix" es claramente el indicador maya del sexo femenino. "Chel" podría ser derivado de "Cheel", palabra maya yucateca que significa "arco iris", pero en ninguna parte de ningún documento o ilustración previos al siglo XX se asocia a la diosa con este fenómeno celeste. "Ch'el", por otra parte, es la palabra maya yucateca que significa "persona pálida o de piel clara", un atributo que parece muy apropiado para una diosa a veces asociada con la luna. "Ix

Chel" se llama también en maya yucateco una planta medicinal oriunda de Yucatán, pero es más probable que la planta haya tomado el nombre de la diosa y no viceversa.

Aunque en ningún lado de los jeroglíficos mayas que han sido traducidos hasta la fecha hay líneas que puedan decirnos con exactitud quién era Ix Chel o qué hacía, existen varias imágenes en vasijas mayas precolombinas, frisos de piedra y códices que representan a la diosa. Una de las imágenes más frecuentemente vistas, asociada al nombre Ix Chel, es la que se muestra a continuación, tomada del *Códice de Dresde*.

Fotografía del *Códice de Dresde* tomada por el Museo de Dresde.

La diosa arriba fotografiada es ahora llamada "O" por los arqueólogos. Se la representa en el códice y en otros lugares como una vieja bruja con un cuerpo de color rojo, garras en sus manos y pies, y una cruz de huesos humanos en la falda. La diosa "O" se identifica en el *Códice de Dresde* como "Chac Chel" (Chel rojo) por el jeroglífico del nombre del estilo del retrato prefijado con el "chac", o jeroglífico "rojo" (abajo a la izquierda), colocado cerca de su imagen. También es identificada en el mismo códice como "Chac Che" (Che rojo), con jeroglíficos de nombres fonéticos compuestos (abajo a la derecha), que igualmente aparecen junto a su imagen.

En el *Códice de Madrid*, la anciana diosa "O" se llama indistintamente "Chac-Chel-Chac" e "Ix Kab' Chel" con jeroglíficos de nombres fonéticos compuestos. También es retratada en ese códice tejiendo y usando husillos en el pelo, y por eso (junto con su asociación con las arañas) se supone que ella es la diosa que los mayas creían que introdujo el tejido al mundo.

La diosa anciana "O" en dos de sus apariciones en el *Códice de Madrid*.

Sin embargo, más que a Ix Chel, es probable que las representaciones de la diosa anciana "O" se refieran a la deidad maya conocida como Ixchebelyax, ya que también existen representaciones de otra diosa que los arqueólogos han denominado "I", y que parece encajar mucho mejor en el papel de Ix Chel. En el *Códice de Dresde*, esta segunda diosa es identificada por la combinación del significado del jeroglífico "Zac Ch'el" (Ch'el blanco), y es siempre representada como una mujer joven. En varias vasijas de cerámica decoradas y en un friso de piedra tallada, ella aparece asociada con la luna y/o un conejo, un animal que los mayas también asociaban con la luna.

El jeroglífico para Zac Ch'el

Imagen de la diosa joven Zac Ch'el con un conejo, tomada de *The Maya Vase Book*, de Justin Kerr.

En el *Códice de Dresde*, la diosa "I", o "Ch'el blanco" está representada varias veces en diferentes paneles vinculados estrechamente con la medicina y la enfermedad. Textos posteriores en español también conectan a Ix Chel con la medicina.

Diosa "I" ("Zac Ch'el" o "Ch'el blanco") como aparece en el *Códice de Dresde*.

Aunque ninguno de los textos de jeroglíficos mayas explican en ningún nivel exactamente quiénes eran Ix Chel o Ixchebelyax y qué poderes tenían, sí tenemos unas pequeñas descripciones de ellas en algunos de los primeros documentos del período colonial. Sus nombres están en una lista de diosas que aparece en el resumen del manuscrito de 1566, hoy perdido, del obispo Diego de Landa, *Relación de las cosas de Yucatán:* "... las diosas de Aquella tierra Como Aixchel [Ix Chel], Ixchebeliax [Ixchebelyax], Ixbunie, e Ixbunieta...".

Bartolomé de las Casas (que nunca puso un pie en Yucatán) también contribuyó con alguna información sobre las diosas Ix Chel e Ixchebelyax. En su correspondencia con su compañero clérigo, el padre Francisco Hernández (que estaba viviendo en Campeche), Las Casas le pidió utilizar sus habilidades lingüísticas mayas para entrevistar a alguien que fuera capaz de decirles algo acerca de las deidades mayas. Hernández escribió un año más tarde que había encontrado a un anciano maya y lo había entrevistado. Los resultados de la entrevista fueron registrados en el documento de Las Casas, *Apologética historia sumaria de las Indias Occidentales*, escrito durante el período comprendido entre 1527 y 1559. En su manuscrito, Las Casas afirma que "... aqueste Dios era Padre e Hijo y Espiritu Sanctu. Y que el Padre se llama Içona [Itzamna], que había criado los hombres y todas las cosas; el Hijo tenía por nombre Bacab, el cual nació de una doncella siempre virgen llamada Chibirias, que está en el cielo con Dios, y la madre de Chiribias [Ixchebelyax] is called Hischen [Ix Chel]...".

Sin embargo, en el mismo documento, Las Casas invierte los papeles de Ix Chel e Ixchebelyax y dice que Ix Chel era la esposa de Itzamná y no su hija: "... antes della ni habia cielo ni tierra, ni sol, ni luna, ni Estrellas. Ponían que hubo un marido y una mujer divinos, que llamaron Xchel y Xtcamna. Éstos habían tenido padre y madre, los cuales engendraron trece hijos, y que el mayor, con algunos con él, se ensoberbecieron, y quiso hacer creaturas contra voluntad del padre y madre, pero no pudieron, porque lo que hicieron fueron unos vasos viles de servicio, como jarros y ollas semejantes". López de Cogolludo en su *Historia de Yucatán* (escrita alrededor de 1655 y publicada en 1688), dice: "La madre de Chiribias [Ixchebelyax] es llamada Yxchel".

De Landa también explica que Ix Chel es la diosa del parto y de la medicina, aunque señala en la misma frase que los mayas tenían por lo menos otras tres deidades de la medicina y luego las nombra. Cogolludo afirma, asimismo, que Ix Chel era la diosa de la medicina, pero al igual que De Landa, apunta que los mayas tenían otros dioses que hacían lo mismo.

En el *Ritual de los Bacabes*, manuscrito maya yucateco posterior a 1779, que contiene varios encantamientos largos, se menciona a ambas Ix Chels, la roja y la blanca, en varios lugares, al igual que las Ix Chels amarilla y negra. Tal como los Bacabes, las diosas tomaron sus nombres de los colores de los puntos cardinales que representaban.

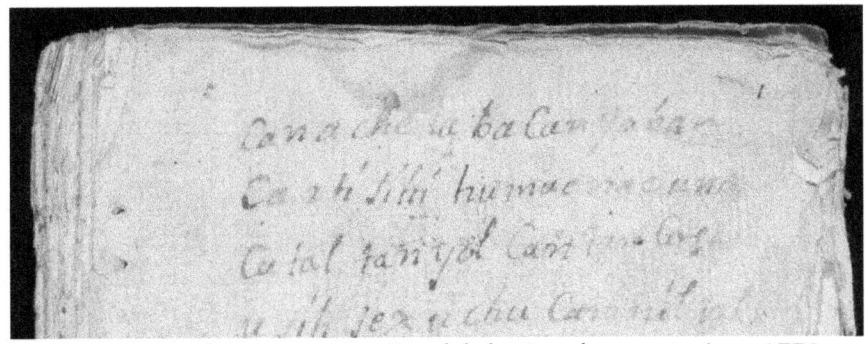
Una página del manuscrito *Ritual de los Bacabes*, posterior a 1779.

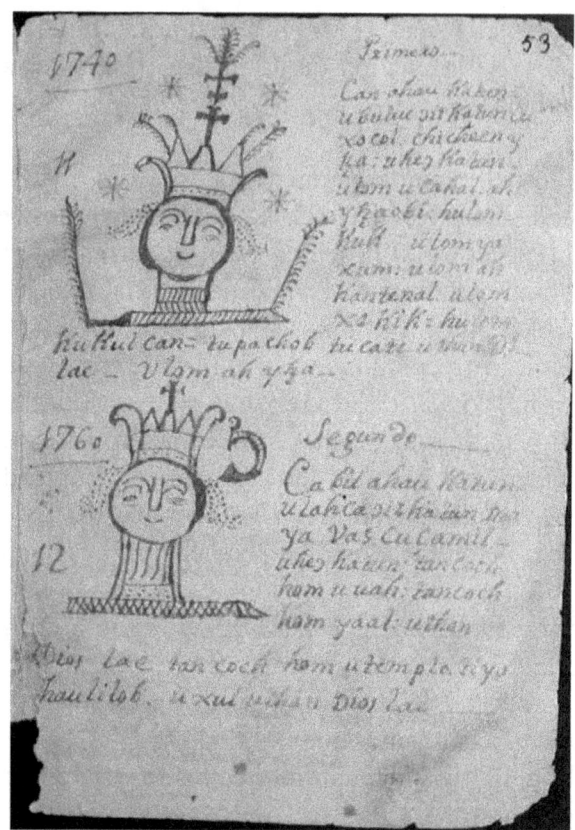

Página 53 del *Chilam Balam de Chumayel*. A la derecha de la representación de "El Señor de Cozumel", al final de la página, el texto dice: "1760 Segundo... Katun 2 Ahau fue la duodécima parte del Katún. El Cozumel maya era el asiento del Katún. En la mitad de abajo estaba su alimento; en la mitad de abajo estaba su agua. La palabra de Dios es ésta: La mitad de abajo es el templo, quien es su señorío. El final de la palabra de Dios es este".

Existen otros documentos escritos por mayas en los siglos XVIII y XIX en los que podemos leer un poco más acerca de sus dioses. En primer lugar, hay alrededor de trece misceláneas que son copias de copias de copias de manuscritos anteriores, cada uno lleno de historias, profecías, calendarios, mitos y recetas que varios copistas mayas reprodujeron, no muy fielmente, de los ejemplares anteriores. Las versiones sucesivas se fueron enmarañando, porque cada vez que el escribano hacía una copia, se añadían textos que no estaban en el original y se alteraban textos antiguos. Cada uno de estos manuscritos copiados tiene pasajes de textos que aparecen en otras versiones y partes que son únicas de esa versión particular. Es imposible reconstruir el escrito (o escritos) original, debido a estas muchas revisiones y adiciones. Estos trece manuscritos existentes fueron todos producidos en los siglos XVIII y XIX, en una mezcla de español y maya yucateco con las letras del alfabeto latino. A dichos manuscritos se les conoce colectivamente como los *Libros de Chilam Balam*. El más famoso de ellos fue escrito en 1782 por Juan José Hoil y ahora se conoce como el *Chilam Balam de Chumayel*.

Otra fuente temprana que toca el tema de la religión maya es un manuscrito del sacerdote español Francisco Ximénez, quien lo escribió en 1701, tanto en lengua maya, como en español. Hoy llamamos a este manuscrito el *Popol Vuh*. Esta obra es una copia de una colección de cuentos míticos y heroicos de los mayas K'iche' de Guatemala, y la lengua maya utilizada por Ximénez no es maya yucateca, sino maya K'iche'. La lengua de la que deriva el maya K'iche' (maya oriental) se separó del maya yucateco hace más de 4,000 años, tiempo suficiente para que dos culturas se desarrollen por separado y, seguramente, los cuentos, fábulas, religión, etc., deben haber mutado, igual que la lengua, durante este período.

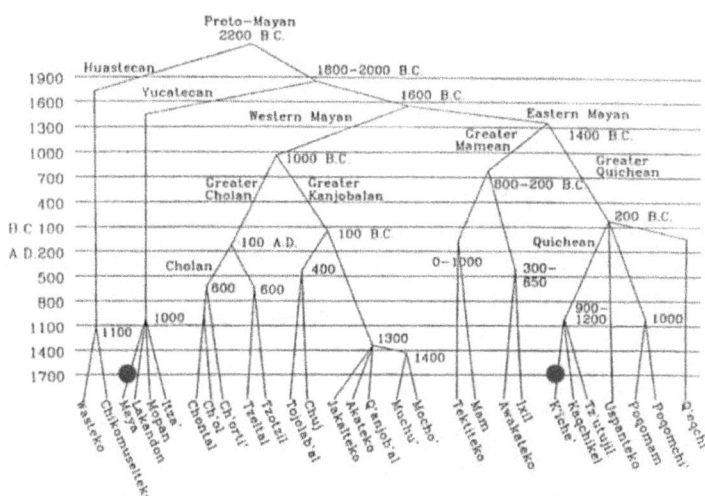

Gráfica que muestra la divergencia de más de 3,500 años en la evolución de la cultura maya yucateca y la de la cultura maya K'iche', que produjo el *Popol Vuh*. Ilustración cortesía de FAMSI.

En la primera página del manuscrito del *Popol Vuh*, Ximénez escribe: "Empiezan las historias del origen de los indios de esta provinçia de Guatemala traduzido de la lengua Quiche en la castellana para mas comodidad de los ministros de el s^{to} evangelio." En la segunda página, Ximénez dice: "Aquí escribimos y empezarémos las antiguas historias, su principio, y comienzo, de todo lo que fue hecho en el pueblo del quiche, su pueblo de los indios quiche".

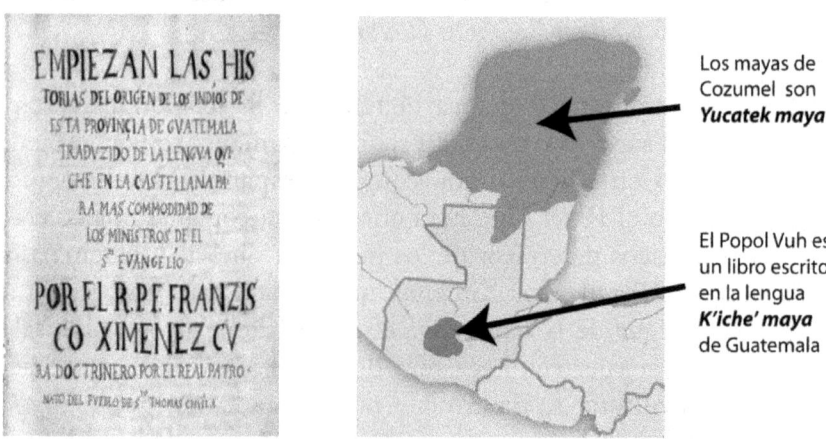

A la izquierda: La portada del *Popol Vuh*. A la derecha: Territorios de los mayas K'iche' de las tierras altas y de los mayas yucatecos de las tierras bajas.

Por lo tanto, los mitos y creencias narrados en el *Popol Vuh* no son exactamente los mismos de los mayas yucatecos de Cozumel, sino son los de sus vecinos de Guatemala en el periodo Postclásico, descritos por un sacerdote español más adelante en el período colonial. No obstante, nosotros estamos interesados en las creencias y en los dioses de los mayas de Cozumel, no en las creencias y dioses de sus vecinos de Guatemala.

De las escasas fuentes antiguas que versan sobre los dioses mayas y sus prácticas, muy pocas se refieren a Cozumel. Si se leen páginas web y libros populares, pareciera no ser así, pero es la triste verdad. Hay muy, muy pocos documentos históricos antiguos que hablan de los dioses y templos de Cozumel. Desafortunadamente, muchos escritores han tratado de llenar este vacío leyendo entre líneas, extrapolando y reconstruyendo las partes faltantes en los originales, y luego han publicado sus reconstruidos y parafraseados textos sin explicar la fuerte manipulación a la que han sido sometidos estos reeditados textos.

De todos los documentos previos al siglo XIX que sobrevivieron, solo hay cuatro que mencionan específicamente a los dioses de Cozumel. Uno de ellos aparece en el libro *Primera y segunda parte de la Historia general de las Indias con todo el descubrimiento, y cosas notables que han acaecido dende que se ganaron hasta el año de 1551, con la conquista de México, y de la Nueva España*, (también conocido como *Historia general de las Indias y conquista de Mexico*), escrito por Francisco López de Gomara y publicado en 1552. En este libro, Gomara dice que en la isla de Cozumel "habia una cruz de cal tan alta como diez palmos, a la cual adoraban por dios de la lluvia". Este dios de la lluvia se llamaba Chaac.

Otra de estas cuatro menciones a los dioses de Cozumel se puede encontrar en el *Chilam Balam de Chumayel*: "Kin pauahn yah kinobi, Lay mektanmail u picul katún, Cananmail ah hulneb, Tan tun Cusamil, Ah yax ac chinab, Kinich Kakmo". (El sacerdote Pauahn encabeza un inmenso ejército, los guardias del dios Ah Hulneb, los dioses Ah Yax Ac, y Chinab y Kinich Kakmo, en frente de la piedra preciosa de Cozumel). Hay que señalar que en esta lista de dioses importantes de Cozumel en el *Chilam Balam de Chumayel* no se menciona a Ix Chel.

Traduzco las palabras "Tan tun Cusamil," como "en frente de la piedra preciosa de Cozumel" y no como "en frente de la piedra plana Cozumel", que es la forma en que está traducida en varios libros populares y páginas web. "Tan" significa "en frente de" o "delante" en maya yucateco. En el diccionario de Motul de 1577 de la lengua de los mayas yucatecos, la palabra "tun" se define como "preciosa piedra". La palabra "tun" también fue una metáfora maya para "altar" y, a veces, "tun" se utiliza para designar al jade. La traducción de "piedra plana" no es correcta, a pesar de ser la que se usa en los sitios web más frecuentados.

De cualquier manera, en estas líneas del *Chilam Balam de Chumayel* se encuentran algunas de las pocas referencias a los dioses de Cozumel:

Ah Hulneb, que significa "el Arquero"; Ah Yax Ac, que traduzco como "la Primera Tortuga"; Chin-ab, que posiblemente fue un personaje histórico que más tarde se volvió un dios, y Kinich Kakmó, que se traduce como "la guacamaya con ojos (o cara) flameantes del Sol", que fue otra figura histórica, uno de los fundadores de la ciudad maya de Izamal, que después se convirtió en un aspecto del dios del Sol. El historiador fray Bernardo de Lizana, que vivió en Yucatán desde 1606 hasta su muerte en 1631, escribe que los mayas iban al templo de Kinich-Kakmó, en el lado norte de la plaza en Izamal, para buscar remedios para sus enfermedades y para oír profecías. Se parece un poco a la idea actual de lo que sucedía en el templo de Ix Chel. Kinich Kakmó es otra personificación de Kinich Ahau, el "dios con los ojos (o cara) del Sol," quien, a su vez, es un aspecto del dios Itzamná, del cual Bartolomé de las Casas dice que era el compañero de Ixchebelyax o Ix Chel. Itzamná también se asocia con la diosa en el *Códice de Madrid* en varias ocasiones. Cabe señalar que James Kennedy (un diplomático británico destinado en La Habana) menciona la excavación de varias ruinas en Cozumel en 1851 y el hallazgo de "figures of divinities with hawk heads and images of tortoises." ("Figuras de divinidades con cabeza de halcón e imágenes de tortugas"). ¿Podrían estos ídolos que encontró Kennedy haber sido representaciones de Kinich Yax Kakmó y Ah Yax Ac?

Kinich Kakmó como está representado en el *Códice de Dresde*.

La penúltima de las cuatro alusiones a los dioses de Cozumel aparece en *Historia de Yucatán*, libro escrito por Diego López de Cogolludo por ahí de 1655: "En Cozumel uno singular, que pintaban con una flecha: su nombre Ah-hulanè, ò Ah-huneb". Cogolludo continúa diciendo: "Reverenciaban otro ídolo de uno que decían había tenido las espinillas como una golondrina: su nombre era Teel cuzám". Aquí tenemos la segunda mención del dios Ah Hulneb, además de un sexto dios, Teel Cuzam. Sin embargo, todavía no hay referencia alguna a un templo de Ix Chel en Cozumel.

La última mención sobre los dioses de Cozumel está en el testimonio de 1579 de Diego Contreras Durán, en el que dice: "este ydolo se llamaba yschel, y este nombre llamaban a este ydolo, e no me supieron dar razón los indios que quería decir yschel y porque le llamaron asi". Asumimos que por "Yschel", Contreras quería decir Ix Chel.

Otro dios que sabemos que veneraban los mayas en Cozumel fue Kukulcán, la serpiente emplumada. En 1946, el arqueólogo Alberto Escalona Ramos, en su informe de su visita a Cozumel en 1937, cuenta que en la pared de la torre del reloj público de Cozumel "hay incrustada una piedra de 73 centímetros por 58 centímetros que tiene la representación de una cabeza de serpiente emplumada...". Éste es el único ejemplo, que yo sepa, en el que se puede identificar, sin lugar a dudas, a un dios maya representado en bajo relieve en Cozumel.

Los historiadores y antropólogos han sabido de estas pocas referencias a los dioses de Cozumel durante siglos. De hecho, hasta el primer cuarto del siglo XX, antes de la popular idea de hoy en día de que el templo maya más importante de Cozumel era uno dedicado a Ix Chel, la creencia más extendida entre los mayistas era que había un gran templo dedicado al dios Teel Cuzam en la isla.

Muchos autores del siglo XIX citan estos pasajes de los primeros documentos, pero a veces añaden palabras en la traducción, o parafrasean el texto, tergiversando su significado. Es simplemente otro ejemplo del viejo juego infantil del "teléfono descompuesto". Así, Víctor Gebhardt escribe en su libro de 1880, *The Gods of Greece and Rome*: "In the atrium of Teel-Cuzam, dedicated to a hero with feet of a swift, you can see a cross ten palms high, that the Indians revere and implore, even if they don't know why." ("En el atrio de Teel-Cuzam, dedicado a un héroe con pies ligeros, se puede ver una cruz de diez palmas de altura, a la que los indios veneran e imploran, aunque no saben por qué").

Antonio de Solís y Ribadeneyra, en su libro de 1684 *Historia de la conquista de Mexico, población y progresos de la América septentrional, conocida por el nombre de Nueva España*, escribe: "A poco trecho de la costa se hallaron en el templo de aquel ídolo tan venerado, fabricado de piedra en forma cuadrada, y de no despreciable arquitectura. Era el ídolo de figura humana; pero de horrible aspecto y espantosa fiereza... dicen que se llama este ídolo Cozumel, y que dio a la isla el nombre que conserva hoy en día...".

En el libro *Fernando Cortés and the Conquest of Mexico*, escrito por Francisco Augusto MacNutt en 1909, se puede leer la siguiente línea, que MacNutt falsamente afirma que aparece en la *Historia de Yucatán* de Cogolludo: "Cozumel was a place of pilgrimage, and in one of the great temples there stood a hollow terra-cotta statue, called Teel-Cuzam...". Como resulta obvio, estas no son las palabras exactas de Cogolludo, que escribe sus obras en español. Es un parafraseo en inglés de varias partes del libro de Cogolludo, hilvanadas de una forma distinta a como fueron escritas originalmente. Lo que Cogolludo en realidad escribe es lo siguiente: "Era Cozumel el mayor santuario para los indios que había en este reino de Yucatán, y a donde recurrían en romería de todo el". Luego prosigue: "la isla de Cozumel era Supremo Santuario, y como Romano de esta tierra, donde no solo los moradores de ella, pero de otras tierras concurrían a la adoracion de los idolos, que en ella veneraban... para que llegan a Cozumel al cumplimiento de su promesas, a las ofrendas de sus sacrificios, a pedir el remedio de sus necesidades, y a la errada adoracion de sus dioses fingidos".

Queda claro que en este pasaje Cogolludo no está hablando de un único templo solitario que hizo que Cozumel fuera tan importante. Cogolludo dice que "Cozumel era Supremo Santuario" y "Era Cozumel el mayor santuario". Deja claro que <u>la isla entera</u> era sagrada, <u>por la multitud de ídolos que allí tenían</u>; ídolos como Chaac, Teel

Cuzam, Al Hulneb, Ah Yax Ac, Chin-ab, Kinich Kakmo, Kukulkán e Ix Chel.

Cogolludo no es el único en escribir sobre este tema. Otra fuente es fray Diego de Landa, en el resumen de su manuscrito de alrededor del año 1566, hoy perdido, *Relación de las cosas de Yucatán*: "Y que tienen a Cuzmil y el pozo de Chichenitzá en tanta veneración como nosotros las romerias a Hierusalén y Roma, y así les iban a visitar y ofrecer dones, principalmente a la de Cuzmil, como nosotros a lugares santos". Cabe señalar, sin embargo, que De Landa nunca mencionó a ningún dios o diosa asociado a esta peregrinación, a pesar de que muchos autores modernos han alterado su texto original para que parezca que él la relaciona con Ix Chel.

La *Crónica de la Nueva España* de Francisco Cervantes de Salazar, publicada en 1558, es una recopilación de datos que él obtuvo de otras fuentes. En este libro, Cervantes de Salazar afirma que el templo más importante de Cozumel estaba a "un tiro de ballesta de la mar" y "era muy celebrado por toda aquella tierra, a causa de la mucha devocion con que a él concurrían de diversas partes en canoas, especialmente en tiempo de verano... venian y hacian allí sus oraciones, ofrecían muchas cosas a los idolos...". Continúa diciendo: "era estimado este templo entre ellos que la casa de Meca entre los moros".

Bernal Díaz del Castillo escribe también sobre las peregrinaciones a Cozumel en su manuscrito de 1568 *La historia verdadera de la Conquista de la Nueva España*: "venían muchos indios en romería a aquella isla de Cozumel, los cuales eran naturales de los pueblos comarcanos de la punta de Cotoche y de otras partes de tierra de Yucatán, porque según pareció había allí en Cozumel unos ídolos de muy disformes figuras, y estaban en un adoratorio en que ellos tenían". Una vez más, no hay en este texto ninguna alusión a ningún dios por su nombre, sino una mención a los ídolos en plural.

Utilizando las obras de Diego de Landa y Bernal Díaz como guía, Antonio de Herrera y Tordesillas escribió en su *Historia general* de 1601: "... pero lo que más veneraban era à los Templos de la Isla de Cozumèl, i el Poço de Chichen, que era, como entre nosotros, Roma i Jerusalén, adonde iban en Romería, i se tenian por santificados los que allá havían estado; i los que no iban, embiaban sus ofrendas, i havia algunos Idolos, que daban respuestas". Una vez más, vemos que los términos "idolos y templos" están pluralizados, pero no hay ninguna referencia a un dios específico.

El único texto antiguo que menciona a Cozumel y al culto a Ix Chel en el mismo contexto es el testimonio de 1579 del entonces encomendero de Cozumel, Diego Contreras Duran. Contreras escribe: "… los yndios antiguos dellos dizen que nunca fueron sujetos a ningun señor, sino libres, y que antes todo de esta tierra y yndios yvan de ordinario ala dicha ysla a adorar çierto ydolo que tenyan en çiertos edificios antiguos a quyen beneraban mucho, que yvan a la dicha ysla a adorar el dicho ydolo como si fueran a ganar perdones, porque yban desde tabasco y xicalango y chanpoton e canpeche, e de otros pueblos lexanos venyn a ber y a adorar el dicho ydolo, y en los dichos edificios a donde estava el dicho ydolo tenyan y estaba un yndio viejo que lo llamaban alquín, que quyere decir en nuestra lengua clerigo o sacerdote, y los yndios que yban a ber el ydolo hablavan con el dicho alquin y le decían a lo que venyan y lo que querian, y el dicho yndio viejo alquyn hablaba con el ydolo o con el demonio, que disen estaba dentro del, el qual le respondía a todo lo que le preguntava y sabian del todo lo que querian, y el dicho yndio viejo alquyn bolvia la respuesta que el ydolo les daba, por manera que los yndios todos desta tierra yvan a saber del ydolo todo aquello que querian, y el yndio viejo, después de aber hablado con el ydolo les daba la respuesta, y le llevan de presente de todo aquello que tenyan de sus cosechas, y este ydolo se llamaba yschel, y este nombre llamaban a este ydolo, e no me supieron dar razón los indios que quería dezir yschel y porque le llamaron asi".

Este insólito documento, el <u>único</u> escrito que involucra a Ix Chel con Cozumel antes del siglo XX, me pareció una anomalía. ¿Cómo es que, a diferencia de todos los testigos oculares y de todos los primeros historiadores, Diego de Contreras fue la <u>única persona</u> que menciona a Ix Chel relacionada con Cozumel?

Contreras escribió esta carta en respuesta a un interrogatorio que le fue enviado por el Consejo Real y Supremo de las Indias, el cual estaba pidiendo información sobre el territorio español en el Nuevo Mundo. Contreras la redactó mientras estaba en Valladolid, Yucatán, donde vivía. Era hijo de Juan de Contreras y Beatriz Durán y había nacido en algún momento después de 1545. Hay algunas partes de su carta que me parecen extrañas. En primer lugar, Contreras dice "que antes todo de esta tierra y yndios yvan de ordinario a la dicha ysla a adorar çierto ydolo", una oración que utiliza el tiempo pasado, lo que significa que Contreras está informando que los indios estaban visitando a este ídolo <u>antes</u> de 1579, año en que redacta la carta, pero ya habían dejado de hacerlo para cuando él escribió sobre esto. En el momento en que estaba escribiendo esta carta, la población de Cozumel había sido prácticamente aniquilada por la viruela, y los comerciantes mayas ya no hacían, como antes, frecuentes paradas en la isla trayendo sus mercancías. Entonces ¿de dónde sacó esta información? Hubo monjes y sacerdotes que visitaban Cozumel antes de 1564, cuando el obispo de Yucatán, Francisco de Toral, fue a la isla, pero nunca mencionaron a Ix Chel o a la peregrinación de mujeres. Más tarde, Toral escribió un informe diciendo: "Derroquéles todos sus templos antiguos, que era como Roma o Jerusalem entre nosotros aquella isla entre éstos". Sin embargo, Toral nunca habla de ninguna peregrinación de mujeres o de la diosa Ix Chel.

Poco después de la visita de Toral a Cozumel, fray Cristóbal de Asencio pasó cinco meses viviendo en la isla, para atender las necesidades espirituales de los mayas que ahí residían desde las dos iglesias que habían sido construidas en Cozumel alrededor de 1552. Fray Asencio dice en su informe de su visita: "... y asi pase mis doctrinas y escuelas en cada pueblo [San Miguel de Xamancab y Santa María de Oycib], reformandose las iglesias, que estan como cosa de prestado". ¿Significa esto que mientras Asencio enseñaba las doctrinas a los mayas en Cozumel y renovaba las dos descuidadas iglesias construidas en San Miguel y Cedral, hubo peregrinos que llegaban a la isla para hacer sacrificios en un importante templo, completamente desconocido para él? En su informe, escrito en 1570, Asencio enumera a todos los adultos de Cozumel y dice que eran solo 361 en San Miguel y Santa María de Oycib. ¿Eran tantos que no podía reconocer nuevas caras cuando iban en peregrinación desde el continente? Me parece que en su carta de 1579, Diego Contreras estaba repitiendo una historia que le habían contado, no algo que había visto con sus propios ojos. Puede ser que la historia que se le narró fuera incorrecta, o pudo haber sido malinterpretada, porque si la diosa Ix Chel era tan importante, ¿cómo es que Contreras escribe "no me supieron dar razón los indios que quería decir yschel y porque le llamaron asi"? Parece que sus informantes estaban o muy mal informados, o le era difícil entender lo que ellos trataban de decirle. Es interesante que Contreras no menciona a las mujeres mayas o su supuesta "necesidad de visitar Cozumel, al menos una vez en sus vidas" en ningún lugar de su carta.

Por lo tanto, ¿por qué la historia sobre una peregrinación de mujeres al templo de Ix Chel en Cozumel está tan arraigada en la mente de la gente de hoy, cuando no existe ni una sola referencia a esta peregrinación a Cozumel en ninguno de los archivos, en ninguno de los códices, o en ninguna de las inscripciones mayas? ¿Y por qué está Ix Chel tan ligada a la imaginaria peregrinación de mujeres cuando solo existe una mención a Ix Chel vinculada a una peregrinación a Cozumel (que no refiere el género de los peregrinos), y más de <u>diez</u> que hablan de una peregrinación a Cozumel para hacer sacrificios humanos a los dioses, <u>en plural</u>?

La asociación del templo "a un tiro de ballesta de la mar" en San Miguel de Xamancab con Ix Chel (en lugar de Teel Cuzam) comenzó en 1924, cuando Samuel Kirkland Lothrop escribe algo sobre Ix Chel en su libro *Tulum*. Lothrop declaró audazmente que "To her shrine on Cozumel pilgrims flocked from all parts of Yucatán and even from distant Tabasco" ("A su santuario en Cozumel los peregrinos acudían de todas partes de Yucatán e incluso de la lejana Tabasco"). Suponemos que tomó la idea de que este templo pertenecía a Ix Chel por el testimonio de Contreras de 1579, pero no lo sabemos a ciencia cierta; Lothrop no citó su fuente para este dato. En 1939, el arqueólogo Sir John Eric J. Thompson publicó un artículo académico en el que presentó la misma teoría de que el templo "a un tiro de ballesta de la mar," era el templo de Ix Chel y un destino de peregrinación. Sin embargo, Thompson utiliza solo la carta de Contreras como base, junto con una cita del libro de López de Cogolludo, en la que Thompson inserta a "Ix Chel" en una línea del texto, cuando ese nombre no aparece en el texto original de Cogolludo.

Thompson sostenía también la tesis de que los jeroglíficos mayas no tenían ningún elemento fonético y solo representaban ideas completas. Esta teoría fue refutada después de su muerte, como muchas otras tesis suyas que se basan en sus propias interpretaciones erróneas de los glifos mayas. Aun así, durante muchos años la mayoría de los arqueólogos y autores aceptaron las teorías de Thompson y de Lothrop como válidas y comenzaron a repetirlas en sus propios libros e informes. En 1970, Thompson publicó una obra popular, *Maya History and Religion*. El libro fue traducido al español y se vende como pan caliente. En él, su vieja teoría es presentada como un hecho. A partir de ese momento y con la ayuda de decenas de estudiosos, incluidos arqueólogos estadounidenses y mexicanos, que utilizan de nuevo como guía los textos modernos como los de Thompson y Lothrop, en lugar de los documentos históricos originales, Ix Chel quedaría firmemente asociada en la memoria colectiva con una peregrinación a un templo erigido para ella en Cozumel.

Así pues, si Thompson y Lothrop constituyen las fuentes de la teoría de que el templo en el cual Cortés destruyó ídolos mayas era el de Ix Chel, ¿de dónde se origina la creencia de que todas las mujeres mayas estaban obligadas a hacer una peregrinación a dicho templo al menos una vez en su vida? La idea viene de los textos mal parafraseados, o intencionalmente distorsionados de trabajos y libros escritos durante los siglos XX y XXI. No proviene de ningún texto histórico. Por ejemplo, aquí hay una cita del trabajo *Religious resistance and persistence on Cozumel Island*, escrito por Shankari Patel: "Ethnohistorical sources note that Maya women traveled to Ix Chel's shrine at Cozumel at least once in their lifetimes". ("Fuentes etnohistóricas cuentan que las mujeres mayas viajaban al santuario de Ix Chel en Cozumel al menos una vez en su vida"). Patel afirma que esta información provino del libro de Arthur G. Miller, *On the edge of the Sea; Mural paintings at Tancah-Tulum*, publicado en 1982. ¿Pero esta es la información en realidad contenida en el libro de Miller? Cuando leemos el libro de Miller, vemos que no es lo que él escribió. Miller no dice nada acerca de que "mujeres mayas viajaban al santuario de Ix Chel en Cozumel al menos una vez en sus vidas". Lo que Miller escribe es: "A major shrine to Ix Chel, where pregnant women consulted a famous idol of this goddess, is well documented on Cozumel." ("Un santuario principal de Ix Chel, donde las mujeres embarazadas consultaban un famoso ídolo de esta diosa, está bien documentado en Cozumel").

Así, a pesar de que Miller nunca escribió la frase "al menos una vez en su vida", repite la vieja teoría de Thompson como si fuera un hecho, reforzando esa idea en la memoria colectiva del público en general. Y ¿cuál archivo etnohistórico "bien documentado" leyó Miller para saber que "las mujeres embarazadas consultaban a un famoso ídolo de esta diosa"? No lo sabemos; Miller no nos dice. Él tiene todas sus fuentes históricas enlistadas en la bibliografía de su libro, pero <u>no hay</u> una fuente de esa lista que incluya esta declaración, <u>porque no existe ningún documento escrito antes del siglo XX que diga esto</u>. En otras palabras, esta declaración de Miller, así como la de Patel, no son confiables.

Hay varias descripciones del siglo XVI sobre el interior de cierto templo que estaba cerca de la playa en Xamancab. Una de ellas aparece en una <u>traducción</u> al español de un <u>resumen</u> realizado por Gonzalo Fernández de Oviedo de un <u>anexo</u> de la octava edición del libro italiano de 1522, *Itinerario de Ludovico de Varthema, Bolognese nello Egitto, nella Soria nella Arabia deserta y feliz, nella Persia, nella India & nella Ethyopia*, que fue impreso del borrador de la traducción italiana, de la <u>copia</u> del escribano en <u>español</u>, del informe escrito por Benito Martín, en donde <u>redactó</u> y <u>parafraseó</u> el reporte original de Juan Díaz, de 1518, sobre los acontecimientos que tuvieron lugar en Cozumel en ese año.

El libro italiano que tiene esta versión traducida y editada del informe redactado dice que en el interior del templo en Xamancab de San Miguel Cozumel, los mayas "teniua certe figure de ossi & de cenise de idoli che sono qlli che adorauano loro". Esto es todo lo que menciona este informe de los elementos en el interior del templo y del ídolo. Nada más. Sin embargo, hay algunas palabras muy interesantes en este texto.

Una de ellas es "cenise". Con frecuencia, esta palabra se transcribe y traduce como si hubiera sido escrita con la grafía "cenizas". Sin embargo, "cenise" es en realidad una falta de ortografía del siglo XVI, una grafía incorrecta de la palabra "cemís", que pertenece a la lengua de los indios taínos que vivieron en Cuba, La Española, Jamaica, Puerto Rico y otras islas del Caribe de los siglos XV al XVI. Los cemíes son ídolos o reliquias que tienen el espíritu de un poderoso antepasado. Este espíritu (contenido en los huesos o cenizas del ancestro fallecido) se puede mantener en una cesta, urna de terracota, escultura de madera hueca, o escultura de terracota (todas las cuales podrían ser "figuras de huesos" a las que se refiere el Itinerario), pero a menudo se guardaba toda la cabeza del antepasado como cemí. La cabeza era momificada, cubierta de barro o resina y alojada dentro de un bulto o paquete relicario antropomórfico, que servía como vínculo para que los vivos se comunicaran con el espíritu del cacique fallecido. Antes de su viaje a Cozumel, Bernal Díaz y sus compañeros interactuaron con frecuencia con los taínos en Cuba y es probable que hayan visto muchos de estos cemíes durante los años que permanecieron allí. Varios de los compañeros de Bernal también aprendieron el idioma taíno durante su estancia en Cuba, por lo que no es sorprendente que hayan usado una palabra familiar en taíno para describir un paquete relicario maya.

La primera mención de un cemí se puede encontrar en el resumen de Bartolomé de las Casas del *Diario de abordo* que Cristóbal Colón hizo durante su primer viaje al Nuevo Mundo. Después, en 1498, fray Ramón Pané escribió sobre los cemíes en su manuscrito *Relación acerca de las antigüedades de los indios*. Pietro Martire, quien habló con Colón y Cortés personalmente y tuvo acceso a sus documentos relativos a sus descubrimientos, también escribió extensamente sobre los cemíes en su libro *De Orbe Novo Decades*, publicado en 1516 y 1521.

Diego de Landa, en su manuscrito *Relación de las cosas de Yucatán*, menciona que los mayas también hicieron este tipo de relicario. "A los antiguos señores Cocom, habían cortado las cabezas cuando murieron, y cocidas las limpiaron de la carne y después aserraron la mitad de la coronilla para atrás, dejando lo de adelante con las quijadas y dientes. A estas medias calaveras suplieron lo que de carne les faltaba con cierto betún y les dieron la perfección muy al propio de cuyas eran, y las tenían con las estatuas de las cenizas, todo lo cual tenían en los oratorios". En este texto, De Landa afirma que los cemíes se almacenaban junto con las "estatuas de las cenizas" huecas que guardaban en los oratorios. Explica que la cremación era reservada para las personas más importantes y luego continúa diciendo: "echaban las cenizas en estatuas huecas de barro, cuando eran muy señores" y "guardaban estas estatuas con mucha reverencia entre sus ídolos". De Landa también cuenta que conservaban estas estatuas huecas "en muy gran reverencia y acatamiento, y todos los días de sus fiestas y regocijos les hacían ofrendas de sus comidas para que no les faltase en la otra vida donde pensaban sus almas descansaban...".

Fotos de las partes delantera y trasera de un cemí del siglo XVI de la isla de La Española, cubiertas con cordón de algodón y cuentas hechas de huesos de pescado y conchas rojas. Tanto la parte delantera como la trasera de este cemí tienen caras. La cara en la parte frontal está hecha de resina aplicada sobre el cráneo del indio taino, Imagen de *Taino*, editado por Fatima Bercht, *et ál.*

Estas pequeñas estatuas de arcilla, huecas, fueron hechas específicamente como recipientes para contener las cenizas de jefes, no como figuras para que alguien se escondiese en su interior e imitara la voz de un dios. En la *Historia general y natural de las Indias* de 1535, de Gonzalo Fernández de Oviedo y Valdés, existe una mención al cemí en el templo de Cozumel: "Tienen allí ciertas esteras de palma hechas líos e unos huesos que dixeron que eran de un señor calachuni muy principal".

Hay algunos cemíes, dice fray Pané, "... que hablan, otros que causan crecer las plantas, otros que traen lluvia, otros que hacen que los vientos soplen... y otros que ayudan a las mujeres en el parto". Esta última frase suena muy parecida a una de las funciones atribuidas a Ix Chel.

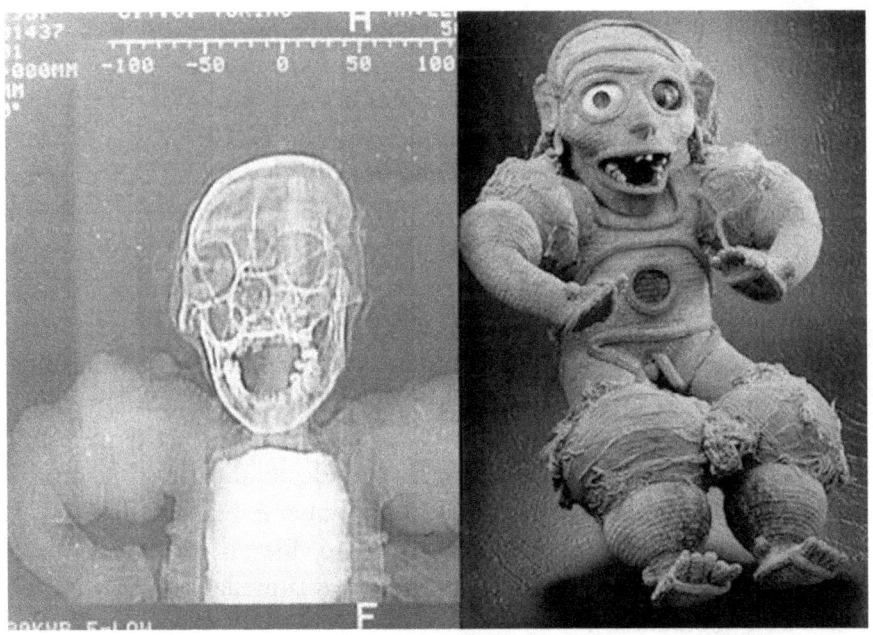

A la izquierda: Una imagen de rayos x de un cemí taíno. A la derecha: Ese mismo cemí hecho de cordón de algodón y un cráneo humano, y descubierto en una cueva en la República Dominicana. Imagen de *L'Arte Taino* de Jacques Kerchache.

En su *Historia*, Oviedo también describe cómo los caciques mayas utilizaban a los cemíes para controlar y manipular a sus súbditos: "se anunciaban como dimandos de un oráculo, o de un Cemí, a quien hacían hablar lo que quierian por medio de los agoreros o médicos, que exercian las funciones de ministre del ídolo. Estos se ocultaban detrás de la estatua del Cemí: declaraban la guerra y la paz, arreglaban las estaciones; concedían el sol, la lluvia, y cuanto convenía según las necesidades lo exigían, o el antojo del Cacique lo dictaba...". En otra parte de su libro, Oviedo dice: "fuera de sus pueblos tenían un adoratorio grande en donde tenían al cemí tutelar. Allí concurria el cacique y los sacerdotes, que se ocultaban a las espaldas del ídolo y hablaban por su boca cuanto el Cacique les sugería. En las funciones que celebran, llevaban de comer al Ídolo, y sus ministros se regalaban con las ofrendas".

En su libro *Historia de la Indias*, fray Bartolomé de las Casas también escribe acerca de las consultas a los cemíes; dice que los sacerdotes mayas hablaban con los cemíes y luego transmitían el mensaje a los otros indios. El hijo de Cristóbal Colón, Fernando Colón, comenta en su libro, *Historie del S. D. Fernando Colombo; nelle s'ha particolare et vera relatione della vita e de fatti dell'Almiraglio D. Christoforo Colombo suo padre*, que el almirante describió cómo los españoles descubrieron la forma en que funcionaban los cemíes: "entraron los cristianos con ellos en la dicha casa, y de súbito, el cemí gritó fuerte y habló en su lengua, por lo que se descubrió que era fabricado con artificio: porque siendo hueco, tenía en la parte inferior acomodada una cerbatana o trompa que iba a un lado oscuro de la casa, cubierto de follaje, donde había una persona que hablaba lo que el cacique quería que dijese, cuanto se puede hablar con una cerbatana. Por lo que los nuestros, sospechando lo que podía ser, dieron con el pie al cemí y hallaron lo que hemos contado. El cacique, viendo que habíamos descubierto aquello, les rogó con gran instancia que no dijesen cosa alguna a los indios sus vasallos, ni a otros, porque con aquella astucia tenían a todos a su obediencia".

En su *Crónica*, Francisco Cervantes de Salazar cita las palabras supuestamente dichas por Hernán Cortés a los mayas de Cozumel, cuando estuvo en la isla destruyendo los ídolos: "quiéros descubrir una maldad con que hasta ahora os han engañado los ministros del demonio, perseguidor vuestro, y es que esas figuras son huecas por de dentro, métese un indio por debajo y por una cerbatana habla y da respuesta, fingiendo que las figuras hablan; y porque no penséis que os engaño, delante de vosotros derribaré un ídolo y hare que los sacerdotes confiesen ser así lo que digo". Cabe señalar que en este texto, Cortés usó la palabra "figuras" en plural. No estaba hablando de un solo ídolo hueco, sino de varios.

Por lo tanto, si los ídolos no eran lo suficientemente grandes como para que el sacerdote pudiera entrar en ellos, ¿por qué estaban huecos? Dice De Landa: "A los señores y gente de mucha valía quemaban los cuerpos y… echaban las cenizas en estatuas huecas, hechas de barro, cuando los muertos eran muy señores". Estas estatuas de osario huecas habrían sido el "figure de ossi" (figuras de *huesos*) que se mencionan en el Itinerario de Grijalva en su visita a Cozumel en 1518. También es interesante leer que los sacerdotes utilizaban un tubo de madera como megáfono, situado en la parte posterior del ídolo hueco para hacerlo "hablar". Esto tiene mucho sentido, porque es difícil de imaginar un ídolo de barro hecho en Cozumel tan grande como para que un sacerdote pudiese entrar, ya que simplemente no hay ejemplo o reporte de algún artefacto hecho de barro cocido por los mayas que fuera de ese tamaño. Además, los mayas de Cozumel importaban casi todas sus cerámicas de la costa, o más lejos, ya que la isla no tiene la arcilla apropiada para hacer una cerámica resistente.

Andrés de Tapia, que estuvo con Cortés en Cozumel en 1519, escribe en su informe de 1539 que en Cozumel: "Adoraban la gente della en ídolos, a los cuales hacían sacrificio, especial a uno que estaba en la costa de la mar en una torre alta. Este ídolo era de barro cocido e hueco, pegado con cal a una pared, e por detrás de la pared había una entrada secreta por do parecie que un hombre podía entrar y envestirse el dicho ídolo, e así debie ser, porque los indios decían, segund después se entendió, que aquel ídolo hablaba". La palabra "envestirse" en este texto no significa que los sacerdotes "entraron" al ídolo, sino que invistieron, establecieron, o confirieron poder al ídolo. La mala interpretación de la palabra "envestirse" ha causado que innumerables historiadores y autores crean, de manera errónea, que las estatuas eran lo suficientemente grandes como para que los sacerdotes entraran en ellas; pero esto no es así. El texto no dice nada del tamaño de los ídolos; solo explica que el sacerdote podía entrar en la habitación secreta detrás del ídolo y "empoderarlo" haciendo parecer como si la estatua estuviese hablando.

Antonio de Herrera y Tordesillas, escribió en su libro *Historial general*, que en Cozumel los españoles: "Vieron algunos adoratorios y templos y uno en particular cuya forma era de una torre cuadrada ancha de pie y hueco en lo alto, con cuatro grandes ventanas, con sus corredores y en lo hueco que era Capilla estaban ídolos y a las espaldas estaba una sacristía a donde se guardaban las cosas del servicio del templo". En este texto, la habitación detrás de la pared posterior del cuarto del frente del templo fue descrita como una sacristía, donde los sacerdotes guardaban su parafernalia religiosa. También hay que tener en cuenta que Herrera no escribe que solo había un ídolo en el templo, sino que usó el término <u>ídolos</u>, en plural.

En su *Historia de Yucatán*, Cogolludo combina y embellece los informes de escritores anteriores, como Tapia, escritos 136 años antes. El resultado es una mezcolanza de partes y pedazos de los textos originales, cortados y pegados juntos en secuencias diferentes a las de los originales, con nuevas palabras y frases descriptivas añadidas. En su versión rehecha a mano de la historia, Cogolludo escribe: "La singularidad de un ídolo, que había en aquel templo, y por cuya causa era tan visitada de peregrinos aquella isla... Estaba este ídolo en el templo cuadrado... era muy diverso y extraño demás. Su materia era barro cocido, la figura grande y hueca, pegada a la pared con cal. Había a las espaldas una como sacristía, y en ella tenían los sacerdotes una puerta pequeña oculta abierta a las espaldas del ídolo, por donde uno de los sacerdotes entraba, y de allí respondía a las demandas... Creían los miserables engañados, que su ídolo les hablaba, y creían lo que decía, y así le veneraban más que a los otros con diversas ofrendas, sacrificios de sangre, aves, perros, y aun a veces de hombres. Como este siempre su parecer les hablaba, era tan grande concurso de todas partes a consultarle y solicitar remedio a sus cuidados".

Este texto, reconstruido a partir de documentos anteriores y distorsionado como está, aun así no dice que los sacerdotes entraban en el <u>ídolo</u>; afirma que el sacerdote entraba a la <u>sacristía</u>, por detrás del ídolo, y hablaba a la gente desde una pequeña puerta detrás del ídolo. Parece que la historia del enorme ídolo hueco de Ix Chel en Cozumel comenzó cuando los primeros escritores comenzaron a copiar y modificar ligeramente el texto con cada entrega, al igual que sucede con el juego del "teléfono descompuesto".

En 1552, fue publicada la *Historia general de las Indias* de Francisco López de Gomara y este es el texto que muchos arqueólogos, historiadores y escritores citan cuando tratan sobre "la gigante estatua hueca de Ix Chel". El problema estriba en que Gomara nunca había estado en Cozumel, ni en el Nuevo Mundo para el caso, así que solo editó y reescribió los informes de los demás (como Cortés y Tapia), añadiendo palabras y líneas aquí y allá que los originales no tenían, y eliminando otras que sí estaban en los originales. Fue exactamente este tipo de descuidada y distorsionada escritura lo que causó que un testigo ocular de los acontecimientos en Cozumel, Bernal Díaz del Castillo, criticase con severidad a Gomara en su propio libro *La historia verdadera de la Conquista de la Nueva España*. Díaz escribe que él se vio obligado a escribir *La historia verdadera* con el fin de contradecir la *Historia general de las Indias*, porque la obra de Gómara era tan mala, estaba tan llena de errores, y tan deformada, que no podía soportar la idea de dejarla así. Aquí se reproduce, entonces, la parte pertinente del texto de Gomara: "Los sacerdotes tenían una puerta secreta y chica hecha en la pared á par del ídolo. Por allí entraba uno de ellos, Embutiase en el hueco del bulto, y hablaba y respondía á los que venían en devoción y con demandas".

En este texto de Gomara, se pueden ver las huellas de las palabras de otros escritores, pero con más detalles y adiciones que no aparecían en las obras originales. Gomara a menudo altera una palabra aquí y allá, y cambia el mensaje, como en su uso de la palabra "embutiase" (meterse en un espacio pequeño o estrecho), en lugar de "envestirse" (conferir poder), que es el término que el testigo Tapia utiliza para describir la acción. Una vez más, ¡un ejemplo del antiguo juego del "teléfono descompuesto"!

Por lo tanto, ¿qué sabemos a ciencia cierta sobre el templo en el cual Cortés destruyó los ídolos en Cozumel y ordenó que se emplazaran la cruz de madera y una imagen de la Virgen?

- Que ahí se mantenían los huesos de un cacique importante, custodiados dentro de lo que los españoles llamaron un cemí.

- Que tenían <u>varios</u> ídolos pequeños que estaban huecos y en los que se guardaban las cenizas de jefes, y que los sacerdotes utilizaban un largo tubo de madera para hablar a través de ellos y simular la voz de los dioses, mientras se escondían en la pequeña sacristía ubicada atrás de estos ídolos.

- Que el "ídolo que hablaba" no era lo suficientemente grande como para que un sacerdote pudiera entrar en él y ocultarse.

- Que no hay documentos escritos antes del siglo XX que mencionen alguna relación entre Ix Chel y el templo cerca de la playa, en el que Cortés destruyó los ídolos.

Dado que todos los documentos de las primeras épocas ubican el templo donde Cortés destruyó un ídolo parlante en Cozumel a cincuenta metros de la orilla del mar, ¿por qué entonces la pirámide en San Gervasio, que contiene los restos de un templo en su parte superior (estructura C22-41-a, o Ka'na Nah), es llamada el "templo de Ix Chel" en las guías actuales y en las páginas web? Esto se debe a que el arqueólogo David A. Freidel publicó esa teoría cuando escribió el capítulo nueve del informe preliminar de las dos temporadas de trabajo de campo que hicieron la Universidad de Arizona y la Universidad de Harvard en San Gervasio, durante 1972 y 1973. El informe, titulado *Changing pre-Columbian Commercial Systems*, se publicó en 1975. En su capítulo, Freidel deja claro que, previo a su trabajo de campo, cuando buscaba la existencia de un templo dedicado a Ix Chel en Cozumel, sus referencias eran los escritos de los historiadores modernos y las traducciones al inglés de las fuentes históricas, y no los reportes originales en español. Con estas pobres traducciones al inglés como base, Freidel llegó a la misma conclusión errónea a la que muchos habían llegado antes que él: que el templo en Xamancab donde Cortés destruyó los ídolos tenía una estatua gigante, hueca, con una puerta en la espalda para que un sacerdote pudiera utilizarla para entrar en ella.

Freidel dice que primero dibujó un plano de la base, según la forma como él creía que había lucido el templo de Ix Chel. Luego decidió que si encontraba una ruina que se ajustara a este plano, es decir, un templo en forma de pirámide con dos habitaciones y una pequeña puerta en la pared que separara la habitación del frente de la sala trasera y otras dos puertas en cada lado de esa pared, esa ruina sería entonces del templo de Ix Chel. Creyó que no necesitaba ninguna otra prueba para identificar el templo, como pedazos de la estatua gigante, jeroglíficos que lo identificasen, o murales mostrando a Ix Chel; solo un templo con una planta que cuadrara con su dibujo.

El plano de la planta que Freidel dibujó de cómo se imaginaba que habría lucido el templo de Ix Chel, con base en las descripciones de las traducciones al inglés de las fuentes originarias, previo a su primera visita a Cozumel.

En el resumen del capítulo, Freidel escribe: "In conclusion, we have discovered a structure on Cozumel that bears a strong resemblance to the Temple of Ix Chel as described by Spanish observers at the time of contact. It has been argued that this similarity of form indicates a similarity in function." ("En conclusión, hemos descubierto una estructura en Cozumel que tiene un gran parecido con el templo de Ix Chel según es descrito por observadores españoles en el momento de contacto. Se ha argumentado que esta similitud de la forma indica una similitud en la función."). Y ese fue todo su argumento para identificar el templo de San Gervasio como el templo de Ix Chel: "a strong resemblance to the Temple of Ix Chel as described by Spanish observers at the time of contact." ("un gran parecido con el templo de Ix Chel según es descrito por observadores españoles en el momento de contacto.").

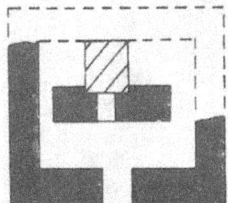

Plano de la estructura C22-41-a, o Ka'na Nah, en San Gervasio.

Sin embargo, parece que, en realidad, Freidel nunca consultó los documentos originales que describían el templo. Sus citas demuestra que solo leyó las versiones en inglés de cómo aparecía el templo en Xamancab. Peor aún, cuando fue incapaz de localizar un templo importante en la cúspide de una pirámide cerca de la playa en Xamancab, donde las fuentes originales indicaban que había estado cuando llegó Cortés, Freidel decidió que, dado que el templo de San

Gervasio cuadraba "más o menos" con su idea de cómo debía haber lucido el templo de Ix Chel, tenía que haber habido <u>dos</u> grandes templos dedicados a Ix Chel, con <u>dos</u> grandes ídolos huecos de la diosa: uno situado en la playa de Xamancab y uno tierra adentro en San Gervasio.

En 1984, los arqueólogos Wiliam Rathje y Jeremy Sabloff publicaron su libro *Cozumel, Late Maya Settlement Patterns*. Este fue el informe final de las temporadas de campo de 1972-1973 en San Gervasio. En dicha obra, Rathje y Sabloff mencionan la estructura C22-41-a, de la siguiente manera: "We have identified a structure in Cozumel as similar to the structure described by López de Gomara..." ("Hemos identificado una estructura en Cozumel similar a la estructura descrita por López de Gomara..."). A partir de estas dos declaraciones, una publicada por Freidel y la otra por Rathje y Sabloff, surgió la creencia tan ampliamente sostenida en la actualidad: Esa estructura C22-41-a en San Gervasio, también conocida como Ka'na Nah, fue el templo de Ix Chel. Y desde entonces no ha habido ninguna otra información, pruebas, o datos para apoyar esta teoría.

Estructura C22-41-a, o Ka'na Nah, en San Gervasio.

¿Qué pasa con la actual y popular idea de que Ix Chel es la diosa del amor y la fertilidad? ¿De dónde provino? Nuevamente, surge de los "intérpretes a favor" del siglo XX que basan su creencia en su interpretación etnocéntrica de las pocas líneas de textos que se refieren a los poderes de Ix Chel. Una de las referencias se encuentra en la *Historia de Yucatán*, de López de Cogolludo, publicada en 1688. En ese libro, Cogolludo escribe: "como tambien á otro de otra grande Hechizera que dezian inuentò ò hallò entre ellos la medicina, y la llamaban Yxchel, aunque tenian Dios de la medicina, nombrado Citbolontun".

Otra mención a los poderes de Ix Chel viene del resumen del manuscrito del año 1566, hoy perdido, del obispo Diego de Landa, *Relación de las cosas de Yucatán*: "Al día siguiente se juntavan los medicos y hechizeros en casa de uno de ellos, con sus mugeres, y los sacerdotes echavan el demonio; lo qual hecho, sacavan los enboltorios de sus medicina en que traían muchas niñerias y sendos dolillos [idolillos] de la diosa de la medicina que llamavan Ixchel, y así a esta fiesta llamavan Ihcil-Ixchel, y unas pedrezuelas de las suertes que echavan y llamavan Am, y con su mucha devoción invocavan con oraciones a los dioses de la medicina que dezían Yzamna, Citbolontum, y Ahau Chamahez…".

La segunda mención de De Landa a Ix Chel proviene también del resumen de su *Relación de las cosas de Yucatán:* "para sus partos acudían a las hechiceras, las quales las hazian creer de sus mentiras, y las ponian debaxo de la cama un ídolo de un demonio llamado Ixchel, que dezian era la diosa de hacer las criaturas".

Comúnmente, la última frase de este pasaje, "la diosa de hacer las criaturas", se ha reescrito como "la diosa de la fertilidad". Sin embargo, el obispo De Landa no escribe "la diosa de la fertilidad"; utiliza un giro muy esotérico de la frase en español antiguo (de hacer las criaturas) para indicar la especialidad de la diosa Ix Chel. "De hacer las criaturas" en este caso no significa "hacer niños", sino que tiene la misma connotación que la frase "de hacer las tripas", que quiere decir "hacer un movimiento intestinal". En este pasaje, el significado correcto de "de hacer las criaturas" es "dar a luz". El concepto de parto es muy diferente de las nociones tanto de concepción, como de fertilidad.

Por lo tanto, parece que Ix Chel en realidad era la diosa del parto, no la diosa de la fertilidad. ¿Por qué importa esto? Porque los antiguos mayas (así como todas las otras culturas mesoamericanas tempranas) veían el acto del parto de una forma muy diferente a como lo vemos hoy. No lo consideraban un acontecimiento feliz por el que las mujeres oraran, sino más bien un evento que las mujeres debían enfrentar y con el cual luchar, algo así como un llamado a la guerra. De hecho, los textos mayas y aztecas a menudo se referían a las mujeres que iban a parir como mujeres que iban a la batalla. Y aquellas mujeres que no sobrevivían este evento traumático eran consideradas como santas y especiales, cual si fueran guerreros muertos en la batalla.

Las culturas azteca, mexica, tolteca y maya tienen cada una sus propias diosas del parto. Para los aztecas, la diosa Cihuacóatl (mujer serpiente) era la homóloga de Ix Chel; ella era la diosa de las parteras y las mujeres que morían durante el parto. A las mujeres aztecas que fallecían dando a luz, se les enterraba en el patio del templo Cihuacóatl. Estos entierros tenían que ser custodiados por varios días, ya que la clase guerrera creía que los dedos, manos, brazos y cabello tomados del cuerpo de una mujer muerta durante el parto le brindarían al guerrero protección sobrenatural en las batallas, y, si pudieran hacerlo, estos hombres, sin dudarlo, desenterrarían el cuerpo de la mujer para adquirir estos pedacitos mágicos.

Cihuacóatl era también una diosa muy exigente. El historiador fray Bernardino de Sahagún escribe en su libro de 1540, *Historia general de las cosas de Nueva España*, que cuando ella quería otro sacrificio de niños, sus sacerdotes dejaban un cuchillo de obsidiana en una cuna vacía en el mercado, como un signo de su impaciencia.

Una homóloga tanto de Cihuacóatl como de Ix Chel es la diosa Coatlicue (falda de serpiente) de los mexicas. Los tlaxcaltecas la conocían como Chimalman, la madre de Quetzalcóatl, el líder tolteca que más tarde se convirtió en dios. Los mexicas representaban a Coatlicue como una anciana con garras en las manos y pies, con una falda de serpientes retorciéndose y un collar de manos humanas cercenadas, cráneos y corazones humanos. Coatlicue también se estableció como diosa de la medicina y como una virgen que daba a luz, similar a Ix Chel.

Hoy en día, algunos creyentes de la "nueva era" llevan flores a la estructura C22-41-a, pensando que están repitiendo una tradición al hacer ofrendas a la diosa. Es difícil imaginar lo que los dioses harían con este nuevo tipo de ofrendas, pero en tiempos pasados, al parecer, las flores no eran el regalo preferido de las deidades. Diego de Landa menciona varios tipos de animales sacrificados por los mayas, incluyendo perros y venados. Además, describe los sacrificios humanos que los peregrinos realizaban cuando iban a Cozumel: "tenian aquellos dos descomulgados sanctuarios de Chichen-itza y Cuzmil donde infinitos pobres enviaban a sacrificar o despeñar al uno [Chichen Itzá] y al otro [Cozumel] a sacar los corazones". De Landa describe el sacrificio humano de esta manera: "llegava al saion nacon con un navajon de piedra y davale con mucha destreza y crueldad una cuchillada entre las costillas del lado izquierdo, debaxo de la tetilla y acudíale allí luego con la mano y echava la mano del corazón como rabioso tigre arancavaselo vivo, y puesto en un plato lo dava al sacerdote, el cual iva muy a prisa y untava a los ídolos los rostros con aquella sangre fresca". El obispo De Landa continúa diciendo: "… estos sacrificados comúnmente solian enterrar en el patio del templo, o sino, comianseles, repartiendo por los que alcançavan y los señores, y los manos y pies y cabeça eran del sacerdote y oficiales…".

¿Significa esto que los mayas de Cozumel ofrecían corazones sangrientos, aún palpitantes, a Ix Chel y más tarde se comían los cuerpos de las víctimas sacrificadas? Este espantoso cuadro no corresponde muy bien con la dulce imagen que de Ix Chel tienen muchas personas hoy en día: una diosa relacionada con el sexo, el amor, la fertilidad, la medicina y el tejido. O, tal vez sí, si su idea de Ix Chel es la imagen que está en el *Códice de Dresde*: la diosa con garras en lugar de dedos, y huesos humanos festoneando su falda.

Guillermo de Anda, un arqueólogo de la Universidad Autónoma de Yucatán, realizó un inventario de los huesos de las víctimas de los sacrificios mayas que encontró sumergidos en los cenotes de Yucatán.

Descubrió que la mayoría de los esqueletos estaban incompletos y desarticulados. También afirmó que la mayoría de esos huesos tenían marcas de cortes y raspaduras de carnicero, señalando el hecho de que los mayas se comían la carne de muchas de estas víctimas. Algunos de estos huesos estaban también semicarbonizados, como si hubieran sido quemados en un fuego.

Existe un testigo español del canibalismo que los mayas practicaban. Jerónimo de Aguilar, uno de los sobrevivientes del naufragio de 1511 en la costa de Quintana Roo, informó que los mayas habían sacrificado a otros cuatro de sus compañeros sobrevivientes y se los habían comido. Bernal Díaz de Castillo también refirió que los mayas de Cozumel habían sacrificado a diez de los once indios taínos que naufragaron en Cozumel, luego de que su canoa varara durante una tormenta.

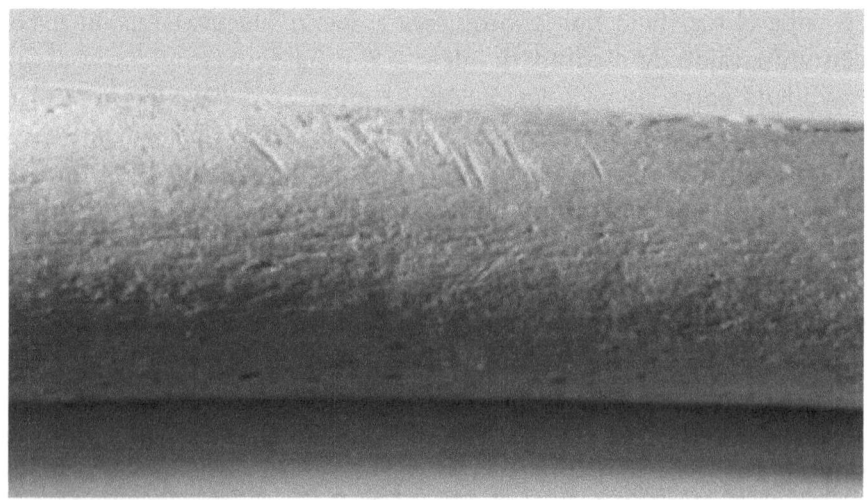

Hueso de una víctima sacrificial de los mayas, que muestra las marcas donde la carne se cortó del hueso con cuchillos de obsidiana.

En su *Crónica de la Nueva España*, Francisco Cervantes de Salazar dice que los mayas en Cozumel "ofrecían muchas cosas a los ídolos, haciendoles muy grandes y solemnes sacrificios, no solamente de brutos animales, sino de hombres y mujeres, niños, viejos, niñas, y viejas...".

También Pietro Martire escribe que los indios de Cozumel: "Inmolan niños y niñas a los zemes [cemís] que son simulacros que ellos veneran". Continúa diciendo: "los morcillos de los brazos y de los muslos y las pulpas de las pantorrillas se los comen...".

Los huesos carbonizados de niños que encontró el arqueólogo De Anda atestiguan esta versión macabra maya de una barbacoa. Sabemos que los sacrificios de niños y bebés eran muy comunes en Yucatán. El arqueólogo De Anda dice que de dos mil huesos extraídos del cenote sagrado de Chichén Itzá, setenta y nueve por ciento eran de niños que tenían entre tres y once años de edad cuando fueron asesinados.

Comiendo las sobras. De la *Historia general de las cosas de Nueva España*, 1540-1585, de fray Bernardino Sahagún.

En 2010, el arqueólogo Steven Houston de la Universidad Brown encontró una tumba maya de un halach uinic con los restos de seis niños, todos menores de dos años, que habían sido sacrificados y enterrados con él. Al lado del cacique había una cacerola con los restos óseos carbonizados de un bebé. Otra tumba de un jefe maya en el norte de Belice tenía los restos de cinco niños sacrificados, entre recién nacidos y ocho años de edad.

Una escena de un recipiente maya, que ilustra el sacrificio de un niño pequeño, tomado del *The Maya Vase Book*, de Justin Kerr.

Bernal Díaz del Castillo habla de peregrinaciones y sacrificios religiosos en Cozumel en su libro de 1568, *La historia verdadera de la Conquista de la Nueva España*. Al respecto, escribe: "había allí en Cozumel unos ídolos de muy disformes figuras, y estaban en un adoratorio en que ellos tenían por costumbre en aquella tierra, por aquel tiempo, de sacrificar". Cogolludo también dice: "llegan a Cozumel al cumplimiento de su promesas, a las ofrendas de sus sacrificios."

Una escena pintada en una vasija de cerámica que representa un sacrificio maya, tomado del *The Maya Vase Book*, de Justin Kerr.

Pero ¿dónde hacían los mayas de Cozumel sus sacrificios humanos? ¿En este templo "a un tiro de ballesta del mar"? Si es así, ¿exactamente dónde se encuentra? Alberto Escalona Ramos menciona una posible ubicación de este templo en su informe de 1946 concerniente a su visita a Cozumel con la Expedición Científica de México realizada en 1937. Escribe que se encontró un grupo de cuatro montículos a un kilómetro al norte de la torre del reloj de la plaza, a menos de medio kilómetro del mar. Escalona dice que los ciudadanos de San Miguel habían saqueado la mayor parte de las piedras del sitio para construir el muelle municipal.

Existe otra posibilidad: el templo de Miramar, o Santa Pilar, que estaba situado un poco al norte de la cuenca de yates, Puerto de Abrigo. Este templo se encontraba lo suficientemente lejos del pueblo de San Miguel como para escapar de los saqueos que Escalona dice que habían ocurrido en los sitios más cercanos a la ciudad. Esto es, por lo menos, hasta la década de 1950, cuando un grupo de estudiantes y profesores de la escuela Benito Juárez decidió desmantelar el santuario y llevar la columna central al museo que se localizaba en la plaza principal en ese momento.

Hoy en día, la columna central de este templo se encuentra en el Museo de la Isla. Ya no tiene los restos de las capas de yeso, ni la pintura verde que tenía en 1895, y su capitel está ahora bajo sus pies en lugar de sobre su cabeza. Hay muchas personas que dicen que se trata de una estatua de Ix Chel, pero no hay manera de saber si eso es cierto. Los arqueólogos no informaron acerca de ningún jeroglífico asociado al templo cuando se descubrió, y no hay estatua o dibujo de Ix Chel que se asemeje a la postura de la figura representada por esta columna. Eso sí, parece que se trata de una mujer dando a luz, pero esto no quiere decir que sea Ix Chel: no hay otro ídolo de piedra, ni recipiente de cerámica, ni un mural, ni una sola pieza de jade o hueso grabado con una representación de Ix Chel en esta posición. Ese es también el problema con todas las ruinas mayas en Cozumel: no hay glifos legibles o murales asociados a ellos que pudieran identificar cuál podría ser el templo de determinado dios.

Foto del templo maya en Santa Pilar tomada por la expedición Allison V. Armour en 1895.

Parece claro que la mitología actual que rodea a la diosa Ix Chel y a la Isla de Cozumel está lejos de la verdad. ¿Los mayas de Cozumel adoraban a la diosa Ix Chel? Probablemente, pero no hay evidencia de que ella fuera la deidad más importante y existen muchas pruebas de que había otros dioses que los mayas de Cozumel veneraban además de a ella.

¿Los mayas de Cozumel la percibían como la dulce diosa del amor como aparece retratada tan a menudo en la actualidad? Seguramente no. Considerada una homóloga de la diosa Cihuacóatl con temibles garras, usando falda de serpientes, y adornada con huesos humanos, es poco probable que los mayas creyeran que la diosa Ix Chel prefiriera las flores en lugar de sangrientos y latientes corazones humanos como regalo.

¿Hubo un templo principal en Cozumel, que estuviera dedicado exclusivamente a Ix Chel? Aunque algunos primeros escritores hablan de un templo muy importante en Cozumel, nadie, salvo Contreras, lo vincula a Ix Chel y muchos otros dicen que estaba lleno de estatuas de diferentes dioses.

¿Fueron todas las mujeres mayas obligadas a hacer una peregrinación a un templo dedicado a Ix Chel en Cozumel, al menos una vez en sus vidas? No. No hay documentos escritos anteriores al siglo XX, que hagan referencia a esta idea, y la visión de cientos de miles de mujeres mayas tratando de hacer su camino a través de Campeche, Yucatán, Quintana Roo, Honduras, Guatemala y Belice para completar esta peregrinación es absurda. Imaginar a las mujeres embarazadas haciendo este viaje, y en canoa, resulta aún más inverosímil.

¿Existió una estatua gigante de cerámica, hueca, de Ix Chel, lo suficientemente grande como para que un sacerdote pudiera entrar y simular la voz de la diosa para los peregrinos que la visitaban? No. Los "ídolos parlantes" no eran gigantes cabinas telefónicas huecas. Se trataba de urnas pequeñas, antropomorfas, huecas, que guardaban las cenizas de importantes personajes. De sus descripciones en varios documentos, queda claro que el sacerdote estaba oculto por una pared o pantalla detrás de la pequeña estatua y utilizaba un tubo de madera para lanzar su voz simulando la del espíritu que residía en ella.

¿Es la estructura C22-41-a, también conocida como Ka'na Nah, en San Gervasio, el templo de Ix Chel? Si bien puede haber habido varios templos dedicados a Ix Chel en Cozumel, no hay documentos antiguos que digan que este era el caso e, incluso, si los hubiera, no hay ninguna prueba de que este templo fuera uno de ellos.

¿Podrá este texto convencer a la gente de que abandone sus viejas creencias con respecto a la diosa Ix Chel? Probablemente no. Como dice el dicho, "es más fácil engañar a la gente que convencerla de que ha sido engañada".

Capítulo 3

Los primeros europeos en visitar Yucatán

Contrario a la creencia popular, los sobrevivientes del naufragio de Valdivia en 1511 no fueron los primeros europeos en llegar a Yucatán, ni fue Francisco Hernández de Córdoba el primer europeo en reclamar Yucatán para España, ni tampoco fue Juan de Grijalva el primero en descubrir Cozumel. Los primeros europeos en visitar Yucatán fueron exploradores portugueses. Así como en los libros de historia se pasó por alto el descubrimiento del Nuevo Mundo hecho por los vikingos y su asentamiento en L´Anse aux Meadows, en Newfoundland (Terranova), la mayoría de las obras sobre la historia del descubrimiento de México no incluyen todos los datos conocidos ahora por los historiadores.

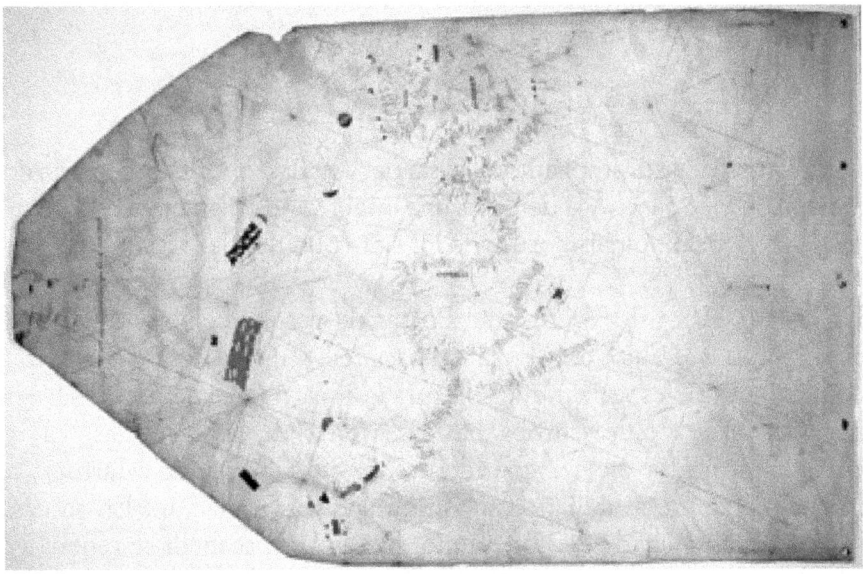

El mapa de Giovanni (Zuane) Pizzigano, 1474

Los portugueses estuvieron enviando por décadas a sus propios exploradores, antes que Cristóbal Colón partiera en su primer viaje de descubrimiento en 1492. Mapas portugueses elaborados tan temprano como en 1424 muestran las partes del Nuevo Mundo que estos expedicionarios fueron descubriendo.

En 1424, Giovanni (Zuane) Pizzigano, un italiano que trabajaba en Portugal para el rey de ese país, dibujó la Europa occidental y el océano Atlántico. En este mapa aparecen varias islas, incluyendo una llamada "Antilia", que debe haber sido la primera imagen de las Antillas en el Atlántico occidental. El mapa se encuentra en la colección de James Bell Ford, en la Universidad de Minnesota.

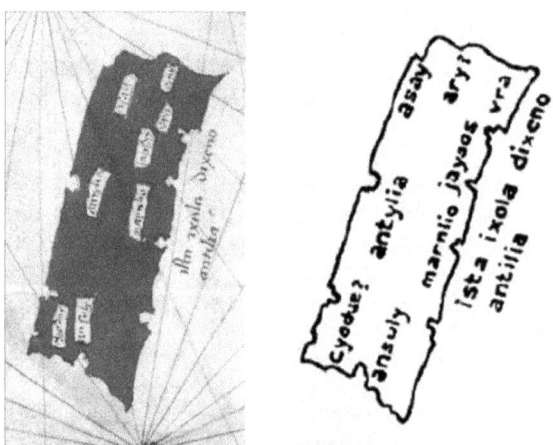

A la izquierda: vista ampliada de la isla de "Antylia" o "Antilia" tomada del mapa de Pizzigano. A la derecha: una interpretación en blanco y negro del original, mostrando los siete pueblos de la isla.

En 1474, Alfonso V, rey de Portugal, escuchó sobre una teoría expuesta por Paulo dal Pozzo Toscanelli (un geógrafo italiano y comerciante de especias) que sostenía la idea de que se podía navegar hacia el oeste desde Europa hasta las Islas de las Especias. El rey encomendó a uno de sus confidentes, Canon Fernando Martínez de Roritz, escribirle al italiano y pedirle mayor información. En su carta de respuesta, fechada el 25 de junio de 1474, Toscanelli se refiere a la isla de Antilia en un conjunto de caminos marítimos trazados con el propósito de establecer una ruta occidental a las Islas de las Especias: "desde la isla de Antilia que ya conoceis y nombrais Sette-Cità, hasta la famosa isla de Cipango, hay diez espacios, que hacen 2,500 millas, o 225 leguas". Cuando Cristóbal Colón oyó de la carta de Toscanelli a Martínez, comenzó igualmente una correspondencia con Toscanelli, y el geógrafo italiano le mandó una copia del mapa que había hecho antes, en la que se mostraban Antilia y la ruta que le había propuesto al rey de Portugal.

Los portugueses no solo navegaron hacia el Caribe antes que Colón; también visitaron lo que ahora es Canadá en 1472, cuando la expedición de João vaz Côrte-Real reclamó una porción, llamando a la nueva tierra "Terra dos Bacalhaus" y, después, "Terra dos Cortes Reais". Estos territorios se conocen ahora como Terranova y Labrador, y son también el lugar del asentamiento vikingo de L'Anse aux Meadows, que data del siglo 1000 d. C.

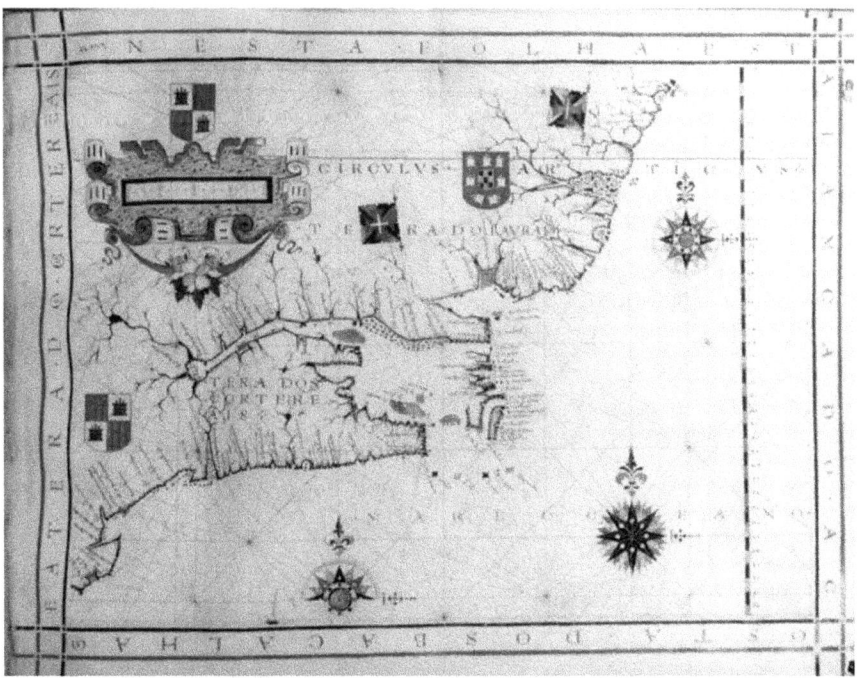

La "Terra dos Corte Reais", o Terranova y Labrador, fue descubierta y nombrada así en 1472 por João vaz Côrte-Real.

Después que el primer viaje de Cristóbal Colón al Nuevo Mundo en 1492 se hiciera público en 1493, la prisa por reclamar partes de ese Nuevo Mundo comenzó en serio. Expediciones de exploración oficiales y no oficiales fueron saliendo de España y Portugal una detrás de la otra. En 1493, el papa decretó que toda tierra recién descubierta sobre el océano debía dividirse entre España y Portugal, y luego eligió un meridiano al oeste de las islas de Cabo Verde como la línea divisoria que separaba los territorios españoles de los portugueses. En 1494, esta línea fue movida ligeramente hacia el oeste, lo que permitió a Portugal reclamar Brasil cuando sus exploradores lo descubrieron seis años más tarde, en 1500. Cualquier portugués que traspasara de manera ilegal hacia el este la línea divisoria (que dejaba a toda Norteamérica, México, y América Central bajo el dominio de España) sería severamente castigado. Para el año 1500, el español Juan de la Cosa había mapeado gran parte de la costa este de América del Norte y América del Sur, así como también la del Caribe, mostrando todos estos nuevos territorios que ahora España reclamaba.

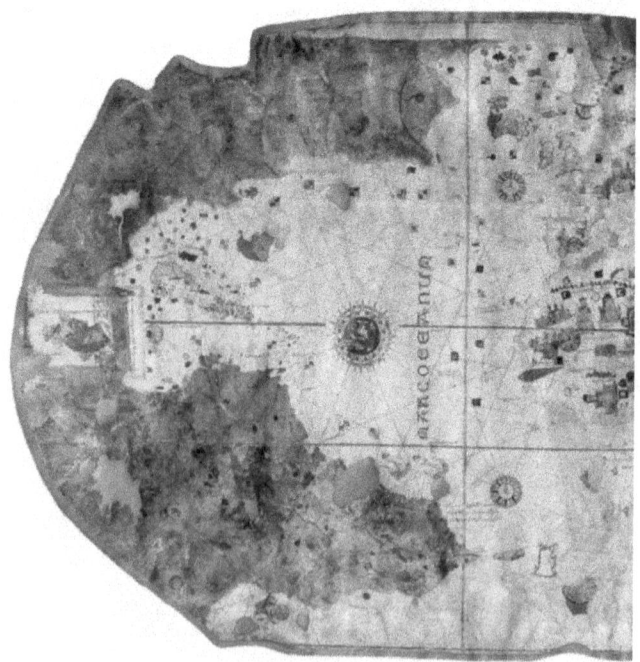

El mapa de Juan de la Cosa del año 1500.

En consecuencia, todos los viajes que los portugueses emprendieron hacia estas áreas prohibidas, propiedad de los españoles, fueron ultrasecretos. Debe haber habido una situación similar a cuando Estados Unidos envió aviones espías U-2 sobre territorio ruso durante la Guerra Fría. Los norteamericanos se sintieron obligados a ver qué estaba pasando en el campo enemigo y trataron por todos los medios de que no los descubrieran haciendo esto; los portugueses hicieron algo similar con España. Aunque tuvieron cierto éxito manteniendo en secreto sus incursiones, queda evidencia sólida de estas intrusiones portuguesas en territorios españoles del Nuevo Mundo, en los mapas oficiales patrocinados por el gobierno, que los exploradores ayudaron a hacer para el rey de Portugal una vez que regresaban de sus viajes secretos. Uno de estos mapas fue dibujado por un cartógrafo portugués y contrabandeado a Italia por el diplomático-espía Alberto Cantino en 1502. Cantino trabajaba para el duque italiano de Ferrara, quien trataba de evitar la pérdida de ingresos de su comercio de especias, que sufriría si España o Portugal encontraban un camino a las Islas de las Especias a través de una ruta hacia el occidente.

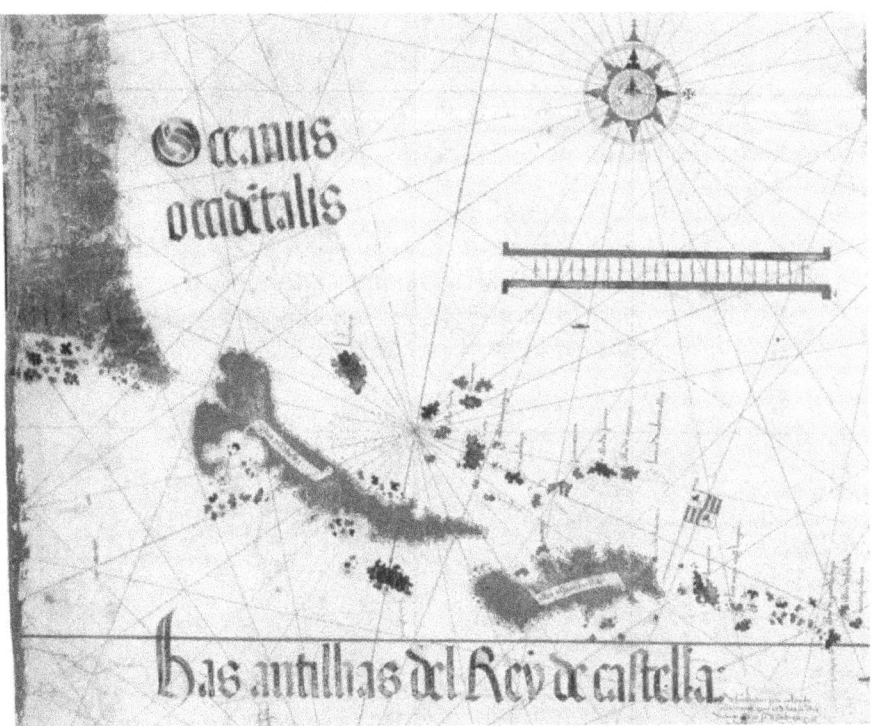

Parte de un mapa anterior a 1502, dibujado por un cartógrafo portugués, ahora conocido como el *Planisferio de Cantino*, en el que aparecen Yucatán, Cuba y La Española.

En algún momento entre 1504 y 1505, el cartógrafo genovés Nicolo Caveri hizo otro mapa en el que se mostraban las Antillas, la costa norte de América del Sur, Honduras, Belice y Yucatán. En la actualidad, ese mapa (conocido como el *Planisferio de Caveri*) se encuentra en la Bibliothèque Nationale de France, en París.

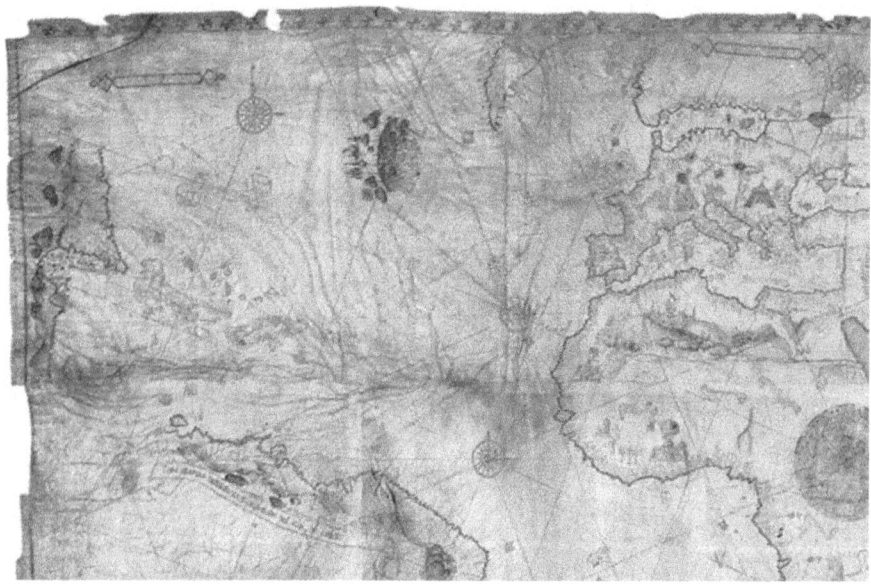

El mapa dibujado entre 1504-1505 por el cartógrafo genovés Nicolo Caveri (también conocido como Nicolo Canerio), en el que se muestran los descubrimientos portugueses en México y la costa norte de América del Sur.

Parte de la *Universalis Cosmographia* dibujada por Johann Ruysch en 1507, 10 años antes de la expedición de Hernández de Córdoba.

El mapa de Johann Ruysch de 1507 resulta también muy interesante. Muestra a Terranova, pero nada del resto de Norteamérica, excepto Yucatán y las Antillas; dado que los territorios de Norteamérica que se encuentran entre Terranova y el golfo de México aún eran desconocidos, Ruysch ubicó a Yucatán y a las Antillas (La Española, Monserrat, Islas Vírgenes y Dominicana) directamente al sur de Terranova. Sobre la parte de tierra que representaba a Yucatán, el cartógrafo plasmó una rúbrica con el texto en latín que dice: "los navíos del Rey Fernando nunca llegaron hasta aquí". El nombre Contil aparece en el mapa donde en realidad se ubica Conil, en la costa de Yucatán.

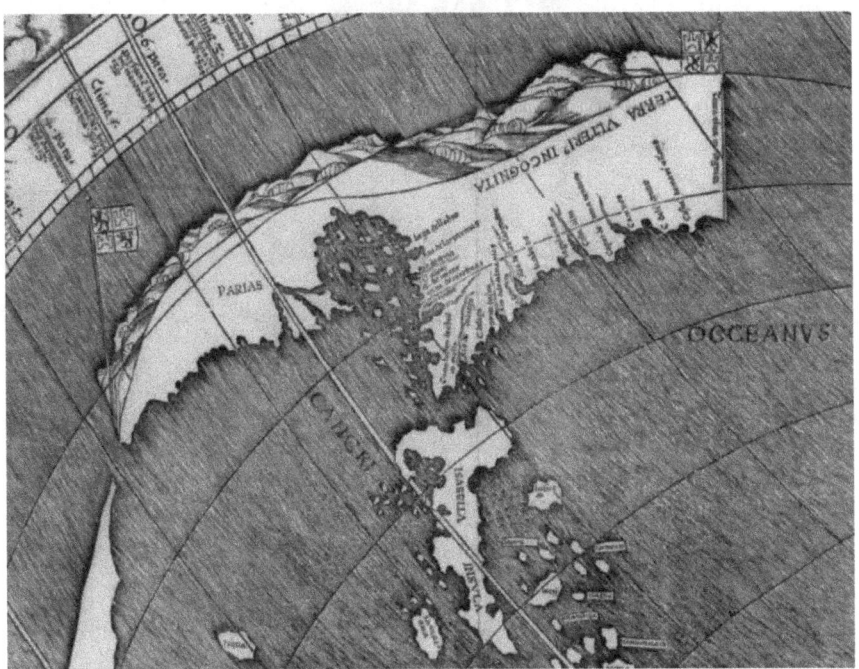

El mapa de 1507 de Martin Waldseemüller

Martin Waldseemüller, cartógrafo alemán, publicó un mapa del mundo en 1507, llamado *Universalis Cosmographia*, el cual fue el primer mapa en utilizar la palabra "América". También incluyó en él a la península de Yucatán y a las Antillas. Yucatán tenía veinte diferentes ubicaciones nombradas por Waldseemüller, una de ellas era "Río de los Lagartos", un nombre por el que se le conoce todavía en la actualidad. Este mapa se elaboró diez años antes que ocurriera la expedición de Francisco Hernández de Córdoba.

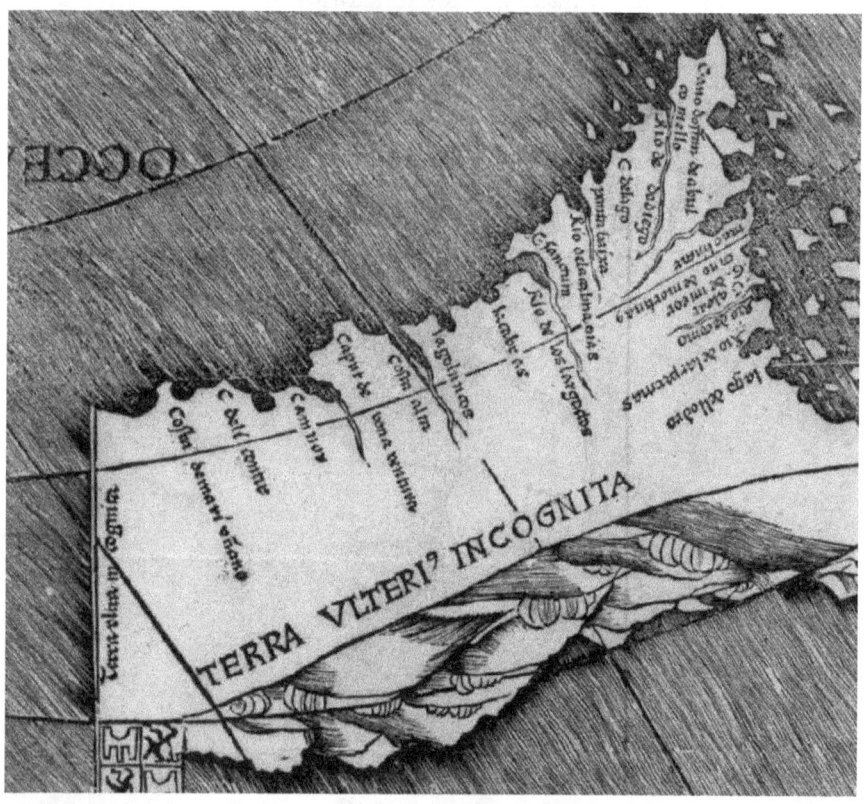

Un primer plano de la parte del mapa de Waldseemüller que muestra Yucatán, girada 180 grados de la original. Río de los Lagartos también aparece y está etiquetado en la costa de Yucatán.

Pero los portugueses no eran los únicos que visitaron Yucatán antes de Hernández de Córdoba y Juan de Grijalva. Andrés de Morales, quien acompañó a Cristóbal Colón en su tercer viaje y formó parte de la expedición de Juan de la Cosa y Rodrigo de Bastidas a las costas del Nuevo Mundo en 1500, dibujó un mapa del Caribe en 1509. Fue impreso por Pietro Martire de'Anghiera en abril de 1511, e incluido en la primera edición de su trabajo, *De Orbe Novo Decades*. La leyenda en la parte norte de la península de Yucatán dice "Baya de lagartos". Tres pequeñas islas (¿Contoy, Isla Mujeres y Cozumel?) se muestran justo al lado de la costa más cercana de Cuba, otros cayos no identificados son dibujados cerca de Belice, e Islas de la Bahía, en

Honduras, aparece con el nombre de "Guanaia" (Guanaja), justo al oeste del Cabo llamado "C. Gia de Dios" (Cabo Gracias a Dios).

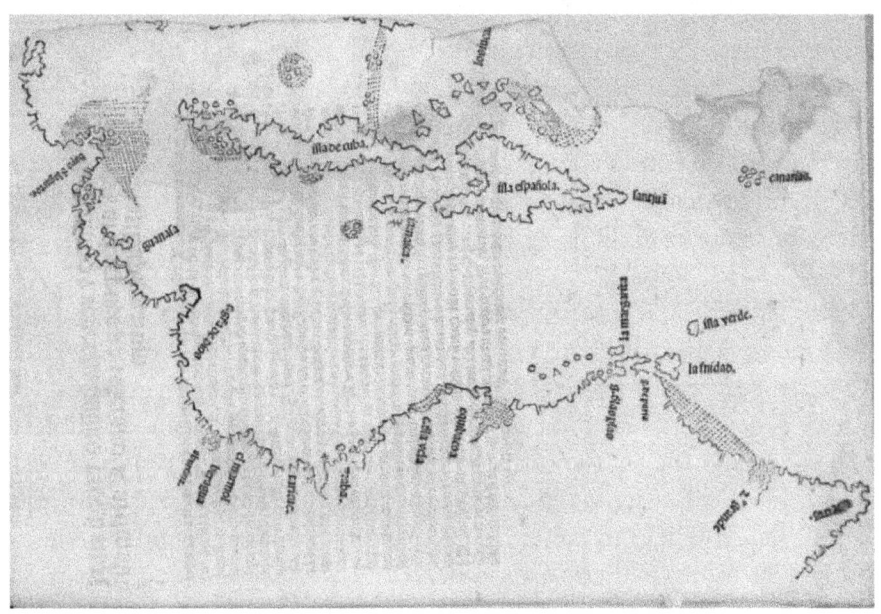

El mapa de Andrés de Morales de 1509 muestra a Yucatán, Isla Mujeres, Cozumel, los cayos de Belice, y las Islas de la Bahía hacia el sur.

En 1508, hubo también una expedición a Yucatán bien documentada: la de Vicente Yáñez Pinzón (como capitán del navío de 80 toneladas, San Benito, con Gonzalo Ruiz como maestro de nave) y Juan Díaz de Solís (como capitán del Magdalena, con Pedro de Ledesma como piloto de nave), quienes se embarcaron en España en su viaje de descubrimiento. De Ledesma había participado en el viaje de Cristóbal Colón a las Islas de la Bahía de Honduras en 1502, así que estaba familiarizado con las costas de Honduras y con cuán lejos al norte había navegado Colón en ese viaje.

El 23 de marzo de 1508 fue promulgado un decreto real español que les concedía a Vicente Yáñez Pinzón y a Juan Díaz de Solís los derechos de "sigais la navegación para descubrir aquel canal o mar abierto que principalmente abeis de buscar e que yo quiero que se busque". Con esto, el rey expresaba que quería que la expedición encontrara el paso o la ruta marítima que ellos creían los llevaría, a través del Nuevo Mundo, al mar de China y a las Islas de las Especias, que era donde los europeos suponían que estaba la verdadera riqueza para su provecho. El decreto real dice: "mandado van en dos caravelas Viceyntyañes Pinçon e Juan de Solís, nuestros pilotos, por capitanes dellas a descubrir a la parte del Norte". Eso significaba que eran enviados a buscar las tierras al norte de las áreas descubiertas por Cristóbal Colón en su cuarto viaje en 1502. Con esta autorización en las manos, Vicente Yáñez Pinzón y Juan Díaz de Solís navegaron el 29 de junio desde Sanlúcar de Barrameda, España, y regresaron 14 meses más tarde, el 29 de agosto de 1509.

Otra fuente de información de este viaje es el testimonio ante la corte de Vicente Yáñez Pinzón, en el juicio de Juan Díaz de Solís en 1513. Vicente Yáñez Pinzón declara: "Yo y Solís fueron por mandato de su alteza y descubrieron toda la tierra que hasta ahora está descubierta luego hacia el Oriente en otra provincia de Camarona; yendo la costa luego hacia el oriente en otra provincia se llama Chabanin, que descubrieron una gran bahía llamada Gran Bahía de Navidad. A estas provincias nunca el dicho Colón llego".

Otras seis personas que habían estado en el viaje testificaron también en el juicio que habían descubierto la península de Yucatán y luego habían viajado tan lejos como 23 ½ grados, o al Trópico de Cáncer (en otras palabras, un poco más al norte de Tampico), antes de que los líderes de la expedición decidieran regresar a España, arribando a la península ibérica en 1509. Ciertamente, el historiador fray Bernardino de Sahagún escribió en 1585 que los indios de Pánuco recordaban la visita de Juan Díaz de Solís y Vicente Yáñez Pinzón como previa a la de Cortés.

Otro texto que detalla la expedición de 1508 está en el libro de Fernando Colón, *Historie del S. D. Fernando Colombo; nelle quali s'ha particolare & vera relatione della vita & de'fatti dell'Ammiraglio D. Christoforo Colombo suo padre*. La siguiente es una traducción al español de lo que Fernando, hijo de Cristóbal Colón, escribe en italiano en esa obra: "un cierto Juan Díaz de Solís de cuyo nombre el Rio de la Plata se llama Rio de Solís, por haberle matado allí los indios, y Vicente Yáñez, que fue capitán de un navío en el primer viaje del Almirante, cuando descubrió las Indias, fueron juntos a descubrir el año 1508, con intención de seguir la tierra que había descubierto el

Almirante en el viaje de Veragua hacia Occidente. Siguiendo éstos casi el mismo camino, llegaron a la costa de Caray, y pasaron cerca del cabo Gracias a Dios hasta la punta de Caxinas, que ellos llamaron Honduras; y a las dichas islas llamaron las Guanajas, dando, como hemos dicho, el nombre de la principal de todas. De aquí pasaron más adelante, y no quisieron confesar que el Almirante [Colón] hubiese estado en ninguna de dichas partes, para atribuirse ellos aquel descubrimiento y mostrar que habían encontrado un gran país...".

Bartolomé de las Casas, en su *Historia de las indias*, escribe de Yáñez Pinzón y Juan Díaz de Solís "que habían navegado hacia el Poniente, desde los Guanajes, y debieron llegar en paraje del Golfo Dulce, aunque no lo vieron porque estaba escondido, sino que vieron la entrada que hace la mar entre le tierra que contiene el Golfo Dulce y la de Yucatán, que es como una gran ensenada, o bahía grande... Así como vieron aquel rincón grande que hace la mar entre dos tierras, la una que está a la mano izquierda, teniendo las espaldas al Oriente, y está es la costa que contiene el puerto de Ceballos y adelante dél el Golfo Dulce y la otra de la mano derecha, que es la costa del reino de Yucatán, parescióles gran bahía... y por esto parece sin duda descubrieron entonces mucha parte del reino de Yucatán".

A la izquierda: Vicente Yáñez Pinzón. A la derecha: Juan Díaz de Solís.

Si esto cierto, la pregunta es por qué hasta ahora no hemos oído nada al respecto. ¿Por qué no aparecen Vicente Yáñez Pinzón y Juan Díaz de Solís en la lista de los conquistadores de los libros de historia, más allá de los escritos por Las Casas y Colón? Porque algo ocurrido durante la expedición provocó que los dos líderes tuvieran una importante ruptura y para el momento en que ambos regresaron a España, el problema se había vuelto una guerra abierta entre los dos. Cualquiera que haya sido el conflicto, disgustó sobremanera al rey, quien metió a Juan Díaz de Solís en prisión y emitió un decreto real en noviembre de 1512 quitándoles los derechos, tanto a Vicente Yáñez Pinzón como a Juan Díaz de Solís, sobre las tierras que habían descubierto al norte de las áreas a las que había llegado Cristóbal Colón en Honduras. En cambio, el rey le cedió ese privilegio a Diego Colón.

Entonces, si Vicente Yáñez Pinzón y Juan Díaz de Solís (y varios otros antes de su expedición) desembarcaron en México años antes que Francisco Hernández de Córdoba lo descubriera, ¿debemos creer realmente la repetida historia de que la primera misa católica en México fue celebrada en Cozumel por Juan Díaz, arriba de un templo maya en algún lugar cerca de Playa Las Casitas, en 1518, según dijera el capellán de la expedición de Juan de Grijalva? ¿Cuál es la fuente de esta declaración?

La única fuente en la cual se basa esta historia es lo que se dio a entender como itinerario (reporte de ruta) que fray Juan Díaz escribiera para el gobernador de Cuba, Diego Velázquez. Se supone que este reporte decía: "Jueves, a 6 días del dicho mes de Mayo, el dicho capitán mandó que se armasen y apercibiesen cien hombres, los que entraron en las chalupas y saltaron en tierra llevando consigo un clérigo: creyeron estos que saldrían en su contra muchos Indios, y así apercibidos y en buena orden llegaron a la torre, donde no encontraron gente alguna, ni vieron a nadie por aquellos alrededores. El capitán subió a la dicha torre juntamente con el alférez, que llevaba la bandera en la mano, la cual puso en el lugar que convenía al servido del rey católico; allí tomó posesión en nombre de su alteza y pidiólo por testimonio; y en fe y señal de la dicha posesión, quedó fijado un escrito del dicho capitán en uno de los frentes de la dicha torre; la cual tenía dieziocho escalones de alto, con la base maciza, y en derredor tenía ciento ochenta pies. Encima de ella había una torrecilla de la altura de dos hombres, uno sobre otro, y dentro tenía ciertas figuras, y huesos, y cenís, que son los ídolos que ellos adoraban, y según su manera se presume que son idólatras. Estando el capitán con muchos de los nuestros encima de la dicha torre, entró un Indio acompañado de otros tres, los cuales quedaron guardando la puerta, y puso dentro un tiesto con algunos perfumes muy olorosos, que parecían estoraque. Este Indio era hombre anciano; traia cortados los dedos de los pies, e incensaba mucho a aquellos ídolos que estaban dentro de la torre, diciendo en alta voz un canto casi de un tenor; y a lo que pudimos entender creímos que llamaba a aquellos sus ídolos. Dieron al capitán y a otros de los nuestros unas cañas largas de un palmo, que quemándolas despedían muy suave olor. Luego al punto se puso en orden la torre y se dijo misa...".

El problema está en que este reporte de Juan Díaz ya no existe y nadie, excepto De Grijalva, Díaz, el gobernador de Cuba Diego Velázquez, y su clérigo, Benito Martín, lo pudieron ver antes de que fuese destruido en 1519.

He aquí lo que sucedió: Juan Díaz fue el capellán de la expedición de Juan de Grijalva que desembarcó en Cozumel en 1518. Díaz escribió un reporte detallando los sucesos que ocurrieron durante la expedición y se lo dio al gobernador de Cuba, Diego Velázquez. Velázquez sabía que tenía que enviar el reporte al rey de España, pero por alguna razón no le gustó su contenido; si fue porque le da una mala imagen del gobernador, o porque omitiera mencionar cosas de la expedición que se suponía que hubiesen hecho (tales como reclamar oficialmente la nueva tierra para el rey, o decir misa justo a su llegada), nunca sabremos. Para hacerlo más a su gusto, Velázquez hubo de pedirle al clérigo Benito Martín que <u>reescribiese</u> el reporte, prescindiendo de las partes que no lo hacían feliz, y agregando otras. Luego de eso, el reporte original escrito por Juan Díaz fue destruido. Velázquez entonces ordenó a Martín que llevase a España la nueva copia reescrita del reporte en mayo de 1519 y la presentara al rey. Cuando Martín llegó a España, un escribano real hizo una copia del reporte reescrito antes de que fuese presentado al rey, y esa copia se le dio a un traductor. Utilizando la nueva copia de la versión reescrita sobre el reporte original de Juan Díaz, Martín la tradujo al italiano, lo que resultó afortunado, porque la copia en español del reporte manuscrito reescrito con base en el original de Juan Díaz, así como la copia de Martín del reporte reescrito que le dio al rey, posteriormente se perdieron y nunca aparecieron. En Italia, un tipógrafo usó la traducción en italiano de la copia en español de la versión reescrita sobre el original de Juan Díaz y la compuso, como se hacía en esa época, con tipos móviles, letra por letra, lo que propicia los errores. Luego, la imprimió en el anexo de un libro en italiano. Treinta años después, Gonzalo Fernández de Oviedo hizo una versión redactada y más corta del anexo de este libro italiano y la tradujo de nueva cuenta al español. Después, un tipógrafo compuso las palabras de Fernández de Oviedo y las imprimió en su libro *Historia general y natural de las Indias*. Hoy en día, la versión más cercana con que se cuenta del texto original del reporte original de Juan Díaz es el libro italiano que contiene la versión en ese idioma de la copia redactada por Benito Martín sobre el reporte original, titulado *Itinerario de Ludovico de Varthema, Bolognese nello Egitto, nella Soria nella Arabia deserta y felice, nella Persia, nella India & nella Ethyopia*, publicado en 1522. Si se lee el texto en español de Fernández de Oviedo, probablemente se haga en una versión "modernizada" y editada del antiguo texto en español del resumen de Fernández de Oviedo del anexo italiano. Si se lee en inglés, a esa versión la separan por lo menos ocho generaciones y dos lenguas del texto original.

¿Pero qué dice el reporte sobre el desembarco de Juan de Grijalva en Cozumel, escrito por Bernal Díaz del Castillo? Es verdad que Díaz estuvo en esa expedición que vino a la isla y sí escribió sobre esa experiencia en su libro *Historia verdadera de la conquista de la Nueva España*. Sin embargo, Díaz terminó de escribir su manuscrito en 1568; cincuenta años después que los sucesos tuviesen lugar en Cozumel. Entonces tenía 76 años. Su memoria sobre eventos específicos que ocurrieron medio siglo atrás, cuando contaba solo 20 años, pudo haberse nublado de alguna forma, pero, curiosamente, Díaz no menciona en su libro ninguna misa en Cozumel, donde debió haber sucedido. Hace muchas descripciones detalladas de lo que ocurrió en Cozumel durante su estancia, pero no dice una sola palabra sobre la misa.

El libro de Antonio de Herrera, *Historia general de los hechos de los castellanos en las islas y tierra firme del mar océano*, se publicó en 1601, ochenta y tres años después de la supuesta misa de Juan de Grijalva. Las palabras usadas para describir esos eventos en su libro fueron muy breves y no dicen nada acerca de un templo. Herrera simplemente escribe: "Grijalva mando que se dijese misa". Se asume que tomó este trocito de información del libro de Fernández de Oviedo.

Página inicial del impreso del *Itinerario de larmata del Re catholico in India uerso la Isola de luchathan…* en la edición de Zorzi di Rusconi de *Itinerario de Ludovico de Varthema, Bolognese nello Egitto, nella Soria nella Arabia deserta y felice, nella Persia, nella India & nella Ethyopia* impresa en Venecia en 1522.

Fray Diego López de Cogolludo copió partes del manuscrito de Bernal Díaz, casi palabra por palabra, cerca del año 1655 en su *Historia de Yucatán*, 137 años después de los eventos. No obstante, la única cosa que Cogolludo tenía que decir de De Grijalva ordenando una misa en Cozumel es: "Aunque Herrera dice que se dijese misa, no hace mención de esto Bernal Díaz".

Pero incluso si es cierto que Juan de Grijalva ordenó decir una misa en Cozumel, no puede haber sido la primera misa católica celebrada en México. Francisco Hernández de Córdoba trajo con él a un cura llamado Alonso González, en su visita a Yucatán en 1517. El historiador Antonio de Herrera y Tordesillas escribe en su *Historia general de los hechos de los castellanos en las islas, y tierra-firme de el mar occeano*, que antes de salir de Cuba, Hernández de Córdoba navegó desde Santiago hasta San Cristóbal de la Habana "...y rogaron a Alonso González, Clérigo que se embarcase con ellos por llevar algún sacerdote que les dijese Misa y administrase los sacramentos". También se sabe que el padre González ofició una misa para la tripulación justo antes de que embarcara con ellos desde Cuba. Bernal Díaz del Castillo confirma estas dos declaraciones. Seguramente, el padre González habría dicho al menos una misa en el transcurso de las varias semanas que estuvo la expedición en México. De hecho, en el viejo convento de San Francisco, en Campeche, hay una placa reiterando la tradición que dice que la primera misa en México fue celebrada por González en ese punto. No hay manera de saber si en ese sitio González dio la misa, pero es razonable pensar que pudo haber sido dicha en algún otro lugar de la tierra continental mexicana, durante su visita en 1517. No obstante, incluso si el padre González no dijo misa en México, se podría pensar que Vicente Yáñez Pinzón y Juan Díaz de Solís deben haber ordenado alguna en el transcurso de su visita en 1508. Después de todo, ellos estuvieron en México varios meses, y debieron haber realizado al menos una misa en todo ese tiempo.

De cómo Yucatán obtuvo su nombre

Existen diferentes historias sobre cómo Yucatán adquirió su nombre, y cada una de ellas tiene sus propios sitios de Internet y libros que proclaman que esa es la verdadera versión. Algunas de ellas son claramente apócrifas, y a menudo se repiten solo porque son una buena historia. Otras fundan su credibilidad en el hecho de que fueron citadas en los primeros reportes históricos, escritos muy poco tiempo después de que los españoles llegaran a Yucatán. Algunas tienen algo de lógica, pero no contienen alusiones históricas. Otras se basan en orígenes etimológicos erróneos, que pueden sonar bien a la primera, pero no resisten un escrutinio más profundo.

Una historia del origen del nombre de Yucatán es que se deriva del vocablo de la lengua náhuatl "Yokatlān", que quiere decir "lugar de riquezas". Las dos palabras son considerablemente similares, pero dado que el náhuatl es una lengua azteca, la posibilidad de que los mayas utilizaran ese término para describir a su tierra es muy improbable. Sería como si un francés va a una barbacoa en Texas, y le pregunta (en francés) a alguien que luzca como texano "¿cómo llamas a esta carne?", y que el texano respondiera (en japonés) "la mejor comida que hay". El punto que descalifica esta teoría de Yokatlān = Yucatán es que no existe la palabra Yokatlān en náhuatl, según el Departamento de Cultura y Lengua Náhuatl de la Universidad de Zacatecas. Parece que una vez un autor trató de poner dos palabras juntas en náhuatl para hacer una compuesta que sonara como "Yucatán", en un libro sobre los orígenes de los nombres, pero una de las dos palabras que escogió (yoka) no es posible combinarla con tlan en esa lengua, ni tampoco significa "riqueza".

Otra versión escuchada a menudo sobre el origen del nombre de Yucatán cuenta que cuando Francisco Hernández de Córdoba arribó por primera vez a Cabo Catoche, Yucatán, en 1517, preguntó al primer maya que encontró "¿cómo llamas a este lugar?". Se supone que el maya respondió con algo parecido a "Yucatán", que presuntamente significaba "no sé lo que estás diciendo".

El primero en señalar que Yucatán no era el nombre correcto de la península puede haber sido Hernán Cortés, en su primera carta a la Corona española el 10 de julio de 1519. En ella, Cortés escribe sobre su viaje anterior a México ese mismo año y les dice al rey y a la reina que el nombre del territorio que ellos conocen como Yucatán no es el verdadero. Cortés se refiere al viaje de Francisco Hernández de

Córdoba a Yucatán dos años antes y afirma que "al principio fue intitulado por nombre Cozumel, y después la nombraron Yucatán, sin ser lo uno ni lo otro...". Fray Toribio de Benavente (también conocido como Motolinia) cuenta su versión de por qué el nombre no es en realidad Yucatán, en su *Historia de los indios de la Nueva España*: "... mas tal nombre no se hallará en todas estas tierras, sino que los españoles se engañaron cuando allí llegaron: porque hablando con aquellos indios de aquella costa, a lo que los españoles preguntaban los indios respondían: 'Tectelán, tectelán', que quiere decir, 'No te entiendo, no te entiendo', los cristianos corrompieron el vocablo y no entendiendo lo que los indios decían, dijeron; 'Yucatán, se llama esta tierra'".

Francisco López de Gomara, en su trabajo de 1552, *Primera y segunda parte de la historia general de las Indias con todo el descubrimiento, y cosas notables que han acaecido dende que se ganaron hasta el año de 1551, con la conquista de México, y de la Nueva España*, repite esta versión: "preguntados cómo se llamaba un gran pueblo allí cerca, dijeron tectetan, tectetan, que vale por no te entiendo. Pensaron los españoles que llamaba así, y, corrompiendo el vocablo, llamaron siempre Yucatán, y nunca se le caerá tal nombre".

Esta versión, en la que los mayas contestaban "No te entiendo" y la expresión malinterpretada se convirtió en el nombre de la península, resulta una historia graciosa, pero no queda claro que esta frase se relacionara con la fonología yucateca del siglo XVI. "T'an" y "t'aan" son palabras raíces que en maya significan "lenguaje, discurso o palabras", pero "Yuca t'an" no tienen sentido en maya.

También se ha sugerido en libros y páginas de Internet que Yucatán es una derivación de la palabra tabasqueña chontal "yokatan", que significa "lengua", o "la región donde la lengua es hablada". Nuevamente el elemento es tentador; "yokatan" es un sonido muy similar a "Yucatán". Sin embargo, el vocablo chontal postulado aquí se escribe realmente "yokot'an" y no significa lengua, sino más bien "conversador de yoko ochoco", siendo "yoko ochoco" la lengua del maya chontal de Tabasco. Pero ¿por qué los mayas yucatecos que Hernández de Córdoba había encontrado en 1517 respondieron con el chontal "yoko ochoco", que significa "orador chontal", cuando les preguntaban "cómo se llama este lugar"? El maya chontal era bien conocido por los mayas yucatecos y había habido contacto sustancial entre los dos grupos a través de los siglos, de forma que no habría existido manera de que los mayas yucatecos cometieran ese error con los visitantes españoles. Dado que los mayas yucatecos no podían entender la pregunta de Hernández de Córdoba (la frase tal como era en español), esta teoría no tiene sentido.

Otra versión de la historia original a menudo repetida viene de la traducción al inglés del documento de fray Diego de Landa de 1566, *Relación de las cosas de Yucatán*, realizada por William Gates en 1937. La traducción al inglés dice: "When Francisco Hernández de Córdoba came to this country and landed at the point he called Cape Cotoch, he met certain Indian fisherfolk... When he then by signs asked them how the land was theirs, they replied Ci uthan, meaning 'they say it,' and from that the Spaniards gave the name Yucatán. This was learned from one of the early conquerors, Blas Hernández, who came here with the admiral on the first occasion".

No obstante, las palabras reales de Diego de Landa en español son: "preguntándoles más por señas que cómo era suya aquella tierra, respondieron ciuyetel ceh que quiere decir tierra de pavo y venados, y que también la llamaron Petén que quiere decir isla, engañándolos por las than que quiere decir dicenlo; y que los españoles la llamaron Yucatán, y que esto se entendió de uno de los conquistadores viejos llamado Blas Hernández que fue con el Adelantado la primera vez".

El problema con la historia de Diego de Landa acerca de la supuesta incomprensión de los españoles de la expresión "Yucatán" (que en realidad se deletrea "ci u than", que en maya significa "ellos dicen eso") es que presupone que los mayas podían entender la pregunta abstracta que se les hacía de: "¿cómo es tu tierra?", cuando lo que ellos presuntamente contestaban era "es lo que dicen ellos". Es como si se le hiciera esa pregunta en griego a alguien que solo habla chino; no se llega muy lejos.

Otra historia original apunta a un anterior uso de la palabra "Yucatán" en el manuscrito maya llamado *Chilam Balam de Chumayel*. Esta es una de las 13 versiones conocidas del *Chilam Balam*, que fueron manuscritos del siglo XVIII escritos en maya utilizando el alfabeto latino. En el texto de la versión Chumayel, hay una línea que dice "uay ti luum Yucal Peten, Yucatán tu than maya ah Itzaob lae" ("aquí en la tierra Yucal Peten, Yucatán en el lenguaje maya de los itzas"). Esto parece bastante definitivo, hasta que uno se da cuenta de que el texto se escribió al menos 200 años después de que los españoles llamaran por primera vez Yucatán al lugar, un nombre que, con el tiempo fue usado por todos, incluidos los mayas yucatecos.

Un problema similar se encuentra cuando se trata de restringir el origen del nombre de Yucatán al reporte de 1506 de Bartolomé Colón (el hermano de Cristóbal Colón), escrito con relación al cuarto viaje de Colón al Nuevo Mundo en 1502. Como participante en esta expedición, el informe testimonial de Bartolomé debería ser considerado legítimamente confiable. La traducción del reporte citada con mayor frecuencia, en la que se le da el primer uso a la palabra Yucatán, dice: "En este lugar tomaron una nave de ellos cargada de géneros y mercancías, que decían procedía de cierta provincia llamada Maia o Yuncatan". Por desgracia, la línea en el manuscrito original en italiano (localizado en la Biblioteca Nacional de Florencia, Italia) en realidad dice: "In questo loco pigliorono una Nave loro carica di mercantia et merce la quale dicevono veniva da una cierta provintia chiamata Maiam vel Iuncatam…". La palabra que más se transcribe como Yuncatan o Yucatán en realidad está escrita en el manuscrito como "Iuncatam". No solo eso, sino que la estocada final de esta historia es que la palabra "Iuncatam" está sobreescrita sobre la palabra "Maiam" en una tinta posterior y de diferente color, usada para corregir y actualizar el reporte. Así, se cambia la palabra "Maiam" en el manuscrito original por un término más cercano al nombre de Yucatán, que era el de uso común cuando se hizo la corrección.

Muchos historiadores han tratado de leer la palabra "Maya" en el término "Maiam", que fue escrito en el original de este reporte italiano. Sin embargo, más parece referirse a la gente del área de las tierras continentales de Honduras llamada "Maia" por Pedro de Ledesma, el piloto del Vizcaíno y testigo presencial del evento. En las *Probanzas de Diego Colón*, De Ledesma testifica que: "doze leguas ántes que fallasen la tierra firme, fallaron vna ysla en la mar que se dize Guanasa en lengua de indios la qual puso el Almirante la isla de

Pinos e saltaron en ella en tierra é platicaron con un señor que se decía Yunbe e que de allí travesaron fasya la tierra firme que se dize tierra de <u>Maia</u> en lengua de yndios, e que de ahí corrieron la costa adelante en el leueste fasta hasta vn cabo que el le puso por nombre el dicho Christoual el cabo de Gracias á Dios". En su libro *De Orbe Novo*, Pietro Martire de´Anghiera dice de la costa atlántica de Honduras: "En aquel gran trayecto hay dos regiones: Taia y <u>Maia</u>".

La última referencia para el origen del nombre de Yucatán es el reporte escrito por Bernal Díaz del Castillo, el soldado que había viajado ampliamente por el Nuevo Mundo en varias expediciones antes de arribar a Cabo Catoche, con Hernández de Córdoba, en 1517. Díaz siempre realizó sus informes mejor y con menos adiciones extrañas a la narrativa que los historiadores de la época. Escribe en su crónica, *Historia verdadera de la Conquista de la Nueva España*, que cuando Hernández de Córdoba y su grupo comenzaron a tratar de hablar con el primer maya que encontraron, hubo mucha confusión e incomprensión. Díaz, que estaba presente al momento en que los dos grupos intentaban comunicarse, después relata que, a través de señales y pantomimas, los españoles trataron de obtener información de los mayas, como "¿podía encontrarse oro en las cercanías?" y "¿dónde estaban las minas de oro en este país?". Los mayas, añade Díaz, contestaron con señas afirmativas, pero comenzaron a mostrar a los españoles cómo plantar en la tierra. Eso, se asume, fue una confusión de la pantomima de la minería con la de la siembra. Los españoles, dice Díaz, rápidamente comprendieron que los mayas se referían a cómo sembrar las cosechas en el campo, en lugar de a la acción de extraer oro, así que preguntaron si los mayas tenían mandioca o yuca, como era llamado el tubérculo en Cuba por los indios del Caribe, que la utilizaban para hacer pan de casabe. Dado que los españoles estaban necesitados de provisiones frescas y este era el tipo de pan que estaban acostumbrados a comer en Cuba, donde habían vivido los últimos años, la pregunta tenía sentido. Díaz escribe que los españoles se mantuvieron repitiendo la palabra "yuca" seguida de mímica, y lo mayas continuaban diciendo la palabra "tlatli", o tierra, mientras indicaban con gestos y movimientos corporales la siembra. Además, comenta que uno de los españoles del grupo, Blas Hernández, debió haber recordado estas dos palabras: "yuca" y "tlatli", y entonces fusionó ambas en el término "Yucatán", por error. Cuando la expedición regresó a Cuba, Díaz dice que Hernández fue el responsable de decirle al gobernador Velázquez que los indios que encontraron en su expedición, con Hernández de Córdoba, llamaban a su tierra "Yucatán". Velázquez, en su momento, reportó este nombre exótico en su historia al rey y la reina de España, lo que trajo como resultado que este nombre quedara ligado irrevocablemente a la península.

Pero, de nuevo, existe el problema de una palabra en náhuatl ("tlaltli" o "tierra"), utilizada por un maya para describirle algo a un español que solo habla español. ¿Cómo podía haber sucedido esto? Creo que, en este caso, fue el propio Díaz quien recordó mal la palabra que había escuchado del maya para indicar "tierra". Díaz solo estuvo en Yucatán por algunas semanas, pero más tarde viajaría con Hernán Cortés en la famosa expedición del conquistador y en la guerra contra los aztecas dos años después. Cuando Díaz logró escribir su *Historia verdadera*, debe haber hablado, al menos parcialmente, la lengua náhuatl, a juzgar por las muchas definiciones de términos en ese idioma que contiene su libro. Es fácil confundir una palabra extranjera con la que no se está familiarizado y yo creo que, por esta razón, después Díaz recordó la palabra que escuchó como "tlaltli", en lugar del vocablo en maya que realmente habían dicho.

Sin importar cómo llegó el nombre de Yucatán, el propio Hernández de Córdoba jamás lo usó para referirse a la península. La primera vez que desembarcó y se encontró a los mayas yucatecos, tenía un escribano leyendo un Requerimiento, o documento que reclamaba formalmente la tierra para la Corona española, y daba a la península el nombre oficial de "Santa María de los Remedios". El Requerimiento fue leído a la asamblea maya y luego testificado y firmado por el escribano. Los mayas yucatecos, sin embargo, continuaron llamando a su tierra "u luumil cutz yetel ceh," o "tierra de pavos y ciervos".

De cómo el flamenco casi se convierte en la lengua oficial de Cozumel

Durante la expedición de Hernández de Córdoba en 1517, los españoles capturaron a dos mayas cerca de Cabo Catoche y después los llevaron a Cuba para que aprendieran español, de manera que pudieran actuar como intérpretes en futuros viajes a la península. Estos mayas vivieron un año en Cuba y, mientras aprendían la lengua, comenzaron a contarles a los españoles sobre las tierras de donde provenían. Una de las cosas que les explicaron fue que el lugar más importante (según ellos pensaban) en la tierra de los mayas era la Isla de Cozumel.

El rey español, Fernando, había muerto solo un año antes, en 1516, y luego de un breve intermedio, el archiduque flamenco de 16 años fue coronado como Carlos I, rey de España. Queda claro que este informe hecho por los intérpretes mayas llegó a oídos del rey Carlos, porque Cozumel era llamado así explícitamente ("Ysla de Cozumel") en un decreto real del 29 de marzo de 1518, un mes antes del viaje de abril de 1518 de Juan de Grijalva, que trajo como resultado el descubrimiento oficial de la isla de Cozumel. Debido a la descripción de la isla hecha por los intérpretes como el lugar más importante de Yucatán, De Grijalva realizó ahí su primera recalada y reclamó a Cozumel para la Corona española.

Pero aunque Carlos reinaba sobre España y todas sus colonias, era flamenco y también gobernador de las Diecisiete Provincias, un conglomerado de principados y enclaves que hoy son Holanda, Bélgica, Luxemburgo, una buena parte del norte de Francia, y una pequeña porción de Alemania occidental. Sus lealtades estaban con sus parientes, no con la corte española. Uno de esos parientes, Laurent de Gorrevod, primo flamenco de Carlos y después su "mayordomo mayor", se había ganado la confianza de Carlos como su leal consejero. Como muestra de su estima, el joven rey le concedió en el decreto real los derechos de "la governación de la dicha Ysla de Cuba para que la tengáys y poseáys durante vuestra vida con todos los salarios, preheminençias e otras cosas a la dicha governación, anexas e pertenecientes" y "la conquista de la Ysla de Coçumel para que la podáys conquistar e adquerir, e asy adquerida se avrá y de vuestros herederos y subçesores para agora y para sienpre jamás, y tengáys la gouernación della". El 1º de abril de 1518, Carlos envió una carta al entonces gobernador de Cuba, Diego Velázquez, en la que le ordenaba que no mandase más embarcaciones a Yucatán y a Cozumel, ya que estaba reservando las tierras para De Gorrevod.

De Gorrevod planeaba utilizar soldados flamencos en la conquista de la isla y luego asentarse con más colonizadores procedentes de su tierra, Flandes. Había dos obstáculos en su camino: uno era el litigio que la familia de Cristóbal Colón tenía pendiente contra la Corona española, empezado cuando la monarquía había retirado los derechos de Colón de gobernar todas las tierras que había encontrado en sus viajes de descubrimiento, originalmente concedidas a él el 30 de abril de 1492. El pleito derivó en que era ilegal para la Corona revocar los derechos hereditarios, como el concedido a Colón. El otro impedimento para que De Goverrod se apropiara de Cuba, Cozumel y Yucatán fue que la ley española no permitía a los extranjeros gobernar tierras españolas, y De Goverrod era flamenco y no español.

Después de un intento fallido de eludir la ley, De Goverrod acordó intercambiar su nuevo derecho concedido de gobernar Cuba, Yucatán y Cozumel por la licencia real de embarcar cuatro mil esclavos negros hacia Cuba y venderlos a los colonos de ahí. De esta forma, Cozumel evitó el destino de convertirse en una colonia de Bélgica de habla flamenca.

No obstante, Bélgica nunca perdió su interés por Cozumel. En 1840, el barón Félix de Norman fue enviado a México por el gobierno belga para revisar las posibilidades de comprar la isla al gobierno de México. En ese momento, la situación económica de México era muy mala, y las autoridades consideraron seriamente la idea. En 1841 respondieron con una demanda de seis barcos de guerra completamente equipados (dos bergantines, dos pequeños barcos de vapor y dos lanchas cañoneras) y 500 rifles a cambio de la isla. El gobierno británico, sin embargo, se opuso a la idea de que Bélgica controlara un área del Caribe y envió a su ministro, Richard Pakenham, a que hiciera su mejor esfuerzo para romper el trato, lo que eventualmente logró. La idea resurgió en Bélgica en 1843, cuando Martial Cloquet se preparó para comandar una expedición a Cozumel con el ánimo de estudiar la isla, pero los esfuerzos belgas fueron nuevamente descarrilados, y el intento de adquirir la isla se abandonó por completo.

Capítulo 4

Un reexamen de la historia de Gonzalo Guerrero

Cuando Cristóbal Colón regresó a España al finalizar su cuarto viaje, se había convertido en un hombre abatido y deshonrado. A los ojos de la Corona española, había fracasado miserablemente en su empeño de encontrar el camino a Catay, establecer algunas colonias viables en las tierras recién descubiertas o, incluso, hallar las fuentes de las pequeñas cantidades de oro que había traído de regreso a España. Para colmo de males, como perdió sus cuatro naves en su último viaje, debido a que sus cascos fueron comidos por el gusano teredo, tuvo que pagar por un viaje de vuelta a España en otro barco desde Cuba. El rey español despojó a Colón de sus derechos a gobernar las tierras por él descubiertas en sus cuatro viajes, y concedió esa autoridad a varias otras personas. Dos de estos nuevos gobernadores fueron Alonso de Ojeda (también llamado Hojeda) y Diego de Nicuesa.

Diego de Nicuesa había acompañado a Colón en su segundo y tercer viajes y había llegado a conocer muchas de las islas del Caribe, pero no había estado con él cuando el viejo explorador había descubierto la costa de Panamá en su último viaje. Puede haber sido entonces una sorpresa para De Nicuesa, que en 1508 el rey Fernando le haya otorgado el derecho a gobernar una tierra que nunca había visto. Al mismo tiempo que a Diego de Nicuesa se le dio su nuevo feudo, el rey Fernando también le concedió a Alonso de Ojeda el derecho a gobernar una parte contigua de las costas panameña y colombiana más al este. Los dos hombres comenzaron a reclutar colonos, soldados y marineros (varios de los cuales también habían estado en algunos de los viajes anteriores de Colón) para hacer el viaje a las nuevas tierras. Una vez que tuvieron todo el personal, acordaron que sus dos flotas se reunieran en la bahía de Cartagena, Colombia, y a partir de ahí tomar caminos separados. La flota de doce barcos de De Nicuesa salió en 1509, un poco después de la de Ojeda, con setecientos ochenta y cinco hombres y una yegua preñada.

Cuando Diego de Nicuesa se reunió con la flota de Alonso de Ojeda en la bahía de Colombia varias semanas después, se encontró a los hombres del gobernador recuperándose de sus heridas producto de una feroz batalla que acababan de perder con los indios locales. Parece que a su llegada a la bahía, Alonso de Ojeda envió a un grupo de sus hombres a tierra para traer provisiones de agua dulce, y entonces fueron atacados por los indios con cerbatanas. Sus dardos envenenados les provocaron heridas supurantes y causaron la muerte de más de un centenar de sus hombres, incluyendo a Juan de la Cosa, el piloto y cartógrafo que ayudó a guiar las naves de Colón en viajes anteriores. Reforzado por el contingente de De Nicuesa, Alonso de Ojeda trazó su venganza y, a la mañana siguiente, lanzó un ataque sorpresa al pueblo indio, y mató a todos los hombres, mujeres y niños, a excepción de siete adolescentes que conservó para utilizar como intérpretes.

Habiendo hecho lo que él consideraba más que justo para ayudar a Alonso de Ojeda, De Nicuesa llevó su flota al oeste hacia la costa de Panamá para encontrar y asentarse en las tierras que le había dado el rey. Su flota se componía de barcos de diferentes tamaños; algunos de ellos embarcaciones grandes y lentas, o buques de carga, un par de bergantines que tenían dos filas de remos, así como también velas, y dos de las más rápidas naves, poco caladas, denominadas carabelas. Impaciente por tener a la vista sus nuevas tierras, Diego de Nicuesa dividió su flota en dos partes: él iría delante en una de las carabelas rápidas, acompañado de dos bergantines, mientras que el resto de la flota se reuniría con ellos en la costa de Veraguas tan pronto como las naves lentas pudieran hacerlo. Esta decisión fue desastrosa, dado que casi todos los hombres que habían visitado la costa de Veraguas previamente con Colón estaban en los barcos que venían atrás y no a bordo de la carabela con De Nicuesa para darle el beneficio de sus experiencias y asesoramientos.

Diego de Nicuesa y sus tres barcos navegaron hacia el oeste durante unos días, hasta que una noche, cerca de Isla Grande, los dos bergantines se separaron de la carabela más rápida. En la mañana, los vigías no detectaron ninguna señal de De Nicuesa y su buque insignia. Los capitanes de los dos bergantines hablaron sobre la situación y decidieron regresar y reunirse con el resto de la flota. Navegaron de vuelta a la desembocadura del río Chagres, donde hallaron a las tripulaciones ocupadas en llevar a tierra todo el cargamento de las dos naves. Así como Colón antes que ellos, los hombres encontraron que los cascos de sus barcos estaban siendo devorados por gusanos teredos y que sus naves se estaban hundiendo bajo sus propios pies. Uno de los capitanes de los dos bergantines, López de Olano, asumió el mando, hizo a los hombres distribuir la carga entre los barcos que estaban todavía en condiciones de navegar y abandonó entonces las embarcaciones para que se hundieran en la bahía. Luego ordenó a las naves restantes zarpar con dirección al río Belén, donde tenía la intención de reunirse con Diego de Nicuesa.

Después de varios días de navegación, divisaron el río Belén. Anclado en alta mar, López de Olano vio que el agua sobre el banco de arena frente a la desembocadura del río era de poca profundidad. Enormes olas rompían en la entrada, por lo que resultaba muy peligroso tratar de llevar los navíos a la bahía protegida que estaba justo dentro del banco. Ordenó bajar una lancha, y él y un pequeño contingente de su tripulación remaron hacia el banco de arena para intentar reconocer la bahía. No lo lograron; la lancha se volcó y catorce hombres se ahogaron. López de Olano y algunos otros consiguieron llegar a salvo hasta la orilla, donde se encontraron varados sin comida. Empapados por una lluvia constante, se acurrucaron debajo de un improvisado techo de palmera y esperaron cuatro días a que los mares se calmaran lo suficiente como para que alguno de los otros barcos pudiera enviar una lancha a recogerlos. Cuando las aguas se calmaron, varios colonizadores trataron de entrar de nuevo en la desembocadura del río, esta vez con más éxito. Trajeron comida para López de Olano y sus compañeros varados y levantaron chozas más fuertes, de manera que así pudieran guarecerse de la incesante lluvia. Lo que ellos no sabían es que esta zona de la costa de Veraguas recibe más precipitación por año que cualquier otra parte del hemisferio occidental, llegando a veces a medir más de tres metros de lluvia anual.

Finalmente, luego de conseguir algo de comer y de descansar unos días en cobertizos barrosos, llenos de goteras, López de Olano y los otros se sentaron a esperar a Diego de Nicuesa. Tres semanas después, llegaron a la conclusión de que su barco se había hundido y no iba a volver. Como el miembro de más alto rango de la flota, López de Olano asumió la posición de De Nicuesa como gobernador. Uno de sus primeros actos oficiales fue disponer que una parte de los colonizadores se quedara y continuase mejorando el asentamiento en Belén, mientras que él tomaría las naves y, junto con otros colonos, se dirigiría al vecino río Veraguas en búsqueda de señales de existencia de oro. Los colonos que quedaron atrás pronto se dieron cuenta de que sus suministros de alimentos se habían mojado y comenzaban a echarse a perder, y en poco tiempo estaban tan hambrientos como López de Olano lo había estado. Para colmo de males, hordas de mosquitos expulsaron a los colonizadores de Belén, evitando que pudieran dormir por la noche, mientras que pequeñas moscas negras los picaban durante el día. El casi cien por ciento de humedad facilitó la propagación desenfrenada de hongos en la piel, y la lluvia constante mantuvo las heridas húmedas y abiertas a la infección. Pronto, los colonos empezaron a morir no solo de hambre y agotamiento, sino también de septicemia. En la marea baja, los vivos arrastraban a los muertos hacia la playa y los enterraban en fosas de arena poco profundas, ya que era demasiado agotador cortar árboles para hacer un cementerio adecuado. Una noche, estalló una enorme tormenta y las olas comenzaron a golpear contra la playa donde habían sido enterrados los cuerpos. El mar empezó a llevar los cadáveres putrefactos de los españoles, enterrados en la superficie. Poco a poco, el agua se fue acercando más y más a las endebles chozas de los colonos, hasta que al fin tuvieron que abandonar sus refugios, ya que el mar devoró la arena debajo de ellos. Los hombres se retiraron de nuevo a la selva, y se acurrucaron juntos en la desdicha hasta la luz del amanecer, momento en que pudieron reconstruir su campamento más lejos de donde rompían las olas.

López de Olano, mientras tanto, no la estaba pasando mejor que ellos. Llegó al río Veraguas, donde acampó y comenzó a enviar pequeños grupos a explorar las colinas para buscar señales de oro. Cada día los grupos de reconocimiento sudaban la gota gorda recorriendo pantanos, arroyos, ríos, y colinas cubiertas de densa vegetación selvática, en busca de indicios de que hubiera oro, pero incluso cuando los hombres vislumbraron signos del precioso metal, dijeron a López de Olano que no habían encontrado nada. Querían alejarse de esta costa olvidada de Dios y navegar de vuelta a La Española, donde conocían a compatriotas que habían establecido una colonia próspera, y creían que si le contaban a su líder sobre los indicios de oro, este desearía quedarse y hacer un asentamiento permanente. Luego de escuchar durante semanas los desalentadores informes de sus exploradores, López de Olano decidió renunciar y, creyendo que no había oro que encontrar, llevó a todos a bordo y levó anclas hacia Belén, dejando atrás, sin saberlo, una de las áreas productoras de oro más ricas de Panamá.

Regresó a Belén justo a tiempo. Los colonos supervivientes habían terminado la última de sus podridas raciones una semana antes, y acababan de comerse el potro que la yegua de López de Olano había parido, así como también su placenta. Los miserables suministros de alimentos que López de Olano tenía a bordo debían ser ahora repartidos entre un grupo más grande y, por consiguiente, la ración diaria de cada hombre era minúscula. A una aceituna conservada en la mañana y en la noche, y media galleta seca un día sí y otro no, le agregaron lagartijas, caracoles y gusanos que los hombres hallaron hurgando en los alrededores del campamento.

Resultó que Diego de Nicuesa no había naufragado; al menos no de inmediato. Luego de que se separara de las dos naves de López de Olano, había pasado las desembocaduras de los ríos Belén y Veraguas, y estaba en camino a la costa de la actual Costa Rica, cuando uno de los marineros a bordo le dijo que había ido demasiado lejos hacia el oeste y tenía que dar la vuelta. De Nicuesa, hombre conocido por su gran orgullo y su imposibilidad de admitir errores, no tomó de buen modo este consejo. Optó por ignorar al marinero y ordenó a la carabela seguir navegando rumbo al oeste. Divisando un gran río que tomó por el río Belén, Diego de Nicuesa llevó ahí su barco y ancló en su desembocadura. No se percató de que el río no era tan profundo normalmente, sino que solo estaba crecido en forma temporal por las fuertes lluvias de la noche anterior. Él y su tripulación se sorprendieron al sentir el casco de su nave golpear el fondo del río esa noche, cuando el nivel de las aguas bajó. Antes que pudieran subir el ancla, la carabela encalló y comenzó a zozobrar. Un tripulante agarró una soga e intentó nadar hacia la orilla para sujetar la embarcación a un árbol, a fin de que los hombres a bordo pudieran regresarla a su posición vertical antes de que el agua derramada en la bodega los hiciera hundirse, pero fue arrastrado por la corriente. Un segundo marinero logró llegar a tierra con la amarra y atarla, pero fue demasiado tarde; el barco estaba ladeado y llenándose de agua. Diego de Nicuesa y el resto de la tripulación comenzaron a utilizar la soga para llegar a la orilla, al tiempo que el casco de la nave empezaba a agrietarse y romperse, y todo iba siendo llevado hacia el mar por la fuerte corriente del río.

La mañana siguiente encontró a los hombres mojados, casi desnudos, y carentes de provisiones. El único aspecto positivo fue que encontraron su lancha varada en la playa, con los remos aún atados en su interior. Los náufragos se quedaron en la desembocadura del río durante algún tiempo, con la esperanza de que los barcos que los iban siguiendo pasaran por allí y los rescataran, pero los días y semanas se sucedieron sin indicios de velas en el horizonte. Finalmente, De Nicuesa se dio cuenta de que las otras naves no vendrían y de que si querían reunirse con el resto de sus hombres, tendrían que irlos a buscar ellos mismos. Reunió a la tripulación y comenzaron a marchar hacia el oeste, hacia donde Diego de Nicuesa pensaba que estaba Veraguas. Tenía a cuatro marineros a bordo de la lancha, que seguían a sus compañeros en tierra en su progreso lento y doloroso, remando a unos pocos cientos de metros de la costa cada día. Cuando el cansado grupo que caminaba por la playa llegó a un río o una bahía demasiado profunda para cruzarla, la lancha cargó a los hombres para que pudieran seguir su marcha siempre al oeste. La mayoría de ellos estaban ahora descalzos y muriendo de hambre. Durante las siguientes semanas, el ambiente hostil comenzó a pasarles factura, y los marineros empezaron a morir por falta de alimentos y debido a las condiciones de la onerosa marcha.

Luego de más de un mes de viaje, el grupo llegó a una gran extensión de agua, demasiado profunda y ancha para atravesarla. Después de ser transportados al otro lado por la lancha, descubrieron que no se trataba de un río o una bahía; habían cruzado hacia una isla. Sucedió entonces que el marinero que había advertido anteriormente a Diego de Nicuesa de que habían pasado Veraguas, era uno de los cuatro hombres asignados para remar la lancha, y cuando vio lo que había acontecido, supo que esta era su oportunidad. Ahora que De Nicuesa y su grupo estaban aislados en la isla, el marinero convenció a sus otros tres compañeros de que deberían dejarlos allí e ir en busca de ayuda. Sabía que habían estado remando en dirección equivocada durante semanas, lejos de Veraguas y de cualquier posibilidad de reunirse con el resto de la flota. Si querían sobrevivir, necesitaban girar la lancha y remar de vuelta hacia el este para encontrarse con sus compañeros, que creía que ya habían llegado a Veraguas y probablemente estarían esperando allí, según lo ordenado, hasta que Diego de Nicuesa apareciese. Si pudieran llegar a Veraguas, el marinero razonó, obtendrían ayuda para volver con un barco y recuperar al resto de sus compañeros en la isla. Y así, ante un asombrado y furioso De Nicuesa, los hombres de la pequeña lancha cambiaron su rumbo, comenzaron a remar de vuelta en la dirección de donde habían venido y, finalmente, desaparecieron de su vista, dejando abandonados a sus compañeros colonos. Los cuatro hombres remaron todo lo que pudieron y tres meses después de haber salido, casi muertos por el esfuerzo excesivo, la falta de alimentos y la exposición a los elementos, llegaron a la desembocadura del río Belén. Allí, se encontraron con López de Olano y el resto de los colonos que se habían establecido y construido campamentos meses antes.

Al igual que sucedió con la flota de Colón seis años antes, los cascos de los barcos que los colonizadores de Diego de Nicuesa habían anclado en alta mar fueron poco a poco carcomidos por los gusanos teredo. Finalmente, las fugas y goteras producidas por los gusanos llegaron a ser tan graves que todos, excepto dos de los barcos, una carabela y un bergantín que habían logrado mantenerse a flote con nuevos tablones cortados en Belén, se hundieron y fueron abandonados a las olas. Un pequeño grupo de los colonos decidió utilizar la carabela para encontrar y rescatar a De Nicuesa y su gente de la isla donde la tripulación de la lancha los había dejado varados.

La carabela navegó hacia el oeste y al cabo de una semana encontró a los hombres de Diego de Nicuesa, enfermos, muertos de hambre, y a punto de renunciar a toda esperanza de supervivencia. Los rescatadores compartieron con los desmejorados marineros la poca comida que tenían y luego los llevaron de vuelta a Belén, donde el andrajoso grupo de De Nicuesa pronto se dio cuenta de que habían salido de la caldera para caer en el fuego. De los setecientos ochenta y cinco hombres que comenzaron el viaje de colonización, quedaban ahora solamente un par de cientos, y cada día iban muriendo otros más. Diego de Nicuesa volvió a asumir las riendas del gobierno y de inmediato ordenó arrestar a López de Olano, acusándolo de no haberlo buscado cuando se percató de que no llegaba a Belén y de haberlo abandonado con el propósito de convertirse él en el gobernador. Los hombres se rebelaron ante esta decisión, argumentando que había sido López de Olano quien había salvado a De Nicuesa: ¿cómo podía ser tan ingrato? Al ver que estaban muy superados en número, Diego de Nicuesa cedió y dejó a López de Olano en libertad, pero siguió culpándolo de todos sus problemas.

De Nicuesa organizó a los colonos en grupos de treinta a cuarenta y envió a cada grupo en distintas direcciones con órdenes de encontrar a los indios que vivían cerca, matarlos, y traer toda la comida que pudieran hallar en sus chozas. Los hombres, cansados y desgastados, obedecieron y salieron en varias redadas, pero los pocos indios que localizaron no tenían alimentos que les pudieran robar y simplemente fueron asesinados y dejados ahí para que se pudrieran. Después de días de no encontrar ningún alimento, algunos de los hombres regresaron a un lugar donde habían dejado a un indio muerto días antes y consumieron su cuerpo en estado de putrefacción. Poco después, todos murieron de infecciones masivas. Por fin, reconociendo la situación desesperada en que estaban, Diego de Nicuesa capituló y permitió que todos los colonos que pudieran caber en el bergantín y en la carabela subieran a bordo, y navegaron de vuelta a Colombia para tratar de encontrar el campamento de Alonso Ojeda. Los hombres que no cupieron en los barcos fueron dejados a su suerte en Belén.

Las dos embarcaciones navegaron hacia el este durante días, llegando al fin a una bahía segura, donde desembarcaron y acamparon. Llamaron al lugar la bahía de Nombre de Dios. De los setecientos ochenta y cinco hombres que habían comenzado en la expedición, ahora sólo quedaban sesenta con vida. Después construir una pequeña empalizada fuerte, Diego de Nicuesa envió el bergantín de regreso a Belén para recuperar a los hombres y la yegua que había dejado allí, y el campamento del río Belén fue entonces abandonado. (Como nota al margen, cabe decir que mientras yo estaba trabajando en el río Belén con el Instituto de Arqueología Náutica, en 1988, encontré uno de los dos estribos de bronce de la yegua de Diego de Nicuesa. Ahora está en exhibición en el Museo Nacional de Historia de Panamá).

Durante el tiempo que De Nicuesa anduvo penosamente de arriba a abajo por la costa, Alonso de Ojeda había estado también hundido hasta el cuello en sus propios problemas. Había tratado de establecerse en la parte de la costa norte de América del Sur que le fue asignada por el rey, pero los constantes ataques de los indios que rodeaban su campamento le estaban cobrando la factura. Cuando llegó de España un barco capitaneado por su amigo Fernández de Enciso con suministros frescos (así como con un polizón llamado Vasco Núñez de Balboa), ambos hablaron y decidieron trasladar el campamento al otro lado del golfo de Urubá, donde había menos indios. Esta nueva ubicación pertenecía al territorio que el rey había concedido a Diego de Nicuesa, pero eso no los detuvo. Era más importante irse lejos de los hostiles indios que ponerse exigentes con las fronteras.

Luego de que establecieran el nuevo campamento, bautizado como "Santa María la Antigua", hubo una nueva ronda de ataques indios y Alonso de Ojeda recibió un disparo en la pierna con una flecha envenenada. Antes de regresar a Santo Domingo para recuperarse, De Ojeda nombró a su amigo Fernández de Enciso como gobernador provisional de la colonia. Este, sin embargo, demostró ser un líder duro y, después de varias semanas de abuso, los colonos se rebelaron y pusieron a Núñez de Balboa a cargo. Núñez de Balboa resultó ser el primer líder eficaz que este variopinto grupo hubiera tenido alguna vez. Pronto la colonia prosperó y acumuló grandes cantidades de oro que extraían de los ríos cercanos.

Cuando uno de los barcos que Diego de Nicuesa había enviado desde Nombre de Dios para buscar ayuda llegó finalmente a Santa María, el capitán de la nave se molestó al encontrar que la colonia de Alonso de Ojeda había establecido un campamento en una tierra que le había sido asignada a De Nicuesa. Sabiendo que la mejor defensa es un buen ataque, Núñez de Balboa ya había dado órdenes de arrestar a Diego de Nicuesa en cuanto apareciera, y cuando este, que viajaba en el segundo barco que zarpó desde Nombre de Dios, desembarcó con el resto de sus hombres, fue encadenado, llevado al bergantín que tenía fugas y goteras, y enviado hacia La Española. A sus hombres se les invitó a quedarse para formar parte de la colonia de Núñez de Balboa. Eso fue lo último que se oyó hablar de Diego de Nicuesa, y se asume que el bergantín se hundió antes de que lograra llegar a La Española.

Para ese momento, el oro se había acumulado en la nueva colonia en una cantidad suficiente como para justificar el envío al rey de su parte correspondiente, el quinto real. Núñez de Balboa escribió una carta al gobernador de La Española, Diego Colón, solicitando que el oro que estaba mandando se le remitiera al rey de España. También envió un gran grupo de esclavos indios que había capturado y anexó una larga lista de suministros que le gustaría que Colón le proporcionase a cambio de ellos. Eligió a Juan de Valdivia como capitán del barco que transportaría el oro, los esclavos y las cartas. De Valdivia, a su vez, escogió a un fuerte y resistente compañero para que lo acompañara en el viaje, que resultó ser uno de los sesenta supervivientes de la expedición de Diego de Nicuesa. Ese hombre más adelante se conocería como Gonzalo Guerrero.

Por desgracia, el buque que transportaba a Juan de Valdivia y a su tripulación nunca llegó a La Española. Golpeó un arrecife durante una tormenta al sur de Jamaica y se hundió en medio del evento con todos sus integrantes, excepto veinte de los españoles. Mientras estos veinte sobrevivientes iban a la deriva en una lancha de salvamento, ocho de ellos murieron de deshidratación. Sus compañeros se comieron sus cuerpos. Los doce restantes náufragos llegaron dos semanas más tarde a la costa de Quintana Roo, donde los mayas los encontraron y capturaron. Allí, cinco de los españoles, incluido Juan de Valdivia, fueron sacrificados a los dioses, después de lo cual sus captores asaron sus cuerpos y se los comieron. Al ver su destino, los siete españoles restantes escaparon, entre ellos, "Gonzalo" y un diácono llamado Jerónimo de Aguilar. Su libertad no duró mucho, sin embargo, y fueron capturados otra vez, pero ahora por un grupo diferente de mayas. Los llevaron a Xamanzamá (actual Tancah), una aldea situada al norte de Tulum. Uno por uno los españoles fueron muriendo por exceso de trabajo y por abuso. Después de un par de años, solo "Gonzalo" y Jerónimo permanecían con vida.

Hasta este momento de nuestra historia, los hechos son sólidamente respaldados por declaraciones de testigos presenciales registradas en los primeros documentos; no hay margen para la duda con relación a los eventos que llevaron a los españoles a naufragar en la costa de Yucatán. Sin embargo, a partir de que se separaron los dos últimos sobrevivientes, la "historia" que ha llegado hasta nosotros ha sido tan adulterada con embelecamientos y fantasías que es casi imposible distinguir la verdad de la ficción y de la contundente propaganda desplegada por los escritores que tuvieron una agenda claramente diseñada para poner al sobreviviente "Gonzalo Guerrero" bajo una luz positiva.

Esta manipulación de la imagen pública de "Gonzalo Guerrero" tuvo sus inicios en un esfuerzo por presentar sus motivos para quedarse atrás con su familia, y rechazar la oferta de Cortés para ser rescatado, que se encuentra en el relato que Gonzalo Fernández de Oviedo y Valdés incluye en su libro de 1535, *Historia general y natural de las Indias, islas y tierra firme del mar océano*. Fernández de Oviedo impulsó la idea de que "Gonzalo" fue un noble español que se quedó con los mayas por la más altruista de las razones: su amor por su familia. El mito creció a partir de ahí, y durante los siglos fue madurando hasta convertirse en una leyenda que se adaptó muy bien al ideario del presidente mexicano Luis Echeverría Álvarez, y a su programa populista para reavivar el orgullo étnico y promover la "mexicanidad" y el "mestizaje". Este programa, financiado por el gobierno federal, canalizó fondos estatales para ayudar a difundir esta imagen rehabilitada de "Gonzalo Guerrero", subvencionando numerosas estatuas, murales, novelas revisionistas y cuestionables "investigaciones" que encontraron supuestos diarios "por mucho tiempo perdidos" del sobreviviente del naufragio, así como otras obras presuntamente escritas durante su vida.

Un producto de este programa federal dedicado a convertir a "Gonzalo" en un héroe nacional es la estatua del náufrago español, parado con su esposa e hijos, que se encuentra en el malecón de Cozumel. La estatua es una de varias similares que Pablo Bush encargó hacer al artista Raúl Ayala Arellano en 1974, para el Club de Deportes Acuáticos de México (CEDAM), que tiene su sede en Akumal. Otras versiones de esta estatua pueden encontrarse en Mérida y en la ciudad de México. Es una poderosa imagen del hombre que se ha convertido en un ícono de la mezcla de las culturas española e indígena del Nuevo Mundo, un proceso llamado mestizaje. "Gonzalo" ha sido reconocido como el padre del mestizaje. Pero, a pesar de la fama y el honor acumulados sobre sus hombros, ¿qué sabemos de este hombre?

La leyenda con la cual están familiarizadas la mayoría de las personas cuenta que, después que naufragó en Yucatán, en 1511, Gonzalo fue esclavizado por los mayas, junto con su compañero Jerónimo de Aguilar. Se supone que Gonzalo forjó su camino desde esta humilde posición hasta llegar a la segunda más alta de la tierra, la de nacom, o jefe de guerra, subordinado solo al batab o jefe supremo de la ciudad maya de Ichpaatún. Y, como en todos los buenos cuentos de hadas, nuestro héroe supuestamente se casó con una princesa maya. La leyenda narra también que cuando a Gonzalo lo abordó el sobreviviente Jerónimo de Aguilar, que portaba una carta que Hernán Cortés le había enviado desde Cozumel en 1519, ofreciendo rescatarlos, él rechazó la oferta y prefirió quedarse con su familia y luchar contra sus antiguos compatriotas. Más tarde, fue presuntamente asesinado por un español en una batalla que tuvo lugar en Honduras.

Pero, ¿cuál es la verdad? ¿Cuáles son las fuentes de esta increíble historia?

En primer lugar, es importante saber que el nombre de "Gonzalo Guerrero" nunca apareció en ningún documento escrito hasta que Francisco López de Gomara publicó su *Primera parte de la Historia general de las Indias con todo el descubrimiento, y cosas notables que han acaecido dende que se ganaron hasta el año de 1551, con la conquista de México, y de la Nueva España*, (también conocido como *Historia general de las Indias y conquista de México*) en 1552. La primera referencia a los sobrevivientes de un naufragio está en las órdenes del gobernador de Cuba, Diego Velázquez, que Hernán Cortés traía consigo cuando partió en su expedición de 1519. Cuando Julián y Melchor, los dos mayas que Francisco Hernández de Córdoba había capturado en 1517, fueron llevados a Cuba en ese año, le contaron a los españoles de la existencia de los náufragos y que los hombres habían sido convertidos en esclavos por los mayas. Velázquez había escrito en la orden: "Después que con el dicho Juan de Grijalva embié la dicha armada, he sido informado de muy cierto por un indio de los de la dicha isla de Yucatán Santa María de los Remedios, como en poder de ciertos caciques principales della están seis cristianos cautibos, y los tienen por esclavos, e se sirven dellos en sus haciendas, que los tomaron muchos días ha de una carabela que con tiempo por allí diz que aportó perdida". Velázquez continúa con las instrucciones: "Iréis por la costa de la isla de Yucatán Santa María de los Remedios, do están seis cristianos en poder de unos caciques a quienes dice conocer Melchor indio de allí, que con vos lleváis".

La segunda alusión a Gonzalo tampoco lo menciona por su nombre, sino que solamente se infiere que está hablando de él, y aparece en una carta que Hernán Cortés envió a España el 10 de julio 1519. En ella, Cortés parece refutar la historia difundida mucho después por otros de que Gonzalo se negó a ser rescatado y, en cambio, dice que simplemente no era conveniente para la expedición que perdiesen mucho tiempo en la búsqueda del náufrago. En la carta, Cortés manifiesta: "De este Jerónimo de Aguilar fuimos informados que los otros españoles que con él se perdieron en aquella carabela que dio al través, estaban muy derramados por la tierra, la cual nos dijo que era muy grande, y que era imposible recogerlos sin estar y gastar mucho tiempo en ello".

Andrés de Tapia, el español que primero habló con Jerónimo de Aguilar en Cozumel en 1519, señala en su reporte de 1539 sobre la reunión, que el sobreviviente del naufragio le había dicho que "otro español habie tomado por mujer a una señora india, e que a los demás los indios los habien muerto; e que él sintió del otro su compañero que no quería venir, por otras veces que le habie hablado, diciendo que tenía horadadas las narices y orejas, e pintado el rostro y las manos; e por esto no lo llamó cuando se vino". Una vez más, parece que Aguilar nunca le preguntó a Gonzalo si quería ser rescatado o no.

Cortés no escribió nuevamente sobre Gonzalo hasta el 1534, en un interrogatorio que presentó durante un juicio. En el documento, Cortés afirma que Jerónimo de Aguilar le dijo "que muchos de los naufragos habian muerto en la travesia y que ocho o nueve liegaron a Yucatan pero en tan malas condiciones que si los yndios no los remediaran, no escapara nenguno; e ansi murieron todos, ecebto dos".

Esos dos, escribe Cortés, eran "Geronimo de Aguilar, el uno, y el otro, un Morales, el qual no abia querido venir, porque ternia ya oradadas las orexas, y estaba pintado como yndio, e casado con una yndia, y ternia hixos con ella". Francisco Cervantes de Salazar, un buen amigo y confidente de Cortés, también se refiere al segundo náufrago como "Fulano de Morales", en el relato que hace sobre la historia en su *Crónica de la Nueva España*, publicada en 1558.

En 1536, una carta del contador de Honduras-Higueras, Andrés de Cerezada, cuenta del hallazgo del cuerpo de un español que murió en el campo de batalla en 1534, en el valle del río Ulúa, pero también le da al hombre un nombre distinto al de Gonzalo Guerrero: "con un tiro de arcabuz se había muerto un cristiano español se llamaba Gonzalo Aroça que es el que andaba entre los indios en la provincia de Yucatan veinte años ha". El original de esta carta no dice nada de cómo ese español estaba vestido o cómo se veía su cuerpo. La descripción de un hombre "almost naked, dressed like an Indian and tattooed" ("casi desnudo, vestido como un indio y tatuado") provino de un texto inventado que apareció en el libro de Robert Chamberlain de 1948, *The Conquest and Colonization of Yucatán*.

Cuando Gonzalo Fernández de Oviedo y Valdés publicó su *Historia general y natural de las Indias* en 1535, evitó por completo el espinoso problema del apellido de Gonzalo, y solo se refiere a él como "Gonzalo, un marinero". Independientemente de ello, Fernández de Oviedo decidió embellecer la historia agregándole muchos detalles que nadie más había registrado con anterioridad. Así, en este libro, nació la leyenda de "Gonzalo Guerrero". "Fue un Hidalgo", escribe Fernández de Oviedo, y llegó a hablar de que Francisco de Montejo, "el Adelantado", había enviado una carta a Gonzalo en 1527, ofreciendo darle el más alto rango español en Yucatán, si tan solo dejaba a los indios y se unía a los españoles. Se supone que Gonzalo respondió por medio de una nota escrita en el reverso de la carta, según cita Fernández de Oviedo: "Señor, yo beso las manos de vuestra merced; e como soy esclavo no tengo libertad, aunque soy casado e tengo mujer e hijos, e yo me acuerdo de Dios; e vos, señor e los españoles teneys buen amigo en mi".

Usando este engalanado relato de Fernández de Oviedo como punto de partida, Francisco López de Gomara escribe sobre Gonzalo en su *Historia general de las Indias y conquista de México*, de 1552, y le añade muchos más detalles inventados sobre el hombre, con lo que se consolida la mitológica imagen de Gonzalo como un guerrero español que se convirtió en líder de los guerreros mayas de Chetumal. Gomara también le adjudica el apellido de Guerrero por primera vez, evitando tanto el de Morales como el de Aroça, que son aquellos por los que había sido identificado en registros anteriores (aunque Gomara también se refirió a él dos veces como Gonzalo Herrero, en sus escritos previos). Este autor cuenta (33 años después de los hechos) que "un tal Gonzalo Herrero, marinero, que está con Nachancan, señor de Chetemal, el cual se casó con una rica señora de aquella tierra, en quien tiene hijos, y es capitán de Nachancan".

Gomara también combinó la descripción de Tapia sobre Gonzalo con la de Cortés, agregando que se negó a reunirse con los españoles, ya fuera por la vergüenza de cómo lucía en ese momento, o por la vergüenza de estar casado con una india, o por el amor de sus hijos. Además, se han añadido a la historia muchos otros elementos que nunca antes habían aparecido, tales como el texto completo, palabra por palabra, de la carta que Cortés escribió a Jerónimo de Aguilar; la idea de que la carta estaba escondida en el pelo del mensajero, y la transcripción, literal, de la conversación sostenida entre Jerónimo de Aguilar y Andrés de Tapia en Cozumel. Una nota curiosa es que Gomara también hace una breve mención sobre la madre de De Aguilar, la cual, afirma, al enterarse de que su hijo había sido capturado por caníbales en Yucatán, enloqueció y nunca más volvió a comer carne cocinada de nuevo, diciendo que era la carne de su hijo.

Fray Diego de Landa adiciona más detalles a la historia en su manuscrito de 1566, hoy perdido, *Relación de las cosas de Yucatán*, y repite las declaraciones de Cortés y de Andrés de Tapia de que Aguilar no pudo ir a ver a Gonzalo, porque vivían muy lejos uno del otro. También retoma lo reseñado por Fernández de Oviedo en el sentido de que Gonzalo era un guerrero con alta jerarquía de "Chectemal", casado con una mujer india, con la que tuvo hijos, y con las orejas horadadas, a la usanza de los mayas. Fray Diego de Landa añade un nuevo dato: que Gonzalo les enseñó a los mayas el estilo español de hacer la guerra. En los últimos años de la década de 1560, Bernal Díaz del Castillo escribió su *Historia verdadera de la conquista de la Nueva España*. En esa obra, cita (supuestamente de memoria, a pesar de que él no estuvo presente en ese momento) lo que Gonzalo debe haberle dicho a Jerónimo de Aguilar en 1519, más de 45 años antes. La presunta conversación dice: "Hermano Aguilar, yo soy casado y tengo tres hijos, y tiénenme por cacique y capitán cuando hay guerras. Id vos con Dios, que yo tengo labrada la cara y horadadas las orejas. Qué dirán de mí cuando me vean esos españoles ir de esta manera. Y ya veis estos mis hijitos cuán bonitos son. Por vida nuestra que me deis de esas cuentas verdes que traéis para ellos, y diré que mis hermanos me las envían por mi tierra". Aquí, Díaz del Castillo dice que la esposa de Gonzalo los interrumpió y envió lejos a De Aguilar. Esta historia, copiada de la obra de Díaz del Castillo, se repitió en el libro de Diego López de Cogolludo, de 1688, *Historia de Yucatán*.

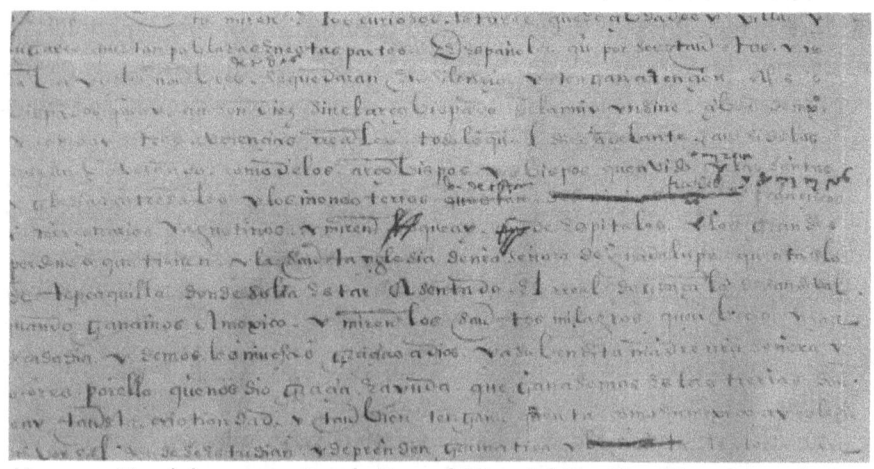

Una sección del manuscrito de Bernal Díaz del Castillo, *Historia verdadera de la conquista de la Nueva España*.

Antonio de Solís y Rivadeneyra añade más "datos" en su libro de 1684 *Historia de la conquista de México, población y progresos de la América septentrional, conocida por el nombre de Nueva España*: aumenta el número de niños de Gonzalo a "tres o cuatro", y atribuye la verdadera razón de su rechazo a juntarse con Cortés al amor por su esposa india.

En 1974, Mario Aguirre Rosas, un periodista de *El Universal*, periódico de la ciudad de México, publicó lo que describió como el diario de Gonzalo Guerrero, supuestamente escrito en piel de ciervo y hojas de papel europeo del siglo XVI. Sin embargo, nadie, excepto Aguirre (de acuerdo con él mismo), había podido examinar el manuscrito original, el cual dijo que pertenecía a un coleccionista privado llamado José López Pérez, quien no permitiría que ninguna otra persona lo viera. Esta supuesta autobiografía de Gonzalo, partes de las cuales Aguirre publicó más tarde en ese periódico, estaba llena de detalles inventados, repetidos *ad nauseam* por desinformados historiadores amateurs que leyeron la poco confiable historia y creyeron que era auténtica. El mito de que la esposa de Gonzalo era una princesa llamada Zazil comenzó en este cuento de hadas inventado, en el cual se mencionan también muchos otros pormenores sobre este hombre que son claramente falsos. En 1975, la Editorial Jus imprimió en la ciudad de México dos mil ejemplares de la obra *Gonzalo de Guerrero: Padre del mestizaje iberoamericano*, escrita por Aguirre. El libro era simplemente un refrito de sus artículos periodísticos, hechos a partir del espurio documento autobiográfico de Gonzalo Guerrero.

Mucho más tarde, en 1994, apareció en la ciudad de México un misterioso manuscrito que se dijo que había sido escrito por fray San Buenaventura de Mérida en 1724. En este texto, supuestamente se describía un manuscrito en posesión del sacerdote, el cual había sido escrito parte en papel, parte en piel de venado, por nada menos que Gonzalo Guerrero, y en el que narra la historia de su vida. El documento de Buenaventura ha sido desacreditado; se trata de una invención conectada a la obra de Aguirre y elaborada con el propósito de engañar. Fue escrito en papel de manufactura posterior y contiene muchos pasajes copiados de obras históricas anteriores. A pesar de ello, la Universidad Autónoma de Yucatán lo publicó, en 1994, con el título *Historias de la conquista del Mayab, 1511-1697 de Fray Joseph de San Buenaventura*.

Entonces, ¿qué sabemos con certeza acerca de Gonzalo, el náufrago español? Sabemos que estuvo en Panamá con Diego de Nicuesa y, más tarde, con Núñez de Balboa, quien lo envió en un desafortunado viaje que terminó abruptamente en un arrecife al sur de Jamaica, lo que luego trajo como resultado su naufragio en la costa de Yucatán. Sabemos que vivió el resto de su vida con los mayas, se casó, tuvo hijos, y se hizo algún tipo de modificación en el cuerpo como adorno. Pero eso es todo; es todo lo que sabemos con certeza. Todos los demás detalles que van mucho más allá de estos escasos hechos son invenciones. Ni siquiera conocemos su nombre real.

Capítulo 5

Cozumel de 1518 a 1527

Juan de Grijalva

El conquistador convertido después en escritor, Bernal Díaz de Castillo, cuenta en su libro *Historia verdadera de la conquista de la Nueva España* que participó con Francisco Hernández de Córdoba en la expedición de 1517. Díaz también dice que formaba parte de una expedición a Yucatán en 1518, a la que el gobernador de Cuba Diego Velázquez envió a su sobrino Juan de Grijalva. La flota de Juan de Grijalva estaba compuesta de entre ciento setenta y trescientos hombres repartidos en cuatro embarcaciones, dos de ellas capitaneadas por Pedro de Alvarado y Alonso Dávila, quienes habían estado antes en Yucatán con Hernández de Córdoba. Otro barco tenía como capitán a Francisco de Montejo. Juan de Grijalva, el líder de la expedición, estaba a cargo de los cuatro. El piloto era Antón de Alaminos, quien también había navegado con Cristóbal Colón en su tercero y cuarto viajes; con Ponce de León en su viaje de descubrimiento de la Florida en 1513, y con Hernández de Córdoba en 1517. Juan Díaz era el capellán de la expedición. Julián y Melchor, los dos mayas capturados por Hernández de Córdoba y llevados con él a Cuba, sirvieron como intérpretes.

La flota partió de Cuba y arribó unos días más tarde a la costa noreste de Cozumel, el 3 de mayo de 1518. No se sabe a ciencia cierta el tiempo que permanecieron en la isla. Díaz dice que salieron el 9 de mayo, navegaron hacia la bahía de la Ascensión, y luego regresaron por agua a Cozumel el 19 de mayo. Gonzalo Fernández de Oviedo y Valdés, en su *Historia general y natural de las Indias, islas tierra firme y mar océano*, de 1535, cuenta que dejaron Cozumel el 7 de mayo, pero que de inmediato volvieron a la isla por agua. Añade que zarparon de nuevo de Cozumel el 11 de mayo y nunca regresaron. Si se leen ambos informes, el más convincente es el de Díaz, ya que él estuvo en realidad en el viaje, mientras que Fernández de Oviedo fue simplemente registrando información de segunda mano.

Al navegar cerca de la costa norte de Cozumel, Juan de Grijalva nombró a la isla "de Santa Cruz" (según lo registró el escribano de la expedición, Diego de Godoy) en honor de la fiesta del hallazgo de la Santa Cruz, que se celebra el mismo día, el 3 de mayo. Dos canoas se acercaron a los barcos y los mayas invitaron a los españoles a ir a tierra a la siguiente mañana, luego de que ellos pudieran notificar a su halach uinik, o jefe. Las embarcaciones entonces continuaron hacia el sur por la costa este, rodeando el extremo sur de la isla, y desembarcaron en la costa suroeste, donde encontraron construcciones mayas y llamaron al lugar San Felipe y Santiago, por los dos apóstoles cuyas fiestas santas se conmemoran conjuntamente el 3 de mayo. Los habitantes de la villa huyeron ante la cercanía de la expedición, excepto un par de ancianos que estaban escondidos en un campo de maíz. Los españoles les dieron obsequios a los viejos y les pidieron que fueran con el resto de los habitantes del lugar y les dijesen que no tenían intención de hacer daño y que era seguro salir de los bosques, pero los hombres se fueron con los regalos y no regresaron. Después se les aproximó una mujer hablando en taíno, una lengua con la que estaban familiarizados muchos de los españoles. Les dijo que era de Jamaica y que había estado de pesquería con su esposo y otros nueve hombres, cuando sus canoas se desviaron hacia Cozumel debido al viento y las corrientes marinas. Al desembarcar en la isla, los mayas de Cozumel habían sacrificado a los diez hombres y a ella la habían hecho esclava. Los españoles enviaron a la mujer de vuelta a los bosques para tratar de persuadir a los mayas de que salieran, pero regresó diciendo que aún se rehusaban a hacerlo.

Juan de Grijalva decidió llevarla consigo como otra intérprete, así que regresó a su nave y los españoles navegaron rumbo al norte, hacia la villa de Xamancab (el sitio donde está ahora San Miguel de Cozumel), llegando ahí el 6 de mayo. El halach uinik de Xamancab abordó la embarcación de Grijalva, los saludó y les aseguró a los españoles que eran bienvenidos si querían ir a tierra. De Grijalva nombró al pueblo San Juan Ante Portam Latinam, por el apóstol San Juan, cuyo día se celebraba esa fecha. El *Itinerario de Juan de Grijalva* (que es solo una copia de la traducción italiana de una copia hecha de una copia española del original) dice que ahí encontraron una pequeña pirámide con un templo en la cima, que contenía osarios de ídolos y cemíes. Encima de la pirámide, el sacerdote maya recitó un largo conjuro, quemó copal en frente de los ídolos, y se sentó con los españoles y fumó una especie de hierba. Era la primera vez que los españoles la probaban, y dijeron que tenía un delicado aroma. El *Itinerario* también cuenta que "se puso en orden la torre y se dijo misa". Después, leyeron una proclama reclamando la isla para el rey de España, e intercambiaron regalos con los indios. Los indios habían preparado una comida para la ocasión, así que los españoles se les unieron en la casa del halach uinik. Durante la expedición de Hernández de Córdoba, los mayas capturaron a dos heridos de la tripulación, así que Juan de Grijalva aprovechó la oportunidad para preguntarle al jefe si tenía alguna noticia de esos hombres. El halach uinik respondió que uno había muerto producto de sus heridas, pero que el otro seguía con vida. Lo que sea que siguió a esto no fue registrado. Curiosamente, el tema de los sobrevivientes del naufragio de Valdivia nunca surgió durante la conversación entre De Grijalva y el jefe, aunque Melchor y el jefe estuvieron al corriente de su existencia en el continente.

Luego de que Juan de Grijalva dejara Cozumel, navegó hasta las costas de Yucatán y Campeche, y luchó contra los indios a lo largo del camino hasta que llegó a San Juan de Ulúa el 24 de junio. Ahí, reunió a sus soldados heridos con el poco oro que se las había arreglado para adquirir, y los envió de regreso a Cuba en un barco bajo el mando de Pedro de Alvarado. Cuando De Alvarado llegó a Cuba, le dio al gobernador Diego Velázquez un reporte altamente desfavorable de las habilidades de liderazgo de Juan de Grijalva, pintándole un cuadro de una actuación de su sobrino inepta e incompetente. Velázquez comenzó a preocuparse de que su tonto pariente (o "bobo", como le llamaban) estuviera perdido, y envió a Cristóbal de Olid en un solo barco para que encontrase a De Grijalva y lo trajese de vuelta. De Olid navegó primero a Cozumel y, no sabiendo que Juan de Grijalva había estado ya allí, reclamó una vez más la isla en nombre de España, antes de continuar el viaje hacia la costa de Yucatán en su búsqueda de la retrasada expedición. Nunca lo halló y regresó a Cuba justo una semana antes de que Juan de Grijalva lo hiciera.

Hernán Cortés

Los siguientes españoles en desembarcar en Cozumel fueron los de la expedición de Cortés, quienes salieron de Cuba con Antón de Alaminos, el piloto que había guiado tanto a Hernández de Córdoba como a De Grijalva en sus viajes previos a Yucatán. La flota constaba de once barcos, de los cuales solo tres eran navíos: la capitanía de Cortés, un lento buque de carga de cien toneladas, y otros dos de entre setenta y ochenta toneladas. El resto eran barcos y bergantines descubiertos, pequeños y abiertos. Llevaban doscientos indios cubanos como mozos, algunos pocos esclavos negros, dieciséis caballos, alrededor de cien marineros y otros quinientos ocho españoles que conformarían el ejército. Este grupo de combatientes incluía trece mosqueteros, treinta y dos ballesteros y cinco artilleros. También tenían a Melchor, uno de los dos mayas que había capturado Hernández de Córdoba el año anterior, quien fungía como intérprete. Cortés dividió al grupo en once compañías y puso un capitán al mando de cada una. Uno de ellos era Francisco de Montejo, quien junto con su hijo y su sobrino, fueron luego a someter a la península de Yucatán para España. Cristóbal de Olid, quien recién había regresado de Cozumel, y Alonso Dávila, que había estado tanto con Hernández de Córdoba como con Grijalva, fueron otros capitanes.

Según Bernal Díaz del Castillo, la expedición salió de Cuba el 10 de febrero de 1519, y a sus diez capitanes les dieron la instrucción de que no perdiesen de vista el navío de Cortés, de manera que todos pudieran desembarcar en Cozumel al mismo tiempo. Sin embargo, el grupo se separó después de la primera noche y todos llegaron a Cozumel de forma independiente (excepto uno, que se perdió por muchos días y nunca llegó a Cozumel), arribando primero el buque de Pedro de Alvarado y el de Cortés al último, dos días después. Díaz, que estaba a bordo de la nave de Alvarado, escribe que cuando llegaron al "pueblo" (Xamancab) en Cozumel, estaba desierto, así que navegaron como una legua hacia "el otro pueblo" (Oycib), que también encontraron desierto. Al inspeccionar un templo en este último lugar, descubrieron adornos, telas, pequeños cofres que contenían diademas, ídolos, cuentas y pendientes hechos de un oro de baja calidad, y se apoderaron de todo. Díaz añade que cuando encontraron una india y dos hombres escondiéndose cerca de ahí, los capturaron, los llevaron consigo a bordo de su barco, y navegaron de regreso al pueblo (Xamancab) donde habían desembarcado primero.

Cuando Cortés por fin pudo desembarcar, reprendió inmediatamente a Pedro de Alvarado, hizo que los hombres devolviesen lo robado, y después dio a la india capturada regalos para aplacarla. Cuando el capellán privado de Cortés, Francisco López de Gomara, recuenta la historia en su reporte de 1522, *Historia general de las Indias y conquista de México*, resultó que la mujer capturada era la esposa del halach uinik, y los otros dos cautivos eran sus hijos. Dice que Cortés tranquilizó a la india y le regaló un espejo y un par de tijeras, y luego le dio unas cuentas para sus hijos. Más tarde, envió a uno de los chicos de regreso a traer a su padre a Xamancab.

El halach uinik regresó a Xamancab con el resto de su gente y se reunió con los españoles como si nada hubiese pasado. Se intercambiaron regalos y Cortés preguntó por los sobrevivientes españoles del naufragio que le había contado Melchor. El halach uinik le explicó que, según lo que sabía, los dos estaban viviendo como esclavos en el continente, y que él podría mandarles un mensaje si Cortés así lo deseaba. Además, sugirió enviar un regalo para sus amos junto con el mensaje. Cortés escribió una carta a los náufragos españoles diciéndoles que les mandaría un barco, pero que habría que esperar no más de ocho días antes de que regresaran a Cozumel. Luego envió dos barcos al continente. Uno llevaba a los dos mayas que entregarían la carta y los regalos de cuentas de vidrio, y después fondearía en espera de una respuesta. La otra nave iría y volvería de inmediato con noticias.

Los indios que llevaban los mensajes y las cuentas de vidrio encontraron a Jerónimo de Aguilar, quien leyó la carta y luego presentó el obsequio a su jefe maya, pidiéndole y recibiendo el permiso para ir a Cozumel a reunirse con sus compatriotas. Por desgracia, no logró llegar al barco dentro de los ocho días asignados, así que los españoles regresaron a Cozumel sin él. En la historia que cuenta Bernal Díaz de ese suceso, dice que Jerónimo de Aguilar caminó cinco leguas (aproximadamente 72 kilómetros) hacia el sur, para hablar con el otro sobreviviente del naufragio, y por esa razón no llegó a tiempo al barco. Esa declaración no aporta mucho, porque pudo haber sido muy fácil caminar esta corta distancia y regresar en el tiempo permitido. En realidad, el otro sobreviviente estaba en Chetumal, alrededor de 265 kilómetros al sur. Es poco probable que Jerónimo de Aguilar hubiese logrado caminar 530 kilómetros de ida y vuelta y estar de regreso en el período de ocho días otorgados en la carta. Lo más probable es que esto sea otro retoque de la historia, al igual que la inclusión, palabra por palabra, de la conversación que tuvieron los dos sobrevivientes en relación con su reencuentro con los españoles. Esa plática fue agregada a la historia que Díaz contó para efectos y que en realidad no ocurrió.

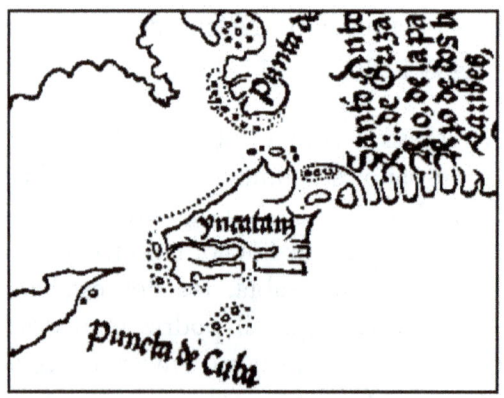

Una parte del mapa que Cortés dibujó de Yucatán en 1519.

Durante el tiempo que estuvieron esperando noticias de los dos buques que habían enviado al continente por los sobrevivientes, Cortés y sus hombres visitaron Xamancab. Una mañana, fueron testigos de cómo un sacerdote maya oficiaba una ceremonia en la cima de una de las pequeñas pirámides y le pidieron a Melchor que tradujera lo que el sacerdote estaba diciendo. Luego de escuchar la traducción del "sermón" maya, Cortés envió por el halach uinik. Entonces le hizo al jefe una amplia exposición de la debilidad de sus creencias y le explicó por qué la única religión verdadera era en realidad la católica. Para ponerle énfasis a su explicación, Cortés ordenó a sus hombres romper los ídolos que se encontraban en la cima de la pirámide, y les dijo a los carpinteros Alonzo Yáñez y Álvaro López que elaboraran y erigiesen una cruz de madera en su lugar. Después de hecho esto, el capellán, Juan Díaz, quien había visitado

Cozumel con Juan de Grijalva, celebró una misa en la cima de la pirámide. Cortés también dio a los mayas una imagen de la Virgen María y les pidió que la honraran. Para los mayas, no constituyó en lo absoluto un problema agregar otra deidad a su panteón, así que aceptaron reverenciar a este nuevo dios y a su madre, trayendo un par de aves para que los españoles las ofrecieran como sacrificio a los nuevos dioses. No obstante, Cortés interpretó esto como regalos y las aceptó como tales.

La expedición zarpó de nuevo aproximadamente el 1º de marzo, pero no llegó muy lejos antes de que la nave que portaba la mayor parte de las provisiones de alimentos comenzara a hacer agua. Regresaron de inmediato a la isla y repararon la embarcación, lo cual fue una suerte para Jerónimo de Aguilar, quien se las arregló para conseguir una canoa, atravesar el canal, y reencontrarse con sus compañeros españoles. Luego de conversar con el halach uinik en maya, De Aguilar pidió a Cortés que escribiera una carta de recomendación para este, de manera que cualquier futuro visitante español supiera que él era un amigo. Hecho esto, la expedición volvió a partir el 4 de marzo de 1519 de Cozumel hacia Veracruz.

Cuatro meses después de que Hernán Cortés llegara a Veracruz, en camino a la conquista de la capital azteca de Tenochtitlan, envió un cargamento a España de un saqueo, parte del cual fue el quinto real, o el 20% del botín tomado durante la conquista, que se debía dar como tributo a la Corona española. Junto con el botín, Cortés mandó una carta desde Veracruz, fechada el 10 de julio de 1519, que es ahora conocida como su *Primera carta de relación*. En esta misiva, Cortés enlista en detalle todos los obsequios que enviaba a la Corona española, incluyendo "dos libros de los que acá tienen los indios".

Aunque esta es la primera mención que se hace de textos precolombinos, hubo otras más. *Hispania Victrix: segunda parte de la historia general de las Indias y conquista de México* es el libro que Francisco López de Gomara, el secretario privado de Hernán Cortés, publicó en 1552 contando con grandes pormenores la Conquista de México. En su informe, Gomara describe con lujo de detalles la colección de oro, plata y arte que comprendía el cargamento del quinto real de 1519, y también comenta que incluía un grupo de seis prisioneros de los indios totonacas de Cempoala. Pero lo que resulta más interesante es que Gomara dice que en el quinto real también iban "algunos libros de figuras por letras, que usan los mexicanos, codigos como paños, escritos por todas partes. Unos eran de algodón y engrudo, y otros de hojas de metl, que sirven de papel..." (algunos libros que contenían figuras haciendo las veces de letras, utilizadas por los mexicanos, criptografías en lienzos, escritos por todas partes. Algunos de ellos estaban hechos de algodón y pasta, y otros de hojas de agave que servían como papel).

La descripción de Gomara de los materiales utilizados en la elaboración de esos libros era, de alguna manera, confusa; los paneles doblados estaban hechos en realidad de corteza del árbol de ficus (un papel que los mayas llamaban "kopó"), no de fibra de algodón, y el tratamiento de la superficie era yeso, no pasta de almidón. Los mayas llamaban a estos libros doblados "hu´un". Más allá de los errores triviales en su descripción de estos libros, es muy claro que Gomara estaba describiendo los códices mayas.

Luego de ser inventariados en la Casa de Contratación, en Sevilla, el lote (incluyendo los códices y los nobles capturados) fue trasladado a la corte real en Valladolid. Ahí, en marzo de 1520, Pietro Martire de'Anghiera (que es conocido como Pedro Mártir en español) examinó los códices, junto con Giovanni Ruffo a Forli, quien era arzobispo de Cosenza y representante del papa en Valladolid. Aunque Martire no escribió sobre los manuscritos hasta unos años después, el arzobispo Ruffo sí lo hizo, en una carta que envió inmediatamente a Francesco Chieragati de Roma, fechada el 7 de marzo de 1520. En ella, el arzobispo cuenta: "Hauía allí tanbién que me oluidava de dezir unos quadros de menos de un palmo todos juntos que se plegaban y juntavan en forma de un libro y desplegado alargávase. Estavan en los quadritos figuras y signos a forma de letras arábicas y egiptiacas que acá an interpretado que sean letras dellos y los indios no supieron dar buena razón qué cosa fuese aquella".

Los indios que el arzobispo comentaba que no tenían idea de lo que decían los libros eran los seis nobles que habían sido capturados por los totonacas de Cempoala, y entregados a Cortés, quien los envió a Valladolid como parte del quinto real. No es sorprendente que no pudieran leer los glifos de los textos: estos nobles indios provenían de la parte central de México y solo estaban familiarizados con las ilustraciones mitológicas aztecas, mexicas, totonacas, chinantecas o zapotecas, elaboradas por los escribanos indios de esa área; los códices "kopó" que formaban parte del quinto real estaban escritos en glifos mayas y tratados según la mitología y los cálculos astronómicos mayas, algo que ellos desconocían.

La idea de que los códices del quinto real fueron hechos por los mayas está sustentada en textos posteriores de Pietro Martire. Como historiador del rey Fernando y la reina Isabel, Martire demostró su gran talento cuando entrevistó a Cristóbal Colón y a muchos de sus hombres, y registró la experiencia de los exploradores durante sus primeros viajes al Nuevo Mundo en su libro *De Orbe Novo*, que detalla los primeros años de la exploración española de América. Martire luego agregó al libro cinco capítulos, o "Decades", mismos que versan sobre la historia de la Conquista española del Nuevo Mundo. En el "Cuarto Decade", Martire describe lo que Hernán Cortés y su expedición encontraron cuando pisaron suelo mexicano:

> tibus. Quia plana quinq; tantum,& q̃draginta leucarum spacio ambitur. Aufugiunt incolæ ad siluas nemorosas, oppida deserūt præ timore, vacuas domos ingrediuntur nostri, patriis fruuntur cibis,domorum ornatus variorum colorum, aulea, vestesq̃, ac lodices. Amaccas appellant, ex gosampio natiuo reperiunt. En pater Sancte libros etiam innumeros de his vnā cum cæteris ad nouū Cæsare nostrum aducetis, late infra dicemo. Perlustrāt vniuersam nsi mi

"Nuestras gentes se encontraron entre varias casas desocupadas, se sirvió de los alimentos de la tierra y encontraron adornos de varios colores en las casas, tapices, ropa y mantas rústicos de algodón que llaman Amaccas. También tienen, oh Santo Padre, innumerables libros. De estas y otras cosas que trajeron a nuestro nuevo César [El Rey Carlos] vamos contar más adelante".

Como lo prometió, más adelante en el libro Martire describe los códices: "En lo que ellos escriben son unas hojas de cierta delgada corteza interior de los árboles que se cría debajo de la corteza superior; creo que se llama philira; conforme lo vemos, no en el sauce u olmo, sino en la de los palmitos que se comen, que hay una tela dura que separa las hojas exteriores, á modo de las redes con agujeros y mallas estrechas, y las embetunan con unto fuerte. Cuando están blandas, les dan la forma que quieren y la extienden a su arbitrio, y luego de endurecida la embutunan, se supone que con yeso o con alguna materia parecida".

Martire continúa: "No solamente encuadernan los libros, sino que también extienden a lo largo esa material hasta muchos codos, y la reducen a partes cuadras, no sueltas, sino tan unidas con un betún resistente y tan flexible, que, en comparación de las tablas de madera, parece que han salido de manos de hábil encuadernador. Por donde quiera que se mire el libro abierto, se presentan dos caras escritas; aparecen dos páginas, y se ocultan bajo ellas otras dos como no se extienda a lo largo, pues debajo de un folio hay otros muchos folios unidos".

Pietro Martire nunca había estado en el Nuevo Mundo y los prisioneros indios que entrevistó en Valladolid no pudieron decirle nada de estos libros. Entonces, ¿cómo pudo tener tanto detalle sobre su manufactura y sobre los materiales de los que estaban hechos? La respuesta es que cuando Cortés envió el quinto real de regreso a España en 1519, estuvo acompañado por uno de los hombres del conquistador: Francisco de Montejo, quien había estado antes en Yucatán con Francisco Hernández de Córdoba en 1517, y en Cozumel con Juan de Grijalva en 1518. Con seguridad, De Montejo estaba familiarizado con las costumbres mayas y con la manufactura de los códices de corteza de ficus, y es sabido con certeza que Martire lo entrevistó largamente los cuatro años que De Montejo estuvo en Valladolid. Ahora, la siguiente pregunta es: si los códices que se embarcaron como parte del quinto real eran originalmente mayas, ¿en qué lugar del reino los obtuvo Cortés? La respuesta más probable es que en Cozumel.

La expedición de Cortés fue a la isla directamente desde Cuba en febrero de 1519, y permaneció en Cozumel por varios días, interactuando en forma pacífica con los mayas de ahí e intercambiando regalos con ellos. Cuando dejaron la isla en su ruta a Veracruz, su segundo desembarco en México lo hizo en Isla Mujeres, la cual, según Bernal Díaz del Castillo, que era miembro de la expedición, encontraron abandonada. López de Gomara escribe que en Isla Mujeres "surgió Cortés para ver a la disposición de la tierra y el aspecto de la gente. Mas no le agrado". Entonces dijeron misa en Isla Mujeres antes de embarcarse de nuevo.

La tercera parada fue en la bahía en frente de Campeche, pero Gomara y Díaz dijeron que no desembarcaron, ni tuvieron interacción con los mayas. Después, se trasladaron a "una gran cala que ahora llaman puerto escondido", donde cazaron conejos, pero no encontraron indios con los cuales pudieran comerciar. La siguiente parada de la expedición fue Potonchán, en la desembocadura de río Tabasco (no Champotón, Campeche, como a menudo se dice), donde lucharon con los indios que ahí hallaron. Cuenta Gomara que, después de la batalla, los indios obsequiaron a los españoles con comida, cuatrocientos pesos en joyas pequeñas, algunas piezas chicas de turquesa de baja calidad, y veinte esclavos. Pero, de cualquier forma, Potonchán era una ciudad de los mayas chontales, no de los yucatecos. Estos dos grupos hablan lenguas diferentes y tienen distintas costumbres, y las imágenes, glifos y rituales en el *Códice de Dresde* son típicas de los mayas yucatecos. Todas las paradas de la expedición después de Potonchán fueron en territorios que pertenecían a indios no mayas, así que es dudoso que el códice maya haya sido adquirido en alguna de estas áreas.

¿Pudiera ser que uno de estos códices mayas que Cortés envió como parte del quinto real haya sido el mismo que ahora conocemos como *Códice de Dresde*?

El *Códice de Dresde* es un documento precolombino maya de 3.56 metros de largo, que consta de setenta y cuatro páginas, cada una de 20.5 centímetros de altura, con jeroglíficos y dibujos en cada cara. Contiene varios almanaques, calendarios de adivinación, tablas astronómicas, reglamentos rituales y numerosas representaciones de los dioses mayas. Es una copia del período Postclásico tardío (1200 d. C. – 1517 d. C.) de un trabajo realizado antes, entre el 934 d. C. y el 1052 d. C. (durante el Postclásico temprano), según las fechas que pueden derivarse de los cálculos astronómicos que se encuentran en las páginas de la 46 a la 50 y de la 61 a la 64.

Muchos arqueólogos y etnólogos han notado la similitud entre los estilos de los dibujos y glifos del *Códice de Dresde* y aquellos que aparecen en los murales de las ruinas mayas del Postclásico tardío en Playa del Carmen, Tulum y Tancah, tres ciudades mayas que tuvieron fuertes lazos políticos y religiosos con el Cozumel precolombino. Algunos han conjeturado que el *Códice de Dresde* se realizó en alguna de estas locaciones, con base en las similitudes encontradas. Por desgracia, ninguno de los murales de los templos mayas ha sobrevivido en Cozumel, pero no hay razón para pensar que no fueran parecidos, si no es que idénticos, a aquellos de las ciudades de la parte continental contigua y, por consiguiente, al *Códice de Dresde*.

Entonces, si el *Códice de Dresde* es en realidad uno de los códices incluidos en el quinto real de 1519, parece lógico pensar que tuvo que haber venido de Cozumel. Pero, ¿cómo terminó en Dresde? No se conoce toda la historia. Existe una laguna de doscientos veinte años en los registros del propietario del *Códice de Dresde* desde 1519, cuando llegó a Valladolid, hasta 1739, cuando fue comprado por Johann Christian Götze a un coleccionista de libros vienés. En el momento en que el códice arribó a España, Viena también formaba parte del Santo Imperio Romano gobernado por el español Carlos V, pero cómo fue trasladado el códice desde Valladolid hasta Viena continúa siendo un misterio. Luego de la compra del códice, Götze se convirtió en director de la Biblioteca Real de Dresde, y más tarde lo donó a la biblioteca en 1744. La biblioteca es ahora conocida como Sächsische Landesbibliothek y aún sigue albergando al códice.

Pánfilo de Narváez y Alonso de Parada

El 5 de marzo de 1520 un expedición comandada por Pánfilo de Narváez salió de Cuba con once navíos grandes y siete bergantines de cubierta abierta, con entre mil setecientos y dos mil cuatrocientos hombres, algunos de ellos enfermos de viruela. Cuando De Narváez arribó a Cozumel, encontró alrededor de ochenta españoles de la expedición de Alonso de Parada que habían naufragado y estaban varados en la isla. Subió a algunos de ellos a bordo, dejó a otros a cargo de un pequeño puesto de avanzada, antes de navegar de nuevo para alcanzar a Cortés. El virus de la viruela que trajeron los soldados desde Cuba se propagó rápidamente entre los habitantes de la isla, dando inicio a la despoblación de Cozumel. Cuando De Narváez llegó a Veracruz, su tripulación continuó esparciendo la enfermedad entre la población nativa, que no tenía una resistencia natural a la misma.

Cristóbal de Olid

En 1524, Hernán Cortés envió a Cristóbal de Olid a Honduras con órdenes de reclamar el área alrededor de la actual ciudad de Tela en su nombre y hacer un asentamiento allí. Habiendo estado antes en Cozumel con Cortés, en 1519, De Olid seguramente debió haber parado en la isla en su paso hacia Honduras, pero no existen registros de tal visita. Cuando llegó al punto designado en Honduras, De Olid reclamó el nuevo territorio para sí mismo, en lugar de para Cortés, y lo nombró Triunfo de la Cruz. Aunque algunos de sus hombres estuvieron a su lado en esta traición a Cortés, cerca de sesenta no lo apoyaron. Luego, cuando De Olid comandó un contingente de sus fieles seguidores para sojuzgar a las vecinas villas indias, estos sesenta hombres (dirigidos por uno llamado Valenzuela) se rebelaron y saquearon el asentamiento antes de intentar reunirse con Cortés. En su viaje de regreso, naufragaron en Cozumel. Aunque al principio fueron recibidos benévolamente por los mayas, muy pronto los hombres comenzaron a abusar de los isleños, exigiéndoles apoyo para disfrutar del lujo que ellos sentían que merecían. Cuando llegó a sus oídos la noticia de estos sobrevivientes, Cortés envió a su primo, Juan de Ávalos, a rescatarlos y llevarlos de regreso a Cuba, junto con algunos de los soldados heridos que también quería que se recuperaran allá. De Ávalos recogió a los sobrevivientes en Cozumel, para alivio de los isleños, pero a la vista de Cuba su barco naufragó. La mayoría de los hombres que estaban a bordo del navío se ahogaron, incluyendo el propio De Ávalos, pero 15 lograron salvarse y contar la historia.

Francisco de Montejo

Francisco de Montejo había participado en las expediciones de 1518 de Juan de Grijalva y la de 1519 de Hernán Cortés, aunque solo estuvo con Cortés hasta el final de ese año, antes de ser enviado de regreso a España para supervisar la entrega del saqueo de la capital azteca que el Conquistador mandaba al rey. Luego de entregar el botín, De Montejo permaneció en la corte, donde movió influencias y pidió favores, hasta que el 8 de diciembre de 1526, el rey Carlos V le concedió el título hereditario de Adelantado. Además, se le leyó el decreto real que le confería el poder como "Capitán General y Alquacil Mayor de Yucatán y Cozumel", para armar un ejército, conquistar y colonizar la península de Yucatán.

La flota de Francisco de Montejo, consistente en tres embarcaciones y cuatrocientos hombres, navegó desde Sevilla, España, en 1527, hacia Santo Domingo, donde fue abastecida con caballos y más provisiones. Uno de los barcos se quedó en Santo Domingo, mientras su capitán trataba de reunir más suministros. De Montejo y las otras dos naves zarparon hacia Cozumel y llegaron a la isla a finales de septiembre de 1527. Francisco de Montejo no tenía traductor y, aunque la comunicación con los isleños se dificultaba, encontró que los mayas de Cozumel seguían siendo tan pacíficos y acogedores como lo habían sido con los españoles que habían estado en la isla antes que él. Le dio al pueblo maya de Xamancab el nuevo nombre de San Miguel, por el santo cuya fiesta se celebraba el día que desembarcaron en la isla. Naum Pat, el halach uinik de Xamancab, ayudó a los españoles a reaprovisionar los barriles de agua y, luego de unos días, los despidió, ya que De Montejo estaba ansioso por seguir adelante con el asunto de reclamar la tierra para sí mismo y para la Corona.

Las naves de Francisco de Montejo atravesaron el canal hacia Xala (Xel Há), que el soldado Blas Hernández afirma que los mayas llamaban Soliman. Esta declaración debe ser tomada con reserva, ya que Hernández había estado en la anterior expedición de Francisco Hernández de Córdoba en 1517, y fue el responsable del desafortunado reporte al gobernador de Cuba en el que se decía que el nombre maya de la península era "Yucatán", un error que, sin embargo, persistió y de ahí en adelante así se llamó a la península. Luego de leer en voz alta un documento a los desconcertados mayas de Xala, en el que se les informaba que a partir de ese momento eran vasallos del rey de España, los españoles construyeron un pequeño asentamiento en un promontorio una milla al sur de la villa maya y lo llamaron Salamanca de Xala, por el pueblo de Salamanca de donde era oriundo Francisco de Montejo, en Castilla y León, España. Hoy en día, este sitio cerca de Xel Há, se conoce como "Punta Soliman", debido en gran parte a la mala pronunciación de los mayas de la palabra Salamanca, que sonaba más bien como "Soliman" para ellos.

En el siglo XIX, el historiador yucateco Juan Pío Pérez Bermón reemplazó el nombre original de la villa maya de Xala (que así aparece en los mapas españoles de ese siglo) por el de Xel Há. Se trata de un nombre inventado a partir de dos palabras mayas: *Xel*, parte o pedazo, y *Há*, agua. Seguramente hizo esta sustitución, debido a que no pudo hallar otro significado del término Xala en lengua maya, e intentó encontrar una palabra con un sonido similar.

Las provisiones que la expedición de Francisco de Montejo trajo de Santo Domingo se agotaron rápidamente, y luego de intimidar a los mayas locales para que les suministraran alimentos a los españoles, las cosas comenzaron a deteriorarse. Los mayas desertaron de sus aldeas, con el fin de evitar cualquier trato con los demandantes extranjeros y los españoles empezaron a sentir el hambre. En el lapso de dos meses, cincuenta de los hombres de Francisco de Montejo murieron de hambre y de enfermedades, y el resto comenzó a sublevarse. Para prohibir que los soldados descontentos desertaran y regresaran a España, Francisco de Montejo barrenó las dos naves, tal como Hernán Cortés lo había hecho ocho años atrás. Después, dejó cuarenta hombres de su tripulación en Xel Há bajo el mando de Alonso Dávila y otros veinte cerca de Polé (Xcaret), mientras él se iba con otros ciento veinticinco a un viaje de reconocimiento de la costa noreste. Dávila había estado también con Francisco de Montejo en las expediciones de Juan de Grijalva y de Hernán Cortés, pero cuando fue enviado de regreso a España con oro para el rey, un navío francés capturó su barco, y pasó un buen rato en una cárcel francesa antes de poder regresar a España.

Cuando Francisco de Montejo llevó sus hambrientas tropas hacia el norte en dirección a "El Gran Cairo" de Francisco Hernández de Córdoba (la aldea maya cerca de Cabo Catoche en la punta nordeste de la península de Yucatán), tuvo la buena fortuna de encontrarse con Naum Pat, el halach uinik de Cozumel que estaba en camino a la boda de un familiar en el continente. Pat ayudó a los españoles con comida y provisiones, y lo presentó como su amigo al líder maya local de Xamanhá (Playa del Carmen), así que fue tratado en consecuencia.

Francisco de Montejo entonces rebautizó al pueblo maya como Salamanca de Xamanhá. Luego de reponer sus fuerzas, los españoles marcharon rumbo al norte, y fueron encontrando en su camino a varios jefes mayas, a quienes les informaron que a partir de ese momento eran vasallos de los españoles. Ninguno de los mayas tuvo problema alguno con esta nueva situación, la cual decidieron simplemente ignorar mientras los españoles avanzaban y se alejaban de su área particular de influencia. Cuando Francisco de Montejo y sus hombres llegaron a "El Gran Cairo", la ciudad maya tomó como una ofensa la idea de ser anexados al reino español. Después de una sangrienta batalla, los españoles tuvieron que hacer una apresurada retirada, y marcharon de nuevo hacia Xel Há.

Cuando De Montejo regresó de su viaje, contaba solo con sesenta hombres de los ciento veinticinco que había llevado consigo en su viaje de reconocimiento. Adicionalmente a estas pérdidas, los veinte soldados que tenía estacionados en Polé habían sido asesinados y solo doce de los cuarenta que había dejado en Salamanca de Xala (Xel Há) seguían con vida. Cuando la nave que había dejado atrás en Santo Domingo llegó por fin con provisiones frescas, Francisco de Montejo envió a Dávila y a cincuenta de los hombres (trece de ellos a caballo) a un viaje hacia el sur en dirección a la Bahía de Chetumal, y luego él y el resto de los hombres, excepto veinte que había dejado en la guarnición en Xel Há, navegaron hacia el sur para reunirse con ellos. Francisco de Montejo llegó primero a la Bahía de Chetumal, donde se dice que descubrió que el náufrago español Gonzalo Guerrero estaba viviendo en la cercana Ichpaatún. Supuestamente le envió una carta al renegado español, en la que le ofrecía de nuevo la oportunidad de reunirse con sus compatriotas, pero se afirma que el español ahora completamente "mayanizado" rechazó la oferta. El mensajero que trajo a Francisco de Montejo la negativa de Gonzalo también informó que Dávila y todos sus hombres habían sido asesinados. De Montejo se creyó la mentira mientras que, sin él saberlo, a Dávila, que en realidad estaba vivo y cerca de la zona, le contaban la misma historia sobre la suerte que habían corrido Francisco de Montejo y sus hombres. Dávila cayó en la trampa y regresó a Xel Há. Reuniendo a los hombres que había dejado ahí antes, se trasladó hacia la guarnición al norte de Xamanhá (Playa del Carmen).

Mientras tanto, después de renunciar a su intención de tomar Ichpaatún, Francisco de Montejo navegó hacia el sur en dirección a Honduras. En poco tiempo, desistió también de este esfuerzo y regresó a la guarnición de Xel Há, la cual encontró abandonada. Desalentado, navegó a Cozumel, donde Naum Pat le informó que el mensaje de la muerte de Dávila era mentira, y que él y sus hombres estaban viviendo en Xamanhá (Playa del Carmen). Francisco de Montejo navegó de vuelta el canal y se reunió finalmente con Dávila y el resto de sus tropas. Luego de ponerse al tanto de los sucesos, De Montejo y Dávila planearon un nuevo asalto a Ichpaatún: mientras que el primero navegaría hacia Veracruz a recoger más provisiones y refuerzos para el nuevo intento, Dávila sostendría la fortaleza en Xamanhá (Playa del Carmen).

Una vez que Francisco de Montejo llegó a Veracruz, cambió de idea con relación a regresar a combatir a los mayas de Ichpaatún y envió a sus hombres de vuelta a Playa del Carmen a recoger a Dávila, de manera que se reunieran y renovaran sus esfuerzos para conquistar Yucatán, esta vez desde el pueblo español de Santa María de la Victoria, en Tabasco, una avanzada española que había sido previamente abandonada. Después de eso, Cozumel fue dejado a su suerte hasta que Francisco de Montejo, "el sobrino", apodado así porque que tenía el mismo nombre que su tío, regresó a la isla en 1540.

Capítulo 6

Cozumel colonial

Luego de trabajar por varios años, consolidando cada vez más el control que Francisco de Montejo "el Adelantado" ejercía sobre Yucatán, Alonso Dávila fue enviado de vuelta a Ichpaatún en 1531 para intentar establecer, otra vez, un punto de apoyo allí. Después de marchar con cincuenta de sus hombres a través de la península de Yucatán hacia la bahía de Chetumal, Dávila acampó cerca de la laguna de Bacalar y nombró al lugar "la Villa Real de Chetumal". Después de varios meses de planificación, Dávila intentó de nuevo someter a los mayas de Ichpaatún, pero fue derrotado en forma contundente. Se retiró rápidamente hacia Honduras, donde él y los otros veintitrés sobrevivientes se las arreglaron para hacerle señales a un buque español que pasaba por ahí y regresó "de aventón" al campamento de Francisco de Montejo en Tabasco.

En 1540, el Adelantado nombró a su hijo, Francisco de Montejo, "el Mozo", teniente gobernador y le ordenó someter a los mayas de Yucatán de una vez por todas. "El Mozo" trabajó hombro con hombro con su primo, Francisco de Montejo, "el Sobrino", en el cumplimiento de las instrucciones de su padre. En 1541, "el Mozo" estableció su cuartel general en Campeche y comenzó su campaña de conquista. Tomó Tihó (hoy Mérida), y después Techoh y Dzilam. Una a una fueron cayendo las aldeas y pueblos mayas ante el clan de los Montejo. En 1543, "el Sobrino" estableció un nuevo pueblo primeramente llamado Villa de Valladolid en la ciudad maya de Chohuac-há (después Valladolid fue reubicada adonde se encuentra en la actualidad). Luego, a través de Ecab, cargó contra Polé y Xala (Xel Há), que se les rindieron sin pelear, tanto a él como a su banda de treinta soldados. Cuando cruzó el canal hacia Cozumel, la isla también le juró lealtad sin dar batalla.

En 1544, Montejo "el Mozo" envió a Gaspar Pacheco, a su hijo Melchor Pacheco y a su sobrino Alonso Pacheco, a confrontar a los mayas que vivían a lo largo de la costa de Quintana Roo, al sur de Xel Há. Fray Lorenzo de Bienvenida, un sacerdote español, los describió como los hombres más crueles que había conocido y escribió sobre cómo las tropas españolas diezmaron los pueblos y aldeas que encontraban a su paso, reduciendo asentamientos que tenían de quinientos a mil hogares, a caseríos de menos de cincuenta. Los conquistadores también propagaron enfermedades y comenzó la despoblación de la costa. Poco después, los españoles dividieron Yucatán en cuatro provincias: Campeche en el oeste, Mérida en el norte, Valladolid en el noreste, y Salamanca de Bacalar en el sureste. El antiguo Kuchkabal maya de Ecab se fragmentó en seis encomiendas (dependencias que pagan tributo), que cayeron bajo la jurisdicción de la provincia de Valladolid. Montejo "el Adelantado" concedió la encomienda de Cozumel a su amigo y compañero conquistador, Juan Núñez, aunque esta gratificación no había sido aprobada por el rey.

En 1547, los mayas se rebelaron y lucharon con fuerza un año completo, pero en 1548 los españoles aplastaron la revuelta. El sometimiento de los mayas fue casi total. Muchas ciudades mayas fueron entonces abandonadas o casi abandonadas. Un censo realizado en Polé en 1549 mostró que solo había setenta y seis adultos viviendo en el pueblo en esa fecha.

En 1549, el sacerdote franciscano Luis de Villalpando visitó Cozumel por un corto período de tres días. En ese momento, la isla era todavía encomienda de Juan Núñez, quien residía en San Francisco de Campeche, Yucatán. Una lista de tributarios que data de 1549 establecía que los doscientos veinte hombres mayas casados de Cozumel debían enviar su tributo a Núñez en su residencia de San Francisco de Campeche, y algunos de ellos tenían que trabajar para él una cierta cantidad de días, como parte del mismo tributo. Asimismo, declaraba que estos mayas recibirían instrucción religiosa mientras trabajaban en San Francisco de Campeche. Al parecer, no había ningún sacerdote para impartir estas lecciones en Cozumel, ni tampoco había una iglesia. En 1552, Cozumel cambió de manos y se convirtió en encomienda de Juan de Contreras, quien, poco después, erigió dos iglesias de visitas en Cozumel, que podrían ser utilizadas por el clero que los visitara; una en San Miguel de Xamancab y otra en Santa María, cerca de El Cedral.

En su artículo de 1991, "Rural Chapels and Churches of Early Colonial Yucatán and Belize", el arqueólogo Anthony Andrews afirma: "En la ramada, la gente del pueblo se reúne para escuchar el sermón y la misa, que es celebrada en una gran capilla ubicada al comienzo de esta misma ramada: es celebrada por los indios del coro, situados a un lado de la capilla, donde también se encuentra por lo general la pila del bautismo, mientras que la sacristía está en el lado opuesto. Esta es la forma en que está distribuido en todos los pueblos de esta provincia, ya sea que se encuentre o no un convento; esto es necesario debido al excesivo calor del lugar, aunque en algunos pueblos tienen el baptisterio en la propia capilla, y en otros, lo tienen en una habitación privada y en el vestíbulo".

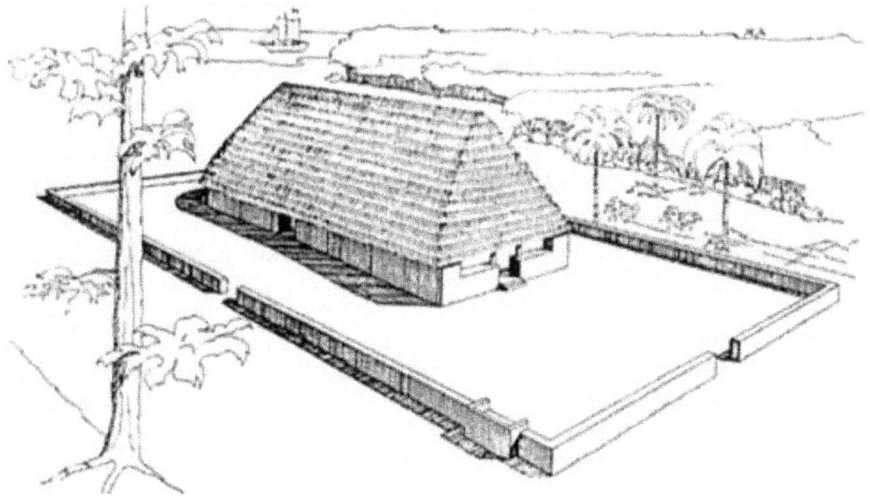

Una reconstrucción de una capilla ramada del siglo XVI, dibujada por Anthony P. Andrews, igual a la que habría estado en Cozumel.

En 1563, el obispo de Yucatán, Francisco de Toral, visitó Cozumel durante tres semanas, y escribió una carta al rey de España al respecto en 1564. El texto dice, en parte: "Pasé a la isla de Cuçamil o Cozumel que estaba tan necesitada de doctrina que nunca ha pasado a ella religioso, sino que fraile Luis de Villalpando, ahora quince años, y estuvo allí sólo tres días. Yo estuve allí tres semanas, y asi con lo que allí trabajé, como por haber yo enviado delante quíen les preparase se hizo fruto por la bondad del Señor y quedaron todos bautizados, casados, y confirmados. Es muy buena gente, sincera, sin malicia ni maldad. No tienen más de una mujer y muerta aquélla, toman otra. Saben la doctrina y dejéles allí, en su lengua, cierta instrucción para su buen vivir. Derroquéles todos sus templos antiguos, que era como Roma o Jerusalén entre nosotros aquella isla entre éstos… Convendrá que Vuestra Magestad tome para sí aquella pieza y mande dar otro tanto como renta a Juan de Contreras en esta tierra y no se le hará agravio y podrá se hacer fácilmente pues se encomiendan indios dándoles los primeros que vacaren tanto por tanto y aquella isla quédese para Vuestra Magestad. La renta de ella se podrá dar a un ministro que esté allí para el bien de aquellos naturales y descargo de Vuestra Magestad y nuestro y no hay otro medío como aquello se ponga en la Real Corona y haya doctrina".

El 4 de marzo de 1564, el rey ordenó al gobernador de Yucatán que enviase dos sacerdotes a Cozumel, pero la orden no se cumplió. Nadie en Yucatán consideró que el lugar valía el esfuerzo que era necesario hacer para desarrollarlo y las autoridades españolas dejaron a la isla abandonada a su suerte. Aunque siempre enviaba sus pagos tributarios a Juan de Contreras, los funcionarios del gobierno español la visitaban muy rara vez. Sin embargo, sí tuvo otros visitantes ocasionales. Las naves paraban de vez en cuando por provisiones; a veces pagando por ellas y otras, no. En dos ocasiones, los isleños fueron víctimas de extorsión por parte de estos visitantes. Una vez, un capitán de navío portugués llamado João Gonçalves engañó a los habitantes del pueblo haciéndoles creer que era un sacerdote que había ido a establecerse en la iglesia para llevar a cabo bodas y bautizos. Exigió un pago previo por sus servicios, que los mayas entregaron obedientemente; entonces vieron con consternación cómo el barco zarpaba con su dinero y sus mercancías. En otra ocasión, una nave española estuvo anclada en la isla durante una semana completa. Esta visita no tuvo incidentes hasta que uno de los tripulantes que recorría el bosque cercano al pueblo encontró un santuario maya que aún continuaban utilizando para la idolatría, en desacato a las órdenes del clero y del gobierno español. Chantajeó a los isleños haciéndoles pagar sesenta tostones a cambio de no entregarlos a las autoridades.

La sugerencia de Francisco de Toral de devolver la encomienda de Cozumel al rey y utilizar su tributo para financiar a un sacerdote y a las iglesias de la isla fue aprobada en 1565. Sin embargo, Luis Céspedes de Oviedo, el gobernador de Yucatán, se negó a hacer el cambio hasta que el clero le suministra un sacerdote que hablara maya. El obispo De Toral no pudo encontrar ningún cura bilingüe, pero luego envió a Cozumel al padre Cristóbal de Asencio para que hiciera un reconocimiento de la isla, celebrara la santa misa, y le proporcionara algún tipo de formación religiosa a los isleños, mientras permanecía allí, ya que, en palabras de Francisco de Toral: "pues ha veinte años que [Juan de Contreras] goceis de los indios y no habéis tenido sacerdote ni menos habeis dado ornamento ni lo necesario para el culto divino".

El 20 de mayo de 1564, Diego de Quijada, el alcalde mayor de Yucatán, le escribe al rey que "un clerigo va de seis a seis meses y esta dos o tres dias alli y no vuelve otra vez hasta que pasan seis meses". Al margen de esta carta, un escriba puso: "Carta al gobernador con relacion de esto para que provea como vayan a esta isla dos religiosos que residan en ella y administren a los indios y hagan iglesia conforme a lo acordado que les envie". Parece ser que Diego de Quijada o Francisco de Toral mentía sobre la frecuencia con la que el clero visitaba Cozumel en los años previos a la estancia del obispo De Toral en 1563.

El padre Cristóbal de Asencio fue a Cozumel en 1570, pero después de cinco meses en la isla dando instrucción religiosa, llegó una carta de Juan de Contreras a Cozumel, en la que le ordenaba al batab de San Miguel de Xamancab que cesara de cooperar con el sacerdote y le decía que los cozumeleños ya no debían ni escucharle, ni obedecerle. El batab se tomó el mandato en serio y desde ese momento nadie más asistió a misa o a clases de instrucción religiosa. Un mes más tarde, el padre Cristóbal de Asencio dejó la isla. En el informe que hizo de su viaje a Cozumel, menciona las dos iglesias que había en la isla y dice: "… y asi pase mis doctrinas y escuelas en cada pueblo [San Miguel de Xamancab y Santa María], reformandose las iglesias que estan como cosa de prestado". El padre Cristóbal de Asencio también escribe sobre el mal estado de la iglesia de San Miguel de Xamancab: "Un lunes dicha la misa de las animas ante el altar dije Batabe Francisco

Pat: Hijo, yo no puedo decir misa en este altar, es necesario alzarlo y esta pared también, para que este santo crucifijo esté bien…".

Este documento deja muy en claro que la iglesia de visita en Xamancab no solo era una estructura "temporal", sino que comenzó a desmoronarse en 1570. En su informe, el padre Cristóbal de Asencio incluyó un censo de todos los adultos que vivían en la costa occidental de Cozumel (no se contó a los renegados mayas de la costa que estaban en el interior y el este de la isla) y el total fue de ciento cincuenta y nueve en San Miguel y doscientos dos en Santa María de Oycib (Cedral).

En 1571, la tripulación de un barco francés llamado L'Espérance y capitaneado por Pierre Chuetot comenzó a depredar los pueblos costeros de Yucatán. En Ecab, los marineros se atrincheraron en el local de la iglesia, donde, según un testimonio posterior, "escribían letreros en francés y en español y el capitán de ellos era pintor y pintaba personajes todo lo cual después los españoles les hacían raer a los indios". Los franceses también prendieron fuego a la casa del sacerdote allí y quemaron todos los libros de la iglesia.

Al llegar a Polé (Xcaret), robaron el tapiz del altar de la iglesia, lo rompieron en tiras para usarlas como mechas para sus arcabuces, o pistolas de mecha larga. Desde Polé cruzaron el canal de Cozumel y, al principio, fueron bien tratados por los habitantes. Pero, con el tiempo, se instalaron en la iglesia de San Miguel de Xamancab y durante los siguientes veintidós días aterrorizaron la isla. Un testimonio posterior describe así el interior de la iglesia: "estaba junto al altar un gran fuego que tenían para calentar y a una parte y otra, camas en que dormian y en el altar habia petates en que habían dormido y todo muy sucio y en la sacristia habia mal olor de orines porque se orinaban en ella y todas las paredes de la dicha iglesia pintadas de cosas profanas como a ellos se les antojaban, que era navios y personajes".

EL gobierno español había estado persiguiendo a estos piratas y envió tropas a Cozumel para aprehenderlos. Cuando estas llegaron a la isla, se enfrentaron a la banda de franceses, matando a ocho, hiriendo mortalmente a dos y capturando a diez. El capitán Pierre Chuetot y uno de los otros piratas malheridos fueron entregados a los isleños, quienes los ahorcaron. A los demás los trasladaron a la ciudad de México, donde cuatro fueron condenados a muerte: Etienne Gilbert, Isaac Dorven, Jean Luayzell y Claude Ivilin. A los otros, Jacques Montier, Pierre Sanfroy, Marin Carnu, Guillaume Coquerelle, Guillaume de Siles y Guillermo de Poitiers, los sentenciaron a vivir como esclavos de galeras, remando los barcos del rey por el resto de sus vidas. Todos eran menores de veintiocho años de edad, el más joven solo tenía diecisiete años. Se trataba más bien de una especie de pandilla callejera; un grupo distinto a lo que tradicionalmente se concibe como el clásico barco repleto de corsarios. Por alguna razón, la leyenda que circula sobre este evento sostiene que Pierre Sanfroy era el capitán de los piratas. Esto no es cierto. Sanfroy era solo un miembro más de la tripulación. Al capitán, Pierre Chuetot, lo ahorcaron los cozumeleños. Fue también el capitán, y no Sanfroy, quien pintó los dibujos en las paredes de la iglesia en Ecab y en Cozumel.

En octubre de 1573, el gobernador de Yucatán, Diego de Santillian, envió dos sacerdotes españoles a Cozumel para construir un monasterio en Santa María de Oycib: el padre Gregorio de Fuente Ovejuna y el padre Hernando Sopuerta. Fueron acompañados de un intérprete, Agustín Ytza, quien les explicaría a los isleños que los dos sacerdotes estaban allí para tomar posesión del lugar donde el monasterio se edificaría, y que el acto se haría "con una procesión y una cruz de madera". El dinero se destinaría a la construcción del monasterio, pero los dos sacerdotes decidieron que no valía la pena el esfuerzo, ya que sólo había ciento treinta y nueve adultos mayas viviendo en San Miguel de Xamancab y trescientos uno en Santa María. Muchos más mayas no conquistados vivían a lo largo de la costa este de la isla, pero no estaban registrados en los municipios de San Miguel de Xamancab y Santa María, no pagaban tributo a Juan de Contreras, y fueron considerados como inalcanzables por el gobierno español. Después de solo cincuenta días en la isla, los dos curas regresaron a tierra firme y la idea de construir un monasterio en Cozumel fue abandonada.

Cuando murió Juan de Contreras en 1572, pasó la encomienda de Cozumel a su hijo, Diego de Contreras Durán. En 1579, Diego se quejó en una carta de que: "suelen acudir a la dicha ysla franceses, y puede aver un año, o poco más o menos, que los franceses robaron la dicha isla, llevandoles gran cantidad de mayz, gallinas y mantas de mi tributo, y la canpana de la yglesia".

En 1580, Gregorio de Montalvo, el obispo de Yucatán, envió al padre Pedro Maldonado a Cozumel. Aunque el sacerdote llegó a la isla, dos de sus asistentes no pudieron hacerlo, pues se ahogaron en la travesía, supuestamente a manos de sus propios remeros mayas, ya que estos habían sido ridiculizados debido a las ceremonias paganas celebradas antes de cruzar el canal. El decano Pedro Sánchez de Aguilar, en su *Informe contra idolorum cultores del obispado de Yucatán*, de 1613, también afirma que los remeros mayas de las canoas ahogaron al sacerdote "Francisco" de Aguirre (un equívoco del nombre del sacerdote Diego López de Aguirre) en su viaje a Cozumel, alrededor de 1580.

En 1582, la orden franciscana transfirió la formación religiosa de los indios de Cozumel al clero secular y el obispo Gregorio de Montalvo envió a otro sacerdote a Cozumel. Solo puede suponerse que este cura por fin se las arregló para reparar el viejo edificio de la iglesia temporal que los sacerdotes anteriores habían hecho, o bien que construyó uno totalmente nuevo, ya que los restos de la iglesia que los visitantes a la isla a principios de 1800 describieron, en testimonios posteriores, parecen más ser los de un sólido edificio y no los de una iglesia de visita temporal, como el padre Cristóbal de Asencio dijo en 1570.

Diego de Contreras mantuvo la encomienda de Cozumel hasta el 15 de julio 1583, cuando fue intercambiada, junto con otras dos encomiendas suyas, por la encomienda de Yuxkukul. El nuevo encomendero de Cozumel fue Miguel de Arroyo. También en 1583, el oidor Diego García de Palacio comisionó a varios laicos para que buscaran y destruyeran ídolos mayas. Uno de los hombres encargados de la tarea fue Alonso de Arévalo, quien se trasladó ese año a Cozumel con el juez Martín Güemez y el escribano Juan Romero, en búsqueda de estas estatuas paganas que estaban fuera de la ley. Alonso de Arévalo declaró después en su reporte haber recogido y destruido más de cinco mil estatuas perteneciente a los isleños.

En 1590, el padre Baltasar de Herrera y el vicario Hernando de Salinas fueron a Cozumel y sorprendieron a los mayas que allí vivían adorando a sus antiguos ídolos. Se envió una queja formal al funcionario correspondiente, y el teniente gobernador de Yucatán mandó tropas para apoyar a los sacerdotes en su esfuerzo por castigar a los paganos. Se detuvo a más de cuarenta mayas de Santa María (hoy El Cedral) y de Polé (hoy Xcaret), incluidos el cacique Juan Pat, el maestro de capilla Gaspar Chuc, Antonio Cumux, Juan Cumux y Pedro Cumux, a los que se les dieron cuarenta latigazos a cada uno y se les ordenó pagar los gastos del juicio y una multa de diez reales cada uno, por "haber idolatrado con ritos y ceremonias y haber reincidido cada uno dos veces sin esta en el dicho pecado".

El 3 de diciembre de 1590, el padre Baltasar de Herrera predicó contra el paganismo en la Iglesia de San Miguel, pero los mayas presentes se alzaron contra él. Si no hubiera sido por los españoles armados que lo acompañaban, es probable que lo hubieran asesinado. Por estos hechos, se arrestó, juzgó y castigó al cacique maya, los regidores, alcaldes y algunos de los líderes de la muchedumbre.

Para el año 1600, el sacerdote residente en Cozumel era el padre Francisco Ruiz Saluago, a quien se le asignó un estipendio anual derivado del tributo de la isla. En 1613, el decano Pedro Sánchez de Aguilar escribe en su informe al rey: "Los indios desta isla de Cozumel son grandes idólatras el día de oy... y usan un baile de su gentilidad, y flechan bailando el perro que han de sacrificar; y cuando han de pasar al pueblo de Ppole, que es tierra firme, usan muchas supersticiones antes de embarcarse...". Sánchez de Aguilar agrega que pensó que sería una muy buena idea trasladar a todos los indios de la isla a tierra firme; se supone que ahí podían ser mucho mejor controlados.

En 1619, el obispo Gonzalo de Salazar decidió que el sacerdote de Cozumel no estaba siendo lo suficientemente estricto, por lo que lo reemplazó con el padre Nicolás de Tapia. Acompañado por el encomendero Miguel de Arroyo, el cura fue a Cozumel el 20 de noviembre de 1619, y en la capilla de San Miguel tomó de manera oficial las riendas de las dos iglesias de la isla. Dirigió un auto de fe (un juicio religioso) en San Miguel, tuvo a los sospechosos habituales castigados, y luego destruyó un considerable número de ídolos. El padre Nicolás de Tapia también informó que muchos mayas de la península seguían realizando peregrinaciones a Cozumel con el fin de hacer sacrificios. Cruzó el canal hacia Tulum en 1620 y celebró otro auto de fe allí, informando que los sacerdotes mayas en Tulum continuaban utilizando códices con textos jeroglíficos en su búsqueda de su religión pagana. Quemó lo códices que encontró y destruyó muchos otros ídolos más, antes de regresar a Cozumel en 1622.

De vuelta en la isla, se encontró con que sus habitantes habían reincidido en la herejía, e informó de la destrucción de más de mil ídolos de barro o madera, pero se quejó de que tan pronto como él los destruía, los mayas hacían más. En 1625 regresó a Tulum, celebró otro auto de fe, y luego otro en San Miguel en 1625, y más tarde uno en Polé en 1626. Después de siete años de tratar de acabar con las prácticas paganas en Cozumel, el padre Nicolás de Tapia tiró la toalla y pidió una transferencia. Dejó la isla en 1626.

Para 1643, la población adulta en Cozumel había aumentado a cuatrocientos noventa y ocho. En los años posteriores, cuentan las leyendas, el acoso constante que sufrían Cozumel y Polé por parte de bucaneros franceses y británicos tuvo su efecto en la isla y en su puerto continental. Cogolludo dice que, a causa de estos ataques, la población se reubicó en Xcan Boloná en el continente en 1655, y luego Cozumel se convirtió en una visita de Boloná, lo que significaba que Cozumel ya no tenía un sacerdote residente. Es probable que los dos edificios de la iglesia de la isla comenzaran su deterioro a partir de ese momento. Cogolludo establece que el santo patrono de la iglesia de San Miguel era el arcángel Miguel, y la de la iglesia de El Cedral fue María de la Santa Asunción.

Sin embargo, se sabe que no todos los habitantes de la isla se fueron en 1655, porque hay documentos que muestran que todavía había dos pueblos en Cozumel funcionando en 1673, dieciocho años después de que la población supuestamente fuera trasladada al continente. En ese año, el batab de San Miguel de Xamancab era Martín Cuzamil; el alcalde, Pedro Oxté; el regidor, Gaspar Chablé, y el escribano, Mateo Chan. Ese mismo año, en Santa María de Oycib, Sebastián Poot era gobernador; Antonio Cab, el alcalde; Diego Couch y Francisco

Tzama, los regidores, y Francisco Cumux, el escribano. Todos estos hombres firmaron los documentos en 1673, así que obviamente no todos los cozumeleños fueron evacuados en 1655.

Luego de que el gobierno español volviera la espalda a Cozumel, los mayas de ahí comenzaron una larga tradición de valerse por sí mismos e ignoraban las leyes españolas que encontraban inconvenientes. A pesar de que estaba prohibido en forma expresa el comercio con los ingleses, a los que los españoles etiquetaron como "piratas" (gente que contrabandea), existen documentos y un testimonio jurado que demuestran que leñadores ingleses se asentaron en Cozumel en 1670. Una carta del gobernador de Jamaica, Thomas Modyford, fechada el 31 de octubre de 1670, y dirigida al ministro británico Lord Arlington, muestra que los leñadores ingleses vivían en Cozumel en esa época. En ella, afirma: "They go to these places either inhabited by Indians or void, and trespass not at all upon the Spaniards". ("Ellos van a estos lugares, ya sea que estén habitados por indios o deshabitados, y no van a lugares de españoles"). En una carta del 20 de abril de 1671, Fernando Francisco de Escobedo, gobernador y capitán general de Yucatán, escribe al rey de España que: "tienen los ingleses libre el corte del palo en la Laguna de Términos y en las islas de Santa Ana, Cozumel y Mujeres, con un trato tan considerable que importa mucho más que el que sale de dicho puerto de Campeche… y que en las islas de Cozumel y Mujeres, en la parte que mira á la bahía de la Ascención están arranchados de asiento y tienen bodega como en sus tierras y trato con Jamaica". Continúa diciendo: "en esa época habían sentado sus reales, sin temor, en Laguna de Términos, Isla de Santa Ana, Cozumel, Isla Mujeres y Zacathán, donde hacían el gran negocio de corte y exportación de palo de tinte en mayor escala que en los mismos puertos ocupados por el gobierno español".

El árbol de Campeche, o palo de tinte, era una mercancía muy valorada en ese momento. La madera se utilizaba para hacer tintura de telas y tenía un alto precio en Europa.

En otro documento, una declaración jurada del 3 de noviembre de 1672, los capitanes ingleses Philip Osborne, John Mitchell, James Smith, William Coxon, y John Coxon afirman que ellos: "… had been engaged in the [logwood] trade for two and a half years between Boca

Conil and Cape Catoche and from there down to Cozumel where, they said, the English had always had huts and houses and people to the number of 100 or 200 there resident. They had met with no interruptions to the trade from Spaniards or Indians". ("... se habían dedicado al comercio [del palo de tinte] durante dos años y medio entre Boca Conil y Cabo Catoche y desde allí a Cozumel, donde, dijeron, los ingleses siempre habían tenido chozas y casas, y 100 o 200 personas residiendo allí. Ni los españoles, ni los indios impidieron su comercio").

El duramen del árbol *Haematoxylon campechianum* (también conocido como árbol de Campeche o palo de tinte) proporciona un tinte para tela que era muy popular y costoso en el siglo XVII, antes de la creación de los tintes sintéticos.

Si las dos ciudades mayas en Cozumel (San Miguel de Xamancab y Santa María) estaban lo suficientemente organizadas como para contar con informes detallados de sus funcionarios y gobiernos municipales en 1673, y el testimonio de la corte inglesa de que había leñadores ingleses de palo de tinte viviendo y trabajando en la isla en 1670, 1671 y 1672, es obvio que debía haber algún tipo de entendimiento, alguna clase de acuerdo de "vive y deja vivir" entre los dos grupos, que les permitió coexistir de manera pacífica en la isla.

Ochenta años más tarde, los ingleses todavía estaban en Cozumel. En un documento español del 20 de septiembre de 1751 (titulado *Descripción y noticias del río Balis, río Nuevo, Isla Cozumel, la de Mujeres, Vontoy y Blanquitta*...), se afirma que los ingleses seguían talando el "palo de Campeche y Brazielette" en Cozumel, así como en otros lugares de la península de Yucatán. Esta situación se formalizó en el *Tratado de París de 1763* en el que a cambio de que los ingleses destruyeran los fuertes británicos en Honduras, los españoles se comprometían a reconocer los derechos de los leñadores ingleses del palo de tinte para trabajar y vivir en Belice y en otras partes de Quintana Roo. El tratado dice: "Su Magestad Católica no permitiría en lo venidero que los Vasallos de Su Magestad Británica, ó sus Trabajadores sean inquietos, ó molestados, con qualquier pretexto que sea, en su ocupación de cortar, cargar y transportar el Palo de Tinte, ó [Palo] de Campeche; y para este efecto podrán fabricar sin impedimento, y ocupar sin interrupción las casas y almacenes que necesitaron para sí, y para sus familias y efectos... en la Bahía de Honduras y otros lugares del Territorio de España en aquella parte del mundo".

En 1766, el visitador general español José de Gálvez escribió un informe acerca de Yucatán que incluye la declaración: "se celará que los extranjeros no nos roben el ébano, así en estas costas como en la isla de Cozumel, a donde principalmente han ido a cortarlo a su arbitrio...". Ese mismo año, Martín de Mayorga, gobernador de Guatemala, escribió que los españoles no habían visitado Cozumel durante años y "por cuio motivo lo executaban muy a salvo las de la Brittanica, unos con Negros a cortar Hevano, otros a Pesca del carey". En 1783, el tratado de 1763 fue reemplazado por el Tratado de Versalles, en el que Inglaterra no solo recibió el reconocimiento formal de sus posesiones en Belice, sino en el que también se estipuló que: "Será permitido a los habitantes ingleses que se establecieren para la corta del palo ejercer libremente la pesca para su subsistencia en las costas...".

En ese tiempo, los españoles llamaban "piratas" a los leñadores ingleses y pescadores de tortugas que vivían en la isla, ya que no pagaban ningún impuesto a la Corona española. Este desafortunado vocablo se hizo oficial el 22 de junio de 1672, cuando la Corona española emitió un edicto declarando que todos los extranjeros que negociaran sin licencia en los puertos españoles de ultramar eran considerados "piratas". Esta palabra evoca una visión de un bucanero de capa y espada, alfanje en mano, un parche en un ojo y un loro en el hombro, pero en realidad simplemente significaba "contrabandista", una persona que se ganaba la vida contrabandeando, o comerciando sin pagar impuestos. Esa mala definición del término "pirata" condujo al mito muy extendido que afirma que Cozumel era una "guarida de piratas" en los siglos XVII y XVIII. Esta leyenda está lejos de la verdad. No existe ninguna evidencia de que los bucaneros utilizaran alguna vez a Cozumel como su base de operaciones, independientemente de lo que cuenten las tradiciones y las leyendas. Hubo algunos incidentes a finales del siglo XVI y principios del XVII, cuando varios corsarios franceses e ingleses de segundo y tercer nivel allanaron o saquearon pueblos en Cozumel, tales como la banda de bucaneros franceses liderados por Pierre Chuetot en 1571. Sin embargo, ninguno de estos pícaros de ligas menores usó jamás la isla como base de operaciones, y ninguno de los famosos bucaneros se molestó jamás en poner un pie en Cozumel. El persistente mito de que Jean y Pierre Lafitte, Henry Morgan, Francis Drake, Laurent de Graff, ("Lorencillo"), Cornelio Hol ("Pata de Palo"), Abraham Diego ("El Mulato") y otros bien conocidos corsarios llegaron a llamar hogar a Cozumel en algún punto de su existencia es tan absurdo como la afirmación que se hace en la edición de *Baedeker* de 1994 de que Long John Silver, un personaje ficticio de la novela *La isla del tesoro*, de Robert Louis Stevenson, también utilizó a Cozumel como su base de operaciones.

Capítulo 7

La verdadera historia de los terribles piratas de Cozumel

Hay un persistente mito de que Cozumel fue alguna vez una base de operaciones de piratas durante los siglos XVI y XVII. Aunque no existe en lo absoluto ninguna evidencia que sustente esta teoría, a menudo es repetida y reimpresa en numerosos sitios de Internet y en artículos sobre la isla, e incluso aparece en muchos libros serios sobre la historia yucateca. Una fuente de esta leyenda es el artículo "Cozumel se Acapulquiza", publicado en el volumen 15 de la revista *Visión*, de 1958, en el que se afirma que Jean y Pierre Lafitte tuvieron su guarida en Cozumel. En él, se dice también que Henry Morgan utilizó Cozumel como su base de operaciones, otro cuento de hadas sin ninguna evidencia que lo sustente. Con el paso de los años, innumerables autores han agregado nombres a esta lista de bucaneros que supuestamente usaron Cozumel como su cuartel general.

Aunque nada de esto es cierto, algunos pocos corsarios sí hicieron, de hecho, una breve visita a Cozumel durante los siglos XVI y XVII. Uno de ellos fue Pierre Sanfroy, del cual con frecuencia se dice que era un capitán pirata sediento de sangre, que utilizó la iglesia de San Miguel como su campamento en la década de 1570. La verdad es que solo era un miembro de 27 años de la tripulación de la expedición de Pierre Chuetot que permaneció 22 días en Cozumel en 1571. La historia de esta expedición está bien documentada en más de trescientas páginas de un testimonio judicial tomado entre 1572 y 1574, durante los juicios que tuvieron lugar en Mérida y en la ciudad de México.

La verdadera historia de Pierre Sanfroy comienza el 19 de mayo de 1570, cuando un grupo de 40 jóvenes franceses hugonotes y católicos no practicantes zarparon de La Rochelle, Francia, en el barco de bandera francesa L'Espérance, en una expedición que ellos esperaban los haría ricos. Los hombres a bordo de la nave eran:

Pierre Chuetot, capitán de la embarcación, un católico de Rouen.
Nicolas de Siles, hugonote y maestro de la nave.
Bouvier, primer oficial.
Martin Cornu, barbero cirujano del barco, de 24 años.
Etienne Gilbert, piloto.
Roger Grifel, comerciante.
Pierre Sanfroy, miembro de la tripulación, de 27 años.
Guillaume Siles, miembro de la tripulación, de 19 años.
Guillaume Coquerelle, miembro de la tripulación, de 19 años.
Guillaume Poitiers, miembro de la tripulación.
Robin Poitiers, miembro de la tripulación.
Guillaume Montier, miembro de la tripulación.
Jaques Montier, miembro de la tripulación, de 27 años.
Jean de Luayzell, miembro de la tripulación.
Mairiac, miembro de la tripulación.
Isaac Dorven, miembro de la tripulación.
Claude Ivilin, miembro de la tripulación.
Jean Hoscorno, miembro de la tripulación.
Robert Hoscorno, miembro de la tripulación.
Broutouneau, miembro de la tripulación.
"La Pombrea", miembro de la tripulación y exfraile.
"El Gitano", miembro de la tripulación.
Marco Vilu, miembro de la tripulación.
Además de otros 15 tripulantes y 2 grumetes, que hacían un total de 40 almas a bordo.

Primero se dirigieron a Honfleur, Francia, luego hacia el sur en dirección a las islas Canarias, donde se abastecieron de agua y alimentos. De ahí navegaron al sur hacia la isla de Cabo Verde, donde compraron pieles de vaca. Cerca de Madeira capturaron una pequeña galeota portuguesa, asesinaron a su tripulación y se llevaron con ellos el navío. De Madeira viajaron a Sierra Leona (en la costa de África), donde compraron marfil, que tenían planeado vender junto con los cueros en la República Dominicana. De regreso al norte, los dos barcos navegaron hacia Guinea para adquirir algunos esclavos negros que añadir a la carga. Cuando estuvieron listos para zarpar, un par de miembros de la tripulación decidieron abandonar el viaje y quedarse en Guinea. Esta fue una buena decisión para ellos, pues poco después de que L'Espérance y la galeota dejaran el puerto, la armada portuguesa los persiguió en medio de una tormenta, y la mayor de las dos embarcaciones se hundió. Treinta miembros de la tripulación de Chuetot se las agenciaron para sobrevivir desplazándose a la pequeña galeota y, en estas circunstancias de hacinamiento, navegaron hacia la Isla Margarita, frente a la costa de Venezuela. Ahí capturaron una carabela de Melchor de Rivas con catorce o quince personas a bordo, incluidas dos mujeres, un cura franciscano enfermo, un clérigo laico, y el piloto genovés de la embarcación, Bernardo de Burdeos. La siguiente parada de los corsarios fue Nombre de Dios, en Panamá, donde se hicieron de un pequeño navío cubano de un tal Sr. Parada, cargado con vino. Llevaron el vino a bordo y luego mataron a toda la tripulación del barco, así como a los prisioneros que habían tomado previamente, salvo a Bernardo, el piloto. Poco tiempo después, los franceses capturaron otra embarcación mercante española, cargada con finas cerámicas, ferretería, linos, azulejos y libros religiosos.

La banda de Chuetot navegó entonces hacia Cozumel, donde apresó otra embarcación anclada en frente de San Miguel de Xamancab, propiedad de Hernando Díaz y Gaspar de Chinchilla de Puerto Caballos, Honduras, la cual estaba bajo el mando de Cristóbal de Hernández. El barco había salido recientemente de Trujillo, Honduras, con un cargamento de mercancías para Río Lagartos, Yucatán. Luego de descargar en Río Lagartos, había ido a Cozumel y subido a bordo cuatro mil mantas de algodón, doscientas veinte arrobas de cera de abejas, doscientas botijas de miel, y algunos otros productos, incluyendo manteca de cerdo. Los franceses optaron por no desembarcar en la isla, llevaron la nave de Hernández con ellos y navegaron al norte hacia Boca de Conil, la entrada a la bahía entre Holbox y el continente, donde de nuevo tomaron un barco: el Nuestra Señora del Rosario, propiedad de Pedro de la Mazuca, quien tuvo la desgracia de encontrarse a bordo. Vicente Estévez, el piloto de Nuestra Señora del Rosario, también fue capturado y forzado a guiar el barco de Chuetot entre los arrecifes del norte de Yucatán. Pedro de Mazuca luego reportó cómo los corsarios franceses cortaron con un hacha la pierna de su piloto, antes de apuñalar cuatro veces en el brazo al propio Mazuca.

Los franceses trasladaron todo el botín de la embarcación que habían capturado en Cozumel a Nuestra Señora del Rosario y, dado que el barco capturado era viejo y estaba en mal estado, lo quemaron y hundieron. Luego, los franceses bordearon la costa norte de Yucatán y desembarcaron en Sisal, en la costa occidental de la península. De ahí, partieron tierra adentro hacia Hunucmá, Yucatán (un pequeño asentamiento veinticinco kilómetros al sureste de Sisal), donde robaron la aldea, profanaron la iglesia, e hicieron prisioneros a dos caciques. Con los trajes de los sacerdotes y los manteles del altar que habían tomado de la iglesia, uno de los miembros de la tripulación hizo gorras, ropa interior y medias.

El gobierno de Mérida tuvo noticias de esta incursión y mandó un contingente de cuarenta hombres para que se desplazaran rápidamente a Hunucmá y capturaran a los bucaneros. Sin embargo, los culpables ya se habían ido del lugar, así que el grupo se dirigió a Sisal, pero llegaron justo para ver al último de los franceses abordar uno de los barcos, mientras sus compañeros les lanzaban insultos a los españoles de la costa. Uno de los sobrevivientes del ataque a Sisal le contó a Francisco Tamayo, el capitán del contingente de Mérida, que había oído a los franceses decir que iban a ir a Telchac con el fin de pedir un rescate por sus dos caciques cautivos, de modo que Tamayo envió un mensaje a Campeche pidiendo un barco para tratar de interceptarlos.

Mientras tanto, los franceses navegaron de regreso a Dzilam, donde los dos caciques prisioneros lograron escapar. De Dzilam, los franceses viajaron hacia la localidad de Ecab y procedieron a saquear el pueblo y la iglesia. Ahí, el miembro de la tripulación conocido como "El Gitano" quemó la parroquia y los libros de la iglesia, y los demás tripulantes profanaron la iglesia. El mismo Chuetot hizo un dibujo en las paredes internas de la iglesia, el cual que fue reportado más tarde por Rodrigo de Tapia en estos términos: "… entre otras cosas, un rótulo en castellano que decía que el rey de Castilla no valía nada, y que ellos bastaban solos a darle guerra; y que también pintaron navíos y hombres y mujeres que se abrazaban y besaban y otras suciedades y naturas de hombres".

Otros testigos informaron que el dibujo representaba "barcos… y una imagen de la Virgen sobre una bestia de siete cabezas". Alonso de Villanueva testificó que "entre las pinturas y rótulos había en la pared de la iglesia de Ekab uno que decía: ¡Viva el Rey de Francia!".

Cuando las noticias del ataque de los corsarios llegaron a Valladolid, Juan Gutiérrez Coronel, el alcalde del pueblo, organizó otro pelotón para tratar de interceptar a los franceses. Los hombres de Gutiérrez Coronel confrontaron a los bucaneros en Ecab, pero solo pudieron matar a algunos antes de que la banda se dividiese en dos grupos: el primero abordó Nuestra Señora del Rosario y navegó de vuelta a Francia; el segundo, de 20 hombres, escapó en la pequeña galeota y navegó por la costa.

La iglesia de Ecab, ahora conocida como Boca Iglesias.

Este segundo grupo llegó finalmente a Polé (Xcaret), saqueó la iglesia de ahí e hizo mechas para sus arcabuces con los manteles del altar. Desde Polé, los bucaneros atravesaron el canal hacia Cozumel, donde los isleños al principio les dieron una cálida bienvenida. Pronto, sin embargo, los franceses exigieron más de lo que los cozumeleños estaban dispuestos a ofrecer, y comenzaron a maltratarlos, a pedir más comida y bebida, a azotar a los que se negaban a sus demandas y, en general, a actuar de manera desenfrenada. El grupo tomó como residencia la iglesia de San Miguel de Xamancab durante los siguientes 22 días, haciendo dibujos en las paredes, orinando y defecando dentro de la construcción, usando el altar a veces como cama y otras como mesa donde comían. Al frente de la iglesia, los franceses construyeron un conjunto de cepos, en los que ponían a los isleños que les dieran problemas. Pedro de la Mazuca más tarde testificaría: "... en San Miguel, en Cozumel, escribían letras por las paredes y pintaban personajes, que no debiera ser cosa buena; sobre un altar tenían trapos viejos y andrajos". Pero el reinado de los corsarios en Cozumel terminó cuando su prisionero Pedro de la Mazuca escapó y navegó en la galeota de los franceses hacia Polé, donde reportó los sucesos acaecidos en Cozumel a un tercer pelotón español que recién arribaba de Valladolid. El grupo de españoles cruzó entonces el canal y sorprendió a los centinelas franceses que se habían ubicado en la playa. Los vigías abandonaron sus puestos y corrieron a la iglesia, alertando a sus compañeros. Bajo el manto de la noche, los bucaneros huyeron furtivamente hacia Santa María de Oycib (Cedral), donde se atrincheraron en un corral y esperaron a los españoles para atacarlos. En la mañana, luego de un breve tiroteo, los corsarios se quedaron sin pólvora y se rindieron. El pelotón español se las había ingeniado para matar a ocho de los franceses y herir a dos más, incluido el capitán Chuetot, a quien los isleños llevaron a San Miguel de Xamancab y colgaron de manera sumaria. El resto fue trasladado en barco a Telchac, y luego por tierra a Mérida.

En Mérida, se enjuició a los diez franceses restantes, a quienes se encontró culpables de piratería. Al piloto, Etienne Gilbert, y al miembro de la tripulación, Isaac Dorven, los colgaron el 17 de julio de 1571. Jean Hoscorno y Claude Ivilin tuvieron la misma suerte al día siguiente. Pierre Sanfroy, Guillaume Siles, Guillaume Coquerelle, Martin Cornu, Jacques Montier y Guillaume Poitiers fueron convertidos en esclavos al servicio de varias familias de Mérida.

Pero no permanecieron como esclavos por mucho tiempo. El 13 de septiembre de 1571, se les ordenó a Pierre Sanfroy y a sus cinco compañeros de tripulación someterse a un nuevo juicio en las oficinas de la Santa Inquisición en la ciudad de México. Entre marzo y agosto de 1572, los seis franceses fueron enviados de uno en uno a la ciudad de México para ser juzgados, no por piratería sino por ser herejes luteranos. No obstante, solo cinco llegaron a la ciudad: Guillaume Poitiers se las arregló para escapar en el camino y no se volvió a saber de él.

El 7 de junio de 1572, Sanfroy, Siles, Cornu, Montier y Coquerelle fueron acusados de crímenes por "Alabar la secta de Lutero de manera abierta y pública, decir palabras injuriosas contra el Papa y el rey Felipe II, comer carne los viernes y días de vigilia, rezar salmos de David, robar ornamentos del templo de Hunucmá, hacer burla a la misa y sacramentos, profanar templos y robar poblados en la Provincia de Yucatán". Jaques Montier no vivió para ver este juicio. Murió en prisión en la ciudad de México el 24 de diciembre de 1572.

Testificaron en contra de los franceses el batab (cacique) de San Miguel Xamancab (Francisco Pat) y los dos batabs de Santa María de Oycib (Pedro Pot y Juan Mah), todos de Cozumel. En el proceso también dio testimonio Pablo Pat, de Ecab, así como Juan Ye, Juan Pat y Diego Niho, de Polé. Pedro de la Mazuca, el propietario de la nave capturada, también testificó, junto con Alonso de Villanueva y Rodrigo de Tapia.

En la mañana del 11 de diciembre de 1573, se ordenó que Sanfroy fuese interrogado bajo tortura en el potro y sometido a "toca hechar agua" (método similar a la técnica de interrogación que simula la experiencia de ahogamiento) *in caput propio et alienum*, (hasta que confesó tanto sus crímenes como otros de los que fue testigo). De la sala del juicio lo llevaron a la sala de torturas, donde lo desvistieron hasta dejarlo solo en su ropa interior. Lo torturaron durante cuatro horas en el potro y con ahogamiento hasta las 12:45, momento en que confesó que comía carne los viernes y simpatizaba con los luteranos. En ese punto, fue desatado y se le permitió vestirse.

Pierre Sanfroy era un marinero francés de veintisiete años de edad, procedente de Saint-Vigor, en la costa de Normandía. Lo describieron como "rubio de tez blanca, con barba rubia espesa y muy rojiza, teniendo una señal cerca del ojo izquierdo, entre este y la barba". El padre de Pierre fue Charles Sanfroy, un caballero francés, católico. Charles bautizó a Pierre y lo crio como católico.

La primera experiencia de Pierre Sanfroy en la guerra fue cuando luchó durante nueve meses con el capitán católico Forian contra los protestantes en Francia. Más tarde, combatió contra los anglicanos en Le Havre. Después peleó contra los calvinistas bajo el mando del capitán Villers, antes de unirse al capitán Pierre Chuetot en su expedición. Cuando lo encarcelaron en Mérida, Sanfroy tenía solamente nueve reales consigo, que fueron confiscados para pagar el costo de sus comidas en prisión.

Ilustración que muestra a un hombre torturado en el potro.

Ilustración de la tortura "toca hechar agua".

El 12 de enero de 1574, Sanfroy recibió su sentencia final: tenía que recorrer las calles de la ciudad de México mientras recibía doscientos latigazos *de vehementi*. Luego de eso, tendría que servir como esclavo de galera, remando en las naves del rey sin goce de sueldo, durante seis años.

El 28 de febrero de 1574, Sanfroy fue sacado de su celda y llevado al juzgado para que hiciera una declaración formal arrepintiéndose de sus pecados. Al día siguiente lo vistieron con un sambenito amarillo, o vestimenta de penitente con la cruz de San Andrés al frente, y portando un cirio penitencial o vela verde, recorrió la ciudad hasta llegar a la escalinata de la iglesia principal. Ahí lo desvistieron de la cintura para arriba y le dieron los doscientos latigazos. Unos días más tarde, lo embarcaron para comenzar su sentencia como esclavo de galera y nunca más se volvió a saber de él.

A Guillaume Coquerelle, miembro de la tripulación de 23 años de edad, lo sentenciaron a doscientos latigazos y a remar durante seis años en las galeras. Martin Cornu, de 29 años, fue ejecutado en el garrote vil, después quemado en lo que hoy en día es la Alameda, y se esparcieron sus cenizas en la alcantarilla. Guillaume Poitiers, quien había escapado mientras se le llevaba a la ciudad de México, fue encontrado culpable *in absentia*, excomulgado y su efigie quemada.

Las vestimentas de sambenito, que van desde el manto asignado al hereje menos ofensivo (a la izquierda), al más ofensivo (a la derecha). Sanfroy se vio obligado a portar el tercer estilo, de izquierda a derecha.

Guillaume Siles, el compañero de tripulación de Sanfroy, de veinticuatro años de edad, escapó, junto con otros cuatro prisioneros, cavando debajo de la pared de la celda en la que se encontraban encerrados. La orden de arresto emitida el 9 de marzo de 1573, luego de su fuga, lo describía como "Guillermo de Silice, frances de edad de veinteycuatro pequeño de cuerpo blanco de rostro pocá barba rubio ojos muy pequeños y azules vestido en jubon y calçones". Fue capturado enseguida y sentenciado a doscientos latigazos y a remar durante cuatro años en las galeras del rey.

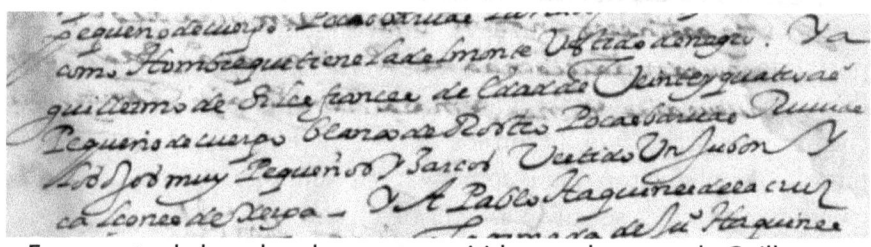

Fragmento de la orden de arresto emitida por el escape de Guillaume Siles.

¡Miguel Molas fue un "pirata", no un bucanero!

Otro "pirata" que sí estuvo una vez en Cozumel fue Miguel Molas, un catalán de Barcelona que emigró a México. En 1810 se trasladó al viejo fuerte español de El Cuyo, cerca de Río Lagartos, Yucatán, el cual había estado abandonado desde finales de 1600. Ahí se estableció la recién formada guardia destinada a hacer cumplir las leyes sobre el comercio ilegal con buques extranjeros que traían mercancías de contrabando a Yucatán, de la cual el gobierno de Yucatán nombró a Molas como su comandante militar. En 1814, Molas renunció a su trabajo en El Cuyo, luego de descubrir que podía hacer más dinero ayudando a los contrabandistas que con un salario del gobierno. Molas había hecho muchos contactos en el comercio ilegal a lo largo de esos cuatro años, así que comenzó a cruzar la costa de Quintana Roo, guiando a los contrabandistas y, finalmente, escribió un itinerario en 1817 detallando los arrecifes, bancos de arena y puertos de esas costas, titulado *Derrotero de la Península de Yucatán desde todas las costas e islas, bajos, puertos, y arrecifes, trabajado por la práctica, experiencia y cumplido conocimiento de Don Miguel Molas, en el año 1817*. En esa publicación se utilizó por primera vez el nombre de punta Molas en Cozumel para referirse a ese lugar. Contrario a lo que cuentan las leyendas locales, Molas nunca vivió en esta punta; solo le dio su nombre cuando dibujó el mapa en 1817.

El exempleado del gobierno fue rápidamente etiquetado como "pirata" por el gobierno, que usó esta palabra, "pirata", para describir tanto a los contrabandistas como a los bucaneros merodeadores, de un modo similar al empleo que en la actualidad se le da a la palabra pirata para describir la acción de falsificar videos y CD. En realidad, Molas nunca fue lo que hoy se consideraría un bucanero. Cuando las autoridades de Yucatán quisieron abrir el nuevo puerto de Nueva Málaga en la costa norte, Molas se las agenció para persuadirlas de su utilidad y recobrar su favor, y en 1821 el gobierno lo recontrató como recaudador de impuestos. En 1823, Nueva Málaga cambió su nombre por Yalahau.

En 1821, el año en que México obtuvo finalmente su independencia de España, Molas dirigió a sus hombres en una batalla en Cancún y en Isla Mujeres contra Pierre Lafitte, el hermano de Jean Lafitte, ambos renombrados piratas (¡y verdaderos bucaneros!). Pierre murió de sus heridas poco tiempo después. No obstante, ese incidente no fue suficiente para redimir a Molas ante los ojos de la ley, y se emitió una orden para su arresto, junto con su compinche Buenaventura León, por tráfico de esclavos en 1823. De vuelta en custodia, el parlanchín de Molas hizo su mejor esfuerzo para convencer a las autoridades de que sería mejor que lo perdonaran y le permitieran ayudarles a evitar intrusos en las costas. En 1824, el gobierno hizo exactamente eso. Sin embargo, Molas no pudo resistir la tentación y muy pronto volvió a las andadas. En poco tiempo se emitió otra orden de arresto, y en 1828 fue de nuevo capturado y enviado a Mérida, donde se le sentenció a morir en la horca.

De alguna manera, Molas se las ingenió para escapar del patíbulo y huyó a Cozumel con su esposa y sus dos hijos. Una vez en la isla, el fugitivo construyó una hacienda donde ahora está el pueblo y la llamó rancho San Miguel, usando el nombre que Francisco de Montejo le había dado al lugar 300 años antes. Durante los dos años de estadía en la isla, construyó un balandro, mismo que utilizó para abandonar Cozumel en 1830. Se trasladó hacia el sur, a la actual Belice, vendió su barca y luego su rancho San Miguel a otro contrabandista que se había mudado a México desde Cataluña, Vicente Alvino Cammaño. Después, Molas se fue a Tankah y ahí echó raíces.

Como creía que era un hombre buscado por la ley, Molas permaneció escondido, ignorando que con el cambio de gobierno ya no se le consideraba un fugitivo. Luego de algunos años, se enfermó y fue a Chemax por medicinas, pero murió en el camino de regreso a Tankah. Un maya que lo acompañaba enterró al viejo bribón y volvió al rancho a informarle del deceso a su familia. Se envió entonces a dos jóvenes a desenterrar el cuerpo y llevarlo de regreso a casa para hacerle un entierro familiar, pero luego de acarrear varias millas el pútrido cadáver, lo subieron a una canoa para trasladarlo así a Tankah. Más tarde, los jóvenes dijeron que el cuerpo se había deslizado y caído por la borda en una tormenta. Lo más probable es que, no pudiendo resistir el olor del cuerpo, lo hayan tirado por la borda.

Capítulo 8

Cuando Cozumel estuvo en venta

George Fisher, el hombre que casi compró Cozumel

Djordje Shagic nació en Hungría de padres serbios en 1795. Durante sus estudios para convertirse en sacerdote, descubrió que tenía facilidad para aprender idiomas y, cuando tenía diecisiete años, dominaba dieciocho lenguas: latín, griego, inglés, alemán, francés, portugués, italiano, español, húngaro, serbio, ruso, polaco, bohemio, moravo, esloveno, croata, dalmático y montenegrino. Sin embargo, la aventura llamó a su puerta y dejó la escuela para luchar con las fuerzas revolucionarias serbias contra los turcos otomanos durante la primera revolución serbia. Luego del fracaso de la revolución, huyó a Austria y se abrió camino a través de Europa hacia Ámsterdam y de ahí navegó como polizón a Filadelfia. En 1814, asumió por primera vez el nombre de George Fisher. En 1817 se trasladó a Port Gibson, Mississippi, y se casó con Elizabeth Davis en 1818, convirtiéndose en ciudadano norteamericano. Ese mismo año se inició en la masonería, y en 1823 se convirtió en un masón del Arco Real. Nueve años después de mudarse a Mississippi, Fisher se trasladó a la ciudad de México mientras su esposa se quedaba en Mississippi y criaba a sus cinco hijos. Trabajando como editor para el periódico *Correo del Atlántico* en la ciudad de México, conoció y se hizo amigo de Joel Roberts Poinsett, ministro de Estados Unidos en México (por el cual la planta de Navidad es llamada Poinsettia en Estados Unidos de América), y juntos fundaron la primera Logia Masónica de Rito York de esa ciudad. Fisher se hizo ciudadano mexicano en 1829, y en 1830 el gobierno mexicano le dio una concesión de tierra (antes llamada "concesión Haden"), donde se asentaría con quinientas familias en el territorio mexicano de Texas.

Una vez que las familias se hubieron establecido, Fisher se mudó a Galveston, Texas, y se convirtió en funcionario de aduanas de la isla. Destituido por el general Manuel de Mier y Terán solo unos meses después, se trasladó a San Felipe en 1830 y fue contratado por

Stephen F. Austin para ser el secretario del ayuntamiento. Poco tiempo después lo despidieron, porque se sospechaba que era espía mexicano, pero fue reinstalado de inmediato en su antiguo puesto de trabajo como funcionario de aduanas de Galveston en 1831. Su observancia del requerimiento de que todos los buques que llegaran a Texas tenían que pagar derechos de aduana en Anáhuac, independientemente de su puerto de entrada, causó una reacción feroz en contra del gobierno mexicano, y el consiguiente Disturbio de Anáhuac (dirigido por James Walker Fannin, quien más tarde se convirtió en comandante de las fuerzas texanas en El Álamo) fue un preludio de la guerra por la independencia de Texas. En 1832, lo despidieron de nuevo de su puesto en Galveston y se trasladó a Matamoros, donde trabajó primero como recaudador de aduanas, y luego como comisario general de guerra, para los Estados Interiores del Este de México (grupo compuesto por Tamaulipas, Nuevo León, Coahuila y Texas). Después de una disputa con el juez de distrito Luis Gonzaga Martínez, lo sacaron otra vez de servicio. En 1834 se convirtió en subastador, trabajó como intérprete oficial, abrió una tienda de artículos de papelería, comenzó un negocio de impresión, y fundó el diario *Mercurio del Puerto de Matamoros*. En 1835, el año previo a que Texas ganara su independencia de México, los editoriales de su periódico fueron considerados ofensivos por el general López de Santa Anna, y las autoridades mexicanas le dieron seis días para que saliera de Matamoros, con lo que perdió todo su equipo de impresión y sus pertenencias personales ante el juez que firmó la orden. Fisher se trasladó a Nueva Orleans y se unió al general brigadier mexicano José Antonio Mexía, para ayudarlo a organizar una revuelta contra el gobierno centralista del general Santa Anna. Durante su participación en la Expedición de Tampico (en la que sirvió como secretario de expedición y como comisario general, con el grado de teniente coronel), se hizo amigo de otros dos miembros de la expedición: el coronel Martín Peraza, el exiliado excomandante del Batallón del Pueblo Viejo, así como el Sr. George Robertson, cónsul norteamericano en Tampico, dos hombres que más tarde jugarían un papel en su primer intento de comprar Cozumel.

Cuando las fuerzas texanas derrotaron a las tropas de Santa Anna en San Jacinto, en 1836, y Texas declaró su independencia de México,

Fisher obtuvo la ciudadanía de Texas, convirtiéndose primero en comisionista en Houston y luego en juez de paz.

Se trasladó de nuevo a Galveston en 1838 y participó, junto con los generales Sam Houston y Thomas J. Rusk, en la formación de varias logias masónicas y grandes logias. Jugó un papel decisivo en el establecimiento de una de esas logias (Logia Armonía No.6 AF & AM de Galveston, Texas), al igual que el tejano capitán de navío, James P. Boylan, también como miembro fundador. El año anterior, el capitán Boylan recibió la orden de tomar su goleta de guerra tejana Brutus, y acompañar al comandante Henry Livingston Thompson, de la goleta de guerra tejana Invencible, en una expedición punitiva a lo largo de la costa de Yucatán, en represalia por los ataques mexicanos a buques tejanos y el bloqueo de los puertos de Texas.

El 13 de julio de 1837, las dos naves llegaron a Cozumel y el 29 de agosto de 1837, el comandante Thompson envió un despacho a su cuartel general, en Galveston, con respecto a esta incursión, que tiene las siguientes líneas: "We then bore away for the Island of Cazomel which we found to be one of the most desirable places in all the circle of my travels. We immediately after coming to an ancher went on shore and took possession under a salute of 23 guns and with a hearty welcome by the inhabitants on the seaboard. We surveyed the Island as well as circumstances would admit and still became more infatuated with its delightful situation and the salubrious trade wind which blows without cessation. This connected with the beautiful roadstead and anchorage and the richest of soils which produces the finest kind of timber and that of a variety induces me to think, not only think but am well convinced that it will be one of the greatest acquisitions to our beloved country that the Admiral aloft could have bestowed on us. I hoisted the Star spangled Banner at the height of forty five feet with acclamations both from the inhabitants of the Island and our small patriotic band, the crews of our two vessels. We then filled our water and made sail on our homeward bound passage, passed the Island of Mujeres". ("Entonces zarpamos para la Isla de Cozumel, que nos pareció ser uno de los lugares más deseables de todos mis viajes. Inmediatamente después de anclar, fuimos a tierra y tomamos posesión con un saludo de 23 armas de fuego y con una calurosa bienvenida de los habitantes de la costa. Estudiamos la isla según las circunstancias lo permitían y todavía nos enamoramos más de su encantadora situación y su viento salubre que sopla sin cesar. Está conectada con la hermosa rada y un fondeadero y el más rico de los suelos que produce el mejor tipo de madera y esa variedad me induce a pensar, no solo a pensar, sino que estoy bien convencido, de que será una de las mayores adquisiciones para nuestro querido país que el alto Almirante pudiera otorgarnos. Icé la bandera a la altura de cuarenta y cinco pies con aclamaciones tanto de los habitantes de la isla, como de nuestro pequeño grupo patriótico, las tripulaciones de nuestros dos buques. Entonces nos proveímos de nuestra agua y nos hicimos a la mar de vuelta a casa, pasando Isla Mujeres".

El capitán Boylan escribió también un informe, en el que se puede leer: "Report of the cruise & transactions of the Texian Schooner of War Brutus. Saturday June 10th 1837 pursuant to orders received I got under weigh & stood out to sea in company with the Invincible. After having conveyed the Texian Schr. [Schooner] Texas to Matagorda bar, returned again to Galveston Bar. Sent a boat on shore which returned at midnight. We immediately got under weigh & stood to the East. Cruising near the mouth of the Mississippi in hopes to fall in with some of the Mexican vessels but not succeeding stood for the coast of Mexico, on the 1st July parted company with the Invincible having previously agreed to rendezvous at the Island of Mugeres. Cruised some days near Cape Antonio on the coast of Cuba but nothing appearing run for the Isle of Mugeres. On the 7th made the Island of Cantey & Mugeres on the 8th anchored in company with the Invincible in a few days completed & watering the vessels made several excursions to the neighboring Islands & main land found abundance of Turtle in pens & help ourselves caught some small perogues of but little account destroyed some liberated all the prisoners. On the 12th stood out to sea again & run down to the Island of Cozamel. On the 13th anchored the vessels on the S. W. point of the Island. Landed with our boats. Planted the single Star Banner of our Country in the soil of this delightful Island. The Inhabitants were but few but expressed their good feelings for us at the same time swearing allegiance to our cause. We made such surveys and remarks as our limited time would admit of. The anchorage are indeed safe & commodious for any number of vessels. The soil is delightfull. The climate salubrious. The forest abound in the finest Kinds of Timber, mahogany, & Spanish Cedar and abundance of fruits of various kinds. There is also abundance of water. On the whole I think it is amost desirable acquisition to our Government and I would respectfully recommend it to the consideration of our Congress. On the 16th of July started again for the Mexican Coast. On the 17th anchored on the west side of the Island of Cantey. Found domestic animals but no inhabitants although there were recent marks of people having been in the houses. Found many pens full of turtles. Took a fresh supply on board. Sent our boats on an expedition to a Town said to be near Cape Catoche. Next day they returned unable to find the place. Brought a canoe with them having on board nearly or perhaps all the saints in the Calendar with some female toggery & a whole host of Virgins alas they were all composed of [...] 19th sailed again for the coast of Yucatán, 21st landed at Silar but did not find any thing of consequence. From thence stood down to [¿Linchanchy?] I sent Lieut Wright on shore to take the town. This he soon accomplished. The Alcalda making a formal surrender of the town to the Texian Government. 22d Captured Schooner Union of Sisal loaded with log wood. Chased several vessels but they were all neutral. Captured a number of Perogues some having valuable property on board. On the 24th anchored off the Town of Chiblona". ("Informe de la travesía y las transacciones de la goleta de guerra tejana Brutus. El sábado 10 de junio de 1837, en virtud de las órdenes recibidas, salí al mar en compañía de la Invencible. Después de haber transportado la goleta de guerra tejana a la bahía de Matagorda, regresé de nuevo a la Bahía de Galveston. Envié un bote a la costa que regresó a la medianoche. Inmediatamente partimos hacia el este. Navegando cerca de la desembocadura del Mississippi con la esperanza de que cayeran algunas de las embarcaciones mexicanas, pero, no teniendo éxito, mantuvimos rumbo a la costa de México, el 1 de julio se separó la compañía de la Invencible habiendo acordado previamente encontrarnos en Isla Mujeres. Navegamos algunos días cerca de Cabo Antonio en la costa de Cuba, pero nada apareció por Isla Mujeres. En el 7º día divisamos Isla de Cantey y Mujeres, en el 8º anclamos en compañía de la Invencible, en pocos días completamos y proveímos de agua los barcos, se hicieron varias excursiones a las islas vecinas y a tierra firme, encontrando abundancia de tortugas en corrales y nos ayudamos para tomar algunas pequeñas piraguas de poca cuenta, destruimos algunas, liberamos a todos los prisioneros. El día 12 salimos al mar otra vez y recorrimos la Isla de Cozumel. El día 13 anclamos las embarcaciones en el punto S.O. de la Isla. Desembarcamos con nuestros botes. Plantamos la bandera de nuestro país en la tierra de esta encantadora isla. Los habitantes eran pocos en número, pero expresaron sus buenos sentimientos hacia nosotros al mismo tiempo que juraban lealtad a nuestra causa. Hemos hecho estudios y observaciones según lo permite nuestro limitado tiempo. El fondeadero es de hecho seguro y cómodo para cualquier número de buques. La tierra es encantadora. El clima saludable. En el bosque abundan las mejores clases de maderas, caoba, y cedro español y hay abundancia de frutos de diversos tipos. También hay abundancia de agua. En general, creo que es la adquisición más conveniente para nuestro Gobierno y respetuosamente la recomendaría a la consideración de nuestro Congreso. El 16 de julio salimos de nuevo a la costa mexicana. El día 17 anclamos en el lado oeste de la isla de Cantey. Encontramos animales domésticos pero no hay habitantes, aunque había marcas recientes de personas en las casas. Se han encontrado muchos corrales llenos de tortugas. Se tomó un suministro fresco a bordo. Enviamos nuestros barcos a una expedición a una ciudad que dice que es cerca de Cabo Catoche. Al día siguiente volvieron incapaces de encontrar el lugar. Trajeron una canoa con ellos teniendo a bordo casi o tal vez todos los santos del calendario con algo de ropa femenina y toda una serie de Vírgenes todas estaban compuestas de [...] El día 19 zarpamos de nuevo por la costa de Yucatán. El 21 desembarcamos en Silar pero no encontramos nada de importancia. De allí nos retiramos a [¿Linchanchy?] Envié al teniente Wright a la costa para tomar el pueblo. Esto se logró enseguida. La Alcaldía hizo una rendición formal del pueblo al Gobierno Tejano. El 22 capturamos una galeota de guerra Unión de Sisal cargada con madera de troncos. Perseguimos a varios buques, pero todos eran neutrales. Capturamos varias piraguas, algunas que tenían propiedad valiosa a bordo. El 24 anclamos en la ciudad de Chiblona").

Sin embargo, cuando los dos barcos tejanos regresaron a Galveston el 26 de agosto de 1837, el presidente de Texas anuló la espontánea y no autorizada anexión de Cozumel. Aunque ese no fue el fin de la intromisión de Texas en la isla. El capitán Boylan era masón de la misma logia de Galveston a la cual pertenecía George Fisher y, como se pone de manifiesto más adelante, Boylan debió haber elogiado las hermosas cualidades de Cozumel a su hermano de logia. Fisher estuvo muy pronto listo para probar suerte en el acaparamiento de tierras de la isla.

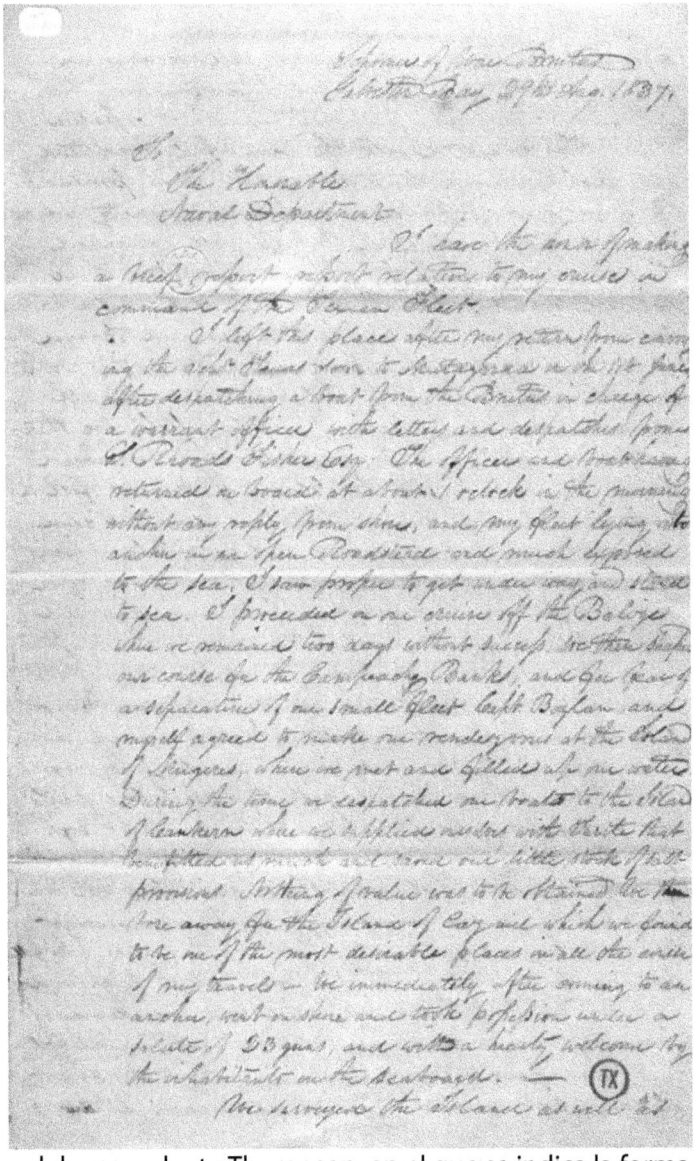

Informe del comandante Thompson, en el que se indica la forma en que plantaron la bandera de Texas en la isla de Cozumel, reclamándola para la República de Texas en 1837.

En 1838, el gobernador de Yucatán, el primer alcalde de Mérida y el coronel Martín Peraza establecieron una plantación de algodón en la isla de Cozumel. Sacaron alrededor de 30 deudores y delincuentes de la prisión de Mérida y los enviaron a la isla para utilizarlos como mano de obra forzada. Vicente Alvino Cammaño, el contrabandista de origen español que controlaba una ruta de contrabando de Belice a Sisal, había estado viviendo en la isla desde 1830, en el rancho fundado originalmente por otro contrabandista, Miguel Molas, donde se cultivaba un poco de algodón con mano de obra maya. El gobernador, el alcalde y el coronel pusieron a Alvino a cargo de la plantación y le dieron una parte de los beneficios. En 1840, los trabajadores forzados de Alvino se rebelaron, y este tuvo que huir de la isla solo con la ropa que llevaba puesta.

Mientras tanto, de regreso a Texas, Fisher obtuvo el divorcio en 1839 de su esposa Elizabeth (otorgado por ley especial del Congreso de Texas), quien se había negado a salir de Mississippi para estar con él durante todos sus viajes. Fisher se volvió a casar con prontitud luego del divorcio. Más tarde lo admitieron en la Barra de Abogados, y lo eligieron miembro del Consejo de la Ciudad de Houston en 1840. En octubre del mismo año recibió tres demandas por deudas incobrables. Durante este difícil período de su vida, le escribió a su amigo el gobernador de Texas, Henry Smith, para pedirle un nombramiento en el gobierno, diciendo que "necesito emoción bajo mi actual estado de opresión mental, que sólo puede ser tenida viajando, y deseo hacerlo, con honor para mí mismo y para beneficio de mi país. La compensación no es importante para mí. Debo tener una distracción". El enérgico hombre de mundo estaba creándose oportunidades y utilizando sus muchos contactos dentro de los gobiernos tejano y yucateco; Fisher armó un plan para comprar la isla de la cual su amigo, el capitán Boylan, estaba tan enamorado, y establecer una operación de plantación y tala allí.

El cónsul británico en Galveston, William Kennedy, mantenía una red de espías y enviaba periódicamente informes secretos al conde de Aberdeen, en Londres, sobre los movimientos de la armada de Texas y los planes del gobierno tejano. En uno de esos envíos, Kennedy describe la evolución de un plan de George Fisher, George R. Robinson (excónsul de Estados Unidos en Tampico), el comodoro de la armada de Texas, Moore, y varios otros, para comprar Cozumel por la suma de cien mil dólares. El plan original no se concretó, pero en 1841 Fisher realizó un segundo intento, esta vez con la ayuda del coronel Peraza que regresaba a Austin a través de Nueva Orleans, como enviado especial de Yucatán, para reunirse con el Gobierno de Texas. En otro informe diplomático, Kennedy escribe que tenía en su poder una carta del coronel Peraza enviada a un destinatario no identificado, en la que se indicaba que el coronel haría "todo lo que pudiera" por ayudar a Fisher.

Kennedy afirma en el envío que el 14 de octubre de 1841 se formó en Galveston una empresa con tres socios (y otras cinco personas que tendrían opción de compra de acciones en la asociación más adelante), para aprovechar la legislación promulgada por el nuevo gobernador de Yucatán, Miguel Barbachano. Esta nueva ley, aprobada el 5 de abril de 1841, permitía que el gobierno vendiera tierras no ocupadas de Yucatán. Ahora, la compañía de Fisher estaba pescando la oportunidad de comprar la isla, en virtud de las disposiciones de la nueva ley.

Fisher fue enviado por los otros socios a Mérida con un pago inicial y la autorización para comprar dos leguas cuadradas de la isla. Junto con ese pago, había un mapa de Cozumel con la primera, segunda y tercera secciones de la tierra que podían comprar marcadas en él. Después de llegar a Sisal, Yucatán, en 1841, a bordo de la goleta de guerra tejana San Antonio, Fisher se dirigió hacia Mérida, donde se reunió con uno de sus socios, el excónsul Robinson, quien había arribado previamente en la nave estadounidense Lucinda. Fisher consiguió el permiso del gobierno para estudiar y apartar <u>seis</u> leguas cuadradas de la isla, cosa que hizo fijando cruces como marcas colindantes. Envió una carta a sus socios, en la que les dice que "from time to time, [we could] acquire the whole island gradually, but not at once, in order to avoid suspicion". ("con el tiempo, [podríamos] adquirir la isla gradualmente, pero no de una sola vez, a fin de evitar sospechas").

Durante su viaje a Yucatán en 1841, John Lloyd Stephens y Frederick Catherwood visitaron Mérida, donde se encontraron con Fisher. El serbio-norteamericano-mexicano-tejano les mostró a los dos la ciudad y les ayudó a hacer contactos para su viaje a la costa de Quintana Roo, incluso les presentó a Vicente Alvino Cammaño, el último hombre en ocupar el viejo rancho de Miguel Molas en San Miguel, Cozumel. Tiempo después en ese mismo año, cuando Stephens y Catherwood visitaron Cozumel (y trazaron un dibujo de los edificios de la hacienda de San Miguel para el libro *Incidents of Travel in Yucatán* [*Incidentes de viaje en Yucatán*]), Vicente acababa de estar nuevamente en el antiguo rancho para recuperar algunos de sus bienes que había dejado allí cuando tuvo que huir de sus furiosos trabajadores. En el libro, Stephens cuenta de la reciente compra de Fisher de seis leguas de la costa en Cozumel y cómo había puesto cruces a lo largo de la playa para marcar los límites de su tierra.

Djordje Shagic, también conocido como George Fisher, como lucía cuando era mayor del ejército de Texas en 1843.

Por desgracia, el resto de los fondos que Fisher necesitaba para completar la transacción nunca llegó a Mérida (debido a una quiebra bancaria en Nueva Orleans) y tuvo que regresar a Galveston en julio de 1842 solo con el contrato de compra confirmado, y no con una escritura firmada. Por alguna razón desconocida, la asociación se vino abajo y el esfuerzo por comprar Cozumel fue abandonado.

En 1843, Fisher se convirtió en comandante del ejército de la República de Texas. De 1846 a 1848, fue traductor y encargado de los registros españoles del Catastro de Texas, habiéndosele pagado previamente para que tradujera la Convención que enmarcaba la Constitución del Estado y actuara como intérprete y traductor para el Senado de la República. Más tarde, en 1850, Fisher se trasladó a Panamá, donde trabajó como intérprete durante un tiempo. En 1851 se embarcó a California, donde se desempeñó en varias juntas y consejos municipales. Fue elegido en 1860 juez de paz de San Francisco, y se convirtió en uno de los jueces de la Corte del Condado, cargo que ocupó por varios años. Poco después de retirarse de esa oficina, el rey de Grecia lo nombró cónsul de esa nación, puesto que ocupó hasta el momento de su muerte en 1873.

Marineros de la armada de Texas tratan de establecerse en Cozumel

El teniente de la armada de Texas James P. O'Shaunessy, que había estado en Cozumel con el Brutus y la Invencible en 1837, se obsesionó con el recuerdo de la isla y convenció a sus compañeros de tripulación de que si se amotinaban y navegaban hacia Cozumel, el gobierno de Yucatán les adjudicaría tierras y podrían retirarse, felices para siempre, en un paraíso tropical. Mientras estaba a bordo del buque de la armada de Texas San Jacinto, anclado en Veracruz en octubre de 1840, O'Shaunessey reunió a sus hombres y levaron anclas sin órdenes hacia Cozumel y su sueño. Lo único que se interponía en su camino eran las Islas Arcas, con las cuales se toparon durante una tormenta y detuvieron la nave. Las olas generadas por la tormenta destruyeron el buque durante la noche. La tripulación fue rescatada el 2 de enero de 1841, pero al poco tiempo O'Shaunessey desertó y nunca lo procesaron por su viaje no autorizado.

Esta no fue la última vez que los marineros de la armada de Texas trataron de reclamar la isla. En 1843, la armada tejana estaba protegiendo las costas de Yucatán de una posible invasión por parte del presidente mexicano Santa Anna a cambio de ocho mil dólares al mes en oro. Los marineros habían oído el rumor de que el gobierno yucateco recompensaría su servicio permitiéndoles establecerse en "terrenos baldíos", o en tierras fiscales vacantes. Decidieron elegir lugares en Cozumel para asentarse. Sin embargo, el 23 de agosto de 1843, enterado del plan, William Kennedy, el cónsul británico en Galveston, envió un despacho secreto a Londres. En el comunicado, Kennedy dice: "ha sido traída información por el buque de guerra de Texas últimamente destinado para ayudar a Yucatán, de que el Gobierno de ese Estado ha concedido a los oficiales y marineros estadounidenses, por su servicio, el privilegio de establecerse en una determinada porción de tierra pública vacante, y que dichos oficiales y marineros estaban haciendo los preparativos -cuando los buques de Texas dejaron Campeche- para visitar la isla de Cozumel y ubicar sus demandas en ella". Al parecer, el plan de los oficiales y marineros no se llevó a cabo, pues no se volvió a mencionar nada al respecto.

Bélgica quiere la isla

En 1842, Bélgica decidió que sería ventajoso adquirir un punto de apoyo en el Caribe, así que se puso a tantear el terreno para ver si algún país estaba interesado en venderles un territorio. México respondió con un "tal vez", de manera que se envió una expedición para revisar posibles lugares, uno de los cuales fue la isla de Cozumel. El Louise-Marie cruzó el Caribe y el golfo de Honduras durante unos meses, pero por una razón u otra, falló en desembarcar realmente en Cozumel. En el informe oficial de la expedición, se registró un dato sobre la isla, solo de oídas, de que había una plantación allí dirigida por un europeo, refiriéndose a la propiedad que estaba siendo comprada por George Fisher.

La idea de Bélgica teniendo una colonia en México no le sentó nada bien a Inglaterra, y realizó un serio esfuerzo para socavar el proyecto. Richard Pakenham, el ministro británico en México, hizo todo lo que estuvo a su alcance y fue capaz de descarrilar el proyecto, que finalmente los belgas abandonaron.

Sin embargo, otras personas estaban aún interesadas en quedarse con la isla de Cozumel, ya fuera comprándola o robándola. En mayo de 1842, el presidente de la República de Texas, Sam Houston, tuvo una rara conversación con el encargado de negocios francés, Alphonse Dubois de Saligny, la cual este registró fielmente en el despacho que envió a París. Houston había tratado, en nombre del gobierno de Texas, de obtener un préstamo de Francia por varios millones de dólares, pero hasta ese momento no había podido conseguir los fondos. Durante una visita que Saligny hizo al presidente Houston en el puerto de Galveston, Houston le había dicho al francés que "Francia tiene necesidad de nuevas colonias. ¿Por qué ella no veía algunas cerca de nosotros? Sería muy fácil encontrar algo entre las posesiones mexicanas para complacer su gusto". Saligny informó a sus superiores que le había dicho al presidente Houston que Francia había "renunciado a toda idea de exaltación o de conquista, y no veía con qué derecho, bajo qué pretexto, o por qué medios se podría aprovechar alguna parte del territorio mexicano". A lo que se supone que el presidente Houston había respondido "si eso es todo lo que le está molestando, nada sería más fácil de organizar. Nos haríamos cargo de eso. Si Texas se apoderara de una parte del territorio mexicano por la fuerza, y, luego de mantenerla por un tiempo, eligiese cederla a Francia, yo, por mi parte, no veo qué podría interponerse en el camino". Houston no pudo terminar la conversación debido a la salida del buque de vapor que estaba abordando en Galveston, y no tuvo tiempo de revelar que la "parte del territorio mexicano" de la que Texas se apoderaría y luego cedería a Francia no era otra que la isla de Cozumel. No fue hasta más tarde, en febrero de 1843, durante un viaje por diligencia con el secretario de guerra de Texas, George Washington Hockley, que el secretario le comentó a Saligny que la isla de Cozumel había sido el objetivo inminente de una apropiación por parte Texas.

Se ofrece Yucatán gratuitamente a cualquier nación que pueda ayudar

En 1841 Yucatán declaró su independencia de México. En 1847 el conflicto interno ahora conocido como la Guerra de Castas estalló en la península, y los rebeldes mayas estaban ganando. Como último esfuerzo para resolver el problema, el 25 de mayo de 1848 el gobernador de Yucatán, Santiago Méndez, envió cartas idénticas a España, Gran Bretaña y Estados Unidos ofreciendo la soberanía sobre Yucatán a cualquier nación que pudiera salvarlos de la ira de los rebeldes mayas. El presidente estadounidense James K. Polk rechazó la oferta, pero luego invocó la Doctrina Monroe, advirtiéndole a todas las naciones europeas que se mantuvieran al margen del conflicto. Poco después de eso, el gobernador Méndez renunció y Miguel Barbachano se convirtió en el nuevo gobernador. Barbachano repitió la oferta e incluyó también una carta para Cuba, pero la amenaza de represalias por parte de Estados Unidos a cualquier nación que se involucrara hizo que se abstuvieran de aceptar. A finales de 1848, Yucatán se reincorporó a México a cambio de su ayuda militar en la lucha contra los rebeldes.

Abraham Lincoln intenta comprar Cozumel

A la mayoría de los estadounidenses se les ha hecho creer que Abraham Lincoln fue uno de los más grandes presidentes de Estados Unidos. Todos los norteamericanos aprenden en la escuela primaria que la creencia de Lincoln en la igualdad de los hombres lo llevó a liberar a los esclavos negros mediante su *Proclamación de Emancipación* de 1862. Sin embargo, cuando se revisan las transcripciones de sus discursos públicos, las memorias de aquellos que trabajaron con él, y los registros públicos, cobra vida un Abe Lincoln muy diferente. Pareciera que la principal razón por la que quería liberar a los esclavos de la nación era para poder deportarlos luego, de preferencia de vuelta a África.

Desde la década de 1840, Lincoln era miembro de la Sociedad de Colonización Americana, un grupo que jugó un papel decisivo en la creación de colonias a lo largo de la costa de Sierra Leona en 1820, con la ayuda del gobierno de Estados Unidos, las cuales tenían el expreso propósito de recibir a negros liberados que fueran deportados a ellas. Una mezcolanza de misioneros, funcionarios designados por el gobierno estadounidense y empresarios negros manejaron estas colonias. No tuvieron mucho éxito hasta que la mayoría de ellos se reunieron en 1838, renombraron a su capital como Monrovia, y a su nueva y unificada colonia como Liberia. En 1847 declararon su independencia, ante la ira del gobierno de Estados Unidos, que se negó a reconocer a la nueva nación hasta 1862.

Carta de Lincoln de donación de doscientos dólares a los esfuerzos de la Sociedad de Colonización Americana para librar a Estados Unidos de los negros.

El territorio de la Sociedad de Colonización Americana, en la costa occidental de África, en 1829. Más tarde se convertiría en Liberia.

Esclavos negros liberados cuando se embarcaban de regreso a África.

El 21 de agosto de 1858, en su primer debate con Stephen A. Douglas, en Ottawa, Illinois, Lincoln dice: "My first impulse would be to free all the slaves, and send them to Liberia, to their own native land. But a moment's reflection would convince me that whatever of high hope (as I think there is) there may be in this, in the long run, its sudden execution is impossible. If they were all landed there in a day, they would all perish in the next ten days; and there are not surplus shipping and surplus money enough in the world to carry them there in many times ten days". ("Mi primer impulso sería liberar a todos los esclavos y enviarlos a Liberia, a su tierra natal. Pero si lo reflexiono por un momento, me convenzo de que independientemente de la gran esperanza, que creo que existe, que pudiera haber en esto a la larga, es imposible poner en práctica esta medida de manera repentina. Si todos fueran desembarcados allí en un día, perecerían en los siguientes diez días; y no hay envíos, ni dinero extras suficientes en el mundo como para llevarlos allí en mil días".).

Más tarde, el 18 de septiembre de 1858, en su cuarto debate con Stephen A. Douglas en Charleston, Illinois, Lincoln declara: "I will say then that I am not, nor ever have been in favor of bringing about in any way the social and political equality of the white and black races –that I am not nor ever have been in favor of making voters or jurors of negroes, nor of qualifying them to hold office, nor to intermarry with white people; and I will say in addition to this that there is a physical difference between the white and black races which I believe will forever forbid the two races living together on terms of social and political equality. And inasmuch as they cannot so live, while they do remain together there must be the position of superior and inferior, and I as much as any other man am in favor of having the superior position assigned to the white race". ("Diré entonces que no estoy, ni nunca he estado, a favor de lograr en modo alguno la igualdad social y política entre las razas blanca y negra, que no estoy, ni nunca he estado, a favor de que los negros voten o sean miembros de un jurado, ni de considerarlos calificados para tomar un oficio político, ni de que se casen con personas de raza blanca; y diré además de esto que hay una diferencia física entre las razas blanca y negra que creo siempre prohibirá que las dos razas convivan juntas en términos de igualdad social y política. Y en la medida en que no pueden vivir de tal manera, mientras permanecen juntas debe haber una posición de superioridad e inferioridad, y yo, como cualquier otro hombre, estoy a favor de asignar la posición de superioridad a la raza blanca".).

Un folleto político de la década de 1850 promoviendo el envío de vuelta a África de los esclavos negros liberados, una idea que Lincoln alentó encarecidamente.

Dado que el presidente mexicano Benito Juárez estaba en buenos términos con Lincoln, el presidente de Estados Unidos consideró que tal vez México podría ser capaz de proporcionar un lugar para que Estados Unidos enviara a sus esclavos negros liberados. La propuesta se transmitió a las autoridades correspondientes para realizar sondeos. En 1861, Montgomery Blair, director general de Correos y amigo personal de Matías Romero, y este funcionario mexicano, que era encargado de negocios de México en Washington en ese momento, se reunieron en varias ocasiones para discutir el asunto. Romero informó a sus superiores que Blair le había dicho que "Cozumel es una isla desierta que de nada les sirve a ustedes, y tanto en ella como en Yucatán, que está habitado por indios, no es posible que se aclimate la raza blanca: esas regiones están destinadas a ser pobladas por los negros. Nosotros necesitamos deshacernos de ellos, y no hay mejor lugar para mandarlos, que aquella isla".

Romero envió después un comunicado a México, en el que comenta: "Hoy tuve una entrevista con Mr. Montgomery Blair, que es, como tengo dicho á ese Ministerio, administrador general de Correos de este país, y uno de los miembros mas influentes del gabinete de Mr. Lincoln. Me refirió que Mr. Dunbar y el Sr. Goicuria habian ido á verlo para proponer al Gobierno de los Estados-Unidos la venta de la isla de Cozumel, cuyo proyecto le agradó bastante, pues según cree, es lugar muy á propósito para enviar á los negros del Sur. Me preguntó si el Sr. Goicuria tenia facultades del Supremo Gobierno para hacer con el de los Estados-Unidos un arreglo de esa naturaleza, á lo que le respondí que ningunas, según lo que yo entendía, pues aunque había recibido recientemente una comision, era solamente para conseguir dinero en Nueva-York. Le dije ademas, que no creía que fuera posible celebrar un convenio en aquella forma, pues que el Gobierno y el pueblo de México estaban firmemente decididos a no enagenar una pulgada mas del territorio nacional. '-Si el Gobierno de los Estados-Unidos,' le dije, 'desea trasportar á aquella isla algunos ó todos los negros del Sur, puede concluir un arreglo con México, para el que no dudo que mi Gobierno estará favorablemente dispuesto, en virtud del cual se hará la colonización en la forma que los Estados-Unidos la deseen; pero sin que México pierda la soberanía de la isla".

Luego del encuentro de Romero con Blair, el secretario de Estado William Henry Seward (quien después comprara en 1867 el territorio ruso de Alaska para Estados Unidos) se reunió también con el legado para dialogar más sobre la posibilidad de la adquisición de la isla de Cozumel para esos fines. Romero le informó que la compra sería casi imposible, pero que el gobierno mexicano estaría de acuerdo en aceptar cierta cantidad de esclavos liberados selectos como inmigrantes.

Sin saber que la compra de Cozumel estaba condenada al fracaso, el senador James Rand Doolittle, jefe del Comité de Relaciones Exteriores del Senado, presentó un proyecto de ley para permitir que el presidente siguiera adelante con la adquisición de un territorio extranjero. Doolittle esperaba que la zona elegida fuera Cozumel y contribuyó a conseguir la aprobación del proyecto de ley, misma que logró cómodamente a través del voto del Senado. Blair también deseaba que el acuerdo funcionara. Dijo que quería colocar a los libertos negros de Estados Unidos "... in the hot lands of Southern Mexico where they could do the agricultural labor for which they were deemed suitable." ("... en las tierras calientes del sur de México donde podrían hacer trabajo agrícola para el cual eran considerados adecuados"). Sin embargo, como Romero había predicho, la venta de la isla a Estados Unidos no prosperó, y Lincoln abandonó el proyecto de Cozumel.

El 20 de mayo de 1862, el cónsul general de Estados Unidos en Cuba, Robert Wilson Shufeldt, presentó a Manuel Doblado, secretario de Relaciones Exteriores de Benito Juárez, otro plan del presidente Lincoln para enviar esclavos negros norteamericanos libres a México. Esta vez el lugar previsto sería el istmo de Tehuantepec, una franja de tierra que Estados Unidos había estado tratando de comprar a México desde la década de 1840, con el fin de construir una carretera y una línea de ferrocarril para unir a los océanos Atlántico y Pacífico. México también rechazó este plan de enviar a los negros liberados a Tehuantepec.

El 4 de agosto de 1862, Lincoln dio un discurso en la Casa Blanca, en el que expresaba su esperanza de que Estados Unidos pudiera comprar un territorio extranjero, para reubicar a los esclavos negros liberados.

En el discurso, Lincoln dice: "You [blacks] and we [whites] are of different races. We have between us a broader difference than exists between almost any other two races. Whether it is right or wrong I need not discuss, but this physical difference is a great disadvantage to us both, as I think your race suffers very greatly, many of them by living among us, while ours suffer from your presence. In a word we suffer on each side. If this is admitted, it affords a reason at least why we should be separated. Your race is suffering, in my opinion, one of the most grievous injustices inflicted on any people. But even when you cease to be slaves, you are yet far removed from being placed on an equality with the white race. You are cut off from many of the advantages which the other race enjoy. The aspiration of men is to enjoy equality with the best when free, but on this broad continent, not a single man of your race is made the equal of a single man of ours. Go where you are treated the best, and the ban is still upon you".

"It is better for us both, therefore, to be separated. I know that there are free men among you, who even if they could better their condition are not as much inclined to go out of the country as those, who being slaves could obtain their freedom on this condition. I suppose one of the principal difficulties in the way of colonization is that the free colored man cannot see that his comfort would be advanced by it. You may believe you can live in Washington or elsewhere in the United States the remainder of your life as easily, perhaps more so than you can in any foreign country, and hence you may come to the conclusion that you have nothing to do with the idea of going to a foreign country. This is, I speak in no unkind sense, an extremely selfish view of the case".

("Ustedes [los negros] y nosotros [los blancos] somos de distintas razas. Tenemos entre nosotros una diferencia más grande que la que existe entre cualesquiera otras dos razas. Que esté bien o mal no necesito discutirlo, pero esta diferencia física es una gran desventaja para ambos, así como creo que su raza sufre grandemente, muchos de ellos están viviendo entre nosotros, mientras los nuestros sufren con su presencia. En una palabra, sufrimos en cada lado. Si esto se admite, facilita una razón al menos de por qué debemos de estar separados. Su raza está sufriendo, en mi opinión, una de las injusticias más graves infligidas a cualquier persona. Pero incluso cuando dejen de ser esclavos, todavía están muy lejos de ubicarse en igualdad de condiciones con la raza blanca. Usted no goza de muchas de las ventajas que la otra raza disfruta. La aspiración de los hombres es disfrutar de la igualdad como el mejor cuando se es libre, pero en este gran continente, ni un solo hombre de su raza es igual a un solo hombre de los nuestros. Vaya donde lo traten mejor, la prohibición está aún sobre vosotros.

"Es mejor para los dos, por lo tanto, que nos separemos. Yo sé que hay hombres libres entre vosotros, que aun cuando pudieran mejorar su condición, no están tan motivados para salir del país como aquellos que, siendo esclavos, pudieran obtener su libertad bajo esta condición. Supongo que una de las principales dificultades en el camino de la colonización es que el hombre de color libre no puede ver que su confort mejoraría con esto. Usted puede creer que puede vivir el resto de su vida fácilmente en Washington o en cualquier lugar de Estados Unidos, quizás más fácilmente que lo que pueda vivir en cualquier otro país extranjero, y por lo tanto es posible llegar a la conclusión de que no tiene nada que ver con la idea de irse a un país extranjero. Esta es, no hablo de una manera poco amable, una visión muy egoísta del caso".

En septiembre de 1862, el siguiente esfuerzo de Lincoln para enviar libertos negros a un territorio extranjero consistió en el intento de mandar a cincuenta mil de ellos para colonizar la tierra propiedad de Ambrosio W. Thompson en la Provincia de Chiriquí en Panamá. Debido a las estridentes quejas de los países vecinos, el plan fue abandonado. Ese mismo septiembre, se realizó un cuarto intento, esta vez para establecer una colonia negra en Ille a Vache, frente a las costas de Haití. Se envió a quinientos libertos negros en una primera oleada, pero el proyecto resultó un miserable fracaso y los colonos hambrientos tuvieron que ser rescatados por el ejército de Estados Unidos un año más tarde. Después de eso, Lincoln abandonó toda esperanza de adquirir un territorio extranjero para los libertos negros, y reorientó su atención hacia la Guerra Civil.

CAPÍTULO 9

La historia del True Blue y de los repobladores de 1848 de Cozumel

En 1836, el territorio de Texas logró su independencia de México al ganar la batalla de San Jacinto en ese pueblo cercano a lo que hoy en día es Houston, Texas. El general mexicano que perdió esa batalla, la guerra y la provincia fue Antonio de Padua María Severino López de Santa Anna y Pérez de Lebrón. Lo capturaron en San Jacinto, capituló y firmó el Tratado de Velasco con la nueva e independiente República de Texas, en el que se establecía el río Bravo como la frontera sur de Texas y la frontera norte de México. Tan pronto como lo liberaron, Santa Anna desconoció el pacto. México trató de bloquear los puertos de la nueva república, pero el plan fracasó y los texanos capturaron y hundieron muchos de los barcos de la armada mexicana. El conflicto fue lento y duró años, pero México no consiguió recuperar la antigua provincia. El 29 de diciembre de 1845, la República de Texas se unió a Estados Unidos como el vigésimo octavo estado de la Unión.

El 26 de abril de 1846, elementos de la caballería mexicana atacaron una fuerza militar de Estados Unidos que había tomado una posición justo al norte del río Bravo, el mismo que el tratado de Santa Anna había definido como el límite sur de Texas. Estados Unidos tomó represalias y declaró la guerra a México el 13 de mayo de 1846. Los estadounidenses la llamaron la "Mexican-American War"; los mexicanos, la "intervención estadounidense en México".

La pérdida de la separatista provincia de Texas y la guerra con Estados Unidos no fueron los únicos problemas que México enfrentaba en ese momento. En octubre de 1841, Yucatán (en ese tiempo, un área que comprendía lo que hoy es Campeche, Yucatán y Quintana Roo) declaró igualmente su independencia de México. A pesar de su nuevo estatus como nación independiente, los yucatecos estaban desesperados, "con el agua hasta el cuello", ya que los mayas que vivían en la península se rebelaron en 1847 y fueron ganando terreno en la revuelta, un conflicto que se denominó la "Guerra de Castas".

Los rebeldes mayas querían limpiar la península y deshacerse de todos aquellos que no eran mayas. En este punto, los rebeldes atacaban y despedazaban a todo aquel que no fuera maya, en su camino hacia el norte de la península, en dirección a la ciudad capital de Mérida. En enero de 1848, los rebeldes llegaron a Valladolid y rodearon la ciudad, provocando pánico. El 14 de marzo de 1848, la aterrorizada población abandonó la ciudad en un tumulto salvaje. Una columna de aproximadamente diez mil hombres, mujeres y niños, llevando solo lo que podían cargar en sus espaldas, dejaron a toda prisa Valladolid huyendo de las hordas mayas que fueron diezmando sus retaguardias. Un grupo de alrededor de seiscientos refugiados comenzó a ir hacia el norte, en dirección a la aldea costera de Dzilam, bajo la protección de una pequeña compañía de soldados yucatecos dirigidos por el capitán Sebastián Molas Virgilio, un sobrino del contrabandista Miguel Molas. Una vez que llegaron a Dzilam, ya no hubo otro lugar adonde ir, así que se agacharon juntos, hambrientos, desprotegidos, con sus espaldas hacia el mar. Los mayas estaban justo unas millas atrás, y los alcanzarían rápidamente. Todo parecía haberse perdido.

El 2 de febrero de 1848, Estados Unidos firmó el Tratado de Guadalupe Hidalgo, poniendo fin a su guerra con México. Aunque la guerra había sido en contra de México, Estados Unidos había mantenido buenas relaciones con la separatista provincia de Yucatán y siguió teniendo una presencia consular en el nuevo país durante el conflicto. Así pues, cuando llegaron al cónsul norteamericano en Campeche las noticias de que Valladolid estaba siendo abandonada y muchos de los pobladores iban huyendo hacia Dzilam, mandó una serie de despachos al comodoro de la flota norteamericana, que ahora estaba ubicada en la Laguna de Términos. El cónsul John F. McGregor le contó al comodoro Matthew Calbraith Perry (quien en 1852 navegó hasta Japón y abrió por primera vez el comercio entre Estados Unidos y ese solitario país) sobre la situación de los refugiados. McGregor hizo hincapié en que se debía intentar rápidamente algún tipo de misión de rescate, o los civiles serían asesinados a machetazos por los mayas. El 22 de marzo de 1848, McGregor escribió al comodoro Perry:

"My dear sir:
If you can possibly spare me a steamer, you will be doing a great act of charity. There are now thousands of men, women and children on the beach, suffering and in want. I cannot go; had I the Falcon or a steamer, I could relieve, in a great part, the suffering of these refugees". ("Mi querido señor: si usted pudiera asignarme un barco de vapor, estaría haciendo un gran acto de caridad. Hay ahora miles de hombres, mujeres y niños en la playa, sufriendo y en la miseria. Yo no puedo ir; si tuviera el Falcon o un barco de vapor, podría aliviar, en buena parte, el sufrimiento de estos refugiados").

El comodoro Perry respondió el día 28, enviando a Dzilam el USS Falcon, una goleta de guerra estadounidense, con órdenes de ayudar en la evacuación. El 2 de abril de 1848 el capitán del Falcon, John J. Glasson, escribió el siguiente mensaje al comodoro Perry, luego de haber finalizado su misión de rescate y estar de regreso en Campeche:

"In conformity of your orders of 28th ultimo, I proceeded to the windward to give such succor to the people from the cruelty of the Indians along the coast of Yucatán as was pointed out in it. The nearest point was Selam [Dzilam], about 120 miles to the eastward of Campeachy [Campeche], at which I anchored. Proceeding to the shore, <u>I boarded a small vessel with English colors, at anchor, named the "True Blue," James Smith, master, bound to the island of Cosumel, crowded with persons, who, according to the statement of the master, preferred the Island of Cosumel as an asylum as there was an English settlement</u>. I landed at the town of Selam and found a number of persons there from the city of Valladolid, who had fled at the capture of it by the Indians and anxious to proceed with me to Campeachy. I took on board 121 persons. Many of the inhabitants had arrived and left for Sisal with the hope of reaching Campeachy. It was said that the Indians were within seven or nine miles". ("De conformidad con sus órdenes del día 28, me dirigí a barlovento para socorrer a las personas de la crueldad de los indios a lo largo de la costa de Yucatán, como se señaló en las órdenes. El punto más cercano era Selam [Dzilam], aproximadamente 120 millas al este de Campeche, donde eché anclas. Procediendo hacia la costa, <u>abordé una pequeña embarcación con la bandera inglesa que estaba en la bahía, llamada "True Blue", James Smith, maestro, la llevaba a la isla de Cozumel atestada de personas, quienes, según la declaración del capitán, preferían la isla de Cozumel como refugio dado que allí había un asentamiento inglés</u>. Desembarqué en el pueblo de Selam y encontré un número de personas ahí provenientes de Valladolid, que habían huido de la captura de los indios y estaban ansiosos de continuar conmigo camino a Campeche. Llevé a bordo a 121 personas. Muchos de los habitantes habían llegado y partido para Sisal con la esperanza de llegar a Campeche. Se dijo que los indios estaban a siete o nueve millas)".

El Congreso norteamericano luego reconoció el acto humanitario del capitán Glasson, señalando que él: "extended protection, food, and shelter to fleeing white inhabitants in their destitution and despair, and those thus aided were a portion of the people of a country with whom we were at war". ("dio protección, alimento y cobijo a aquellos que huían, en su miseria y desesperación, y aquellos que asistió de este modo eran una parte de la población de un país con el cual se estaba en guerra). El Falcon llevó a los 121 refugiados que abordaron en Dzilam hasta Campeche, y algunas embarcaciones con bandera española (España permaneció neutral durante la intervención estadounidense en México) llevaron a otros a La Habana.

Varios periódicos norteamericanos contaron el éxodo de pánico a Dzilam, por ejemplo el *Lafayette Courier* del 12 de mayo de 1848. El artículo dice que: "some thousands have taken shelter in the islands of Cosmel, of Mageres, and of Contoy. The coast between Boca de Cotnil and Sisal is flocked with men, women, and children from the interior of the country, laid waste, who are wending their way to Sisal, and embarking as opportunities offer, to Campeachy... They are in a starved, miserable, and helpless condition... The wealthy families are reduced to poverty and many have nothing but the clothing on their backs". ("algunos miles se habían refugiado en las islas de Cosmel, de Mageres, y de Contoy. La costa entre Boca de Cotnil y Sisal está llena de hombres, mujeres y niños del interior devastado del país, que van en camino a Sisal, para embarcarse hacia Campeche según se den oportunidades... Están hambrientos, miserables y en condiciones de desamparo... Las familias pudientes son reducidas a la pobreza y muchos no tienen nada más que lo que llevan en sus espaldas"). El *Geneva Courier* publica la misma historia el 13 de abril, y agrega: "the most urgent steps were being taken to press every bungo and canoe to the immediate relief of the people along the coast, in order to embark them without delay, as the latest information represented the Indians from seven to nine leagues of the coast about Silan." ("se están tomando las medidas más urgentes para usar cada bungo y canoa para el alivio inmediato de las personas que se encuentran a lo largo de la costa, con el fin de embarcarlos sin demora, ya que la información más reciente decía que los indios estaban a siete o nueve leguas de distancia de la costa de Silan").

Todo esto está bien documentado, pero los hechos no encajan con el mito local de la llegada a Cozumel de los "repobladores de 1848". La historia oral de esas más o menos veinte "familias fundadoras" nunca menciona al True Blue, al capitán James Smith, al USS Falcon, la ruta desde Dzilam, o cualquiera de los eventos arriba descritos. La pregunta que implora ser hecha es: ¿por qué?

En la edición de 1829 del *Honduras Almanack,* se describe al True Blue como una balandra de 23 toneladas, propiedad de Nicholas Campbell, de Belice. Llevaba una tripulación de seis personas y era un "barco costero" comercial que se especializaba en el contrabando. De acuerdo con el carpintero beliceño que había realizado algunas reparaciones en la embarcación en algún momento antes de 1850, era un barco fino "and her framing, which was also of Mahogany, was in perfect condition after being up more than 17 years". (y su armazón, que era también de caoba, estaba en perfectas condiciones incluso después de 17 años).

Si se investigan los inicios de la historia del True Blue, resulta que el barco era de bandera británica, y su capitán fue detenido y su carga incautada por autoridades yucatecas el 20 de octubre de 1840, cuando sorprendieron en flagrancia a su capitán beliceño y a la tripulación yucateca descargando un cargamento de contrabando en una playa cerca del puerto de Telchac, en la parte norte de la costa de Yucatán. El cargamento pertenecía a Francisco Camoyano, un residenteagente-mercader de Belice, y estaba consignado a Ignacio y José Antonio Medina, ambos residentes de Motul y bien conocidos como contrabandistas. El administrador de la aduana de Sisal, Manuel Arcadio Quijano y el comandante de celadores, Pedro Cámara, arrestaron al capitán beliceño y pusieron el cargamento y el barco en subasta. Sin embargo, antes de que la embarcación fuese vendida, Belice envió la corbeta británica Comus a Sisal para exigir que se las regresasen, junto con una compensación por el cargamento subastado. Se le dio al pueblo cuarenta y ocho horas para entregar al True Blue más ocho mil ciento noventa y tres pesos, siete reales por los daños, o Sisal sería bombardeada por los cañones del Comus. En horas, las autoridades de Sisal capitularon y liberaron el True Blue y a su capitán. El 2 de enero de 1841, el gobierno de Yucatán aprobó el pago a Camoyano.

En 1845, el True Blue fue capturado otra vez descargando contrabando, en esta ocasión, en Honduras. Los registros muestran que las autoridades hondureñas atraparon al True Blue descargando "26 barriles de harina, 19 barriles de carne de cerdo, 2 barriles de galleta de soda, una carga de cadenas, ejes para carretas de bueyes y otros implementos". Todo esto estaba destinado al leñador beliceño Robert Wardlaw para su campo de tala ilegal en el río Limón, en Honduras.

¿Un patrón repetido, quizás? Está claro que el barco beliceño True Blue era un visitante frecuente de las aguas entre Honduras y Sisal, entre los años 1840 y 1848, y que entregaba productos de contrabando de Belice a los campamentos ingleses y a otros interesados a lo largo de la costa. El capitán debía haber conocido muy bien cada puerto entre Sisal y Trujillo. El hecho de que estuviera llevando refugiados a Cozumel en 1848 parece respaldar el argumento de que este era un lugar donde sabían que serían bien recibidos, no solo una isla vacía y desierta en la cual abandonarlos. Pero, ¿cuál fue el misterioso "asentamiento inglés" que los refugiados dijeron saber que estaba en Cozumel? Se trataba de los leñadores ingleses que habían hecho de Cozumel su base de operaciones desde 1670.

Cuando las dos embarcaciones de la armada de Texas, Brutus e Invencible, desembarcaron en Cozumel cerca de Laguna de Colombia el 29 de agosto de 1837, encontraron a algunos de estos habitantes de la isla. El comandante Thompson de la Invencible envió después un despacho a sus cuarteles generales en Galveston con respecto a esta incursión, en el que afirma que tuvieron "una calurosa bienvenida por parte de los habitantes de la litoral", y que el acto simbólico de izar la bandera de Texas y reclamar la isla de Cozumel se cumplió "con aclamaciones tanto de los habitantes de la isla como de nuestra pequeña banda de patriotas: las tripulaciones de nuestros dos buques". El reporte del desembarco de 1837 del capitán Boylan también menciona a la gente que vivía en Cozumel: "Los habitantes eran pocos pero manifestaron sus buenos sentimientos para con nosotros al tiempo que juraron lealtad a nuestra causa". Estos dos documentos muestran que, a pesar de lo que la tradición oral lleva a creer, Cozumel estaba en verdad habitado (por personas aparentemente felices de convertirse en texanas), antes de que llegaran a la isla los repobladores de 1848.

El 23 de agosto de 1843, el cónsul británico en Galveston, William Kennedy, envió un mensaje secreto a Lord Aberdeen en Londres, en el que mencionaba la posibilidad de que Texas pudiera estar tratando de adquirir Cozumel. En la carta, Kennedy escribe que Cozumel tenía "dos excelentes puertos: Cala Brutus y Puerto Thompson. Fácil de ser defendida y ofreciendo muchas ventajas para la navegación, se dice de Cozumel que está bien adaptada para el establecimiento de una Nación Comercial, poseyendo instalaciones locales para el suministro al sur de México, la Bahía de Honduras y Colombia". Esta descripción no cuadra con la imagen de una isla desierta e inútil.

Un interesante artículo de Martín Francisco Peraza apareció en la edición de 1846 del volumen III del *Registro Yucateco*. En el artículo, el autor dice: "Los bosques de la isla [Cozumel] abundan en hermosos cedros, zapotes, jabines, guayacanes, y ébanos, aunque estos últimos casi los han agotado los cortadores de madera de los establecimientos británicos de Honduras". Esta queja no era para nada novedosa. En el reporte titulado *Apuntaciones para la estadística de la provincia de Yucatán que formaron de orden superior en 20 marzo de 1814*, se dice que Cozumel producía "ebano, palo de tinte y cedro" y que los "Ingleses de Walix [Belice] se asentaron allí, y están robando nuestros peces, tortugas, caray y ámbar que llegan a la playa".

Siempre ha sido un problema visualizar la mítica versión de la llegada de los repobladores a Cozumel. Es muy difícil imaginar a docenas de familias compuestas de terratenientes, artesanos, hombres de negocio, sus esposas, sirvientes, y sus hijos, llegando a una playa vacía de una isla abandonada y construyendo una nueva vida de la nada. ¿Dónde durmieron todos la primera noche? ¿Dónde consiguieron agua y alimentos? ¿Por qué optaron por una isla desierta en lugar de un pueblo seguro como Mérida, Sisal o Campeche? Todo lo que tenían con ellos cuando desembarcaron en Cozumel fue lo que pudieron llevar; no había puercos, vacas, semillas, implementos agrícolas, herramientas, u otros artículos necesarios para construir una nueva colonia. Lo que deben haber tenido fue el oro y el dinero que trajeron con ellos cuando huyeron despavoridos de Valladolid a Dzilam, apenas unas horas antes de que llegaran los mayas rebeldes con sus machetes. ¿Qué ventajas podrían tener el oro y el dinero en una isla desierta?

Nunca tuvo sentido hasta ahora. Si ya existía el campamento de taladores de palo de tinte ingleses en Cozumel, donde el capitán del True Blue depositaba de manera regular provisiones y otros barcos venían a recoger cargamentos de "madera de Campeche" (palo de tinte), entonces significa que los refugiados no desembarcaron en una playa desierta. Ya existían chozas, pozos, cocinas y una línea de suministro a Belice. Si les ofrecían a estos taladores-pescadores beliceños parte de su oro a cambio de sus chozas y provisiones, seguramente aceptarían gustosos colgarles sus hamacas en un nuevo cobertizo temporal y ayudarles a asentarse en su morada. Sería mucho más fácil para los trabajadores beliceños ganar un salario como ayudantes de alguna de estas familias de refugiados, que cortar madera o pescar tortugas para ganarse la vida.

Entonces, ¿quiénes fueron exactamente los habitantes ingleses de Cozumel que dieron la bienvenida a los repobladores de 1848 a la isla y qué tipo de construcciones ya había en el lugar? Se puede tener una buena idea de la clase de infraestructura que les esperaba gracias a una pintura frente a la playa de San Miguel, hecha en 1842, seis años antes de su llegada. Aparece en un reporte de John Lloyd Stephen del viaje que hizo a través de la península de Yucatán junto con Fredrick Catherwood durante los años de 1841 a 1842. El libro se titula

Incidents of Travel in Yucatán y fue publicado primero en Estados Unidos, en 1843, como un conjunto de dos volúmenes. En la página 246 del volumen II de la primera edición del libro, hay un grabado que Joseph Napoleon Gimbrede hizo de la pintura original de Catherwood, titulado *San Miguel, Isla de Cozumel*, el cual figura en el índice del libro como la placa XLIII. El grabado de Gimbrede de la pintura de Catherwood muestra el rancho del contrabandista Vicente Alvino Cammaño.

Grabado *San Miguel, Isla de Cozumel*, hecho por Joseph Napoleon Gimbrede, con base en la pintura de 1842 de Frederick Catherwood.

Alvino había adquirido el rancho San Miguel de su amigo, el contrabandista e inmigrante catalán Miguel Molas, cuando este se mudó de la isla de manera permanente, en 1830, luego de vivir ahí durante dos años mientras escapaba de la ley. En los años siguientes, Alvino utilizó Cozumel como su base de operaciones de contrabando e, incluso, comenzó a cultivar el algodón en un campo cerca del rancho.

Alvino tenía una ruta de contrabando regular que iba desde Sisal hasta Belice, y se llevaba bien con la mayoría de aquellos con los que negociaba. También tuvo una mucha mejor relación con oficiales del gobierno yucateco que Molas. De hecho, estas eran tan buenas, que en 1838 el gobernador de Yucatán hizo un trato con él: a cambio de la mejor parte de las ganancias, una nueva sociedad formada por el gobernador, el primer alcalde de Mérida, y el coronel Martín Francisco Peraza le enviaría a Alvino treinta prisioneros para utilizarlos como mano de obra esclava en las plantaciones de algodón de San Miguel. El trato también le garantizaba a Alvino que el gobierno se haría de la vista gorda con sus otros negocios ilegales. Por un tiempo, la sociedad floreció. El algodón se cosechaba y embarcaba hacia Estados Unidos, donde se le reconoció tener una excelente calidad y se le fijó un buen precio. Parecía que todos eran felices, excepto los trabajadores esclavos.

En 1840, Darío Galera se convirtió en el nuevo alcalde de Mérida. Aunque se sabe que antes compraba y vendía madera del palo de tinte de Cozumel, es probable que durante ese período se familiarizara aún más con la isla por su cercana amistad personal con el coronel Martín Peraza, uno de los socios en la plantación de Alvino. También es posible que durante ese tiempo Galera reclamara su derecho a la parcela de tierra en Cozumel, misma que luego vendió a mediados de 1850 al repoblador Juan Bautista Anduze, quien la rebautizó como hacienda Colombia.

Más tarde, en 1841, el coronel Peraza viajó a Austin, Texas, con una caja que contenía ocho mil dólares en oro, y que constituía el primero de varios pagos mensuales a Texas para asegurar que la armada tejana patrullara y protegiera la costa de Yucatán del ataque del presidente mexicano Santa Anna. Durante su visita, el coronel Peraza ofreció su apoyo político al hermano masón del capitán Boylan, George Fisher, el tejano de origen serbio quien junto con el presidente de Texas, Sam Houston, y otros socios, estaba tratando de comprar la mayoría de las tierras de Cozumel al gobierno de Yucatán en 1841. Con este fin, el grupo registró documentos en Galveston, Texas, el 14 de octubre de 1841, estableciendo su sociedad. Los otros socios eran el comandante en jefe de las fuerzas de la armada de Texas, el comodoro Edwin W. Moore, George Washington Wheelwright (un capitán de una de las goletas de guerra tejanas y amigo cercano de Houston), George Fisher y otros cuatro que tuvieron la opción de unirse a la sociedad en fechas posteriores.

La influencia del coronel Peraza funcionó, y después Fisher hizo viajes a Mérida (donde se encontró con Stephens y Catherwood) y consiguió un contrato de compra de cerca de un tercio de la isla con el gobierno de Yucatán. Esta compra estuvo planeada para que fuera la primera de varias subsecuentes, al término de las cuales la isla sería completamente propiedad de la compañía de Texas. Luego de que Fisher realizara el pago inicial, hizo estudiar la isla y erigió cruces para marcar las lindes de ciertas parcelas. Por desgracia, su trato para comprar la isla se cayó cuando el banco de Nueva Orleans que tenía el saldo de los fondos necesarios para pagar la compra quebró. La plantación de algodón de Alvino también se fue a la quiebra en 1842, cuando los prisioneros se rebelaron y lo persiguieron. Entonces, poco antes de que Stephens y Catherwood desembarcaran en Cozumel, los reos también huyeron de la plantación.

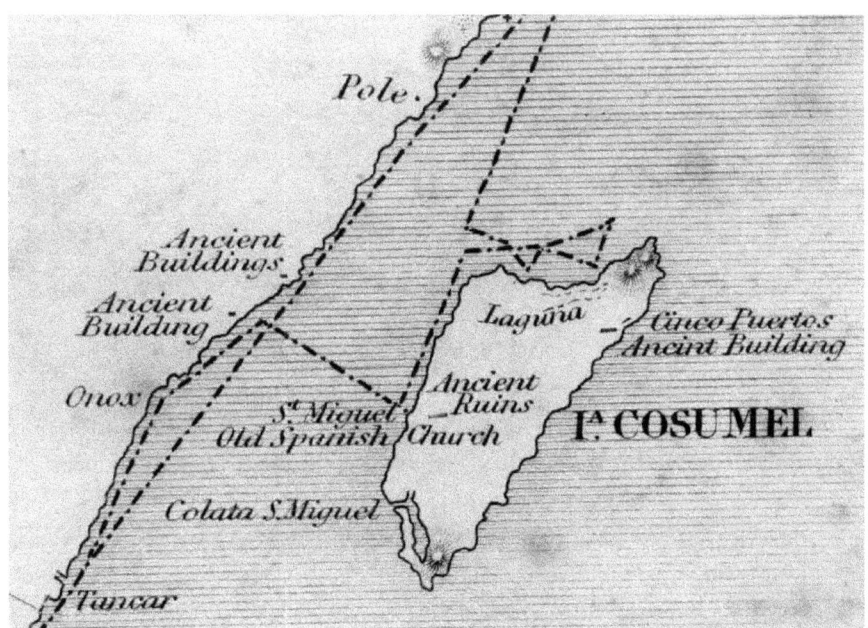

La ruta que siguieron Stephens y Catherwood a bordo de Sol hacia Cozumel. San Miguel y Caleta se muestran muy al sur en su mapa.

En el informe sobre su visita a Cozumel en 1842, Stephens dice que la isla estaba despoblada en ese momento. Su descripción se ha usado a menudo como prueba de que los repobladores de 1848 fueron los primeros en volver a poblar Cozumel. Sin embargo, Stephens y Catherwood estuvieron en Cozumel solo dos días y medio; difícilmente el tiempo suficiente como para ver mucho de la isla caminándola. La ruta que siguieron a bordo de su nave, Sol, fue registrada en la primera edición de *Incidents of Travel in Yucatán*, y muestra que visitaron Isla de la Pasión y el rancho San Miguel, pero no estuvieron en ningún lugar cercano a El Cedral o a la laguna de Colombia (aunque ellos ubicaron por error a San Miguel demasiado al sur en su mapa). Pudo haber habido varios centenares de personas viviendo en el extremo sur de Cozumel sin que lo supieran los dos aventureros.

Cozumel en un mapa de 1848. Se muestran la caleta San Miguel, el rancho Santa María, las ruinas de las Cinco Puertas y tres aguadas.

Además de las construcciones en el rancho San Miguel, debe haber habido algún tipo de asentamiento cerca de la propiedad de Darío Galera en la laguna de Colombia. Él estuvo activamente vendiendo madera de palo de tinte obtenida en Cozumel a Estados Unidos entre 1840 y 1850, como la carga que envió a bordo del bergantín norteamericano Henry Leeds en julio de 1844. ¿La operación de Galera del palo de tinte en Cozumel estuvo a cargo de taladores beliceños? ¿Era este asentamiento inglés el que los repobladores decían que estaba en la isla?

El 12 de mayo de 1848, unas pocas semanas después de la evacuación de los repobladores de 1848 en Dzilam, desde la goleta española Cristina, Juan Bautista Topete y Carballo presentó un reporte en La Habana. Topete había regresado a Cuba de una visita a Cozumel solo unos días antes. En su informe, menciona que cuando dejó Cozumel había "como cuatrocientos individuos de todos sexos y edades que han formado sus habitaciones á la parte occidental en forma de bujios con el chit, que es el miraguano de la isla de Cuba". Cuatrocientos individuos son más de los que el True Blue había llevado en abril de 1848. Seguramente esta cifra incluía a los beliceños que ya estaba viviendo en la isla cuando los repobladores de 1848 llegaron.

Cuando los repobladores estuvieron establecidos, la mayoría de los taladores habían regresado ya a Belice y a sus familias, enriquecidos con la experiencia. Es probable que estos beliceños nunca planearan hacer de Cozumel su hogar permanente; la mayoría eran solo trabajadores itinerantes, que se movían de un campo a otro en la búsqueda de carey, caoba y palo de tinte. Además, el gobierno mexicano toleró su presencia en la isla únicamente porque no contaba con el personal necesario para desalojarlos. Nunca tuvieron la intención de ser un asentamiento reconocido como Belice. Los refugiados, por otra parte, decidieron permanecer en la isla y usarla como base para una nueva empresa; en el transcurso del año, ya se ganaban el sustento vendiéndoles a los cubanos los rebeldes mayas que capturaban, para que trabajaran en los campos de caña de esa nación insular.

Los repobladores también negociaron con valores que saquearon durante el caos en el continente. El 17 de julio de 1848, Pedro José Garma testificó ante el alcalde de Motul, Antonio Cervera, que: "... en la isla de Cozumel existe José Alcocer, cuñado del finado Juan Vázquez, el que en Belice vendió un número considerable de plata extraída de los templos de Valladolid. Que en la propia isla residen D. Victoriano Pacheco, el hermano de Bonifacio Novelo, actual caudillo de los bárbaros con otros criminales...".
Los repobladores pudieron haber comenzado algunas operaciones de agricultura y ganadería en Cozumel luego de que desembarcaran en la isla, pero cualquier intento habría tomado muchos meses, incluso

años, antes de que empezaran a verse los resultados. Los nuevos residentes yucatecos de Cozumel necesitaban establecerse con rapidez. No tenían tiempo de derribar árboles, limpiar campos, sembrar cultivos, construir corrales, y esperar por ganado para comenzar a reproducirlo en cantidades suficientes para comerciarlo. Necesitaban ingresos con urgencia. La venta de mayas rebeldes a los traficantes de esclavos en Cuba se adapta mucho mejor a la situación que vivían.

Los repobladores no perdieron tiempo en comenzar de cero. La visita de la nave Cristina no fue una anomalía; las embarcaciones paraban en Cozumel de manera regular. Los mayas rebeldes prisioneros de guerra eran normalmente enviados por mar a Cozumel desde Río Lagartos o Sisal, y parece haber habido un gran número de pequeñas embarcaciones surcando las aguas entre Cozumel y la costa norte de Yucatán. A principios de 1849, justo unos ocho meses después de la caótica evacuación de Dzilam y la llegada de los repobladores a San Miguel de Cozumel, el alcalde de la isla presentó un reporte al gobierno yucateco detallando el número de barcos que arribaban a Cozumel, con sus cargamentos y los nombres de sus patrones. Para el mes de enero de 1849, el reporte enumeraba diez barcos: uno americano, uno británico, cinco beliceños y tres mexicanos. ¿Fueron estas las únicas embarcaciones que llegaron al nuevo puerto? Definitivamente no. La mayoría de los viajes, como los del True Blue, eran clandestinos y no se anotaban en ningún lado. Algunas de esas naves de contrabando y esclavos, no obstante, sí dejaron atrás un registro de su paso. Por ejemplo, el 21 de diciembre de 1850, se registró que el barco cubano Alerta, capitaneado por Francisco Martínez, arribó a Cozumel con la bodega vacía. Este barco fue uno de los muchos que pertenecieron al traficante de esclavos cubano Francisco Martí y Torrens, también conocido en Cuba como Pancho Martí. Este traficante tenía una concesión especial para pescar en aguas de Yucatán, concedida por el gobierno yucateco, la cual usaba para disfrazar su empresa de tráfico de esclavos que operaba en Cuba, Yucatán, la costa del golfo americano y África. Es posible afirmar, sin temor a equivocarse, que cuando el barco de Pancho Martí dejó Cozumel para regresar a Cuba, su bodega ya no estaba vacía, sino llena de esclavos mayas con destino a los campos de caña de azúcar cubanos.

A menudo, los hechos de las travesías de un esclavista se registraban solo por algún acontecimiento imprevisto, como el caso del buque de vela de treinta y cinco pies de largo, Sol, capitaneado por Feliciano Peraza. Era el mismo barco que había llevado a Lloyd Stephens y Frederick Catherwood a Cozumel once años antes. Sol se hundió el 10 de mayo de 1852, con un cargamento de nueve esclavos (descritos como "sirvientes" en el reporte del evento del naufragio hecho por Enrique Angulo, el segundo alcalde de Cozumel) que pertenecían a Juan Bautista Anduze. Dos de los esclavos se ahogaron, pero siete lograron llegar salvos y libres a la costa. Peraza se las agenció para levantar a Sol y en junio ya había reparado la nave, y regresó a Río Lagartos para recoger más "sirvientes" para el Sr. Anduze. Después de reunir otro grupo de mayas y asegurarlos a bordo, Sol ancló en Punta Francés, en Holbox, para pasar la noche. Los mayas capturados aprovecharon la parada, y acabaron con su cautiverio matando a Peraza e hiriendo de gravedad a dos marineros, Pantaléon Rosado y José Carrillo. Rosado pudo navegar en bote hasta Isla Mujeres, donde se reunió un pelotón y se envió a recapturar a los "sirvientes" escapados.

En junio de 1852, otro barco perdió a cuatro "sirvientes" que habían huido cuando este paró a pasar la noche en Holbox, en su curso a Cozumel. El mismo mes, la nave Petrona, capitaneada por Guadalupe Pech, llevaba trece mayas a Cozumel consignados al coronel José Dolores Cetina. Unos días después, la Joaquina de Manuel Gascas, fuera de Telchac, golpeó un arrecife de Cozumel y se hundió con un número indeterminado de "sirvientes" a bordo, consignados a Tómas Mendiburu, el propietario de un rancho en Cozumel. Antes de que acabara el mes, la Segunda Antonia, capitaneada por Casiano Cosgaya y que había salido de Sisal, atracó en Cozumel con un cargamento de diecisiete mayas que Pilar Canto había enviado a la isla desde Mérida. Se desconoce qué porcentaje del tráfico de esclavos representan estos pocos reportes, pero lo más probable es que sea muy pequeño. La ruta estaba bien determinada. Los rebeldes mayas capturados en Yucatán eran llevados primero, por tierra, a Río Lagartos y luego a Cozumel e Islas Mujeres, por mar. Ahí, los esclavos eran retenidos mientras los traficantes aguardaban hasta que llegaran a las islas los barcos "de pesca" cubanos para comprarlos. Entonces, los esclavos eran llevados a

Cuba adentro de estas embarcaciones y vendidos a los dueños de plantaciones de caña.

No todos los traficantes de esclavos de Cozumel se iban limpios. Las autoridades británicas arrestaron a Juan Bautista Anduze en Belice y lo sentenciaron a cuatro años en prisión por llevar a la fuerza a los rebeldes mayas cerca de Bahía Asunción. Los registro de la corte beliceña muestran que en 1853, "John Baptiste Anduze, resident of St. Thomas with a British passport", contrató un barco de bandera inglesa, el Jenny Lind, para navegar desde el puerto de Belice hacia Bahía Asunción con un cargamento de ropa, perdigones de plomo y suministros que fueron vendidos por dos mil quinientos pesos a la insurgencia maya. Una vez que las mercancías y el dinero cambiaron de mano, se les ofreció a treinta y seis de los mayas un aventón hacia la costa, aparentemente para dejarlos más cerca de sus casas, pero no llegaron a ellas. En su lugar, los mayas fueron secuestrados y llevados a Isla Mujeres, de donde los trasladaron a un barco cubano propiedad del traficante cubano Francisco Martí y Torrens, y los embarcaron a Cuba para trabajar en las plantaciones azucareras.

Uno de los tripulantes del Jenny Lind, un creol de Belice, reportó el incidente a las autoridades beliceñas y se emitió una orden para el arresto de Juan Bautista Anduze. Cuando fue apresado, todavía llevaba con él la carta del tratante Pancho Martí y Torrens con los precios que estaba dispuesto a pagar por la captura de los mayas: veinticinco dólares por cada adulto masculino, diecisiete por cada adulta y adolescente masculino, y ocho dólares por niño menor de doce años y por niña menor de 16.

A Anduze lo condenaron por "fitting out a vessel in order to deal in persons intended to be dealt with as slaves" (equipar un barco con el fin de negociar a personas para trata de esclavos). Fue sentenciado en Belice a cuatro años de trabajo forzado, su compañero Carlos Carrillo a tres años, y se le ordenó a Martí y Torrens que regresara a los mayas a Yucatán y los compensara por las molestias. Pancho Martí embarcó de regreso a veintisiete mayas en el Alerta, el mismo barco que había estado usando para traer esclavos mayas a Cuba en años pasados.
Parece ser que Juan Bautista Anduze no cumplió los cuatro años de sentencia completos. Los registros muestran que estaba de vuelta en

Cozumel el 31 de agosto de 1855, cuando pagó mil sesenta y nueve pesos al acaudalado Darío Galera. Después, en 1856, se recolectó un impuesto sobre la tierra a todos los propietarios de tierras en Cozumel. De los setenta y tres contribuyentes, el que pagó el tercer impuesto más alto (ciento veinte pesos) fue Juan Bautista Anduze.

El 18 de agosto de 1856 estaba de nuevo ardiendo en deseos de regresar al tráfico de esclavos. En una carta a la Oficina de Extranjería en Londres, el cónsul inglés en La Habana reportó que había abierto una investigación basada en un aviso del vicecónsul británico en Mérida, Pedro de Regil y Peón, de que Anduze había hecho prisioneros a ochenta y dos rebeldes mayas en Cozumel, y estaba a punto de embarcarlos hacia La Habana a bordo de la goleta Ramona, para su antiguo socio y cómplice Pancho Martí. Anduze había bautizado a su goleta con el nombre de su primera esposa, Ramona Pinto, con la que se casó en Cozumel en algún momento entre 1848 y 1856.

Anduze no es el único del que se tiene noticia de que trataba con Martí y Torrens. Luis Luján, antiguo residente de Isla Mujeres y administrador del rancho Santa María en El Cedral, tuvo una gran cantidad de "sirvientes" que trabajaban en su rancho y también fue propietario del barco Josefa, el cual utilizó en varios negocios con el traficante cubano.

Juan Bautista Anduze

Pero, ¿quién fue Juan Bautista Anduze? En enero de 1850, el censo levantado en Cozumel muestra a "Juan Bautista Anduce", hombre blanco de 22 años, proveniente de Filadelfia. Aunque Anduze puede haber desembarcado en Cozumel en un barco que venía de Filadelfia, era, de hecho, nativo de Santo Tomás, Islas Vírgenes. Años más tarde, dos anotaciones en el Registro Civil de Cozumel que registran a sus hijos con su segunda esposa, se refieren a "Santo Tomas" como su lugar de nacimiento. Este "repoblador" era el hijo mayor de Jean Baptiste Anduze, el socio mayoritario en J. B. Anduze & Fils. Seguramente llegó a Cozumel debido a las oportunidades que presentaba la isla para la captura y venta de rebeldes mayas. El negocio de la familia Anduze tenía vasta experiencia en el mercado de esclavos.

El apellido Anduze originalmente designaba a alguien procedente de Anduze, Francia. La antigua villa se localiza al sur de Ales, en la parte de Gard en Languedoc-Roussillon. Este apellido no es poco común en esa área. El nombre "Jean Baptiste" es popular en la región y puede traducirse como Juan Bautista en español. El apellido Anduze también está sujeto a variantes de pronunciación y escritura, apareciendo alternativamente como Anduze, Anduz, Andueza, Anduse y Anduce. No es raro toparse con miembros del clan Anduze hoy en día en el Caribe; existen ramas de esta familia en Puerto Rico, Venezuela, Islas Vírgenes, Trinidad y Tobago, y en Yucatán y Quintana Roo en México.

La historia oral de la familia Anduze de la rama venezolana cuenta que, a finales del siglo XVIII, los dos hermanos, Jean-Pierre y Jean Baptiste se trasladaron primero desde Francia a Haití, que era entonces una colonia francesa. La revolución haitiana que se dio de 1791 a 1804 debe haber sido la causa de que los blancos Anduze abandonaran su hogar ahí y se trasladaran a Santo Tomás, en Islas Vírgenes (en ese momento posesión de Dinamarca). Aunque la ruta tomada desde el sur de Francia hacia Santo Tomás puede ser una conjetura, lo que sí es un hecho es que en 1801 uno de los socios en el negocio de Labadie & Anduze en Santo Tomás, Islas Vírgenes, era el mayor de los dos hermanos, Jean-Pierre Anduze. Este hecho se sustenta en el testimonio tomado de un procedimiento judicial portorriqueño en junio de 1801, referente a la compañía Labadie & Anduze. En el testimonio de la corte, la descripción de Jean-Pierre dice: "Negociante en San Tomas y con legitimo pasaporte". La compañía operaba en ese momento tanto en Santo Tomás como en Puerto Rico.

En 1796, en el pueblo de Charlotte Amalie, en Santo Tomás, un pequeño grupo de judíos sefarditas franceses fundaron la sinagoga Beracha Veshalom Vegmiluth Hasidim, hoy la sinagoga en uso más antigua de Estados Unidos y la segunda más antigua del hemisferio occidental. Se sabe que la compañía de Anduze trabajaba estrechamente con las compañías judías en Santo Tomás y que debido a esta cercana relación, con rapidez se involucraron con las otras casas comerciales judías de la isla y otras partes del Caribe en el tráfico ilegal de esclavos.

En 1812, Jean-Pierre Anduze le compró a Abraham Helm parte de la isla de Lovango, que se encuentra entre Santo Tomás y San Juan, por mil dólares españoles. En agosto de 1813, le compró el resto de la isla. En algún momento entre 1813 y 1815, Jean-Pierre Anduze dejó Santo Tomás, y en 1815 su hermano menor, Jean-Baptiste Anduze, comenzó a operar la compañía bajo el nombre de J. B. Anduze & Gil, en asociación con el español Manuel Gil.

En abril de 1825, Jean Baptiste Anduze estuvo implicado en un complejo complot para falsificar manifiestos de barcos (se cambió ilegalmente el nombre de los buques, y se alteraron reportes aduanales), con la finalidad de esconder el hecho de que una embarcación que la compañía representaba trasladaba esclavos desde África hasta Santo Tomás, San Eustaquio y Mayagüez en Puerto Rico. La nave en cuestión era capitaneada por Luis de Güion, el mismo capitán que condujo el barco l'Aurore a Paramaribo en 1821, donde desembarcó ciento cuarenta y tres esclavos negros. En 1822, el mismo barco, esta vez bajo el mando del capitán L'Oiseau, entregó otro cargamento de esclavos negros africanos consignados a una compañía judía en Paramaribo, dirigida por Solomon de la Para. En 1825, la sociedad de Anduze & Gil también recibió la mitad de la propiedad de la plantación en Cano de los Jueyes, en Aguas Prietas, Puerto Rico, con un valor de treinta y tres mil seiscientos veintiocho pesos, como reembolso del préstamo que le hicieron a Joaquín Vargas, el propietario de la plantación.

La compañía de Anduze & Gil permaneció en el negocio con el mismo nombre hasta la muerte de Gil en 1836. La firma tomó entonces nuevos socios y continuó como Anduze, Yverne & Company, con Adolph Gremon como socio minoritario y José Yverne y Jean Baptiste Anduze como socios mayoritarios.

El 8 de octubre de 1838, Jean Baptiste Anduze, el socio mayoritario de la nueva Anduze, Yverne & Company, fue convocado a testificar por cargos relacionados con el involucramiento de su compañía en despachos de aduanas irregulares, presentados el 11 de febrero de ese año por la embarcación española Con la Boca, capitaneada por un Sr. Ferreira. El Con La Boca estaba supuestamente vacío cuando llegó a Santo Tomás desde Sierra Leona. Cuando el barco salió rumbo a La Habana la siguiente mañana, los documentos presentados por la compañía de Anduze indicaban que también salía vacío. Sin embargo, un negro de Sierra Leona, que había estado a bordo de la nave y se las había agenciado para escapar mientras estuvo en puerto por una noche, contó más tarde su historia a las autoridades refutando esta declaración. Testificó que Con La Boca era un barco de esclavos, que llevaba un cargamento de esclavos negros que fueron comprados en Sierra Leona. El testimonio judicial muestra que la firma Anduze, Yverne & Company estaba ciertamente involucrada, pero se retiraron los cargos en su contra. Anduze, Yverne & Company tenía tres empleados en ese tiempo: Pierre Constance Peché, Victor Mancilla y Jules Anduze, el segundo hijo de Jean Baptiste, quien más tarde se casaría con Jeanne Giovanetti.

El antiguo edificio de oficinas de Anduze es ahora un museo en Santo Tomás, Islas Vírgenes.

Para la década de 1840, el negocio de Anduze se había expandido y tenía muchas posesiones e intereses, entre ellos factorías, comercio de café, agentes de barcos, y operaban el Commercial Hotel & Coffee House (hoy en día el Grand Hotel, monumento nacional de Islas

Vírgenes en Santo Tomás), que J. B. Anduze compró el 31 de enero de 1843. La familia Anduze mantuvo la propiedad del hotel hasta 1914.

El 14 de noviembre de 1844, Jean Baptiste Anduze arribó al puerto de Nueva Orleans a bordo de la goleta L. L. Sturges, a través de Islas Turcas. No queda claro si fue el padre o el hijo quien hizo este viaje, pero en cualquier caso, sin duda, estuvo relacionado con el negocio de esclavos que tenía la compañía, ya que Nueva Orleans era en esa época uno de los principales centros de subastas de esclavos en Estados Unidos. En 1849, la compañía de Anduze cambió su nombre a J. B. Anduze & Fils, indicando que al menos uno de sus hijos quedaba entonces incluido como socio del negocio; parece ser que fue Jules, quien había sido empleado de la compañía anterior.

Jean Baptiste Anduze, el más joven de los dos hermanos franceses que emigraron juntos hacia Santo Tomás antes de 1801, y padre del repoblador Juan Bautista Anduze, murió el 24 de junio de 1856. Su compañía, Anduze & Fils, continuó operando bajo el liderazgo de uno de sus otros hijos, Pablo Anduze. En la actualidad, el viejo edificio de oficinas de Anduze & Fils, al pie de Government Hill en Santo Tomás, alberga el Museo Histórico del Fideicomiso de Santo Tomás. En el museo, se muestra la cama con dosel propiedad de la familia Anduze.

Lejos de ser simples y pacíficos refugiados que huían de la Guerra de Castas, los repobladores de Cozumel fueron un grupo de oportunistas con vastas conexiones, que claramente estaban bien versados en las materias del contrabando y el tráfico de esclavos. La economía temprana de la isla se basó en gran medida en estas dos actividades ilegales, contrario al viejo mito de los pacíficos y amables repobladores de 1848. Se ha confiado demasiado en las historias orales y en las creencias tradicionales en relación con la fundación de la isla. Los propios participantes crearon la mayoría de estos relatos, y los heredaron como historias familiares; las cuales tienden a pintar las acciones de los repobladores de una manera más favorable de lo que en realidad muestran los documentos de entonces. Una reevaluación de la evidencia documental sería muy conveniente y está justificada.

El origen de la estatua de San Miguel de la iglesia católica en el centro de Cozumel

A través de los años, se han publicado muchas historias confusas y ficticias sobre la estatua del arcángel San Miguel en la iglesia de Juárez y la 5ª avenida en el centro de San Miguel, Cozumel. La mayoría de ellas tienen, al menos, algunos de los siguientes puntos en común:

1. La estatua tiene aproximadamente 500 años.

2. Fue encontrada por agricultores que excavaban en un campo al norte del pueblo (a veces son trabajadores de la construcción), hace alrededor de 100 años.

3. Fue traída a Cozumel originalmente en 1518 por Juan de Grijalva.

4. Dado que su hallazgo fue el 29 de septiembre, día en que se celebra la fiesta del santo, decidieron llamar San Miguel, en su honor, al área urbana de Cozumel.

5. Juan de Grijalva introdujo la cristiandad en la isla y colocó la estatua en la iglesia católica que estaba ubicada en la plaza central del pueblo.

6. La estatua original estaba hecha de marfil (a veces la historia dice que de oro), pero cuando fue enviada a Mérida para su restauración, los restauradores se quedaron con la original y mandaron de regreso otra estatua en su lugar.

De hecho, aunque estas afirmaciones se hayan impreso y reimpreso en muchas guías, libros y páginas de Internet a través de los años, <u>ni una sola es cierta</u>. Si se quiere conocer información verídica sobre la estatua y su historia inicial, aquí están los hechos:

El gobernador de Cuba envió a Juan de Grijalva a Yucatán, desde Santiago, para explorar la tierra continental de México en seguimiento a la expedición de 1517 de Francisco Hernández de Córdoba. De Grijalva desembarcó primero en la costa noreste de la isla de Cozumel el 3 de mayo de 1518, que en el santoral corresponde al día de la Santa

Cruz, así que bautizaron a la isla como Santa Cruz. Las naves de De Grijalva rodearon entonces el extremo sur de la isla y desembarcaron en la costa suroeste, donde encontraron construcciones mayas y llamaron al lugar San Felipe y Santiago. Ellos fueron dos apóstoles cuyos días festivos se celebran también el 3 de mayo. Luego, el 6 de mayo, llegaron al pueblo maya de Xamancab (el sitio del actual San Miguel de Cozumel) y lo bautizaron como San Juan Ante Portam Latinam, por el apóstol San Juan, cuya festividad se celebraba ese día. La parte Portam Latinam del nombre es una referencia a una puerta en Roma, donde el apóstol fue arrojado en una olla de aceite hirviendo.

Reportaron, entonces que Grijalva ordenó a su capellán oficiar una misa en los escalones de uno de los templos mayas de la aldea. La estadía de los españoles en Cozumel está documentada en reportes escritos por dos de los miembros de la expedición. Uno de ellos, el *Itinerario de la armada del rey católico a la isla de Yucatán, en la India, en el año 1518, en la que fue por comandante y capitán general Juan de Grijalva, escrito para Su Alteza por el capellán mayor de la dicha armada*, fue escrito por Juan Díaz Núñez, el capellán de la expedición. Ahora solo se cuenta con un resumen de una versión traducida y editada de este reporte, pero no dice <u>absolutamente nada</u> de una estatua que se les diera a los mayas de Cozumel, algo que se asumiría como de gran interés para un capellán. Bernal Díaz del Castillo también escribió sobre su estancia en Cozumel con Grijalva, pero tampoco dice nada de una estatua dada a los isleños.

Una expedición posterior a Cozumel dirigida por Hernán Cortés también está bien documentada por dos de los miembros de su expedición, y quedó registrado en los <u>dos reportes</u> el hecho de que Cortés les dejó a los mayas una imagen de la Virgen María cuando se fue. Parece que la gente que luego volvió a contar la historia, de alguna manera, confundió este informe de Cortés dejando un ícono religioso en la isla, con la visita de Grijalva y se lo adjudicó a él.

El 29 de septiembre de 1527, Francisco de Montejo, "el Adelantado", desembarcó en Cozumel y le dio a la aldea de ahí el nombre de San Miguel de Xamancab, por el nombre maya del lugar Xamancab, que significa "tierra del norte", y por el santo cuyo día se celebraba el 29 de septiembre, el arcángel San Miguel. Esta fue la primera vez que el nombre de San Miguel se asoció al pueblo.

En 1846 Yucatán se independizó de México. Ese mismo año, Estados Unidos y México entraron en guerra. En 1847, los mayas se rebelaron contra sus opresores blancos y mestizos, y comenzó en Yucatán el conflicto conocido como la Guerra de Castas. Según avanzaba la guerra en Yucatán, los mayas iban ganando terreno y tomando el control. En 1848 los ciudadanos de Valladolid comenzaron a huir de la ciudad, pocos minutos antes de la invasión maya. Un grupo de refugiados, de cerca de 600 personas, se encaminó hacia Río Lagartos. Algunos de estos refugiados lograron abordar el barco beliceño True Blue, capitaneado por James Smith, y fueron llevados a Cozumel. El sacerdote Doroteo Rejón estuvo incluido en este grupo de refugiados y fue él quien llevó la estatua del arcángel San Miguel a la isla.

Los refugiados del True Blue que llegaron a Cozumel, eventualmente se establecieron en el viejo rancho de San Miguel. Otro grupo, compuesto en su mayoría por agricultores mayas que no quisieron formar parte de la guerra, se instalaron en el viejo pueblo maya de Oycib, rebautizándolo como El Cedral. El 21 de noviembre de 1849, el gobierno de Yucatán reconoció oficialmente al pueblo fundado por el grupo de refugiados que se había asentado en el antiguo rancho de Molas como "Pueblo de San Miguel de Cozumel" y lo vinculó al gobierno municipal de Tizimín. También se le concedió a San Miguel un aplazamiento de cuatro años para el pago de cualquier impuesto, y el gobierno yucateco les otorgó a los hombres adultos que allí vivían una excepción del servicio militar, a fin de colaborar con el incipiente asentamiento. Un censo de 1850 mostró que la población de San Miguel había crecido a trescientos cuarenta y un adultos y un no especificado número de niños. Solo seis de los adultos eran mayores de cincuenta años. También cabe señalar que para ese año el pueblo contaba con dos calles y una plaza.

De noviembre de 1876 a junio de 1877, Alice y Augustus LePlongeon visitaron Cozumel durante su viaje turístico a los sitios mayas de Yucatán. En esa época, el padre Rejón era todavía sacerdote residente de San Miguel. Los LePlongeon describen al pueblo como "una aldea dispersa de 500 almas". Alice escribió que no había hotel o casa de huéspedes en la isla, así que a ellos les ofrecieron "una sucia habitación de techo de paja en la esquina sureste de la inmensa plaza cubierta de hierba que era la plaza del pueblo". El padre Rejón acogió a los dos viajeros bajo su protección y les mostró Cozumel, incluyendo muchas de sus ruinas y cenotes. Mientras observaban el cenote que ahora es un parque en la Avenida 65, Augustus se cayó y se cortó gravemente, pero aun así fue capaz de sacar una tinaja de oliva española y una tinaja de agua maya del cenote.

El padre Rejón también compartió con los LePlongeon un secreto: pensaba que tenía el "ojo maligno". Agregó que su congregación también creía que él tenía la habilidad de fijar su vista en algo, o en alguien, y causarle daño. El viejo cura les contó que sospechaba que la casa que ellos ocupaban estaba poseída.

Fotografía tomada por Augustus LePlongeon en 1876 a su esposa (en falda blanca y blusa oscura, a la izquierda) caminando por la Calle 1 a punto de cruzar la 5ª Avenida. La casa donde se estaban quedando está detrás de ella; el césped a la derecha en el primer plano de la fotografía es la plaza.

El padre Rejón no utilizaba la iglesia católica que ahora se encuentra en la esquina de la calle 10 y la avenida Juárez, esta es nueva y fue construida por los misioneros de Maryknoll durante los años 1945 y 1946. La estatua del arcángel San Miguel que está actualmente en la iglesia es la misma que llegó a Cozumel con el padre Doroteo de Rejón en 1848. Fue ubicada en la iglesia cuando se dijo la primera misa en la nueva construcción hecha por el misionero de Maryknoll, Jorge Hogan, el 26 de mayo de 1946, y ha estado ahí desde entonces, a excepción de cada 21 de septiembre en que es llevada en procesión al muelle municipal y luego puesta en un bote para un corto paseo.

La estatua del arcángel San Miguel (que está hecha de madera, no de oro o marfil) en la iglesia de San Miguel.

Capítulo 10

La hacienda Colombia

Darío Manuel Galera Encalada nació en 1811, de Manuel José Galera Quijano y María Crisanta Encalada Aguilar. A temprana edad, Darío descubrió que tenía facilidad para los negocios y la política, y se dedicó con entusiasmo a ambos. Se convirtió en un comerciante de palo de tinte (*Haematoxylon campechianum*, también conocido como palo de tinte o palo de Campeche) y usando sus conexiones políticas, amasó una inmensa fortuna antes de la Guerra de Castas en 1847. Gran parte de esta riqueza la invirtió en propiedades alrededor de la península, incluyendo algunas en Cozumel.

En 1840, Darío Galera se convirtió en el nuevo alcalde de Mérida. Aunque era conocido desde antes por haber comprado y vendido palo de tinte cosechado en Cozumel, lo más probable es que durante este período se familiarizara aún más con la isla a través de su estrecha amistad personal con el coronel Martín Peraza, uno de los socios en la plantación de algodón que Vicente Alvino Cammaño tenía en el lugar. También es probable que fuera durante este lapso que Galera reclamara la parcela de tierra en el extremo sur de Cozumel que después se conoció como hacienda Colombia.

En 1841 a Galera lo nombraron teniente coronel de la brigada de artillería de Mérida y estuvo encargado de acompañar a Andrés Quintana Roo, quien fue enviado a esa ciudad por el presidente mexicano López de Santa Anna para negociar con el gobierno de Yucatán en nombre de la República Mexicana. En octubre del mismo año, Galera viajó a La Habana para adquirir dos mil mosquetes que la nueva República de Yucatán requería para defenderse de un eventual ataque del presidente mexicano Santa Anna. Al no encontrarlos disponibles en Cuba, Galera navegó entonces a Nueva York, donde finalmente tuvo éxito en la compra de las armas. Regresó a Sisal con los mosquetes en noviembre de 1841, y los entregó al gobierno de Yucatán, obteniendo una buena ganancia en la transacción.

El 10 de julio de 1844, envió un cargamento de palo de tinte desde Cozumel a Estados Unidos en el bergantín norteamericano Henry Leeds, del cual era capitán Henry A. Holmes. Este fue solo uno de los muchos cargamentos que Galera recogería de la isla.

En 1845 compró el edificio que está en la Plaza Central de Mérida junto a la Casa de Montejo, propiedad de Juliana de Solís Barbosa, descendiente directa de Montejo "el Mozo", el cual había estado en la familia Montejo desde la Conquista. Galera reformó el edificio y lo convirtió en su hogar. Para este momento, también tenía propiedades en Isla Mujeres. En 1846 se convirtió en diputado suplente en Mérida.

En junio de 1852, Darío Galera envió doscientas cincuenta y un toneladas de palo de tinte y cuatro toneladas de guayacán desde Cozumel a Estados Unidos a bordo del buque estadounidense Nacogdoches. En junio de 1855, perdió una batalla judicial con el Ayuntamiento de Mérida, lo que le obligó a liquidar algunas de sus propiedades de bienes raíces para poder conseguir efectivo de manera rápida. Un recibo de mil sesenta y nueve pesos del 31 de agosto de 1855 muestra los fondos recibidos por Galera de Juan Bautista Anduze, de Cozumel, que pueden haber sido destinados para la compra de la hacienda Colombia, pues Anduze fue desde entonces hasta el día de su muerte el dueño de esa hacienda. Galera también poseyó el pailebote Mérida, que a menudo era llamado a Cozumel en la década de 1860. Cuando la emperatriz Carlota visitó Mérida en 1865, se quedó en la casa de Galera en la plaza.

Juan Bautista Anduze se casó con Ramona Pinto y tuvieron tres hijas: Ana, nacida en 1859; Emilia nacida en 1860, y Engracia, nacida en 1864. Ana se casaría más tarde con un ingeniero de minas estadounidense de Whitehall, Nueva York, llamado James Wallace Caldwell.

Cuando James Wallace Caldwell firmó en el Registro Civil de Cozumel en el momento de su matrimonio con Ana Anduze Pinto el 11 de marzo de 1878, escribió su apellido con una "a". Poco antes del nacimiento de su hijo Oscar, James dejó Cozumel y nunca regresó. Cuando el nuevo marido de Ana, Primo Aguilar, inscribió en el registro civil el nacimiento de Oscar, escribió por error "Coldwell" en lugar de "Caldwell", y la grafía con la "o" se ha quedado desde entonces.

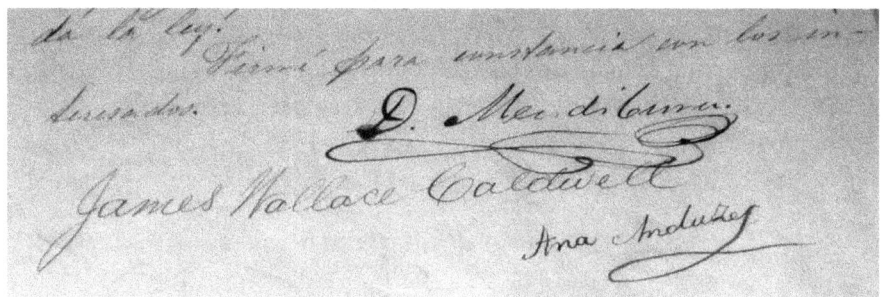

La página en el Registro Civil de Cozumel firmada por James Wallace Caldwell y Ana Anduze Pinto.

El 6 de octubre de 1865, Juan Bautista Anduze se casó por segunda vez con María Concepción Urcelay Peniche, en Mérida, Yucatán. Su primera esposa, Ramona, pudo haber muerto en el parto antes de este segundo matrimonio. El 12 de septiembre de 1869, Juan Bautista Anduze y María Concepción tuvieron un hijo en Mérida y lo llamaron Juan Bautista Anduze, por su padre y su abuelo.

El 31 de diciembre de 1873, el nacimiento de otra hija de Juan B. Anduze fue inscrito en el Registro Civil de Cozumel. Como lugar de nacimiento de J. B. Anduze se anotó "Santo Tomás" y en el de su segunda esposa, María Concepción Urcelay, se puso "Mérida". La hija nacida en ese momento se llamó Concepción, por su madre.

El 2 de noviembre de 1877, Concepción Urcelay de Anduze registró el nacimiento de una segunda hija, Olivia. En este caso, el lugar de nacimiento de Juan Bautista también es "San Tomás". Antes de morir en 1880, Concepción Urcelay tuvo una hija más con Juan Bautista Anduze y la nombró Dagmar Anduze Urcelay. Dagmar se casaría después con Serapio Baqueiro Barrera (el hijo del historiador Serapio Baqueiro Prevé) y el matrimonio tuvo tres hijos, el último un varón, el escritor Oswaldo Baqueiro Anduze.

Cuando Alice LePlongeon y su esposo Augustus visitaron Cozumel de noviembre de 1876 a junio de 1877, ella escribió sobre sus experiencias en la isla en su libro *Here and There in Yucatán*, publicado en 1889. En esa obra, describe así la visita a la hacienda Colombia: "El tabaco que se cultiva en Cozumel es bastante similar al producido en Cuba, y muchos cigarros vendidos como 'habanos' son de Cozumel, por lo cual son enviados en cajas listos para el mercado. El plantador principal allí, Sr. J. Anduze, nos llevó por su plantación, a quince millas de San Miguel, y nos dio un poco de información útil. La ocupación principal de los isleños es el cultivo del tabaco y la elaboración de cigarros".

Alice Dixon LePlongeon en Yucatán a los 22 años de edad.

Cuando escribe sobre su salida de Cozumel, Alice saca de nuevo el tema de los cigarros de contrabando: "Después de haber esperado mucho tiempo una oportunidad para salir de la isla de Cozumel e ir a Honduras Británicas, decidimos viajar en el Triunfo, a pesar de su aspecto poco atractivo. Era una goleta de doce toneladas, necesitada urgentemente de pintura y de acomodar en orden todo lo que había a bordo, cosa que resultaría imposible dada la falta de espacio. El capitán, llamado Antonio, era un marino español tan sucio como jamás habíamos tenido alguna vez la desgracia de ver. Su compañero era 'Antonio Segundo', para distinguirlo de su superior; el negro 'Jim' era el cocinero y asistente general; un hombre llamado Trejo servía como piloto. No había brújula a bordo. Tales objetos rara vez se encuentran en los veleros que navegan esta zona. Había cuatro pasajeros además de nosotros, todos teníamos un montón de equipaje. Añádase a esto veinticinco enormes tortugas; algunas en la cubierta, otras abajo; una gran cantidad de gallinas; dos grandes jaulas llenas de palomas; otra de canarios; un perro faldero maltrecho; gatos y gatitos; dos cabras machos; y una colonia de cucarachas de la especie más grande. No había ni una pulgada cuadrada de sobra. Teníamos fundadas sospechas de que había una cantidad considerable de 'contrabando' a bordo; también éramos muy conscientes de que la guardia costera navegaba al acecho buscando goletas como el Triunfo; de ahí la cara sombría del capitán que no solía relajarse en una sonrisa. El capitán mostraba su ansiedad al pedirnos prestados nuestros binoculares con mucha frecuencia, lo que nos resultó muy molesto, porque había mucho que nos interesaba ver en la costa. Al tercer día llegamos a la isla de Ambergris, y paramos en San Pedro, pintoresco pueblo de pescadores rodeado de plantaciones de cocoteros. Aquí se comprobaron nuestras sospechas de que existía contrabando a bordo, ya que al atardecer cerca de 20.000 cigarros fueron puestos astutamente dentro de un pequeño bote de remos, y llevados a tierra con muchas precauciones, para luego ser trasladados a Belice en barcos de los pescadores".

En 1885, el Departamento de Pesca de Estados Unidos en Woods Hole envió un buque de investigación a Cozumel. Juan Bautista Anduze recibió al fotógrafo de la expedición, N. B. Miller, y lo llevó a visitar la hacienda Colombia. Al respecto, Miller dice: "Salí de la nave el 24 de enero, con el Sr. J. B. Anduze, en lancha de vapor, para un viaje a su plantación, situada en el extremo sur de la isla, aproximadamente a 12 millas de distancia. Cuando llegamos, las olas eran tan grandes que al desembarcar los nativos nos llevaron a la playa cargados en sus espaldas. La plantación tiene cerca de tres millas en el interior, nos vimos obligados a hacer el resto de nuestro viaje en los pequeños ponis que se utilizan en todos los países tropicales.

"El camino, o más bien un estrecho sendero, llevaba a través de un denso bosque de árboles retorcidos en nudos, cuyos troncos y ramas estaban cubiertos de enredaderas, por lo que era casi imposible distinguir las hojas de los árboles de las de la vid. Muchos de los viñedos tenían unas flores muy hermosas que hacían que el paisaje luciera muy bonito; el follaje se cerraba completamente encima de nosotros, impidiendo la entrada de los rayos de sol, esto y la ausencia total de zumbidos de insectos hicieron que el viaje fuera muy placentero. Vi a un gran número de aves grandes y pequeñas, algunas de las cuales eran muy hermosas, también mariposas de todos los colores imaginables.

"Llegamos a la plantación a las 5 de la tarde, demasiado tarde para tomar fotografías. Esta plantación consiste en una finca de una media legua cuadrada, alrededor de la cual hay un alto muro de piedra, los campos se dividen por cercas. Había grandes campos de plátanos, y árboles de plátano macho, piña, maíz y jengibre, con inmensas arboledas de naranjos y limoneros, pero todo parecía descuidado por completo o muy poco cultivado. Los implementos agrícolas son de la clase más burda, no se utilizan aparatos modernos, lo que se aprecia en la apariencia de los campos. Las casas eran cinco grandes estructuras con techos de paja dispuestas en un cuadrado. Estas se utilizan para los sirvientes que ahí viven y también para almacenar los productos de la plantación, una vez que los recolectan. En el centro de la plaza hay un gran edificio de piedra con techo de paja, que es la residencia del Sr. Anduze.

"Este debe haber sido un hermoso lugar, pero ahora está tristemente muy descuidado. Mientras esperábamos la cena, fuimos a una aldea india que está situada en la plantación. Aquí, encontré una colección de cerca de cincuenta casas ocupadas por treinta familias".

En el Registro Civil de Cozumel, el acta de defunción de Juan Bautista Anduze, del 27 de abril de 1887, especifica que falleció de neumonía. En su testamento, dejó la hacienda Colombia (cuatrocientas cuarenta hectáreas) a su hija, Engracia F. Anduce. Oscar Coldwell Anduce, el hijo de la hija mayor de Juan Bautista (Ana), se convirtió en propietario del rancho Cinco Puertas (cuarenta y siete hectáreas) y del rancho Santo Domingo (dieciocho hectáreas).

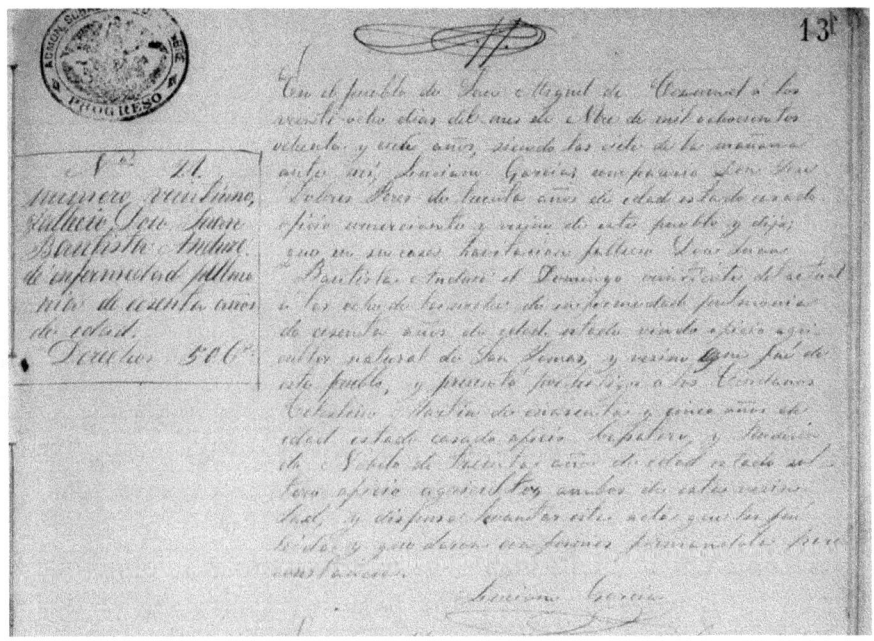

Acta de defunción de Juan Bautista Anduze en el Registro Civil de Cozumel.

A finales de la década de 1880, la hacienda Colombia también producía henequén para la exportación, así como tabaco, coco, piña, naranja, mamey, plátano, sandía, marañón y limón, pero en 1903 un huracán destruyó el muelle de la hacienda y las viviendas de los trabajadores. Una vez que se reconstruyeron las instalaciones y viviendas, la hacienda comenzó a exportar de nuevo.

Engracia Anduce y sus trabajadores en la laguna Colombia en 1909.

Los bastidores de secado de henequén, las vías de ferrocarril Decauville y los edificios de almacenamiento de la hacienda Colombia en 1909.

En 1914, la Oficina de Comercio Interior y Exterior informó que en Cozumel: "Los cocos se cultivan para la exportación, la mayor plantación es propiedad de la señora Engracia F. Anduze, mientras que Coldwell y Bonastre tienen una plantación de cocoteros de cuatro años, que tiene 25.000 árboles. Anduze también tiene 618 acres de henequén, la plantación está equipada con la más moderna maquinaria para la extracción de la fibra".

Una locomotora Decauville, como la utilizada en la hacienda Colombia por Engracia Anduce.

Henequén en la hacienda Colombia en 1909.

En 1918, el espía-arqueólogo Sylvanus Morley escribió en su informe a la Oficina de Inteligencia Militar norteamericana que cien personas vivían en la hacienda Colombia. Una de las que vivían y trabajaban en la hacienda era Nicanor Canto, quien dirigía el equipo de procesamiento de henequén que Engracia contrató a Juan San Germán para que lo instalase.

Para la década de 1920, los productos de la hacienda Colombia eran enviados principalmente a los puertos estadounidenses de Mobile y Nueva Orleans a bordo de las embarcaciones Júpiter, Lucía, y Rosita, aunque algunas remesas entraron a Tampa y Cayo Hueso a bordo del John Francis. Además, se mandaba una menor cantidad de fruta a Belice y Progreso, Yucatán, a bordo del Alberto. Los cocos se enviaban a La Habana en el Norman.

En 1921, después de la Primera Guerra Mundial, la demanda de productos por parte de Sisal cayó, lo que afectó la operación de la hacienda, y ya solo siete hombres y cinco mujeres vivían en Colombia. En ese mismo momento, seis hombres y doce mujeres habitaban en el faro Celarain. Como punto de referencia, había entonces solo mil trescientas cuarenta personas en toda la isla. Para la década de 1930, la hacienda Colombia había pasado a manos del sobrino de Engracia, Oscar Coldwell Anduce. Para 1950, la hacienda había sido abandonada, y se usaba únicamente para el pastoreo de ganado. Hoy en día, una parte de la antigua hacienda pertenece al Parque Ecoturístico de Punta Sur. El antiguo cementerio de la hacienda y el casco oxidado de la locomotora Decauville, que transportaba el henequén a la laguna Colombia desde la hacienda, yacen ocultos en lo profundo de la selva, en una cercana propiedad privada.

Capítulo 11

La Guerra de Castas y otros conflictos

El culto a la cruz que habla

En julio de 1847, los rebeldes mayas declararon la guerra a los propietarios de tierras de Yucatán que no eran mayas y comenzaron a atacar las haciendas de los alrededores de Tepich y Tihosuco. El gobierno yucateco lanzó un contraataque y, poco a poco, empezó a arrinconar a los mayas llevándolos hacia el sur. En 1850, parecía que las tropas del gobierno iban a ser capaces de cambiar el rumbo de la guerra. Los rebeldes mayas estaban desmoralizados y en retirada, pero un pequeño contingente de insurgentes renovó la fe en su causa el 15 de octubre de 1850, al toparse con un desertor del ejército de Yucatán llamado José María Barrera y con su amigo ventrílocuo maya, Manuel Nahuat, quienes vivían en los bosques cercanos a Kampocolché. Barrera había tallado tres cruces en la corteza de un árbol cerca de un cenote y, con sus habilidades de ventrílocuo, Nahuat engañó a los rebeldes y los hizo creer que las cruces podían hablar. Lo que decían, Barrera aseguró a los rebeldes, era la palabra de Dios, y su mensaje para ellos era que los insurgentes constituían su pueblo elegido y que su trabajo consistía en exterminar a todos aquellos que no fueran mayas.

Los rebeldes se congregaron alrededor de estos dos charlatanes y así nació el culto a la Cruz Parlante. A los miembros de esta secta se les llamó "cruzoob", vocablo formado por la palabra española "cruz" y el sufijo maya "oob", que la pluraliza. Se estableció una nueva ciudad alrededor de la cruz, Xbalam Na Kampocolché Chan Santa Cruz. Una nueva teocracia surgió al interior de los cruzoob rebeldes, encabezada por los sacerdotes que interpretaban los mensajes del ventrílocuo. Los mayas eran fieles a sus raíces; todavía creían que los dioses hablaban a través de ídolos y que solo los sacerdotes podían descifrar sus palabras.

En 1851 las tropas yucatecas mataron a Manuel Nahuat, pero los rebeldes pronto lo reemplazaron por un gran sacerdote, quien presentaba en forma escrita a los cruzoob los deseos de Dios. Barrera murió en 1852, pero de inmediato surgieron otros centros de culto a la Cruz Parlante, en pueblos como Muyil, Xpalma, Chumpón, San Antonio Muyil (cerca de Caleta Chacalal) y Tulum. Aunque la Guerra de Castas terminó alrededor de 1918, el culto a la Cruz Parlante sobrevivió. En la actualidad, en el centro del pueblo de Tulum, guardias de honor cruzoob todavía se turnan para proteger las cruces parlantes que se alojan en el Centro Ceremonial Maya, situado en la manzana delimitada por las calles de Acuario Sur, Sol Poniente, Mercurio Poniente y Júpiter Sur.

Cozumel se beneficia del conflicto en el continente

A pesar de que la esclavitud fue abolida en México en 1829, una vez que la Guerra de Castas se puso en marcha, los "repobladores de 1848" de Cozumel no perdieron tiempo en establecer una red de tráfico de esclavos que suministraba rebeldes mayas secuestrados o capturados a esclavistas cubanos. Cazadores de recompensas y miembros del ejército de Yucatán llevaban a los cautivos a los puertos del norte de la península, Dzilam y Río Lagartos, donde pequeños barcos propiedad de cozumeleños y tripulados por ellos transportaban a los mayas a Isla Mujeres o a Cozumel. Los insurgentes eran encarcelados en estas islas hasta que embarcaciones enviadas desde Cuba por uno de los varios traficantes de esclavos, por ejemplo Francisco Martí y Torrens, los recogían.

Sin embargo, no todos los repobladores eran traficantes de esclavos. Algunos suministraban armas, perdigones y municiones a los rebeldes mayas. La población de Cozumel, al parecer, se aprovechó al máximo de la guerra en el continente y negociaba con uno u otro bando. Algunos cozumeleños trabajaron en estrecha colaboración con Vitoriano (Vito) Pacheco, un tránsfuga del gobierno de Yucatán, traficante de armas y contrabandista, cuñado del líder rebelde maya Bonifacio Novelo. Otros repobladores jugaban los dos papeles, como Juan Bautista Anduze, que vendía armas y municiones a los rebeldes, pero también secuestraba y vendía a otros insurgentes mayas a los esclavistas cubanos. Otros más, como José Alcocer, hicieron dinero con la venta de bienes saqueados durante la revuelta, por ejemplo, objetos de plata robados de la iglesia en Valladolid que luego vendió en Belice.

María Uicab, la alta sacerdotisa de Tulum

Durante los siguientes veinte años, se mantuvo la guerra en el continente. Aunque los rebeldes estaban acorralados en el área desértica más tarde conocida como el sur de Quintana Roo, aún constituían una piedra en el zapato para el gobierno, que enviaba incursiones periódicas para acosarlos. Estas batidas lograron matar o capturar a muchos de los insurgentes, pero los cruzoob mantenían obstinadamente sus posiciones. Para 1870, la alta sacerdotisa de la Cruz Parlante (conocida como la Santa Patrona) residía en Tulum. Su nombre era María Uicab, una mujer carismática y poderosa que había dejado una serie de maridos a su paso. María había convertido a Tulum en el centro de operaciones de la secta, desplazando a Chan Santa Cruz como el pueblo de rebeldes más importante de Yucatán.

En algún momento durante su reinado en la ciudad amurallada, un misionero español llegó en barco para hablar con la sacerdotisa. Los insurrectos mayas lo mataron, removieron la carne de su esqueleto y colocaron sus huesos en cemento en Tulum como símbolo del poder que la Cruz Parlante tenía sobre la religión de los españoles. En 1978 visité Tulum y tomé la fotografía que aparece a continuación, la cual muestra lo que quedaba de los huesos, que desde entonces el Instituto Nacional de Antropología e Historia ha ido rescatando.

Los huesos del sacerdote colocados en cemento, en Tulum.

El 21 de enero de 1871, miles de soldados del gobierno yucateco, dirigidos por Daniel Coronel Traconis, atacaron Tulum, capturaron al hijo de María y obligaron a la gran sacerdotisa a huir para salvar su vida. Una vez que reagrupó sus tropas, María contraatacó el 3 de julio 1872. El gobierno de Yucatán respondió casi de inmediato y desde entonces no se volvió a saber de María, quien es muy probable que haya muerto en la batalla.

Juan Bautista Vega y su evolución de niño secuestrado a general de los cruzoob

En el verano de 1897, el Dr. Juan Fábregas, un cazador de tesoros, llegó a Cozumel con la intención de alquilar un barco con tripulación que lo llevara a Tulum. Su petición cayó en oídos sordos, ya que la Guerra de Castas estaba todavía en pleno apogeo y nadie en Cozumel quería arriesgar su vida aventurándose a entrar en la fortaleza continental de los rebeldes mayas cruzoob, o "bravos", como se les llamaba localmente.

Sin embargo, el dinero manda (en este caso 13 pesos) y, sin tomar en cuenta el peligro, Fábregas convenció finalmente a Ruperto Loria para que lo transportara a Tulum. Loria eligió como compañero a Ignacio Novelo, de 22 años de edad, a fin de que lo ayudara con el aparejo del velero, y en el último momento decidió llevar también a Juan Bautista Vega, su hijastro de 11 años. El viaje a través del canal transcurrió sin incidentes, y el barco tocó tierra sano y salvo en la playa de Tulum. Cuando el pequeño grupo se detuvo en la playa para hacer una rápida comida, fue abordado por rebeldes mayas del pueblo de Tulum. Una cosa llevó a la otra y pronto los insurgentes mataron a Loria, Fábregas y Novelo. Al joven Juan Bautista Vega lo arrastraron fuera del pueblo de Tulum y lo ataron a un árbol. Allí permaneció durante varios días, incapaz de comunicarse con sus captores, ya que él no hablaba maya y ellos no hablaban español. Por fin, el niño llegó a Yokdzonot a través de Muyil y Chunpom, donde el gobernador de los cruzoob, Felipe Yama, ordenó que lo ejecutaran. Un beliceño negro que vivía con los rebeldes (conocido como Joe, José, el Sr. Dyo, o el Sr. Dio) intercedió por la vida del joven, diciendo que podría ser útil, ya que era capaz de leer y escribir. Yama accedió a su petición y a Vega se le permitió vivir.

Vega se quedó con Joe los siguientes meses mientras aprendía maya, pero más tarde fue entregado al supremo sacerdote de los cruzoob de Chunpom, Florentino Cituk, de quien se convirtió en secretario. El chico demostró su valía traduciendo los mensajes entre los cruzoob y el ejército yucateco. Luego se casó con la hija de Cituk y se convirtió completamente en maya, algo muy similar a lo que pasó con el sobreviviente de un naufragio, Gonzalo Guerrero, casi cuatrocientos años antes.

Los rebeldes cruzoob continuaron luchando contra el ejército yucateco hasta que, en 1901, se negoció la paz. El tratado permitía a los mayas elegir a su propio gobierno local, pero aun así muchos renegados se rehusaron a aceptar los términos del acuerdo de paz y siguió habiendo esporádicos enfrentamientos durante casi veinte años más. En 1915, tras la muerte de Cituk, Vega fue nombrado sacerdote supremo y se convirtió en el líder máximo, teniendo el rango de general en el ejército de los cruzoob. En 1918, se suscribió el acuerdo de paz que puso fin a la Guerra de Castas. Aunque Juan Bautista Vega visitó Cozumel en 1926 cuando Gregory Mason lo llevó a bordo del Alberto para un paseo, nunca más volvió a vivir en la isla. Murió el 28 de julio de 1969, siendo el oficial rebelde maya de más alto rango.

El centro de San Miguel en 1909.

Cozumel es invadido por tropas rebeldes del ejército yucateco

A principios de 1915, el general Abel Ortiz Argumedo, de Mérida, y sus tropas, se rebelaron contra el gobierno. Ante esto, el presidente mexicano Venustiano Carranza envió al general Salvador Alvarado para ponerle fin a la situación. Alvarado actuó con rapidez y sin piedad, y para el mes de marzo los hombres de Ortiz Argumedo huían en desbandada. Cincuenta de estos rebeldes, bajo el mando de Tomás Rodríguez, decidieron tomar Cozumel, por lo que comenzaron a hacer los preparativos para cruzar el canal y sorprender a la mal defendida isla. La noticia se supo en Cozumel antes de que pudieran cruzar, y los isleños alcanzaron a enviar a sus mujeres y niños a los bosques para que se ocultaran antes de la llegada de los rebeldes. En ese tiempo, los únicos elementos federales que permanecían leales y estaban estacionados en la isla eran un capitán, un sargento y cinco soldados, insuficientes para defenderse de cincuenta rebeldes bien armados. Cuando llegaron los rebeldes, la pequeña guarnición de Cozumel les presentó valerosa batalla, pero luego de que dos de ellos fueron eliminados, el resto se rindió. Los rebeldes ocuparon la ciudad durante tres días, hasta que llegó a la isla la noticia de que un barco transportando tropas federales se dirigía hacia allá. Entonces, empacaron y cruzaron de vuelta el canal, desapareciendo de nuevo en la selva de Puerto Morelos.

El coronel Zamarripa quema la iglesia de Cozumel

En 1915, el general Salvador Alvarado ordenó al coronel Isaías Zamarripa ir a Chan Santa Cruz y arrestar al comandante de allí, el general Arturo Garcilazo. En ese momento, Chan Santa Cruz era la capital de Quintana Roo, pero pronto dejó de serlo, pues Zamarripa recibió la orden de moverla a Payo Obispo, luego del arresto del general Garcilazo. Zamarripa paró en Cozumel el 21 de abril de ese año en su camino a Chan Santa Cruz, con un gran número de soldados de Mérida.

En un artículo de prensa que apareció en *Lehi Banner* en 1915, un visitante de Cozumel describe a San Miguel antes de la llegada de

Zamarripa. En él, dice que el pueblo de unos novecientos habitantes era: "una ciudad bien formada, bastante próspera. Tiene varias calles anchas y limpias; una plaza, una pequeña iglesia muy presentable, un gran almacén general y varios otros más pequeños, una posada, oficinas municipales y una aduana; también cuenta con una especie de explanada a lo largo de todo el paseo marítimo, en un extremo de la cual está el faro y en el otro un embarcadero. Aunque la mayoría de los edificios son cabañas con techo de palma, hay varias casas de piedra sólidamente construidas y la calle principal tiene una casa de ladrillo de dos pisos y un moderno bungaló".

Zamarripa era un seguidor de las radicales políticas anticlericales y antirreligiosas del gobierno federal, y cuando llegó a San Miguel, destruyó la iglesia del pueblo, que estaba situada en lo que hoy es la esquina de Juárez y la 5ª Avenida. Sus hombres utilizaron las imágenes religiosas de la iglesia para prácticas de tiro antes de que él mismo le prendiera fuego al edificio. Mientras destrozaba el crucifijo de la iglesia, algunas pequeñas estatuas de santos y varias pinturas religiosas, la icónica estatua de San Miguel fue salvada por la gente del pueblo y escondida para su protección. Cuando Zamarripa partió hacia la bahía de la Ascensión una semana después, dejó un contingente de sus tropas estacionado en Cozumel, donde usaron la iglesia quemada como establo para sus caballos y la plaza como corral. Cuando el príncipe sueco Guillermo visitó Cozumel en 1920, escribió que la ciudad no tenía todavía ninguna iglesia.

Fotografía tomada en 1909 antes de que se construyera la torre del reloj, la cual muestra el faro cerca del muelle (a la izquierda), la plaza (un campo lleno de malezas en el centro), y la iglesia en la esquina de la actual 5ª Avenida y Juárez (a la derecha).

En el mes mayo, Zamarripa llegó a Chan Santa Cruz, arrestó al general Garcilazo y trasladó la sede del gobierno de Quintana Roo a Payo Obispo (junto con la planta eléctrica y los mecanismos de reloj de la torre del reloj de la ciudad). Chan Santa Cruz más tarde se llamó puerto Felipe Carrillo, Payo Obispo fue rebautizado como Chetumal, y al general Garcilazo lo ejecutó un pelotón de fusilamiento.

Escuela Benito Juárez a la izquierda, en la 5ª Avenida y Juárez, en la esquina noreste de la plaza, antiguo recinto de la iglesia. Estos edificios fueron posteriormente demolidos y reemplazados con el complejo ahora conocido como la Plaza del Sol.

San Miguel cambia su nombre

La Cristiada fue una guerra librada por el gobierno federal mexicano contra elementos religiosos cristianos (los cristeros) en todo México, de 1926 a 1929, en la que más de noventa mil personas perdieron la vida. Durante esta guerra fueron destrozadas iglesias, ejecutados sacerdotes y proscritas las reuniones religiosas. La iglesia de Cozumel ya había sido destruida en 1915 por el coronel Isaías Zamarripa, así que poco sucedió en la isla durante este conflicto. La estatua del arcángel San Miguel, que tiempo atrás adornara la iglesia, permaneció escondida en este período, y solo volvió a aparecer después de la Segunda Guerra Mundial. Una vez que hubo terminado la Cristiada, el gobierno continuó suprimiendo muchos aspectos de la libertad religiosa en México, y el 8 de septiembre de 1936 llegó al extremo de cambiar los nombres de todos los pueblos que tenían connotaciones religiosas. San Miguel de Cozumel, bautizado así por Francisco de Montejo en 1527, perdió su asociación con su santo patrono, el arcángel San Miguel, y se le renombró simplemente Cozumel. Este sigue siendo tanto el nombre oficial de la isla, como el de su ciudad más grande, aunque los isleños continúan refiriéndose a la ciudad como San Miguel.

El mismo año que se cambió el nombre de la ciudad, el gobernador Rafael Melgar se apropió del solar donde una vez estuvo la antigua iglesia, en la plaza, y ahí se construyó la escuela Benito Juárez.

Capítulo 12

Claude L. Goodrich y su colonia americana

En 1874, un vendedor ambulante de bienes raíces llamado Claude L. Goodrich se autopublicó un folleto de treinta y dos páginas sobre Cozumel. El título era casi tan largo como el libro mismo: *Cozumel Island, the New Tropical Paradise; Its History, Government, Character, Resources, Climate, Location, Soil, Products, Inhabitants, Etc., With The Inducements Offered Immigrants To Go There; Free Lands, Perfect Healthfulness And Beauty Of Climate, Splendid Chance For Homes And Fortunes*. El folleto fue un deliberado intento de convencer a incautos inversionistas de que compraran tierras y se establecieran en Cozumel, presentando a la isla como un verdadero Jardín del Edén. Lo imprimió la compañía de impresión comercial Powell y Maynard, propiedad de Cuthbert Powell y Charles Maynard, con oficinas en 208 South Fourth Street, St. Louis, Missouri.

La primera línea del texto en la portada del folleto de Goodrich es el proverbio español "quien no se aventura, no pasa la mar", que significa que "el que no está dispuesto a asumir riesgos no consigue lo que quiere". Goodrich ya había mostrado que él sí corría riesgos y sustanció este hecho yendo más allá al "cruzar el mar" hacia Cozumel en 1873 y permanecer en la isla durante seis meses. Las perspectivas que allí vio lo cautivaron y se decidió a fundar un asentamiento de "unos pocos miles" de expatriados norteamericanos en Cozumel, que creyó traerían a la isla "las influencias de la cultura". Volvió a St. Louis, Missouri, y se retiró en el Hotel Union, en la esquina de las calles Cuarta con Myrtle, donde comenzó a escribir. Luego de terminar su libro, regresó a la isla a esperar la avalancha de inmigrantes americanos que esperaba se le unieran.

En la introducción, Goodrich afirma: "El objeto [de este libro] es simplemente describir un país donde las oportunidades para la salud, la riqueza y la felicidad se encuentran por doquier... esperando que la gente venga a aprovecharlas". A continuación, expone las razones por las que cree que muchas personas se interesarían en dejar Estados Unidos y mudarse a Cozumel:

1. Para escapar de la acelerada vida de la década de 1870: "La sociedad estadounidense se está transformando a tal velocidad, que los cambios resultan demasiado rápidos para algunos...";

2. Para escapar de la pobreza: "Los ricos se hacen cada vez más ricos y los pobres se esfuerzan día y noche para ser menos pobres";

3. Para escapar del Gran Gobierno: "El gobierno popular se está convirtiendo en un misterio demasiado intrincado para la gente común";

4. Para escapar del cambio climático y del calentamiento global (¡en 1874!): "Incluso la vieja Tierra se está desmoralizando, y ni sus tormentas o la intensidad de su frialdad en el norte ya son confiables";

5. Para escapar del mal y las enfermedades: "Cozumel ofrece un remedio extraordinario... para cualquier enfermedad que los médicos no pueden curar";

6. O, para escapar de su pasado: "[Si] en su clóset, política o literalmente hablando, pudiera haber un esqueleto de cualquier tipo del cual quisieran alejarse".

Goodrich escribe: "En estas páginas compilo hechos evidentes despojados de todo romance" y "no hay ninguna trampa aquí para atrapar gobios [peces que se atrapan sin carnada] –no ofrecemos venderles ninguna tierra– nuestra cura para el consumo no tiene secuelas en una larga lista de medicamentos de a dólar la caja". Continúa diciendo: "se le ofrecen alicientes tan claramente superiores a todos los del desierto, la colonización y los esquemas ferroviarios de especulación de las tierra del oeste...", y luego describe a la isla con los más increíbles y fantásticos términos superlativos: "Bajo ningún sol hubo allí una vez un cielo más bello o una atmósfera más pura; en ninguna parte [como en Cozumel] crecen las flores más dulces o más hermosas; los pájaros nunca cantaron de una manera más alegres, ni más agradable, ni en un lugar más sano, y en ninguna tierra son las brisas más uniformes o más constantes". Goodrich llama a Cozumel "un paraíso tropical, debido a su frescura y su belleza eternas, es la uniformidad del clima, templado por constantes brisas marinas desde cualquier lado, libre de terremotos, volcanes y huracanes [¡¡¡!!!], una eterna primavera y verano, siempre pintada y perfumada con flores, poseedora de aves de brillante plumaje y con dulces voces; un jardín de frutas, una tierra de la que fluyen literalmente leche y miel; y, de hecho, bendecida con la providencia directa del Gran Arquitecto del Universo para casi cada necesidad de la humanidad".

Y se pone mejor: "No hay cambios bruscos de clima; no hay pantanos de olor fétido, no hay aprehensiones, ni quinina, ni médicos... Si hay un lugar en la tierra libre de la tisis, esa es la isla de Cozumel". Goodrich comenta que los 800 residentes de Cozumel "son una pacífica población, inofensiva, fácil de controlar por las leyes, bien dispuestos los unos hacia los otros y prudentes con los extranjeros. Hay poca o ninguna controversia entre ellos, rara vez se cometen delitos, no hay inclinación hacia el litigio, en consecuencia no hay abogados. Una comunidad sin abogados o médicos debería ser un lugar agradable para vivir".

No solo no hay abogados en Cozumel, dice Goodrich, sino que "el gobierno de la Isla es simple pero eficiente; los funcionarios residentes son nombrados por el Gobernador de Yucatán, los cuales en su opinión son honestos y capaces. Estos funcionarios no reciben salarios, no hay premios para ellos, no se escucha que haya robos del gobierno ¡y no se recaudan impuestos! No hay negros en la isla, y no hay necesidad de ellos... La falta de gente educada se suplirá con facilidad gracias a varios jóvenes y algunas familias de Kentucky, Tennessee, Luisiana y otros estados del sur que están yendo [a establecerse en Cozumel]... Los nativos quieren que las empresas norteamericanas vayan y construyan en su isla; reconocen que necesitan las artes y las ciencias... El trabajo de los indios es muy bueno y barato: 37½ centavos de dólar por día, el empleador paga la deuda, si la debe, al ex empleador, para el pago total del cual es responsable el obrero, también para cualquier deuda contraída con el empleador posterior, y debe realizar las tareas diarias razonables que le dan derecho a su salario regular. No se practica la crueldad hacia estos trabajadores, y hay una buena relación, en general, entre amo y sirviente".

Entonces, ¿qué tipo de negocios agrícolas se podrían emprender en Cozumel en 1874? Goodrich los enumera según el orden de ganancia: "Cocos... ventas desde $30 a $80 por M". Un hombre podría iniciar una plantación de cocoteros de alrededor de diez mil árboles, calcula Goodrich, "por $1,500 o $2,000" y tener una ganancia de "$54 mil por año".

El segundo cultivo más rentable, dice Goodrich, eran los plátanos, representando un claro beneficio de quinientos setenta y cinco dólares al año, por acre plantado con árboles de plátano. "Puse los precios en esta estimación tan baja que el más mezquino dago [nombre peyorativo para referirse a los italianos] o el yanqui más avaro sin duda no esperarían ir alguna vez a la isla y comprar la fruta por menos...".

A cuatro dólares por mil, Goodrich estipula que las naranjas constituían el siguiente producto más rentable, mientras que las piñas y los mangos solo valdría la pena exportarlos si se envasaran en Cozumel, pero desafortunadamente no había planta para envasar la fruta. Las limas y los limones también crecían en la isla, al igual que el tabaco.

Goodrich añade: "La hoja de tabaco ha sido un producto de primera necesidad para los nativos de Cozumel desde hace algunos años, y el artículo tiene una reputación en el mercado del tabaco Habano casi igual a la del tabaco de Cuba. El presidente Grant fuma sus auténticos 'habanos' (así llamados) todos los días, tabaco que se cultivó en Cozumel, pero por la falta de comercio con Estados Unidos tiene que pasar a través de Cuba. Por supuesto, el valor se incrementa ciento por ciento, cuando sale de Cuba bajo los cañones del castillo del Morro etiquetado con papel español de alto calidad y llevando el nombre de algún astuto cubano que tal vez lo compró de algún inocente Isleño ¡a 8 centavos de dólar la libra! Los cigarros que se venden en la isla a $10 por M, son iguales en calidad a aquellos que uno compra al por menor a 15 centavos de dólar cada uno en las ciudades de Nueva Orleans o St. Louis. También hacemos las marcas más selectas de cigarrillos Habanos, aunque las etiquetas las ponen los compradores cubanos".
Goodrich subraya: "El maíz se cultiva en cantidades considerables... La caña de azúcar crece de manera abundante, y hay dos o tres pequeñas fábricas de azúcar en la isla, suficientes para abastecer apenas

la demanda doméstica. El algodón se da espléndidamente... El henequén es aún mejor, sin embargo, exportamos muy poco... Las semillas de ricino, arrurruz, camote, etc., son muy fecundas... Hay suficiente suministro de tomates, melones, calabazas, etc. El negocio de caparazón de tortuga incluye una captura ocasional de los tipos más valiosos, la variedad de carey (*Chelonia imbricata*) llega a costar hasta $25 cada uno. Hay varios miles de cabezas de ganado en la isla, la venta de carne está a 6¼ centavos. También tenemos caballos, cabras, burros, cerdos y pollos... el caballo se utiliza sólo con fines de monta ya que nuestros indígenas aún no han llegado a tan alto grado de avance como para poseer vagones u otros vehículos, o arneses. Unos carros toscos tirados por bueyes es el mayor progreso que han logrado en ese sentido".

Goodrich señala que aunque en México existen leyes que imponen aranceles a las mercancías importadas, él puede brindar algunos consejos sobre cómo eludir estos impuestos. Explica que, dado que no había ninguna aduana en Cozumel, el nuevo inmigrante debe evitar entrar por el puerto fronterizo de Progreso, y debe ir directamente a San Miguel con todos sus productos y equipos, donde debe reclamarlos como artículos "para uso personal". Algunos de los artículos que sugiere traer a la isla son "sillas de montar, carros, arneses, pianos y otros instrumentos musicales, máquinas de coser, cocinas, herramientas, y artículos de uso doméstico en general, sierras, motores, máquinas, maquinaria pesada e implementos agrícolas... hachas, palas, azadas... y cortadoras de arbustos... un suministro de zapatos, sombreros, paraguas... relojes, cuchillería fina, tenedores y cucharas de plata, ferretería, medicamentos y la mayoría de los artículos de tocador... Las armas de fuego y municiones no son necesarias, pero como algunos estadounidenses podrían considerarlos como sana precaución, se sugiere que se muestren lo menos posible".

La intención de Goodrich al imprimir su folleto era sacar provecho de la venta de lotes en su tierra al sur de Caleta, cobrando honorarios a los "nuevos colonos" por su experiencia, pero solo unas pocas almas procedentes de Nueva Orleans y de Key West llegaron a la isla para intentar establecer su residencia. Su estancia fue efímera. Sin embargo, el gobierno de Estados Unidos se dio cuenta del empeño de Goodrich y exploró la posibilidad de instalar un consulado en San

Miguel. Por desgracia, luego de un acercamiento el 24 de marzo de 1874 con el gobierno de México, su solicitud fue rechazada el siguiente enero con el argumento de que "no existía un puerto de esa talla en Cozumel".

Aunque Goodrich logró vender algunas copias de su autopublicado libro, en el que ensalzaba a Cozumel, a cincuenta centavos de dólar el ejemplar (gastos de envío incluidos), está claro que en 1877 la colonia todavía no estaba en funcionamiento y que su opinión sobre la calidad y el costo de la mano de obra nativa había cambiado. Cuando Alice LePlongeon y su esposo Augustus visitaron Cozumel entre 1876 y 1877, ella plasmó sus observaciones en su libro *Here and There in Yucatan* (*Aquí y allá en Yucatán*). La obra salió a la luz en 1889, aunque parte de ella había sido publicada en la *Tribuna de Nueva York* y otros periódicos en 1885. Alice escribe sobre la colonia Goodrich: "A continuación hicimos una reunión en un barco con algunos de nuestros compatriotas que estaban tratando de formar una colonia allí. El barco les pertenecía; no era mayor de quince pies de largo, pero era lo suficientemente grande como para acomodar a cinco personas. Después de navegar una hora [al sur de San Miguel] nos detuvimos para ver dónde se asentaría la colonia americana. Era un lugar precioso. El propietario [Goodrich] se quejó amargamente de que los obreros nativos hacían el menor esfuerzo posible y cobraban el doble de lo que le cobraban a su propia gente. Más abajo en la costa nos detuvimos en una plantación perteneciente al señor Angulo". [Al día siguiente, el grupo navegaba hacia el sur, a la laguna Colombia].

Entonces, ¿qué pasó con sus sueños de asentar una colonia americana en Cozumel después que Goodrich publicara su libro? No mucho. Aunque algunos periódicos se interesaron en el tema y publicaron uno o dos artículos narrando los esfuerzos de Goodrich, la afluencia de estadounidenses para apropiarse de tierras que él había imaginado nunca se materializó. A continuación se muestra un artículo que apareció el miércoles 8 de diciembre de 1875 en el *South Australian Register*:

> A NEW AMERICAN COLONY.—It is mentioned by the *Philadelphia Times* that a colony has sprung up on an island in the Caribbean Sea. The name is Corumel, and it belongs to Mexico. "The climate is delightful, being at an average temperature of 80 degrees, and the distance from New Orleans is four or five days' sail. The products of the island are sugar, tobacco, and all kinds of tropical fruits, while it also grows valuable timber, such as ebony, lignumvitæ, and logwood. To settlers the Mexican Government allows 2,471 acres of land in favourable locations on the payment of £25, which payment can run through several years. As this island is in the neighbourhood of the Channel of Yucatan it has a most favourable position in connection with the trade and commerce that must spring up with the United States of Columbia and other parts of that vast region of South America. It will be a point of stoppage for all ships bound in that direction, and hence the importance of having it inhabited and its trade and commerce ruled by Americans.

¿Quién fue este Claude Goodrich, promotor de la isla?

Claude Luther Goodrich nació en 1831, en Nueva York; su padre fue Luther E. Goodrich y su madre Clarisa Noble. La familia de Goodrich se trasladó luego a Nottawa, Condado de St. Joseph, Michigan, donde nacieron los hermanos Dwight y Mary antes de que su madre muriese en 1850. En 1851, el padre de Claude se casó con Mary A. Doughty y para 1858 había tenido cuatro hijos más con ella.

En noviembre de 1853, Claude fue contratado como aprendiz en el *Delphi Journal* en Delphi, Indiana. Este mismo periódico publicó su obituario en 1896.

En marzo de 1854, se mudó a Oregón y se las agenció para comprar el diario *The Oregon Spectator*, el primer periódico en aparecer en la Costa Oeste, ya que fue fundado en 1844. En marzo de 1855, apenas un año después de que se hiciera cargo del diario, se vendieron las prensas, el periódico cerró, y Goodrich abandonó la ciudad.

En 1857, compró el periódico *Alameda Gazette de San Leandro*, California, justo en las afueras de Oakland. Dos años más tarde, en 1859, vendió el periódico a William Van Voorhies e Isaac A. Amerman.

En 1867, formó una sociedad de corta duración con H. C. Street y A. J. Boyakin, para comprarle a James S. Reynolds el *Idaho Triweekly Statesman*. Un mes más tarde, el Sr. Reynolds retomó el negocio de manos de la sociedad Boyakin, Street & Goodrich. En el verano de 1871, Goodrich fundó el *Elk Falls Examiner*, un semanario de cuatro páginas publicado en Elk Falls, Kansas. Junto con el periódico, también hacía impresión comercial. Su anuncio en el *American Newspaper Directory* de George P. Rowell mostraba su interés en la promoción de bienes raíces:

Elk Falls Examiner,

PUBLISHED WEEKLY, AT ELK FALLS, KANSAS, · · · BY C. L. GOODRICH & CO.

OFFICIAL PAPER OF HOWARD COUNTY.

ADVERTISING RATES.—One column, 1 year, $80; fractional portions of column at same rate. ELK FALLS, a large, flourishing town, filling up very fast with farmers, stock raisers and manufacturers; its position is central, and easy of access from every quarter. Railroads must necessarily make this a point running east and west through the Wild Cat Valley; pronounced by engineers the best route within 50 miles. The chances for obtaining farms at low prices are, within a radius of 10 miles, the best to be found in the Western country. The soil is rich, deep and fertile, producing wheat, corn, oats, rye, barley, tobacco, &c., &c.

ELK FALLS Examiner; Saturdays; four pages; size 25x38; subscription $2; established 1871; C. L. Goodrich & Co., editors and publishers; circulation about 300; co-operative; *largest circulation in county or within radius of 35 miles; is the official paper of Howard county; independent; almost exclusively devoted to local affairs; situated in the best farming and stock-raising district in Kansas; has an extensive job office.*

En 1872, el *Wichita City Eagle*, en Wichita, Kansas, dice que "*The Examiner*, publicado por C. L. Goodrich, en Elk Falls, sale con una viñeta de las cascadas y el paisaje circundante en su encabezado. Admiramos esta iniciativa. En algunos detalles, Goodrich es un genio excéntrico, pero al fin y al cabo un genio. *The Examiner* es uno de los periódicos más pulcros del estado".

Poco después de eso, Goodrich cerró el *Elk Falls Examiner* y se trasladó a Fort Dodge, Iowa, donde, junto con un socio P. C. Hudson, se hizo cargo de la *Iowa Real Estate Register*, del Sr. E. C. Bayam, su fundador. El periódico estaba dedicado al sector inmobiliario.

> **FORT DODGE, Iowa Real Estate Register;** monthly; eight pages; size 28x42; subscription 50 cents; established 1871; Hudson, Goodrich & Co., editors and publishers; a real estate advertising sheet.

Iowa Real Estate Register.

HUDSON, GOODRICH & CO.................................FORT DODGE, IOWA.

DEVOTED TO LAW AND REAL ESTATE.

Our circulation varies from **1,000** to **4,000**. We endeavor to reach every family in Webster County with each issue, and stipulate in our advertising contracts that the circulation **within the County** shall not be less than **1,000 per month**.

P. C. HUDSON, ATTORNEY AT LAW, EDITOR.

HUDSON, GOODRICH & CO., REAL ESTATE BROKERS, BUSINESS MANAGERS.

Para 1874, Goodrich había encontrado un nuevo hogar en Cozumel y publicó su folleto exaltando las virtudes de la isla.

El 30 de enero de 1877, a los 46 años de edad, se casó con Bonifacia Casanova, de 21 años, en Cozumel. Tomando en cuenta que pretendía tener 36 años en ese momento, de acuerdo con el registro de su matrimonio en Cozumel, pareciera que se estaba quitando años para engañar a su mucho más joven mujer. Bonifacia era la hija de Hermenegildo Casanova y Susana Sánchez. La hermana mayor de Bonifacia, Felipa, nació en Chemax en 1844 y llegó a Cozumel con sus padres, pero Bonifacia nació en la isla en 1856. El 12 de diciembre de 1877, nació en Cozumel Víctor Guadalupe Goodrich Casanova, el primer hijo de la pareja.

Vida de Goodrich después de Cozumel

En 1881, siete años después de que se publicara su folleto sobre Cozumel, Goodrich apareció en Belice, donde comenzó a trabajar como impresor en el *Belize Advertiser* en la oficina de la imprenta de C. T. Hunter. En 1884 nació su segundo hijo, Dwight Goodrich. Tiempo después, Dwight se trasladó a Michigan y se hizo doctor en medicina.

En 1887, Goodrich empezó a trabajar con el *British Honduras Gazette* (nueva época), publicado por George S. Banham. Poco después llegó a ser socio de Banham y juntos formaron la Banham & Goodrich que luego comenzó a publicar *The Independent*. La asociación terminó en mayo de 1888, cuando Banham fue forzado a salirse y Goodrich se hizo cargo de la operación.

> Mr. George S. Banham has severed his connection with the Belize (British Honduras) *Independent*, which will in future be under the entire management and control of C. L. Goodrich.

En la edición de octubre de 1889 a septiembre de 1890 del *American Lithographer* (VII Volumen) apareció un aviso de la adquisición de Goodrich del *Belize Independent*. El anuncio también tiene una cantidad considerable de autopromoción:

> The job printing rooms formerly belonging to Messrs. Banham & Goodrich, at Belize, British Honduras, have been merged with the Belize *Independent*, and Mr. C. L. Goodrich becomes sole proprietor. The establishment had just received the Happy New Year souvenir from Messrs. Golding & Co., announcing their success at Paris and congratulates that firm. The *Independent*, luckily, has one of the prize No. 7 jobbers at work and is therefore happy, as all its patrons and Messrs. Golding & Co. must know. Belize is full of "amateurs," but this press is intended to clear them out. The other day, one of your "as it is" fellows sent his press to an auctioneer, but when offered for sale got no bid. It lies there yet, a nameless, worthless "foot power," with no wheel, throw-off, or self-inking apparatus.

Poco después de que apareciera la noticia, Goodrich merodeaba por Chicago para enviar a un "muchacho blanco" para ser aprendiz por cinco o seis años. ¿Pudiera este joven haber sido Víctor, su hijo de 13 años de edad?

> C. L. GOODRICH, of Belize, British Honduras, writes as follows: "Can an opportunity be found in Chicago, to apprentice a smart boy (to be five or six years bound) from the tropics (white boy who speaks and reads English and Spanish) to learn job printing, lithographing, electrotyping, etc., where he would be properly instructed and well treated. If so, upon about what terms?" Parties desirous of obtaining further information should address as above.

En las páginas de *The Inland Printer*, Volumen 9, (de 1891 hasta 1892) apareció el siguiente aviso:

> C. L. GOODRICH, editor and proprietor of the *Belize Independent*, Belize, British Honduras, being desirous of visiting the Worlds' Fair for several months in 1893, wishes to procure a trustworthy person to conduct the paper during his absence, or the newspaper plant and good will with the job and book department will be disposed of on good cash terms.

No contento con publicar un periódico, en 1892 Goodrich comenzó a actuar como agente de ventas de un libro de osteopatía de la "nueva era" titulado *The New Science of Healing (La nueva ciencia de la curación)* escrito por Louis Kuhne.

Kuhne fue un naturópata alemán conocido principalmente por sus baños de asiento de fricción de agua fría, en los que el paciente se sentaba en una bañera llena de agua fría y se le frotaban sus genitales con un paño de lino. Se suponía que la estimulación resultante ayudaría a eliminar toxinas.

Claude Goodrich murió en mayo de 1896. El *Delphi Journal*, el primer lugar donde trabajó como aprendiz, publicó su obituario.

> **Claude Goodrich is Dead.**
>
> Mr. James B. Scott is in receipt of a letter announcing the death of Claude Goodrich which occurred at his home in British Honduras two weeks ago. He was the first apprentice in the Delphi JOURNAL office. Soon after Mr. Scott started the paper young Goodrich appeared and asked for a job. He was set to work in November and remained with the paper until spring when he left for Oregon. From there he drifted to British Honduras where he went into the newspaper business and was deservedly successful. A few older citizens remain who will remember him. His death resulted from heart disease.

En 1897, la Goodrich Job Press aún continuaba funcionando en Belice, y era dirigida por el hijo de Claude, Víctor Guadalupe Goodrich. Más tarde, en la década de 1930, cambió el nombre de la empresa por V. Goodrich and Trumpet Press. Después de la muerte de Víctor, su hijo, Eugene A. Goodrich, se mudó a la Florida y se casó con Vesta Mea Cheatham el 20 de junio de 1953 en Ft. Lauderdale, Florida.

Capítulo 13

Descripciones de testigos presenciales del Cozumel posterior a 1870

Todavía sobreviven varias descripciones detalladas de Cozumel hechas desde la década de 1870 hasta principios del siglo XX. He tomado extractos de algunas de las más interesantes y se las comparto a continuación.

En 1873, Claude Luther Goodrich pasó seis meses en Cozumel. Cuando regresó a Estados Unidos, escribió un pequeño folleto con el propósito de atraer a más estadounidenses para que emigrasen a la isla, a fin de que (así lo esperaba él) lo contratasen como agente y contratista de bienes raíces.

En el último capítulo de su folleto, Goodrich hace una interesante descripción de los habitantes de Cozumel. "Ninguna señora pasea por las calles en compañía de un caballero, ni siquiera se puede ver a una esposa caminando con su marido o con sus hermanos. El cortejo se lleva a cabo en presencia de los padres, aunque los jóvenes bailan juntos, en casa y fuera de ella, y no están bajo una estricta vigilancia, pero aparentemente no se desea la compañía masculina para ir o regresar de la iglesia, festivales, bailes, o cualquier reunión pública... Los habitantes se levantan temprano, beben chocolate a sorbos, o se comen una naranja, después de lo cual la mañana se ocupa en sus faenas habituales hasta las 10, hora del desayuno... El almuerzo tiene lugar a las 5 de la tarde, y se desconoce de las cenas... La alimentación de las clases más pobres se basa en tortillas, pescado, animales que cazan y verduras, mientras que los ciudadanos más ricos comen una multiplicidad de platos: tortuga, carne de res, cabrito, pollo, huevos, leche, café, y las frutas y verduras más finas, bien preparadas y sazonadas con especias y condimentos raros. Los extranjeros pueden obtener alojamiento de primera clase, con toda la familia, desde 15 o 20 dólares por mes; no hay hoteles o 'casas de huéspedes', pero las mujeres manejan los asuntos del hogar, y no se oponen a la estadía de un huésped, especialmente si éste tiene pelo rubio y ojos azules, lo cual admiran mucho... En la vida doméstica se les inculca la monogamia, y el matrimonio se considera sagrado... La moral del pueblo es buena; desde temprana edad, a los jóvenes se les enseñan buenos principios, como virtud y felicidad, y estos, en general, están muy arraigados entre la población adulta. En ningún país he observado jamás que las jóvenes sean más prudentes en su conducta, más modestas o reservadas, que las señoritas de Cozumel. No hay 'chicas modernas' allí, tampoco embarazos precoces o apresurados, no hay corsés, no hay 'curvas griegas' o la 'cojera del canguro' o cabellos artificialmente pintados. Las damas son guapas porque son naturales".

Hay que comentar que en la década de 1870 estaban de moda los corsés ajustados y los grandes polisones. La postura forzada de las mujeres que llevaban estas prendas se denominó "Grecian Bend" ("curva griega"). A continuación se muestra una ilustración de la curva griega. Son increíbles los extremos a los que llegaban algunas mujeres con el fin de lucir "atractivas" en aquellos días.

El "Kangaroo Limp" ("cojera del canguro") fue otra afectación que produjo en las damas la moda de la década de 1870, la cual no duró mucho tiempo. La pequeña mención de estos caprichos de la moda en un artículo de prensa del día, que se muestra abajo, implica que no nos harán falta:

> "Dolly Varden," "Grecian Bend," "Kangaroo Limp," and other oddities and eccentricities of fashion have departed, and are being superceded by the "Straighten-up-Mary-Jane-and-show-your-breast-pin" attitude." The girls are delighted with it.

Goodrich escribió más sobre los habitantes de Cozumel: "Los niños asisten a una escuela y las niñas a otra, para adquirir los rudimentos del español, su lengua materna, y con el pasar de los primeros años, algunos son enviados a la capital del estado para tener mejor educación. Todas las clases y edades son aficionadas a la música, el baile, un poco a las apuestas, disfrutan de los días festivos, la recurrencia de los cuales es frecuente, del jolgorio inocente de las pastorías, el desfile y el estruendo del carnaval. La guitarra y el violín, las cornetas y los tambores son los instrumentos musicales que hay, y todos están tristemente urgidos de reparación. Ningún piano u órgano ha sido llevado jamás a la isla. Entre las indulgencias que tienen, beber ron es probablemente la más grande, sin embargo, es muy raro encontrar persona s borrachas o desordenadas... Casi todo el mundo fuma cigarrillos, incluso, a veces, hasta el niño que yace en el regazo de su madre. Algunas familias se dedican en gran parte a la fabricación de cigarrillos y también de puros... La vestimenta de los indígenas no es elaborada ni extravagante, y en algunos casos es muy ligera, estando más dispuestos a la comodidad que a llamar la atención. Las señoras visten con calicós, batistas, linones, tela delgada de algodón y de colores, etc., con un modelo ocasional más apreciado, que cortan en un estilo simple, pero no están familiarizadas con las polonesas, el polisón, las turgencias artificiales y otras modas modernas del mundo culto, y de los sombreros extravagantes nunca han oído hablar. El cabello de las damas se usa en trenzas o fluye libre en abundancia sobre los hombros; mientras que los hombres lo llevan tan corto como es habitual en este país. Los abrigos y pantalones son casi siempre de lino o de algodón; se usan sombreros de paja, zapatos y sandalias. Los niños pequeños juegan a veces en grupos en las esquinas de las calles. Todo el mundo, grande o pequeño, duerme solo en su propia hamaca, y muy probablemente se entregan a una corta siesta entre el desayuno y la cena. Las hamacas son por lo general hechas de hilo de henequén, pero se prefieren las telas de un tejido fuerte. Y así transcurren sus simples vidas de año en año, en la indolencia y el disfrute inofensivo, intercaladas con una porción muy pequeña de trabajo... El advenimiento de los estadounidenses y una nacionalidad mixta de la raza en la isla de Cozumel cambiará, por supuesto, todo el programa. Si traerá o no a nuestros nativos alguna felicidad adicional es una pregunta que sólo el futuro podrá responder...".

Augustus y Alice LePlongeon visitaron Cozumel de noviembre de 1876 a junio de 1877. Después, Alice escribió varios artículos sobre la isla para diversos periódicos y revistas, así como un libro, titulado *Here and there in Yucatan*.

"El centro de San Miguel es un inmenso cuadrado cubierto de hierba mala, limitado al oeste por el mar y al este por una iglesia con techo de paja, y al norte y al sur por viviendas con techos de paja. El resto del pueblo se dispersa a lo largo de la playa y un poco hacia adentro, porque sólo hay quinientos habitantes. Como no teníamos tienda de campaña, insistimos enfáticamente en una casa, y al fin se nos permitió tomar posesión de una choza de una sola habitación en la esquina sureste de la plaza. Era sombría, húmeda, sucia; el suelo estaba repleto de cocos secos. Tenía dos puertas, pero ninguna ventana".

De un viaje que hizo Alice a lo largo de la costa de Cozumel, dijo esto: "Nuestro viaje de regreso a la aldea fue un agradable contraste en comparación con el intento de viajar a Buena Vista. Fuimos a caballo, a lo largo de la orilla, a través de bosques de palmeras, pasando de vez en cuando por plantaciones donde exuberantes cañas de azúcar y otros productos mostraban la maravillosa fertilidad de la tierra... Más abajo de la costa nos detuvimos en una plantación perteneciente al señor

Angulo. Tuvimos la oportunidad de ver inmensos campos de ajo, jengibre, batatas y sagú: de este último se hace un excelente almidón".

Más tarde, Alice vio y describió un intento de asesinato, una vigilia, un bautizo y un funeral: "Cuando paró la tormenta, justo cuando estábamos a punto de entrar en la tierra de los sueños, el sueño se disipó bruscamente por el violento repicar de las campanas de la iglesia. Una docena de pacíficos ciudadanos, perturbados en su descanso, fueron a ver qué ocurría. Encontraron a una viejita tirando con fuerza de la cuerda. Estaba bastante alterada y se negó a detener su ruido. La llevaron a su casa, lo cual provocó que en la mañana lanzara a uno de sus nietos a un pozo, diciendo 'que debía ser asesinado'. Dado que el padre del niño se encontraba cerca, lo rescató sano y salvo, aunque estaba muy espantado.

"En los pueblos de todo Yucatán, los bautizos y funerales son grandes acontecimientos, la vigilia está considerada como un entretenimiento leve. En Cozumel tuvimos ocasión de ver una de esas reuniones de amigos. La paciente era una mujer joven que había vivido sola. Como había tenido un ataque repentino, del que nunca se recuperó, un vecino la había acogido. Lo poco que se encontró en su propiedad –cincuenta dólares, algunos adornos de oro y ropa– lo tomó el mismo amable vecino para sufragar los gastos. A la inconsciente mujer se la colocó sobre un catre, y comenzaron los preparativos para la vigilia. Se compró una damajuana de licor fuerte con el dinero de la paciente, también bastante pastel, cuatro libras de chocolate y un montón de velas de color negro.

"Pronto la habitación se llenó de hombres y mujeres, agasajándose con bebidas y cigarrillos. Chicas jóvenes con flores en el pelo y polvo en sus rostros estaban sentadas alrededor de la habitación, a la espera del pastel y el chocolate. En una mesa había diversos adornos pequeños y un crucifijo de madera ante el cual quemaban las velas. En otro cuarto, había una jarra de agua, vasos, cigarros y, debajo de la mesa, la damajuana de ron.

"Una anciana entró; la anfitriona le ofreció un cigarro que ella aceptó diciendo: 'Gracias señora. ¿Tienes sus pollos?'. 'Sí', respondió la otra, 'están en el gallinero. Ella morirá pronto y usaremos los pollos para dar de comer a estas buenas personas'. 'Sí, sí, replicó la dama, encendiendo su cigarrillo. ¡Ay de nosotros! ¿Qué somos en este mundo?'.

"La vigilia duró dos días con sus noches; para el momento en que la mujer expiró, su dinero se había esfumado. Habían cavado una tumba el día en que cayó enferma; ahora se la llevaron hacia allá en un ataúd. No llamaron al sacerdote para que pronunciara una oración en el entierro porque, dijeron, ya no había dinero para pagarle. Ese asunto desató un escándalo que duró nueve días, incluso entre aquellas personas ingenuas.

"Un domingo por la tarde recibimos una apremiante invitación a la casa del Sr. Mendiburu, el Alcalde, cuyo hijo más chico iba a ser bautizado. Encontramos el salón iluminado con tres o cuatro lámparas, varias mujeres sentadas en un lado de la habitación, y los hombres en el otro. Sobre una mesa había copas y botellas de cerveza, más cara allí que el mejor vino español, por consiguiente, preferida.

"Sacaron al bebé del dormitorio, y los padrinos y los invitados varones lo llevaron a la iglesia, las mujeres se quedaron en casa con los padres. A su regreso, devolvieron al niño a la habitación, nadie manifestó el menor interés en él. Se espera que los padrinos ofrezcan un regalo de acuerdo con sus posibilidades. En la península, las familias acaudaladas lanzan medios de plata a los que siguen la procesión a la iglesia. A los invitados se les obsequian lindas tarjetas que tienen pegada una moneda de plata u oro. En la tarjeta se imprime el nombre del niño, la fecha de su nacimiento y un diseño floral o versos.

"Después de haber bautizado al bebé, el cura Rejón llegó a casa de sus padres; a continuación se abrieron las botellas, el anfitrión repartió vasos de cerveza a las damas, e invitó a los señores a que se sirvieran ellos mismos. Expresó su gran pesar porque no había una banda de música, como lo hubiera querido –los músicos habían sido llamados a Isla Mujeres–, pero dijo que esperaba hacerlo mejor la próxima vez. Fue notable que apenas se pronunciara palabra en esta ocasión –el silencio era casi solemne; mientras que en la vigilia había habido conversaciones animadas. ¿Creen que la muerte es menos lamentable que el nacimiento? Es un hecho que en esos países, antiguamente, cuando nacía un niño, las primeras palabras que se le dirigían eran: '¡Ay de ti!, has venido a este mundo a sufrir y a llorar'. Cuando están frente a un cadáver, invariablemente dicen: '¡Descansa! ¡No más trabajo y sufrimiento!'. Si el fallecido es un bebé, lo envuelven en guirnaldas, exclamando: '¡Otro angelito!'.

"El cura Rejón fue llamado de la fiesta del bautismo a un lecho de muerte. Cuando nos dio las buenas noches, dijo: '¡Ah, sí! A uno tras otro los pongo a descansar mientras caen a mi alrededor como hojas en otoño, pero no habrá nadie para entregarle el último sacramento al pobre Padre Rejón cuando llegue su momento'.

"A las tres en punto de la tarde siguiente comenzó el cortejo fúnebre. El cura, vestido con su sotana, encabezó la marcha. A su derecha caminaba un acólito que llevaba un recipiente de agua bendita; a su izquierda, uno con un libro de oraciones. Iban seguidos por tres o cuatro músicos aficionados; atrás de ellos, venían seis hombres que cargaban el ataúd, negro, adornado con blanco. Estaba abierto, y el cadáver vestido de negro, expuesto. Un hombre caminaba a su lado, con una mesa cargando en la cabeza. Hombres, mujeres y niños, algunos dolientes, otros ociosos, cerraban la marcha. Los hombres iban con la cabeza descubierta, las mujeres llevaban mantillas como en la iglesia. Se veían tristes, pero la ausencia de un coche fúnebre negro y de cualquier otra parafernalia funeraria, parecía quitarle a la muerte la mitad de sus horrores.

"Los asistentes entonaban un canto fúnebre. En cada esquina, la procesión se detenía, la mesa se ponía en el suelo, y el ataúd se colocaba en ella. El sacerdote, con su rostro vuelto hacia el difunto, rezaba entonces con voz musical y la gente le respondía. El cielo estaba negro por una tormenta que se aproximaba, el estruendo del lejano trueno se mezclaba con sus tonos profundos, como una nota del gran órgano del Ser Supremo. Después de cada oración, el sacerdote rociaba el cuerpo con agua bendita. Así, poco a poco, se fueron encaminando hacia la iglesia. En la puerta, se repitieron las oraciones; entonces llevaron el cuerpo adentro, las campanas tañían mientras se llevaba a cabo el servicio fúnebre.

"De la iglesia al cementerio, el ataúd estuvo a la cabeza de la procesión, el sacerdote y los dolientes lo seguían con los músicos, que tocaban una marcha lenta. Antes de bajar el féretro a la tumba, clavaron la tapa, y pasaron una ronda de ron entre los presentes –un vaso de despedida–, para desearle al llorado amigo buena suerte en su largo viaje".

En 1885, la Comisión de Pesca de Estados Unidos envió una expedición a Cozumel. El fotógrafo, N. B. Miller escribió un artículo de prensa sobre el viaje que se publicó en el *New York Times*. A continuación se muestra una parte de él:

"Fuera de la estrecha playa de arena, que en ese momento rompe la continuidad de la costa rocosa pintada por Stephens, estaban anclados unos pequeños barcos mercantes. En el pequeño astillero de la aldea, un par de balandros chicos estaban en proceso de construcción y reparación. A lo largo de la costa vimos numerosos montones de palo de tinte esperando ser transportados al mercado de Mérida. El pueblo de San Miguel manifestaba algunos signos de vida, en forma de niños morenos jugando con escasas vestimentas. De vez en cuando una mujer con vestido largo, suelto y vaporoso, de mangas cortas, aparecía en un portal, o un hombre descalzo en ropa ligera de algodón y sombrero de paja se paseaba tranquilamente, fumando un cigarro de esa tierra. Después de desembarcar, vimos un par de caballos de pequeño tamaño, algunas vacas de buena calidad pero flacas, una gran cantidad de cerdos hambrientos y de aspecto salvaje, muchos pollos, y una horda de perros sarnosos, incluyendo algunos con ojos blancos y ciegos. El pueblo consta probablemente de varios cientos de personas, incluyendo indios, mexicanos y españoles, además de otros de origen mixto.

"Las viviendas se dispersan a lo largo de una calle que está frente al canal, pero se amontonan principalmente en una pequeña plaza central junto a la playa. Algunas de las casas están construidas con paredes de piedra y yeso, y pisos de cemento. Hay muchas cabañas edificadas por completo con palos y cubiertas de hojas de palma como techo. No hay chimeneas y el humo escapa difusamente a través de los techos y puertas hechos en forma burda. Los colores rojos y azules se emplean de manera ocasional en la ornamentación. A menudo se ven casas destruidas de comparativamente reciente construcción. Las ventanas no son numerosas, y las viviendas de paja no las tienen.

"Hay varias plantaciones grandes en la isla dedicadas al cultivo de las frutas y verduras tropicales comunes. La vainilla es uno de los productos. Cerca de San Miguel hubo alguna vez una hacienda azucarera, con maquinaria que ahora se encuentra en desuso. Se produce tabaco de muy buena calidad, y hay toda una industria para la fabricación de cigarros, los cuales, aunque muy baratos, son excelentes".

Sobre Caleta, Miller comenta: "En el lado oeste, a unas cuatro millas de distancia de San Miguel, un canal estrecho y profundo conduce a un pequeño puerto en el cual pueden anclar con seguridad buques de ocho o diez pies de calada, unos al lado de los otros. En este lugar hay una pequeña aldea de chozas indias".

El Sr. George F. Ganmer, de Lawrence, Kansas, también visitó Cozumel en 1885 con su esposa y su pequeño hijo. Escribió una carta a sus padres el 23 de julio 1885 que luego se publicó en la *Lawrence Gazette*. Una parte de la carta dice: "Al igual que la mayoría de los otros pueblos de Yucatán, [San Miguel] está construido mayormente de palos y hojas de palma, con más o menos media docena de casas de piedra. Cuenta con cerca de 500 habitantes de los más perezosos que jamás hayan poblado isla tropical alguna. Además de la ciudad, hay muchos ranchos en toda la isla, una gran huerta de piña y una gran plantación de cocos en el extremo sur. Cozumel es preeminentemente una isla de frutas. Se han plantado miles de acres de cocos, y dondequiera el aire se perfuma con los azahares, las flores de los naranjos. Las limas y limones se descomponen por toneladas a diario, porque no hay mercado para ellos. Se estima que diez mil pencas de plátanos se pierden cada semana en la isla. Un huerto de piñas que se utiliza para surtir 800 docenas por semana, ahora se cultiva sólo como adorno, y éste es un ejemplo de muchos del mismo tipo. Queda bien demostrado aquí que México está haciendo todo lo necesario para aniquilarse a sí mismo como gobierno. Hasta hace dos años y durante casi un siglo, llegaban a Cozumel buques norteamericanos para cargar frutas, y desde que se estableció la línea de barcos de vapor de correo centroamericano, el impulso dado a la siembra y al cultivo de frutas ha sido enorme, de manera que hoy Cozumel podría cargar por sí sola, diariamente, un barco de vapor con frutas, pero el gobierno mexicano, con el pretexto de que se estaban dando algunos contrabandos, ha aprobado una ley que prohíbe que cualquier buque extranjero desembarque en Cozumel. Esta ley ha estado en vigor durante dos años, pero ha sido tiempo suficiente para casi arruinar a la isla. Los recolectores de frutas que no eran capitalistas, pero sí hombres de trabajo, ya están casi todos quebrados, y muchos de ellos han abandonado la isla, y otros tantos más la están dejando tan rápido como puedan ganar el dinero suficiente para pagar su pasaje hacia otro lugar. Vemos pasar un barco de vapor norteamericano cada semana, con destino a Nueva Orleans y, sin embargo, no se atreve a parar".

William Henry Holmes llegó a Cozumel en la expedición de Allison V. Armour cuando era curador de antropología del Museo Field de Chicago en 1894. Escribió algunas notas cortas con respecto a la isla, y tomó tres fotografías de las ruinas en Santa Pilar, donde estuvo una vez la columna de la "mujer dando a luz", antes de ser retirada y trasladada al Museo de la Isla en la década de 1950. Holmes también pintó una maravillosa acuarela de la costa de San Miguel, que ahora puede apreciarse en el Museo Smithsonian.

Acuarela de San Miguel, pintada por William Henry Holmes en 1894.

En 1907, Channing Arnold y Frederick J. Tabor Frost visitaron Cozumel y escribieron las siguientes líneas sobre la isla en su libro *The American Egypt: A Record of Travel in Yucatan*, de 1909:

"Cuando anclamos a unas quinientas yardas de la orilla, el pequeño pueblo de San Miguel se asoma a la bahía. Algunas chozas con techo de palma, un almacén de madera, un espacio abierto, una aduana con un astabandera, unos pequeños refugios de hojas de palma para proteger a los barcos de las grietas provocadas por el sol, y un embarcadero de tres pies de ancho, que corre hasta que el agua llega a la altura de la cintura. Hacia el norte, hay un bosque de palmeras; extendida hacia el sur, tan lejos como llega la vista, yace la rocosa playa de coral. Ahora existen sólo dos pueblos, San Miguel y, diez millas al sur, El Cedral; y sólo en torno a ellos y a lo largo de la costa occidental se cultiva la tierra. Hay jardines y ranchos que son ricos en naranjas y limas, piñas y caña de azúcar, plátanos y plátanos manzanos, toronjas y la deliciosa y pulposa guanábana, con plantíos de cocoteros e higos, con las flores blancas estrelladas del tabaco, con las mullidas vainas de algodón, y con arbustos de especias de varios colores.

"En El Cedral se nos dijo que había ruinas intactas, e hicimos los arreglos necesarios de una vez para llegar hasta allí. El camino es un tortuoso sendero de la costa que rodea a la isla. En ninguna parte tiene más de una o dos yardas de ancho, conduce en un primer momento a las repisas aplanadas de coral que dividen a la playa del bosque. Entonces, cuando el bosque se espesa hasta el borde del agua, te encamina a través de túneles de vegetación, donde el camino atraviesa las bases boscosas de los triángulos de corales que, a intervalos, sobresalen como picos del collar de un perro, para salir nuevamente al nivel de tramos de arena dorada, donde las palmas se flexionan suseramente sobre la brillante superficie. Don Luis Villanueva, cuyo nombre se nos había mencionado en referencia a su supuesto descubrimiento de un templo en el monte, posee el pequeño rancho de San Francisco, unas seis millas al norte de El Cedral. Llegamos allí alrededor del mediodía, muy acalorados y hambrientos. Don Luis resultó ser un hombrecillo enjuto de rostro cetrino, de baja estatura, con pequeños ojos penetrantes, pelo corto canoso, bigote caído y desordenado, y con un largo mechón gris que le crece desde el extremo final de la barbilla como la barba de un macho cabrío. Su granja era la simplicidad misma, formada de postes de madera empalizados y techada con hojas de palma. Adentro, los únicos muebles eran hamacas de cuerda, dos o tres taburetes de cuero crudo de bajo asiento, un caballete como mesa compuesto de postes no tallados y atados unos a los otros con lianas, tipo balsa, apoyado en cuatro pequeños troncos sin descortezar. El suelo era tan sólo la tierra al natural, y en un rincón de la choza ardía un fuego. Cada yucateco hace su fuego en el suelo dentro de su casa de este modo, sin arreglos para chimenea, y la maravilla radica en que las chozas no se incendian con frecuencia. En la esquina ulterior se apilaban fardos de hojas de tabaco y sacos de áspero algodón. De las vigas colgaban cestas abiertas llenas de tortillas, pimientos verdes y rojos, cebollas y frutas, y aquí y allá colgaba una penca de plátanos para su maduración. Don Luis es viudo y su hija se encarga de la limpieza, una linda chica de piel morena de unos veinte años, cuya única prenda fina de algodón sólo acentuaba el rechoncho atractivo de su figura. Como sucede siempre con todas las mujeres yucatecas, cuando entramos, ella estaba moliendo maíz en el metate, pero dejó su trabajo y se adelantó con gracia para saludarnos. Los otros habitantes de la cabaña eran dos nietos de Don Luis, sanos, de ojos negros, pequeños bribones de aspecto inteligente, así como una serie de perros y cachorros terriblemente escuálidos, unos gatos melancólicos, mal alimentados y tan flacos, que parecía como si no pudieran siquiera ronronear, y los inevitables pollos y cerdos. Llegamos a la aldea mientras el sol estaba todavía en lo alto. Había un grupo de chozas con techo de palma agrupadas alrededor de un cuadrado de gruesa hierba –estas cabañas yucatecas son tan parecidas como los guisantes de una vaina–. Los varones del pueblo salieron corriendo a darnos la bienvenida con una cordialidad bastante abrumadora. Realmente pensamos que al fin habíamos encontrado la excepción a la regla de la avaricia y la falta de hospitalidad yucatecas. El Cedral nos recibió con los brazos abiertos. Todo el pueblo caminaba detrás de nosotros con sus cincuenta personas aplaudiendo nuestros esfuerzos por responder apropiadamente a las cortesías españolas, riendo cuando nos reíamos, serios cuando estábamos serios. Todos en El Cedral nos rogaron que nos quedáramos con ellos; de hecho no aceptarían una negativa. Insistieron en que nos debían hacer los honores correspondientes por ser distinguidos visitantes, a saber, que las hamacas debían ser colgadas en la noche en la Casa Municipal, el ayuntamiento del pueblo; una distinción equiparable a que el señor Alcalde de Londres te dejara colgar tu hamaca entre Gog y Magog en el Guildhall. Y el pueblo mostró un desmesurado interés en procurar para la cena simplemente lo que podría despertar nuestras papilas. Pero estábamos condenados a la desilusión.

"Empezamos por inspeccionar las ruinas. Eran singularmente decepcionantes. La principal era una morada de dos habitaciones erigida sobre una colina de unos 20 pies cuadrados. No había estatuas, ni bajorrelieves, ni jeroglíficos. Estaba bastante desolada, pero había tenido, aprendimos, sus usos modernos; cinco años atrás, cuando un terrible huracán asoló la isla, todo el pueblo desapareció y esta ruina indígena fue, durante días, el único refugio de los desconsolados aldeanos. Resultaba bastante bucólico este pequeño pueblo, con las acogedoras luces que salían de las chozas de fachada blanca, la risa alegre de los jóvenes, la calidez acariciadora del aire de la noche, y la negrura de los árboles susurrantes, con intermitentes puntos de luz a la vista siempre cambiantes debido al vuelo de rama en rama de las luciérnagas. Dormimos bien en el ayuntamiento, el reloj del pueblo de una importante marca estadounidense, la joya más brillante de la corona municipal, sonando de manera arrulladora detrás de nosotros. Pero al amanecer nos desilusionamos de la hospitalidad del pueblo, pues nos pareció que teníamos que 'pagar' una cuenta bastante alta por nuestro entretenimiento. Este es uno de los problemas más difíciles en Yucatán. Nunca sabes si eres un invitado o tienes que pagar. El jefe del pueblo pide tus comidas, te acompaña a ellas, y ve que no te falte nada. Uno, naturalmente, lo considera como su anfitrión; pero si es yucateco, ésa es la última de las cosas que pretende. Nos guiaron primero a la costa este. Un sendero indio conduce hacia donde, a unas pocas millas de la playa, hay un manantial de agua fresca y reliquias de una ciudad indígena. Atraídos por el suministro de agua, se había hecho un intento en los últimos años para despejar el terreno de ahí. Pero la vegetación en Cozumel es exuberante, y el espacio que se desbroza en una temporada, a la siguiente la maleza alcanza los cuatro pies de altura. Este sitio era conocido como San Benito. Nosotros lo rebautizamos como San Mosquito, porque la furia de los insectos de Cancún palidecía ante los habitantes alados de este lugar que elegimos como nuestra sede las siguientes tres semanas... Había dos o tres chozas antiguas con techos de palma en San Benito, y colgamos nuestras hamacas en la mejor conservada. Si viviéramos un siglo, jamás podríamos olvidar nuestras noches allí. Es ridículo llamarlas noches, eran orgías de sangre y muerte. Los mosquitos volaban hacia nosotros, chillando como cohetes; y nosotros los aplastábamos dándoles muerte en una mejilla o los quitábamos de la otra".

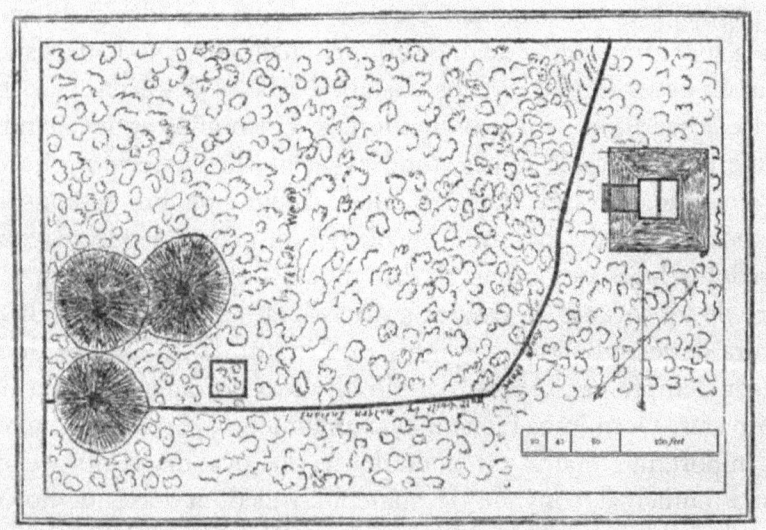

Boceto de una parte de San Gervasio, de Channing Arnold.

De las celebraciones del carnaval de Cozumel, Channing comenta: "... en San Miguel. Allí, el carnaval estaba en su apogeo. Los yucatecos tienen en poca consideración los templos en ruinas y los problemas mayas. Era suficiente para ellos que el sol brillara, que tuvieran habanos para fumar y anís para beber, y que hubiera chicas con quien bailar y con quien hacer el amor. Música de metales y una cencerrada de tambores y trompas luchaban por hacerse oír entre silbidos salvajes y rechiflas y 'fuertes carcajadas de mentes vacías'. Los pocos caballos de la isla habían sido requeridos para llevar, aquí y allá en la playa y alrededor de la plaza, a los ridículamente borrachos yucatecos con gorros de papel y máscaras. Aquellos que no pudieron montar, encontraron satisfacción suficiente para su enajenada alegría en correr detrás de los caballos, gritando. Estábamos ansiosos de escapar de esta alegría muy poco gratificante, y queríamos cruzar al continente".

En abril de 1913, los arqueólogos estadounidenses Jesse Nusbaum y Sylvanus G. Morley visitaron Cozumel y tomaron varias fotografías de la isla. Además de las fotografías de las antiguas ruinas de la iglesia del siglo XVI al norte de la ciudad, Nusbaum tomó la imagen de abajo de una mujer en un pozo en la isla:

San Miguel en 1913.

San Miguel, como se veía cerca de Punta Langosta en 1913.

El 15 de noviembre de 1915, un interesante artículo acompañado de fotografías apareció en *Lehi Banner*, el periódico de Lehi, Utah. Un fragmento de ese texto dice:

"La población actual de Cozumel suma unas mil cuatrocientas almas. La capital, San Miguel, tiene 900 y el pueblo de El Cedral cuenta con alrededor de 150 habitantes; el resto está disperso entre los numerosos ranchos. San Miguel es una ciudad bien formada, bastante próspera. Tiene varias calles anchas y limpias; una plaza, una pequeña iglesia muy presentable, un gran almacén general y varios otros más pequeños, una posada, oficinas municipales y una aduana; también cuenta con una especie de explanada a lo largo de todo el paseo marítimo, en un extremo de la cual está el faro y en el otro un embarcadero. Aunque la mayoría de los edificios son cabañas con techo de palma, hay varias casas de piedra sólidamente construidas y la calle principal tiene una casa de ladrillo de dos pisos y un moderno bungaló.

"La única comunicación con el mundo exterior se da gracias al transporte del gobierno. Estos barcos de vapor van dos veces al mes para dejar y recoger el correo, cuando van en camino con las tropas y suministros desde y hacia Veracruz y estaciones militares de Quintana Roo. Las condiciones de salud en Cozumel son extremadamente buenas, si se toma en cuenta el clima tropical de la isla. La tasa normal de mortalidad promedia 14 por cada 1,000 habitantes. Las epidemias son muy raras; de hecho, son prácticamente desconocidas. La gran mayoría de los isleños de Cozumel son pobres; están satisfechos con una precaria existencia. Entre los pocos artículos exportados por la isla están las esponjas, pero la calidad no es muy buena. Más de un extranjero ha intentado explotar a fondo el negocio de la esponja, pero todos los esfuerzos para que éste sea rentable a gran escala han fracasado".

En 1924, Thomas Gann publicó su libro *In an Unknown Land*, que tiene una descripción de su visita a Cozumel, en 1918:

"Sobre la 1 a. m. de la mañana siguiente llegamos a San Miguel, capital de la isla de Cozumel. La isla parecía un pandemonio: cantos, aullidos, gritos, golpes de tambores, el sonido de bandas, disparos de armas, perros ladrando, todos torturando la tranquila noche, y proclamando la extenuante ejecución del último día del carnaval. El ruido era tan tremendo que no nos fuimos a dormir, y así nos quedamos fuera, a cierta distancia de la costa, hasta las 7 a. m., cuando desembarcamos para una entrevista con el Administrador de la Aduana, o Jefe de Aduanas, un mexicano educado, vestido con traje de seda gris muy bien planchado, con botas de piel de cabritilla grises muy lustrosas, medias de seda que combinaban, una camisa gris sin cuello o corbata. La pequeña plaza frente al mar, o plaza pública, tiene una pretenciosa estatua del presidente Juárez, y una torre de reloj de piedra fina, pero está descuidada y cubierta de vegetación. Estos dos – el Administrador y la plaza– encarnan en sí mismos lo que puede denominarse la cultura neomexicana, cuya nota clave es la ostentación –un esfuerzo constante de la grandiosa e impresionante arquitectura, las instituciones, la cultura, que lamentablemente se quedan cortas, y sólo logran hacer el ridículo.

"Al día siguiente, con verdadera hospitalidad mexicana, nuestros nuevos amigos se negaron a dejarnos ir hasta que hubiéramos asistido a un baile que estaban organizando esa noche en nuestro honor. Les señalamos que la noche del miércoles de ceniza no era momento apropiado para que los buenos católicos organizaran un baile; respondieron que habiendo pasado tan buen rato durante el Carnaval, sentían que debían mantenerlo por un poco más de tiempo, para lo cual nuestra presencia ofrecía una excelente excusa. Se enviaron mensajeros a la redonda para advertir a las señoritas del pueblo, y alrededor de las 8.00 p. m. una multitud considerable se había reunido en la sala de baile en la plaza, abierto por todos lados a los vientos del paraíso, y a varios mirones, o espectadores, sin los cuales no está completo ningún baile yucateco. Estos pueden ser perros, niños, haraganes, mujeres de edad familiares de los animadores y, de hecho, todos los habitantes del pueblo sin nada especial que hacer. La mayoría de los invitados, en deferencia al día, tenía una mancha de ceniza en la cabeza o la frente; más tarde, sin embargo, en respuesta al estímulo del vino del país, las cosas se volvieron más animadas, transformándose, con la ayuda de un poco de carbón, ocre rojo, y grasa, en una compañía de demonios (cuyas habilidades para los retratos y la caricatura resultaron de inestimable ayuda para nosotros durante todo el viaje). Al igual que todos los españoles, tanto hombres como mujeres eran excelentes bailadores, y bailaban danzas, danzones, y contradanzas españolas con todo el corazón. Las damas de la isla son finas, indolentes, mujeres jóvenes respetables, quizás no tan delgadas, agraciadas y seductoras como las mestizas del continente".

Dos años más tarde, en 1920, el príncipe sueco Guillermo visitó Cozumel y escribió sobre la isla en su libro *Between Two Continents: Notes from a Journey in Central America*, publicado primero en sueco, en 1922, y después traducido al inglés. Al príncipe no le impresionó mucho la isla: "Poco a poco Cozumel apareció entre la niebla –no precisamente en el cuadrante que esperábamos–, pero eso fue sólo un detalle; lo principal es que estaba allí. Cambiamos nuestro rumbo en consecuencia, y justo cuando caía la oscuridad, divisamos la ciudad miniatura de San Miguel. Y rápidamente el Spellman ancló, descansando luego de un día agotador. El pequeño lugar parecía bastante pintoresco, expandiéndose a lo largo de la costa, en un entorno de exuberante verde y de cocos balanceándose. Las casas se veían claras en la penumbra, el reloj de un esbelto campanario dio las seis. Y en ese momento, como por arte de magia, destelló una fila de luces. '¡Imposible! ¿Significa que tienen luz eléctrica en este pequeño agujero?'.

"El embarcadero estaba a oscuras. '¡Con cuidado, señor!', me dijeron. Y, de hecho, se necesitaba ser cuidadoso, porque faltaban alrededor de uno de cada tres tablones, y tuvimos que equilibrar nuestro paso a lo largo de los que quedaban. Cerca, el motor de la central eléctrica tosía en su escondite. A costa de quién se había instalado esta pieza de lujo nunca se pudo saber; se dice, sin embargo, que el costo se registró como si se hubiera dedicado a la caridad".

El príncipe llegó en la última noche del carnaval, y las autoridades de Cozumel lo invitaron a ir a tierra y unirse a los festejos. Así lo hizo, pero su desprecio por la fiesta se muestra claramente en su descripción del asunto:

"Afuera de la sala de baile todo era vida y movimiento. Pequeños puestos con faroles de papel de colores estaban colocados en una fila larga, invitando a la compra de dulces, flores de papel y galletas chinas. También había una lotería, donde uno podía probar suerte por la suma máxima de cinco centavos. Era la generación más joven, en su mayoría, quien cedía a este imprudente juego; los chicos estaban en doble fila, charlando todos a la vez, y se paraban de vez en cuando a pelearse un poco por las ganancias. En el interior, la sala estaba profusamente iluminada. Largas cadenas de banderas de papel de color blanco verdoso colgaban del techo, cada bandera estaba cortada en forma de un par de calzones cortos, mientras que las paredes estaban cubiertas de una serie de retratos de los presidentes de la república. Dado que estos cambian con bastante frecuencia, la galería era extensa e impresionante. La orquesta estaba ubicada en una plataforma elevada, y constaba de un violín, un acordeón y un tambor. Los músicos habían estado jugando y bebiendo mucho durante tres días, así que no era sorprendente que se durmieran entre las danzas. El ambiente estaba saturado de perfume, exhalaciones mixtas y olor a ajo, en partes más o menos iguales. Y aquí se encontraban reunidos todos los miembros de la pequeña comunidad que podían ufanarse de rango y aristocracia. Aquí estaba sentado el alcalde y su gorda señora, con el abarrotero local entre ellos, conversando animadamente en un banquillo; estaba el policía local con una bonita muchacha del brazo. Un poco más lejos se encontraba el posadero rodeado de hijos, sosteniendo al más pequeño en brazos mientras su señora bailaba. En un rincón había un individuo que, según nos informaron, combinaba las funciones de sastre, maestro de escuela y farero, haciendo lo que parecía ser, acorde con sus exaltados gestos, una arenga política, mientras que justo enfrente un funcionario de aduanas medio borracho susurraba una canción sentimental, ofreciendo postales impropias a todos aquellos que quisieran mirar. Por lo demás, en los intervalos entre bailes, los hombres y las mujeres no se mezclan; luego, cuando la música empezó a tocar, hubo una especie de carrera y una oleada surgió de la línea de salida en busca de pareja. Los pasos de la danza eran tan regulares como en nuestro país, cambiando a veces a una danza más rítmica, mas deslizada, conocida simplemente como 'danzano', que decían procedía de Cuba. Las mujeres se movían con mucha gracia. Sus rasgos eran regulares, aunque bastos. Llevaban un gran peine pegado en el pelo y una flor de azahar detrás de una oreja. Cuello y brazos estaban cargados con una masa de perlas de imitación y de piedras preciosas de la misma autenticidad. Los trajes eran de muchos colores y llamativos, cubiertos de lentejuelas o encaje barato cosido a trochemoche. En cuanto a los hombres, su aspecto era más o menos de acuerdo con la idea general de un mexicano: pequeña estatura, tonos oscuros y sucios. Su ropa, cortada según la moda europea, de ninguna manera estaba limpia, todos los colores en los que se deleitaban estaban concentrados en un solo artículo, el pañuelo, que era de un rojo deslumbrante, un verde venenoso o un amarillo ardiente –o los tres juntos según la elección.

"Nos quedamos en la sala de baile durante un tiempo indeterminado, considerando que éramos cuatro extraños del norte en una reunión en la no conocíamos a nadie, y en la que todos habían formado sus grupos para la velada. Las cosas se mantuvieron más o menos igual hasta el siguiente baile, cuando el farero, un caballero que gozaba de alta estima entre la concurrencia, resueltamente tomó del brazo a una belleza de ojos oscuros, la arrastró por el suelo en contra de su voluntad hasta nosotros, y señalándola nos invitó a bailar con ella. De acuerdo con la estricta etiqueta española del salón de baile, era imposible que nos rehusáramos, así que nos quedaba sólo sumergirnos con imprudente prisa y con la cabeza en alto en medio del remolino de parejas danzantes y procurar, en la medida de lo posible, adaptar un paso de baile sueco a la danza que se ejecutaba en ese momento en San Miguel. Coreográficamente, el intento tal vez no resultó exitoso del todo, pero como sudorífico fue muy útil. Casi podría haberse jurado que debía haber una alberca rodeándonos cuando por fin nos detuvimos y nos quedamos mirándonos estúpidamente nuestras caras encendidas por el esfuerzo y el calor.

"Por fortuna, un ángel liberador apareció personificado en el alcalde, quien, echándole una mirada a nuestros húmedos pañuelos, con simpatía sugirió: '¿Whisky?'. Aquí, al menos, había una palabra de significado internacional. Atrapando al vuelo su indirecta, nos fuimos a una habitación contigua, que resultó ser la taberna y el baño de señoras en una misma pieza. Y allí, sin duda, encontramos suficiente whisky –pero ¡nunca! con agua–. No pasó mucho tiempo antes de que hubiésemos conocido la mitad de la ciudad. La diversión aumentaba cada minuto, al igual que el número de caballeros en estado de ebriedad. Juzgamos que lo mejor era esperar en nuestro bote salvavidas antes de la inevitable pelea con la que cada baile respetable concluye adecuadamente. Pero todavía tiempo después de apagar las luces de nuestro camarote, podíamos oír las risas, los gritos y la música de la orilla, la fiesta continuaría hasta el canto del gallo.

"Al día siguiente, toda la ciudad sufría de dolor de cabeza. Toda la comunidad tenía un opresivo embotamiento debido a la resaca. Las calles estaban desiertas; sólo los cerdos y las aves caminaban a sus anchas por las aceras, gruñendo y pavoneándose como si el lugar les perteneciera sólo a ellos. Si por casualidad uno encontraba un transeúnte, éste murmuraba algo ininteligible, y pasaba su mano por la frente con un significativo gesto.

"La gran plaza frente al mar yacía seca y horneándose al sol. En el centro había, en un pedestal de madera una estatua de yeso de París de un anciano caballero; se supone que era un general mexicano, pero la lluvia había borrado el nombre, así que no pudimos saber más. En lugar de plantas, filas de conchas y botellas estaban alineadas aquí y allá. Las flores eran tan comunes por doquier que difícilmente habría parecido adecuado plantarlas en la plaza principal de la ciudad. Eran relegadas a los patios traseros. Cada casa tenía el suyo, lejos de la calle, lleno de una maravillosa riqueza de variedades y colores, orquídeas, buganvilias, alternando con naranjas amarillas y papayas rojas moteadas. Todo esto, sin embargo, crece por su propia y dulce voluntad, sin la más mínima complicidad de parte del propietario; nunca se le ocurriría a un mexicano cuidar una planta o proteger un fino árbol.

"En una esquina de la plaza estaba la tienda. Armados de una carta de presentación, volvimos nuestros pasos hacia la entrada, custodiada por un par de perros dormidos. El Señor Coldwell y su socio Bonastre estaban sentados en el mostrador fumando cigarrillos; caballeros de caras llenas, amables y locuaces, que tenían además un cierto conocimiento del inglés. El primero probó más tarde ser el único y verdadero merecedor del lugar, y el más útil y de más ayuda para nosotros. La tienda, debe explicarse, era asimismo un salón y sala de lectura –siendo el único lugar de la isla donde se podían encontrar periódicos españoles–. En consecuencia, el asunto de nuestro alojamiento se resolvió con una copa de whisky –sin agua, como antes– entre sacos de harina y paquetes de azúcar que se alineaban contra las paredes del lugar. La casa que se puso amablemente a nuestra disposición estaba en una calle lateral. Constaba de cuatro paredes azul pálido, un suelo de tierra, y un techo de hierro corrugado. En el centro había un tabique de madera, que dividía el lugar en dos habitaciones. El único mobiliario consistía en una fila de toscos ganchos de hierro en las paredes, para colgar las hamacas –las camas eran totalmente desconocidas en esta provincia–. En el patio trasero de la casa estaba la cocina, situada en una choza construida con hojas de palma secas y con una losa de piedra plana como estufa; el pozo había sido excavado bajo de un árbol de limón cargado de fruta amarilla.

"Esto se veía todo lo bien que uno pudiera desear. Desde ese día pudimos considerarnos residentes de San Miguel, y comenzamos con la limpieza de la casa. Lo único que faltaba era un cerdo y algunas gallinas. Estos, sin embargo, llegaron pronto acompañados de nuestros vecinos, quienes nos ofrecieron sus respetos y se pusieron cómodos cual si estuvieran en su propia casa. La escuela de las niñas que estaba al lado proporcionó un pequeño grupo de lechones, que estuvieron hurgando en la basura para su mutua satisfacción. Pronto, también las chicas se aventuraron a mirar y a pedir dulces, y nos encontramos con la oportunidad de practicar nuestro español con las maestras a través del muro del jardín. Tanto Doña Aurora como Doña Julia eran algo tímidas y reservadas en un principio, pero se ablandaron después de un tiempo, cuando se enteraron de que nuestras provisiones incluían un té bastante potable y bizcochos ingleses.

"Los quinientos habitantes de la ciudad nos concedieron durante los primeros días una atención que fue, sin duda, halagadora, aunque algo incómoda. Un puñado de holgazanes rondaba constantemente nuestra casa, observando cómo comíamos, nos vestíamos y dormíamos, lo cual se convirtió en una molestia después de un tiempo. Pronto, sin embargo, se redujo el interés público en nuestros movimientos, en beneficio de ambas partes, y el idilio fue total. Por lo demás, los habitantes eran gente bondadosa y, en ocasiones, con un toque de esa verdadera grandeza española. En materia de negocios y acuerdos, sin embargo, no había esperanzas, su lema parecía ser prometer lo que fuera y cumplir lo que pudieran. Tenían una manera florida de responder exactamente lo que ellos imaginaban que el solicitante quería oír, sin tomar en cuenta si lo que prometían era cierto o no; ya fuera que el asunto resultara factible o fuera totalmente imposible. Es tan fácil y agradable, después de todo, abrir los brazos y con una sonrisa triunfante declarar que en un momento lo que sea estará hecho. El resultado final es siempre el mismo: mañana. Y mañana trae un nuevo mañana en una avalancha progresiva que termina en algún lugar en el infinito. Sepa Dios si incluso puedan arreglárselas para morir decentemente cuando les llegue su hora, o si en este caso también puedan hacer el último negocio de su vida encogiéndose de hombros y el mañana pueda prolongar su existencia un día o dos. Y en cuanto a su ocupación diaria, ésta consiste en no hacer nada. El trabajo regular es tan inaudito como una tormenta de nieve en estas regiones. Todo se aplaza y se pospone de manera indefinida. La mañana, tarde y noche se van en una prolongada siesta, interrumpida, tal vez, por una partida de billar o una charla en las escaleras fuera de la casa al atardecer, con un cigarrillo negro aromatizado la boca, como si estuviese pegado a la comisura de los labios. El que alguna vez les importe dormir sus ocho horas después de un día de trabajo es una maravilla. Pero piden tan poco de la vida, y difícilmente la vida misma les pide mucho a estos isleños. La isla existe para el bien de ellos, no ellos para la isla, hasta el punto de que el día es su propia siesta. Mañana habrá tiempo suficiente como para pensar en el día después, y después de eso siempre habrá un mañana.

"A la escuela se va todo el año. Además de nuestros vecinos, las niñas y los lechones, también hay un colegio de varones que resultó ser la sala de baile de la fiesta. En las noches de invierno sirve como teatro. Aquí y allá se mostraban trozos irregulares del escenario, y la pizarra escolar apenas bastaba para ocultar el sofocante paraíso barroco de Versalles, un tanto dividido por las costuras. Por cierto, las paredes de las aulas estaban cubiertas de fantásticas fotografías en colores, lo que de lejos semejaba una exposición futurista, pero si se inspeccionaba más de cerca, se veían representadas sólo la anatomía de una vaca, o la parte posterior de un cocodrilo que parece una serpiente en el acto de tragarse a un ser humano. Esta desagradable escena se reproducía en todas las variantes imaginables, sin duda un efecto calculado para inculcar en la mente juvenil un saludable temor a tener un exceso de familiaridad con los reptiles en cuestión.

"No había iglesias. Había un reloj en una torre, pero sin sus manecillas. También había siete u ocho tabernas, cada una con su desvencijada mesa de billar. Las bolas eran más cuadradas que redondas, la tela en su mayor parte estaba desgastada, y los tacos de billar deformados en forma de 'S', pero bagatelas de este tipo no parecían afectar a los jugadores locales. El juego es evidentemente el deporte nacional de los mexicanos en el más amplio sentido de la palabra, para dar a conocer los marcadores de los juegos, estos cuelgan de largas cuerdas del techo, repiqueteando todo el día, y esto lo hacen viejos y jóvenes. Entre los lugares de interés de la ciudad había un cine, instalado en una tienda de pescado seco. Y cuando, dos veces a la semana, las imágenes de sus películas de segunda mano de principios del siglo se tambaleaban temblorosas, todas las restantes luces de la ciudad se apagaban, ya que el motor era incapaz de proveer energía para los dos. Entre actos, los niños pequeños de la audiencia daban volteretas en el escenario, y una orquesta integrada por un violín y un tambor proporcionaba una ensordecedora música, siendo todas las piruetas apreciadas por igual. Las señoras lloraban su debida cuota de lágrimas y emitían un olor de pachulí, los caballeros aplaudían o silbaban, según la ocasión lo requiriese. Los niños del sur pueden ir con facilidad de la risa al llanto, pero hay que decir que los pleitos solo llegan a las manos cuando están excepcionalmente enojados o estresados".

Gregory Mason visitó Cozumel en febrero de 1928. Fue su segundo viaje a la isla, el siguiente luego de haber hecho uno dos años antes con la Expedición Mason-Spinden. Pasó la mayor parte de su tiempo en Cozumel explorando ruinas mayas en el extremo norte de la isla, pero se quedó un par de días en San Miguel. El artículo que escribió sobre la isla publicado en la *MotorBoating Magazine*, en octubre de 1929, no fue muy elogioso:

"Fue un alivio decir adiós a Cozumel. Ese lugar siempre me interesa y, a la vez, me desanima. Hay algo terriblemente deprimente en la gente, en particular en las niñas indígenas de la sociedad que van por la calle con media pulgada de polvo blanco en sus caras morenas. Lo hacen en las ciudades de todo México, pero a las enanas chicas de Cozumel, este intento poco inteligente de autoembellecimiento les da un aspecto anémico que luce grotesco".

Fotografía tomada por Gregory Mason mostrando San Miguel mirando al sur desde el muelle municipal de madera. La ciudad tenía solo mil seiscientas personas entonces, según el censo de 1930.

Mason volvió a Cozumel en 1930, durante la Expedición Aérea Centroamericana de la Universidad de Pensilvania. En su libro de 1940, *South of Yesterday*, describe el amerizaje del hidroavión Sikorsky de la expedición en Laguna Ciega de Cozumel: "En pocos minutos la aeronave golpeó la laguna en Cozumel y rebotó a lo largo entre dos grandes olas arqueadas y rizadas hasta establecerse en una posición más uniforme y rodó hasta la playa de desembarco. Los trabajadores mexicanos se precipitaron al agua, que les llegó hasta las rodillas, para ayudarnos. Algunos de ellos amarraron un calabrote en la proa de la embarcación, mientras que otros ajustaron una pasarela en nuestra cubierta delantera. Caminamos hacia la orilla, para ser recibidos por un torrente de hospitalidad española del General Treviño, al mando de las tropas mexicanas en Cozumel. Estaba acompañado por mi viejo amigo, el señor Caldwell, que dirige la tienda principal en San Miguel, y quien es hombre rico y primer ciudadano de esta aletargada y amable isla".

Mason fue el responsable del desafortunado cambio de nombre de la aldea maya de Polé a Xcaret. Antes de 1926, todo el mundo la llamaba Ppoole, Ppolé, o Polé, por la raíz de la palabra p'ol, que significa "mercancía" o "comercio" en maya yucateco. Juan de Grijalva mencionó por primera vez la aldea en 1518, al avistar sus construcciones. Francisco de Montejo, el Adelantado, pasó varias semanas allí entre 1527 y 1528, y también se refirió al pueblo maya como Polé. Con ese nombre, se incluyó en el censo de impuestos de

1549 y nuevamente en un informe del padre Cristóbal Asencio en 1570. En 1571, el nombre de Polé se registró una vez más cuando varios mayas de la ciudad testificaron en el juicio contra el corsario francés Pierre de Sanfroy. En 1582, Polé fue catalogado por tener una de las únicas cinco iglesias de toda la costa de Quintana Roo. En 1590, documentos registran a Diego Malah como el batab de Polé. En 1601, se registra a Juan Ye como el batab de Polé. El primer mapa que muestra la ubicación de Polé fue el Juan de Dios González, de 1766. El nombre Polé se mantuvo en los mapas: en el Lapie de 1829, en el mapa Catherwood de 1843, en el mapa Malte-Brun de 1864, en el mapa García Cuba de 1874, y en el mapa Berendt de 1878. Este último, sin embargo, tenía un grave error; todas las ciudades a lo largo de la costa fueron movidas 35 kilómetros al norte de sus posiciones reales. Por desgracia, Gregory Mason y Herbert Spinden usaron este mapa de Berendt de 1878 en su Expedición Mason-Spinden de 1926, cuando viajaron durante dos meses a lo largo de la costa de Quintana Roo, grabando las ruinas mayas y recolectando especímenes de aves para la Institución Smithsonian. Cuando se encontraron las ruinas de Polé, el mapa Berendt de 1878 que tenían mostraba el pueblo a 35 kilómetros al norte de su ubicación real, por lo que no indicaba para nada donde estaban parados en realidad. Sin darse cuenta de que se encontraban en las ruinas de los mismos edificios que los Montejo y otros habían llamado Polé, bautizaron al "nuevo" sitio como Xcaret, por un pequeño rancho cercano. El nombre se pegó como lapa. Durante muchos años después de que Mason y Spinden publicaran el mapa de su expedición mostrando Polé y Xcaret como dos lugares diferentes, otros cartógrafos siguieron su ejemplo, ubicando la misma ciudad, ahora con dos nombres diferentes, en dos lugares distintos, separadas por kilómetros una de otra. Fue hasta la década de 1960 cuando los dos lugares volvieron a unirse en una misma ciudad, ya localizada en el lugar correcto, pero ahora con el nombre equivocado: Xcaret.

En 1927, el relato de Gregory Mason sobre la expedición de Mason-Spinden se publicó en un libro popular titulado *Silver cities of Yucatan*. En 2012, se transmitió un documental del mismo nombre sobre la expedición.

Capítulo 14

Las ruinas de la Iglesia de San Miguel del siglo XVI

En 1830 apareció un artículo en la popular serie *The Modern Traveller*, un atlas de viaje escrito y publicado por Josiah Conder, que dice: "The ruins of European edifices in the island of Cozumel, in the midst of a grove of palm trees, indicate the island, now uninhabited, was, at the commencement of the conquest, peopled by Spanish colonists". ("Las ruinas de edificios europeos en la isla de Cozumel, en medio de un bosque de palmeras, indican que la isla, ahora deshabitada, estaba poblada por colonos españoles al comienzo de la Conquista").

Josiah Conder le atribuyó este pasaje a Alexander von Humboldt. Buscando en publicaciones de Von Humboldt, encontré el origen de las líneas de Conder sobre Cozumel, casi literales, en el siguiente pasaje del volumen 2 de *Political Essay on the Kingdom of New Spain*, que es la traducción al inglés de 1814 del libro de Von Humboldt de 1808, *Essai politique sur le royaume de la Nouvelle Espagne*. La traducción al inglés dice:

"The ruins of European buildings, discoverable in the island of Cosumel, in the midst of a grove of palm trees, indicate that this island, which is now uninhabited, was at the commencement of the conquest peopled by Spanish colonists. Since the settlement of the English between Omo and Rio Hondo, the government, to diminish the contraband trade, concentrated the Spanish and Indian population in the part of the peninsula west from the mountains of Yucatán". ("Las ruinas de edificios europeos, descubiertas en la isla de Cozumel, en medio de un bosque de palmeras, indican que esta isla, que ahora está deshabitada, estaba poblada por colonos españoles al comienzo de la Conquista. Desde el establecimiento de los ingleses entre Omo y Río Hondo, el Gobierno, para disminuir el contrabando, concentró a la población india y española en la parte de la península al oeste de las montañas de Yucatán").

Aunque Von Humboldt incluyó en su obra información mucho más detallada sobre Yucatán, resulta que él nunca visitó la península (o Cozumel). Reveló en una nota a pie de página que la información sobre Cozumel que aparecía en su libro provino de "M. Gilbert", quien había estado en Yucatán antes de naufragar en Cuba en 1801. No sabemos si Gilbert visitó en realidad Cozumel, o si obtuvo la información sobre la isla de alguna otra fuente.

Von Humboldt continúa diciendo: "This enlightened observer [Gilbert] went over a great part of the Spanish colonies. He had the misfortune to lose in a shipwreck south from the island of Cuba, among the shallows of the Jardines del Rey, of which I determined the astronomical position, the statistical materials collected by him... Mr. Gilbert, by estimating himself the number of villages and their population, concluded that Yucatán contained, in 1801, nearly half a million of inhabitants of all casts and colours". ("Este culto observador [Gilbert] visitó una gran parte de las colonias españolas. Tuvo la desgracia de perderse en un naufragio al sur de la isla de Cuba, entre las aguas poco profundas de Jardines del Rey, suceso del cual determiné la posición astronómica, los materiales estadísticos recogidos por él... El Sr. Gilbert, estimando él mismo el número de aldeas y su población, concluyó que en 1801 Yucatán tenía casi medio millón de habitantes de todos los tipos y colores").

Eso significa, si se cree la declaración de oídas de Humbolt de que Cozumel estaba "ahora deshabitada", que con "ahora" se refiere a algún momento antes del año 1801, y no a 1830.

La siguiente mención de la iglesia está en el relato escrito por John Lloyd Stephens, en su libro *Incidents of Travel in Yucatán*, publicado en 1843, en el que describe su visita a la isla en 1842. Stephens comenta que le había intrigado el artículo en *The Modern Traveller*, una guía para viajeros del siglo XIX que constituía para él un viejo apoyo. En su libro anterior, *Incidents of Travel in Egypt, Arabia, Petra, and The Holy Land*, publicado en 1838, el explorador-escritor menciona que nunca salía de su casa sin una copia de este: "Over the head of my bed were my gun and pistols, and at the foot was a little swinging shelf, containing my Library, which consisted of the *Modern*

Traveller on Egypt, *Volney's Travels*, and an Italian grammar and dictionary". ("En la cabecera de mi cama estaban mi arma y pistolas, y al pie había un pequeño estante oscilante con mi biblioteca, que consistía en ejemplares del *Viajero moderno* en Egipto, *Los viajes de Volney*, y un diccionario y una gramática italiana").

En su visita a Cozumel, Stephens se las arregló para explorar las ruinas que Josiah Conder mencionó. Las describe así: "The whole island was overgrown with trees, and, except along the shore or within the clearing around the hut, it was impossible to move in any direction without cutting a path. We had only our two sailors, and if we should cut by the compass through the heart of the island, we might pass within a few feet of a building without perceiving it. Fortunately, however, on the borders of the clearing there were vestiges of ancient population, which, from the directions of Don Vicente Albino, we had no difficulty in finding. One of them, standing about two hundred feet distance from the sea, and even now visible above the tops of the trees to vessels sailing by, is represented in the engraving that follows. ("La isla entera estaba cubierta de árboles y, a excepción de la orilla o del interior del claro que había alrededor de la choza, era imposible moverse en cualquier dirección sin tener que cortar maleza para abrir un camino. Teníamos sólo a nuestros dos marineros, y si debíamos cortar según la brújula a través del corazón de la isla, podríamos pasar a unos pocos pies de algún edificio sin percibirlo. Afortunadamente, sin embargo, en los bordes del claro había vestigios de una antigua población, la cual, a partir de las instrucciones de Don Vicente Albino, no tuvimos dificultad en encontrar. Uno de ellos, que estaba aproximadamente a doscientos pies de distancia del mar, y que incluso ahora era visible por encima de las copas de los árboles para los buques que navegaban, está representado en el grabado que sigue).

"It stands on a terrace, and has steps on all four of its sides. The building measures sixteen feet square; it had four doors facing the cardinal points, and, as will be seen by the figure of a man sitting on the steps, it is very low. The exterior is of plain stone, but was formerly stuccoed and painted, traces of which are still visable. The doorways open into a narrow corridor only twenty inches wide, which encompasses a small room eight feet six inches long and five feet wide, having a doorway opening to the centre". ("Se encuentra en una terraza, y tiene escalones en sus cuatro lados. El edificio mide dieciséis pies cuadrados; tiene cuatro puertas que dan a los cuatro puntos cardinales y, como se apreciará por la figura de un hombre sentado en las escaleras, es muy bajo. El exterior es de piedra plana, pero antes era de estuco y estaba pintado, todavía son visibles algunos rastros de esto. Las puertas llevan a un pasillo estrecho de sólo veinte pulgadas de ancho, que da a un pequeño cuarto de ocho pies y seis pulgadas de largo y cinco pies de ancho, con una puerta de entrada en el centro).

Un grabado del dibujo de Catherwood del templo maya de Cozumel.

"South-southeast from this, near an opposite angle of the clearing, and five or six hundred feet from the sea, stands another building raised upon a terrace, consisting of a single apartment, twenty feet front and six feet ten inches deep, having two doorways and a back wall seven feet thick. The height is ten feet, the arch is triangular, and on the walls are the remains of paintings. ("Al sur-sureste de aquí, cerca de un ángulo opuesto al claro, y a quinientos o seiscientos pies del mar, se encuentra otro edificio levantado sobre una terraza, que consiste en un solo cuarto, de veinte pies de frente y seis pies y diez pulgadas de profundidad, con dos puertas y una pared posterior de siete pies de espesor. La altura es de diez pies, el arco es triangular y en las paredes se encuentran restos de pinturas).

"These were the only buildings in the clearing, and though, doubtless, many more lie buried in the woods, we saw no other on the island; but to us these were pregnant with instruction. The building presented in the engraving, standing close to the sea, answers, in all its general features, the decription of the 'towers' seen by Grijalva and his companions as they sailed along the coast... Perhaps it is the same temple from which Bernal Díaz and his companions rolled the idols down the steps. ("Estos fueron los únicos edificios que había en el claro, y aunque sin duda muchos otros más se encuentran enterrados en el bosque, no vimos ningún otro en la isla; pero para nosotros estos estaban preñados de enseñanzas. El edificio presentado en el grabado, cerca del mar, responde, en todas sus características generales, a la descripción de las 'torres' vistas por De Grijalva y sus compañeros mientras navegaban por la costa... Tal vez sea el mismo templo del que Bernal Díaz y sus compañeros hicieron rodar los ídolos escaleras abajo).

"At the rear of the last building, buried in the woods, so that we should never have found it but for our patron, is another memorial, perhaps equal in interest to any now existing on the island of Cozumel. It is the ruins of a Spanish church, sixty or seventy feet front and two hundred deep. The front wall has almost wholly fallen, but the side walls are standing to the height of about twenty feet. The plastering remains, and along the base is a line of painted ornaments. The interior is encumbered with the ruins of the fallen roof, overgrown with bushes; a tree is growing out of the great altar, and the whole a scene of irrecoverable distruction". ("En la parte trasera de la última construcción, enterrada en el bosque, para que nunca hubiésemos podido encontrarla a no ser por nuestro patrón, está otro monumento, quizá de igual interés que cualquier otro existente en la isla de Cozumel. Se trata de las ruinas de una iglesia española, de sesenta o setenta pies de frente y doscientos de profundidad. La pared frontal se ha caído casi en su totalidad, pero las paredes laterales se conservan en pie a la altura de unos veinte pies. El yeso se mantiene, y a lo largo de la base hay una línea de adornos pintados. El interior está lleno de los restos del derrumbado techo, cubierto de arbustos; un árbol está creciendo fuera del gran altar, y todo está destruido y parece irrecuperable").

Stephens continúa en su libro relatando una anterior visita que hizo a un monje octogenario en la iglesia de la Mejorada en Mérida, donde vio una cruz fija a la pared sobre el primer altar a la izquierda, viendo de frente desde la entrada de la iglesia. Stephens dice que el viejo sacerdote le contó que había desenterrado la cruz de las ruinas de Cozumel muchos años antes. Al respecto, escribe: "It is of stone, has a venerable apperance of antiquity, and has extended on it in half relief an image of the Saviour, made of plaster, with the hands and feet nailed. At the first glance we were satisfied that, whatever might be the truth in regard to its early history, it was at least, wrought into its present shape under the direction of monks. And though, at the time, we did not expect ever to know anything more about it, the ruins of this church [on Cozumel] cleared up in our minds all possible mystery connected with its existence. ("Es de piedra, tiene un venerable aspecto de antigüedad, y extendida sobre ella en medio relieve hay una imagen del Salvador, hecha de yeso, con las manos y los pies clavados. En primera instancia nos quedamos satisfechos de que cualquiera que fuese la verdad en lo que respecta a su historia anterior, al menos su forma actual estaba hecha bajo la dirección de los monjes. Y aunque, en aquel momento, no esperábamos volver a saber nada más sobre ella, las ruinas de esta iglesia [en Cozumel] nos aclararon cualquier posible misterio relacionado con su existencia).

"In front of the building [on Cozumel] is a cemented platform, broken and uprooted by trees, but still preserving its form; and on this stand two square pillars, which, we supposed on the spot, had once supported crosses, and we were immediately impressed with the belief that one of these missing symbols was that now known as the 'Cozumel Cross,' and that it had probably been carried away by some pious monk at or about the time when the church became a ruin and the island depopulated". ("En frente del edificio [en Cozumel] hay una plataforma cementada, rota y levantada por los árboles, pero que aún conserva su forma; y sobre ésta se levantan dos pilares cuadrados, los cuales, supusimos en el acto, alguna vez sostuvieron las cruces, y pensamos de inmediato que uno de estos símbolos faltantes era lo que ahora se conoce como la 'Cruz de Cozumel', y que probablemente ésta hubiera sido trasladada de lugar por algún piadoso monje en el momento en que la iglesia se convirtió en una ruina y la isla se despobló").

Otra descripción de las ruinas de la iglesia de Cozumel aparece más tarde, el 10 de mayo de 1874, en la página 6 del *Morning Star and Catholic Registrar*, un periódico publicado en Nueva Orleans, Louisiana. El artículo dice: "The foundation and walls are yet partially preserved; each side has an elevation of some ten feet in places. The altar is covered with an almost impenetrable growth of chaparal; and all about and even inside these ruins are ancient and modern tombs, where patriarchs rest. The wild flowers bloom over them in great profusion, and even the birds carol sweet songs morning and evening. A paved walk extends from the portal several hundred yards westward, but is now almost burried from sight in the sod. Excavations are seen, where searchers after hidden treasures have delved. There is a fine field yet there for the curious to explore. But the natives of the locality allow it to rest so quietly that the dense shrubbery almost buries it". ("La base y las paredes están todavía parcialmente preservadas; cada lado tiene una altura de unos diez pies en algunos lugares. El altar está cubierto por un matorral casi impenetrable; y sobre estas ruinas e incluso dentro de ellas hay tumbas antiguas y modernas, donde descansan patriarcas. Flores silvestres crecen sobre ellas en gran profusión, e incluso las aves cantan dulces canciones mañana y tarde. Un paseo pavimentado se extiende desde el portal varios cientos de yardas hacia el oeste, pero ahora está casi enterrado y fuera de la vista. Se ven las excavaciones hechas por gente en busca de tesoros ocultos. Todavía hay un campo aceptable allí para el interesado en explorar. Pero los habitantes de la localidad le permiten reposar tan tranquilamente que la densa maleza casi lo entierra").

En 1874, Claude Luther Goodrich publicó un pequeño folleto sobre Cozumel en el que menciona las ruinas de la iglesia del siglo XVI de San Miguel de Xamancab: "The stone walls of the old edifice, though ten or twelve feet high in places, are of course much broken down, and the explorer finds them surrounded and grown over with trees and thick foliage, impenetrable chaparral and wild flowers. Birds enliven the morning with their songs, otherwise the solitude is majestic, and within and all about the old relic are numerous tombs where patriarchs sleep their long sleep". ("Los muros de piedra del viejo edificio, aunque de diez o doce pies de altura en algunos lugares, están por supuesto muy estropeados, y el explorador los encuentra rodeados por los árboles y el espeso follaje, impenetrables matorrales y flores silvestres. Las aves dan vida a la mañana con sus canciones, de lo contrario la soledad sería majestuosa, y dentro de la vieja reliquia y por todo su alrededor hay numerosas tumbas donde los patriarcas duermen su largo sueño").

En diciembre de 1876, Alice y Augustus LePlongeon llegaron a Cozumel después de haber excavado en Chichén Itzá y encontrado el Chac Mool unas semanas antes. Más tarde, en 1877 y 1878, Alice publicó varios artículos en periódicos y revistas acerca de su visita a la isla, y en 1879 escribió "Notes on Yucatan", que apareció en el *Proceedings of the American Antiquarian Society*. Después, rehizo estos artículos en un libro, *Here and there in Yucatan*, que publicó en 1889. Escribió otro artículo acerca de Cozumel en el *New York Times* en 1898, titulado "Beautiful Cozumel". Cuando Alice LePlongeon escribió sobre su viaje a Cozumel en 1876-1877, menciona la iglesia: "… in the island of Cozumel, is the spot where Cortez is said to have left a cross for the adoration of the Indians and near by a church was built, whose walls still remain". ("… en la isla de Cozumel, está el lugar donde se dice que Cortés dejó una cruz para la adoración de los indios y cerca se construyó una iglesia, cuyas paredes aún permanecen").

El 19 de enero de 1883, una monja que viajaba en el barco de vapor estadounidense Ciudad de Dallas pasó por Cozumel en su camino a Belice, y más tarde escribió en *The Irish Monthy* "the ruins of a church, said to be the oldest in America, were pointed out to us, and we clearly discerned a fair village peeping through numberless palm and cocoa-nut trees… Along this enchanted isle, which remained in sight for several hours, the water was smooth as glass and greener than the emerald". ("las ruinas de una iglesia, se dice que la más antigua de América, apuntaban hacia nosotros, y claramente percibimos un bonito pueblo asomando a través de innumerables palmas y cocoteros… A lo largo de esta isla encantada, que se mantuvo a la vista durante varias horas, el agua era suave como el cristal y más verde que la esmeralda").

En 1885, en el volumen 20 de la *Frank Leslie's Popular Monthly Magazine*, apareció la ilustración que sigue, descrita como "Cementerio de Cozumel".

La ilustración de los restos de la iglesia en el volumen 20, publicado en 1885, de la *Frank Leslie's Popular Monthly Magazine*.

El 28 de julio de 1888, el periódico *Sacramento Daily Record-Union* publicó, en su página 7, un artículo de Fannie B. Ward, en el que habla de su visita a Cozumel. Fanny escribe: "Escorted by a couple of natives our party went a little way into the forest to view a Spanish church, whose history, though comparativly modern, is as obscure as the oldest temples whose worship it suplanted. It is two hundred feet deep by seventy feet front. Bits of plastering still adhere to its crumbling walls and along the base runs a line of painted ornaments. The great altar yet stands, but is covered with creepers...". ("Escoltado por un par de nativos, nuestro grupo se adentró un poco en el bosque para ver una iglesia española, cuya historia, aunque comparativamente moderna, es tan obscura como los templos más antiguos cuyo culto reemplazó. Tiene doscientos pies de profundidad y por el frente mide setenta pies. Pedazos de yeso se adhieren todavía a sus destruidas paredes y a lo largo de la base hay una línea de adornos pintados. El gran altar todavía existe, pero está cubierto de enredaderas...").

El destino de las ruinas mayas que Stephens describió y ubicó junto a la iglesia puede inferirse de la descripción de su visita a Cozumel, en 1908, que hicieron Channing Arnold y Frederick J. Tabor Frost en su libro *The American Egypt; a Record of Travel in Yucatan:* "Of these temples not a trace now remains around San Miguel save at the north end, where a path through a plantation of cocoanuts leads to such a scene of vandalism as might be calculated to rouse the indignation of even the Conservator of Monuments, if he remained awake long enough to reach the spot. Here what had obviously been a minor temple has been broken and converted into a quarry. Heaps of stones, broken past recognition, lie in a confused heap with smashed Indian pottery. The largest stones have been carted into the village, and formed a pathetic hotch-potch in a garden close to our hut. One of these was a remarkable carving representing a figure of a god seated cross-legged, in true Buddhist attitude, in a niche". ("De estos templos no queda ahora ni rastro alrededor de San Miguel, excepto en el extremo norte, donde un camino a través de una plantación de cocoteros conduce a un escenario de vandalismo, que despertaría la indignación incluso del encargado de conservar los monumentos, si éste permaneciera despierto el tiempo suficiente como para llegar al lugar. Allí, lo que obviamente fue un templo menor, ha sido destrozado y convertido en cantera. Piedras que han sido despedazadas de tal manera que impiden saber qué fueron antes yacen en un confuso montón junto con fragmentos de cerámica india. Las piedras más grandes han sido acarreadas hacia el pueblo, y formaban una patética mezcolanza en un jardín cerca de nuestra cabaña. Una de ellas tenía un extraordinario tallado de una figura que representa a un dios sentado en un nicho con las piernas cruzadas, en verdadera actitud budista").

En julio de 1910, Henry A. Case publicó una fotografía de las restantes paredes de la iglesia en su libro *Views on and of Yucatan: besides notes upon parts of the state of Campeche and the territory of Quintana Roo.*

En la fotografía (que aparece abajo), se aprecian la pared de piedra a la izquierda de la imagen, las dos tumbas de techo convexo saqueadas detrás de la figura y la cruz de madera directamente en frente de la palmera. Es una fotografía tomada desde el sendero que conduce al frente de la iglesia y muestra lo que habría sido su interior. En su libro, Case señala: "In the outskirts of the town [San Miguel], are the ruined walls of an old Spanish church, which measures sixty or seventy feet in front, and runs about two hundred feet in depth, evidently constructed for a good sized assemblage, and undoubtedly had been built to take place of an older building. The history of the Roman Catholic Church of Cozumel is as obscure as that of the ruined pagan temples in the neighbourhood, when it was built can be conjectured to within a hundred years or so, but why it lost its importance, or where its numerous congregation vanished, are questions to which history does not refer, nor has a carved inscription or tablet been found alluding to the foundation of the edifice". ("En las afueras de la ciudad [San Miguel] se encuentran las paredes en ruinas de una antigua iglesia española, que mide sesenta o setenta pies en el frente y tiene unos doscientos pies de profundidad, construida evidentemente para alojar una gran cantidad de gente y, sin duda, para reemplazar un antiguo edificio. La historia de la Iglesia Católica Romana de Cozumel es tan obscura como la de los templos paganos en ruinas del vecindario, se puede calcular la fecha cuando se construyó con un margen de más o menos cien años, pero por qué perdió su importancia, o qué fue de su numerosa congregación, son preguntas que la historia no responde, así como tampoco hay una inscripción tallada o alguna lápida que haga alusión a la construcción del edificio").

En enero de 1913, los arqueólogos Jesse L. Nusbaum y Sylvanus G. Morely viajaron a Yucatán para hacer una película silente que se exhibiría más adelante en la Exposición Panamá-California en 1915. Primero visitaron Chichen Itzá y luego navegaron hacia Cozumel y Tulum. Durante el tiempo que permanecieron en Cozumel, no tuvieron contacto con sus amigos, lo que provocó un gran malentendido en la prensa estadounidense.

Una fotografía que aparece en *Views on and of Yucatán: besides notes upon parts of the state of Campeche and the territory of Quintana Roo,* de Henry A. Case, 1910, Mérida, Yucatán, México.

El 15 de abril de 1913, *The Santa Fe New Mexican* publicó un artículo en su primera plana titulado "Dos santafesinos visitan a malhechores en la Isla Cozumel". El artículo menciona que la isla se caracterizaba por sus caníbales. Dos días después, apareció otro artículo en primera plana con el siguiente titular: "Grave peligro para quien visita la Isla de Cozumel. Riesgo de que la Expedición Morley-Nusbaum-Lis se enfrente a caníbales que se han comido a otros exploradores. La señora Morley, alarmada por el destino del esposo". Había una fotografía de Nusbaum, con una leyenda sugiriendo que podía haber encontrado su fin a manos de los caníbales de Cozumel. La historia se volvió rápidamente nacional, y el *Boston Globe* publicó un artículo el 18 de abril, con el ominoso titular: "Sentida alarma por ellos. S. G. Morley, un estudiante de Harvard, y J. H. Nusbaum, pudieron haber muerto en su visita a la Isla de Cozumel". El texto mencionaba que Alice, la esposa de Morley, estaba postrada de preocupación por los miembros de la expedición, ya que había reportes de que los caníbales se habían comido a dos ingleses que habían visitado recientemente la isla, o que indios hostiles los habían matado. Por supuesto, a Nusbaum y a Morley no se los comieron mientras estuvieron en la isla. Aunque no permanecieron en Cozumel por largo tiempo, Nusbaum hizo cinco negativos de placa de vidrio de escenas de la isla, tres de las cuales fueron de la iglesia.

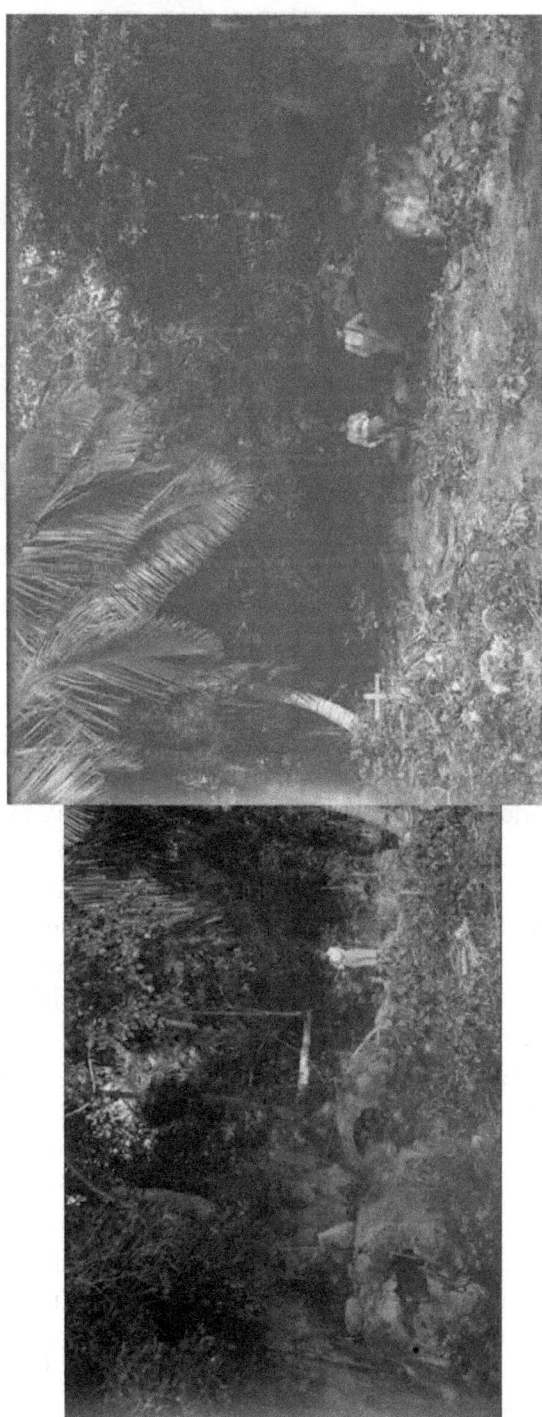

Dos de las fotografías de Nusbaum de la iglesia empalmadas.

Una ampliación de la sección recortada de la tercera imagen de las dos tumbas saqueadas. El muro norte de la iglesia está a la izquierda.

El Dr. Thomas Gann, un médico que vivió en Belice, también fue un arqueólogo amateur que pasó una buena cantidad de tiempo en busca de ruinas mayas en Yucatán y Belice. Participó en expediciones a Yucatán en 1917 y 1918, patrocinadas por el Museo del Indio Americano, y otra a Chichén Itzá en 1924 financiada por el Instituto Carnegie. En 1924, Gann publicó su libro, *In an Unknown Land*, en el que describe su visita, en 1918, a las ruinas de la iglesia de Cozumel: "Next morning, after a bathe and tea, we started for the ruins of the ancient church situated about a mile from the village, and now buried in the bush. We were particularly anxious to see this venerable building, which is generally regarded as the first Christian church erected upon the American continent, as it stands upon the traditional site of the chapel erected by Cortez on his way to the conquest of Mexico in 1519". ("A la mañana siguiente, después de un baño y un té, comenzamos por las ruinas de la antigua iglesia situada aproximadamente a una milla de la aldea, y ahora enterrada en la maleza. Estábamos particularmente ansiosos por ver este venerable edificio, que se considera como la primera iglesia cristiana erigida en el continente americano, ya que está en el sitio donde, según la tradición, Cortés construyó una capilla en su camino a la conquista de México en 1519").

Gann describe así las ruinas que visitó: "The ruins of the church, measuring 98ft. in length and 36ft. 2in. in breadth, face east and west. The roof has entirely fallen in, while the west wall has completely disappeared. Stucco-covered remains of the other walls still stand, varying in height from two to ten feet. Inside we discovered six large and one small overground vaults, built of stone and mortar, shaped something like an inverted iron bath-tub. These had all been opened, probably by treasure seekers. Inside one we found the complete skeleton of a young Mestisa woman which had been buried from sixty to eighty years. This secondary use of the chapel as a burial place has taken place since Stephen's visit in 1842, as he makes no mention of these vaults and states that the island was at that time entirely uninhabited. The altar, probably the identical one which Cortez erected in 1519 is now in ruins; just to the west of it the floor of the church has been dug up, doubtless by treasure-hunters, exposing a row of seven small, stone-lined chambers, possibly the burial place of successive heads of the church in the island". ("Las ruinas de la iglesia, que medían 98 pies de longitud y 36 pies y 2 pulgadas de ancho, daban al este y al oeste. El techo se había caído completamente, y la pared oeste también había desaparecido. Aún quedaban restos de estuco recubriendo las otras paredes que seguían en pie, que variaban en su altura desde dos a diez pies. En el interior descubrimos seis grandes bóvedas sobre el nivel de suelo y una pequeña, construidas de piedra y mortero, con forma de algo parecido a una bañera de hierro invertida. Éstas habían sido abiertas, probablemente por cazadores de tesoros. Dentro de una encontramos el esqueleto completo de una joven mestiza que había sido enterrada hacía entre sesenta u ochenta años. Este uso secundario de la capilla como cementerio se ha dado después de la visita de Stephens en 1842, ya que él no hace mención de estas bóvedas y afirma que en ese momento la isla estaba deshabitada. El altar, probablemente idéntico al que Cortés erigió en 1519, ahora se encuentra en ruinas; justo al oeste de éste el suelo de la iglesia ha sido cavado, sin duda, por los cazadores de tesoros, quedando expuesta una fila de siete pequeñas cámaras forradas de piedra, donde posiblemente estén enterrados sucesivos jerarcas de la iglesia en la isla").

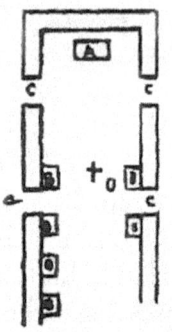

Ground plan of ruins of Ancient Church on the Island of Cozumel.

A. Altar.
B.B.B. Overground Vaults.
C.C.C. windows.

Dibujo de Gann de 1918 de las ruinas de la iglesia de Cozumel.

Cuando el príncipe sueco Guillermo visitó Cozumel en 1920, también estuvo en las ruinas de la iglesia. En su libro de 1922, *Between Two Continents*, escribe: "From this time date the ruins of a great church which Cortez had built immediately to the north of San Miguel. The jungle has dealt harshly with this monument, leaving barely one stone on another. Lianas twine about the remains of the walls, and three stately coco-nut palms stand where the main altar lights were wont to burn. Four masonry sepulchers above ground bear witness to the perishable nature of humanity; two of them have been plundered, and through the breaches one can still discern the skulls of some Spaniards who lost their lives in the struggle with the Indians. Who they are that lie there no one knows; neither the graves nor the skulls bear any inscription". ("De esta época datan las ruinas de una gran iglesia que Cortés había construido justo al norte de San Miguel. La selva ha maltratado este monumento, dejando apenas piedra sobre piedra. Las lianas se enredan sobre los restos de las paredes, y tres señoriales cocoteros están donde se solían quemar las velas del altar mayor. Cuatro sepulcros de mampostería sobre el suelo son testigos de la perecedera naturaleza de la humanidad; dos de ellos han sido saqueados, y a través de las aberturas todavía se pueden distinguir los cráneos de algunos españoles que perdieron la vida en su lucha contra los indios. Quiénes descansan ahí, nadie lo sabe; ni las tumbas ni los cráneos tienen ninguna inscripción").

En 1936, el biólogo H. G Richards fue a Cozumel a recolectar caracoles terrestres. En el *Proceedings of the American Philosophical Society*, de 1937, Richards informa: "... Llegué a Cozumel en la tarde del 17 de abril de 1936, después de tres horas y media de vuelo desde La Habana, Cuba... los moluscos terrestres eran especialmente abundantes en los alrededores de las ruinas de la antigua iglesia española (construida alrededor de 1519) y cerca de ahí un pantano seco alojaba unos 250".

En 1946, Alberto Escalona Ramos escribió sobre sus investigaciones arqueológicas en Cozumel durante su participación en la Expedición Científica Mexicana de 1937, en su artículo "Algunas ruinas prehispánicas en Quintana Roo", publicado en el *Boletín de la Sociedad de Geografía y Estadística de la República*. En él, Escalona explica que "las ruinas de San Miguel, están distribuidas en 600 metros de largo a partir de la cuarta manzana del norte de la ciudad de Cozumel (San Miguel). Estas ruinas han sido destruidas, primero, en el siglo XVI, para construir con sus piedras la primera población e iglesia (luego abandonadas) y luego, durante el siglo XIX y XX, para construir la villa actual y el muelle. El grado de destrucción es extraordinario y ya poco o nada puede salvarse".

En una nota al pie en la página 561 del boletín, Escalona acota: "La primera iglesia colonial, de la que quedan fragmentos de un espeso muro, está a unos 500 metros del reloj y cerca de la playa, donde está la estación de gasolina de El Águila; hoy la cubre la vegetación".

Los arqueólogos Anthony P. Andrews y Grant Jones escribieron en su artículo "Asentamientos coloniales en la costa de Quintana Roo", publicado en el volumen 23, número 1 de *Temas antropológicos: Revista científica de investigaciones regionales*, que: "a fines de los años 50 aún quedaba en pie una sección de uno de los muros de la capilla, que formaba parte de la albarrada trasera del patio de una estación de Pemex al sur de la entrada al antiguo aeropuerto".

Cuando leí esta mención de Andrews de que la iglesia estaba cerca de una estación de Pemex, me comuniqué con él para verificar la información. Me dijo que él tenía 10 años cuando visitó Cozumel por primera vez con su padre, E. Wyllys Andrews IV, otro arqueólogo conocido que se especializó en la civilización maya de las tierras bajas y que había sido buen amigo de Alberto Escalona Ramos. Al parecer, Escalona le había contado al viejo Andrews que los restos de la iglesia estaban cerca de la "gasolinera". Sin embargo, en 1937, cuando Escalona visitó Cozumel y vio lo que describió como un "espeso muro de la vieja iglesia", Pemex aún no existía. No fue sino hasta 1938 que el presidente Lázaro Cárdenas nacionalizó El Águila Oil Company, entre otras compañías, y, como resultado, nació la entidad gubernamental denominada Petróleos Mexicanos (Pemex). La "estación de gasolina de El Águila" descrita por Escalona era el antiguo almacén El Águila, dirigido por la Casa Coldwell, en el lado norte de la calle 12 entre el malecón y la 5ª Avenida en la década de 1930, y no la gasolinera de Pemex que Andrews llevó a su joven hijo a visitar en la década de 1950.

Luego de hablar con Andrews, entrevisté a Adolfo Gracia Aguilar, nativo de Cozumel de 72 años de edad. El Sr. Gracia me contó que nunca había visto las paredes de las ruinas de la iglesia, pero que cuando él era un jovencito, las Sras. Rufita y Mechita Rivero, dos mujeres de edad avanzada, le dijeron que la iglesia había estado situada en –o cerca de– la intersección de la 5ª Avenida y la Calle 12 Norte. El Sr. Gracia dibujó un croquis y circuló el área indicada por las hermanas. En el dibujo de abajo, "B. J." representa la manzana de la ciudad ocupada por la Escuela Benito Juárez, construida en la década de 1970. La flecha indica el sentido (del tráfico) de la Calle 12 Norte y los círculos concéntricos marcan el sitio de la iglesia, según fuera descrito por las hermanas. El croquis está orientado con el noreste hacia la parte superior, como concesión a la orientación de las calles.

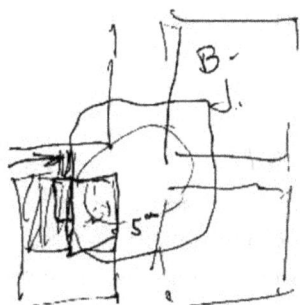

Croquis de Adolfo Gracia Aguilar.

Otras entrevistas con nativos viejos de Cozumel me revelaron una rica mitología de esta zona. En la esquina noreste de la intersección, en la actual propiedad de la Escuela Benito Juárez, un enorme árbol sacahua se mantuvo en pie hasta que fue derribado por un reciente huracán. Muchos isleños creían que este árbol era el lugar favorito de la Xtabay, el equivalente maya de La Llorona, un espíritu malévolo que intentaba embrujar a los hombres y llevarlos por un mal camino, guiándolos a menudo bosque adentro antes de abandonarlos. Otros ancianos contaron que la zona aislada cerca del árbol era utilizada a menudo por la gente joven de la isla para sus citas. Y otros más dijeron que el árbol marcaba el sitio de un antiguo cementerio maya. Todos estuvieron de acuerdo en que cuando se construyó la Escuela Benito Juárez, fueron descubiertos cerca de allí docenas de esqueletos humanos.

Para ver si la ubicación de la intersección coincidía con las direcciones que John Lloyd Stephens dio de la iglesia en su libro *Incidents of Travel in Yucatán*, dibujé un mapa de las calles y sobrepuse las direcciones y la distancia indicada en los pasajes pertinentes. Tomando como punto de partida la playa, tracé una línea de 200 pies hacia el interior del sitio del primer templo descrito por Stephens, luego continué la línea hasta 550 pies (él dijo "500 o 600 pies") al sudeste, al lugar descrito del segundo templo. Stephens afirmó entonces que la iglesia se encontraba "detrás" de ese segundo templo, y reportes posteriores indicaron que estaba orientada de este a oeste. Las mediciones coincidieron con el sitio de la intersección, sin embargo, la descripción de la pared de la iglesia de Alberto Escalona Ramos diciendo que estaba "cerca de la playa, donde está la estación de gasolina de El Águila", colocaría la iglesia unos 100 pies más al norte.

El 5 de octubre de 2012, con el amable permiso de Don Nassim Joaquín Ibarra, comencé el reconocimiento de un terreno donde tiene una manada de ciervos, en la esquina suroeste de la 5ª Avenida y la Calle 12 Norte, en San Miguel de Cozumel. El área ha sido limpiada de maleza y arbustos por el pastoreo de los ciervos y fragmentos de cerámica que datan del período Postclásico están esparcidos por el suelo. Los restos de varios bloques de piedra mayas son claramente visibles, al igual que lo que parece ser un abrevadero de mampostería para animales, dos pozos, y algunas paredes de mampostería de época antigua. La propiedad incluye un montículo de piedra sólida que es más alto que las áreas circundantes y la mayoría de las bases de estructura que se muestran a continuación se encuentran en la parte superior de este montículo.

Cimientos de varios templos mayas se encuentran en el sitio.

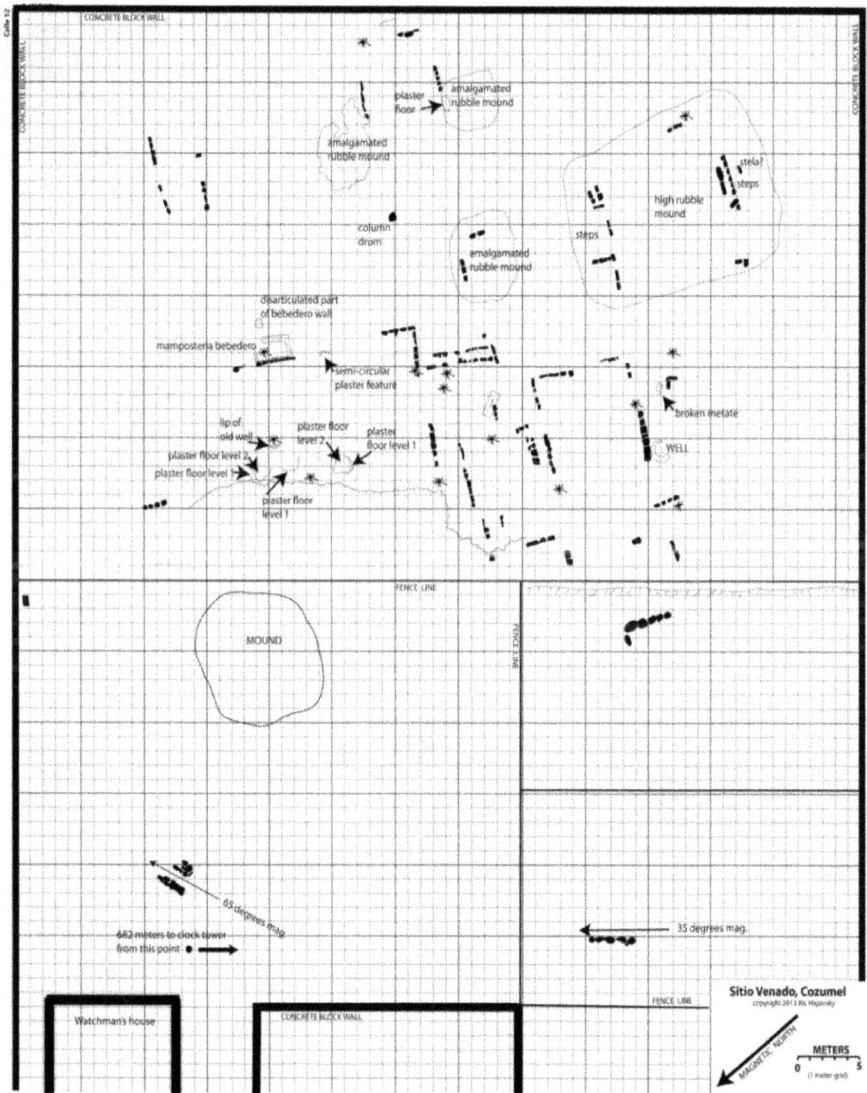

El diseño del lugar de la zona arqueológica que nombré "Sitio Venado", un centro ceremonial de la ciudad postclásica maya de Xamancab, donde Juan de Grijalva se reunió con el batab de Cozumel en 1518 y Hernán Cortés erigió una cruz de madera en 1519. La primera iglesia católica de Cozumel se construyó junto a este sitio en la década de 1550.

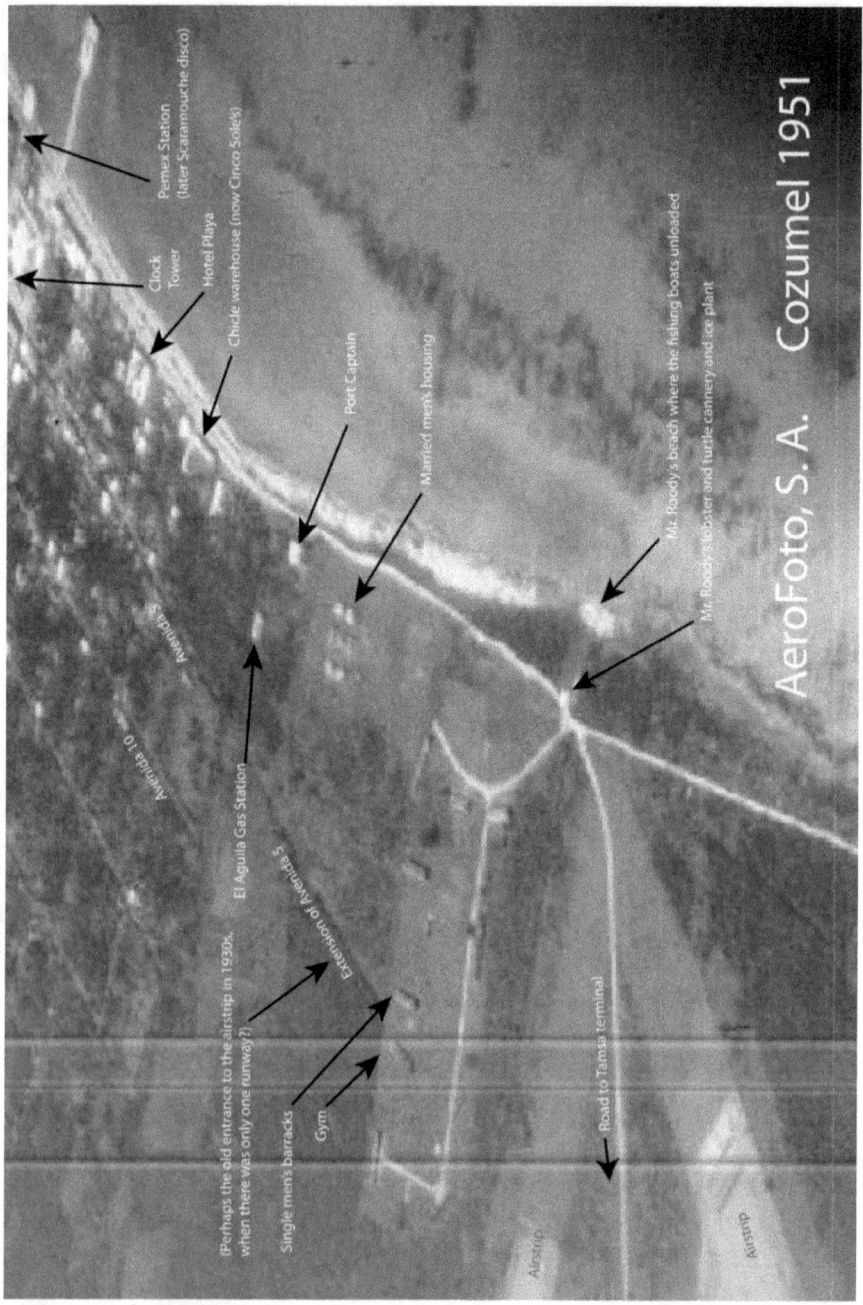

Fotografía aérea de San Miguel de 1951 y de la zona donde una vez estuvo la iglesia del siglo XVI, "detrás de la gasolinera El Águila".

Debajo de Las Ventanas

Existe un persistente rumor de que se descubrió un "cementerio maya" cerca de la intersección de la 5ª Avenida y la Calle 12 Norte cuando se construyeron los condominios Las Ventanas. Estos condominios ocupan toda una manzana de la ciudad, la cual está delimitada por la 5ª Avenida, la Calle 10 Norte, la Calle 12 Norte y la Avenida 10, justo al otro lado de la calle del Sitio Venado. El 1 de julio de 2013 me reuní con Jack Cooper, el promotor-arquitecto de Las Ventanas para preguntarle sobre este rumor. El Sr. Cooper me dijo que aunque se encontraron alrededor de diez metates en la propiedad, así como muchos fragmentos de cerámica, no vio ninguna señal de paredes o cimientos de piedra. Me comentó que el único elemento arquitectónico que halló en la propiedad fue un viejo pozo cavado a mano cerca del centro del terreno, junto donde ahora se encuentra la alberca. El Sr. Cooper me contó que cuando estaban cavando los cimientos para la primera construcción, se aparecieron los arqueólogos del Instituto Nacional de Antropología e Historia (INAH) y se detuvo el trabajo, porque se les dijo (erróneamente) que había un cementerio maya en la propiedad y que los trabajadores estaban desenterrando esqueletos humanos. Para satisfacer los requerimientos de los arqueólogos, el equipo excavó seis trincheras de 40 pies de largo con una retroexcavadora, de las cuales el equipo del INAH sacó varias bolsas de restos de cerámica. Los arqueólogos no vieron signos de estructuras en el sitio y se llevaron los fragmentos de cerámica de vuelta a su oficina en Cancún, pero al parecer no elaboraron ningún informe del trabajo que realizaron y la construcción de Las Ventanas se reanudó sin obstáculos.

Hasta la fecha, no hay restos de la iglesia del siglo XVI que hayan sido identificados positivamente. Es muy posible que las paredes de mampostería que quedaban hayan sido demolidas y los escombros utilizados como relleno para el malecón y el muelle municipal, que se construyeron inmediatamente después de la visita en 1937 de Alberto Escalona Ramos. El hecho de que no haya sido reportada ninguna señal de la iglesia desde entonces, parece sostener esta teoría.

Capítulo 15

Otros cinco mitos desacreditados

1. El Spirit of St. Louis nunca aterrizó en Cozumel

Charles Lindbergh realizó su primer vuelo a México el 13 de diciembre de 1927, cuando voló directamente en su avión Spirit of St. Louis, número de cola NX211, desde Washington DC hasta la ciudad de México. Fue recibido por el presidente mexicano, Plutarco Elías Calles, y recorrió la ciudad unos días antes de regresar al campo Balbuena, donde efectuó varios vuelos sobre la ciudad de México en un Morane Saulnier M.S. de las Fuerzas Armadas de México con número de registro 31A128. El 20 de diciembre hizo varios vuelos más en un Fairchild FC-2 de la compañía Mexicana de Aviación (con número de registro M-SCOE), en uno de los cuales obsequió al presidente Calles su primer viaje en avión. El 22 de diciembre Lindbergh llevó a cabo algunos vuelos cortos en el Spirit of St. Louis dentro y fuera de Balbuena, sobre la ciudad de México. El 28 de diciembre voló el Spirit of St. Louis sin escalas desde la ciudad de México hasta la ciudad de Guatemala.

Después de visitar la ciudad de Guatemala, voló el Spirit of St. Louis a Belice, El Salvador, Honduras, Nicaragua, Costa Rica, Panamá, Colombia y Venezuela. Su regreso a Washington lo hizo a través de las Islas Vírgenes, Puerto Rico, República Dominicana, Haití y Cuba, pero en el tramo norte de su viaje ya no pasó de nuevo por México.

El Spirit of St. Louis fue entregado al Museo Nacional en Washington el 30 de abril de 1928 y nunca más volvió a volar. Esto significa que el avión nunca aterrizó en Cozumel. Cualquier imagen del Spirit of St. Louis tomada supuestamente en Cozumel (como la que está en el Museo de la Isla) es en realidad una imagen captada en otro lugar. Lindbergh volvió a visitar México en febrero de 1928, pero esta vez voló un Curtis Falcon (con número de registro NC7455) en un viaje de excursión de ida y vuelta a Cuernavaca.

El Spirit of St. Louis en el Museo Nacional en Washington.

El 3 de febrero 1929 hizo su tercer viaje a México, esta vez acompañado por John Hambleton y el teniente Christian Schilt, en un Sikorsky S-38 (número de cola NC8000). La visita se diseñó para estudiar las zonas de aterrizaje que Pan American podría utilizar en sus recién adjudicadas rutas de correo aéreo (FAM 5, 6, y 9), que eran entre Miami, el Caribe, América Central y América del Sur. Durante este viaje, Lindbergh aterrizó en Cozumel por primera vez, aunque no en el Spirit of St. Louis, como dice el mito, sino en el hidroavión Sikorsky S-38. Fue una parada corta para reabastecimiento y se marchó a La Habana tan pronto como tuvo el combustible a bordo.

El 24 de noviembre de 1929, Lindbergh realizó otro viaje a la ciudad de México en un TravelAir 962 (número de cola NR8139).

El 9 de octubre de 1929, visitó una vez más Cozumel, volando un avión anfibio Sikorsky S-38 (número de cola NC9137) de Pan American Airways. Aterrizó a las 6:12 p. m., acompañado de su esposa, el Dr. Ricketson, el Dr. Alfred E. Kidder, W.I. Van Deusen, Charles Lorber y William Ehmer, del Instituto Carnegie, durante un reconocimiento aéreo de partes de la península de Yucatán, Belice y del norte de Guatemala, patrocinado por Pan American Airways y por el Instituto Carnegie. En Cozumel fueron invitados de Moisey Adams, agente de la Chicle Development Company. Lindbergh y su grupo partieron de Cozumel a la mañana siguiente, 10 de octubre, a las 9:56 a. m. Hay relatos de que este viaje fue la "luna de miel" de Lindbergh y su esposa, pero esto también es falso. Si se piensa bien,

¿quién va a llevar a cinco hombres para que lo acompañen en su luna de miel? La realidad es que su luna de miel fue bien documentada en los periódicos en Estados Unidos. Después de la boda, salieron el 29 de mayo de 1929 a bordo de un yate de 38 pies de eslora (llamado la Mouette) que Lindbergh compró para la ocasión, y en el cual ellos viajaron solos alrededor de las costas de Maine y Connecticut durante casi dos semanas.

2. No hubo ninguna base militar norteamericana en Cozumel durante la Segunda Guerra Mundial

Pan American Airways fue inicialmente una sociedad anónima fundada en 1927 por el mayor Henry "Hap" Arnold del Ejército de Estados Unidos, como una forma de impedir que la aerolínea Sociedad Colombo Alemana de Transporte Aéreo (SCADTA) ganara los derechos de aterrizaje en Panamá. La línea alemana había estado volando desde 1920, y quería establecer una ruta que iba de Colombia, Panamá, Costa Rica, Honduras, Guatemala, Belice, Cozumel y La Habana, hasta Miami. Al mayor Arnold le preocupaba que SCADTA estuviera tratando de ganar los derechos de aterrizaje en Panamá para vigilar los movimientos de barcos de guerra de Estados Unidos en el Canal. A pesar de que su nueva compañía no tenía aviones en ese momento, el mayor Arnold utilizó su influencia con el gobierno de Estados Unidos para ganar un contrato con el fin de entregar correo norteamericano de Miami a La Habana. Más tarde, al unir fuerzas con otras dos aerolíneas (una empresa tenía un avión, pero no contaba con derechos de aterrizaje, mientras que la otra tenía derechos de aterrizaje en La Habana, pero no tenía avión), Arnold pudo cumplir con los términos del contrato. Después presentó ofertas para contratos en todas las nuevas rutas del correo aéreo de Estados Unidos (rutas F. A. M.) entre entidades de este país y América Central y del Sur, ganando cada uno de los contratos en 1928, con lo que le impidió a SCADTA obtener los derechos de aterrizaje panameños. En una maniobra para frustrar la competencia y adquirir más aviones, Pan Am compró entonces la compañía Mexicana de Aviación (por solo ciento cincuenta mil dólares) y ese mismo año la volvió una subsidiaria, permitiendo que Mexicana continuara funcionando en México con el mismo nombre. En enero de 1929, Pan Am realizó su primer vuelo de transporte de pasajeros de Miami a San Juan, a través de Belice y Nicaragua. En febrero de 1929, Charles Lindbergh voló el primer vuelo de correos Pan Am a Panamá en un avión para 10 pasajeros, un hidroavión bimotor Sikorsky S-38, y en el camino reabasteció de combustible en Cozumel. En octubre de 1929, Lindbergh visitó de nuevo la isla cuando llevó a varios arqueólogos del Instituto Carnegie a Cozumel por la noche, luego de hacer un reconocimiento aéreo de las ruinas mayas en la península.

Ese mismo año, Pan Am comenzó un servicio semanal de hidroaviones entre Miami y Panamá. Esta ruta tenía en el camino varias escalas para reabastecer combustible, incluyendo una en Cozumel. Una copia del registro de los horarios de Pan Am del año 1929 muestra que la parada en la isla duraba solo 30 minutos, de 1:45 p. m. a 2:15 p. m. No había tiempo suficiente como para comprar recuerdos.

Un avión de Pan American cargando combustible en Laguna Ciega.

Poco después, se construyó un pequeño edificio aeroportuario en la orilla de Laguna Ciega, en la costa norte de la isla, y los hidroaviones de Pan American comenzaron a parar allí para abastecerse de combustible y recoger el correo.

Posteriormente, entre 1929 y 1935, los hidroaviones usaron una rampa construida por Oscar Coldwell frente al mar, cerca de la Calle 3 Sur. Había habido una pequeña pista de aterrizaje en Cozumel antes de octubre de 1929, pero en abril de 1930 José R. Juanes Domínguez, representante de la filial mexicana de Pan American en

Mérida, anunció la compra de 160 hectáreas de tierra al norte de San Miguel para construir su nuevo campo de aterrizaje en Cozumel, donde los pasajeros podrían abordar el vuelo de Mexicana a la ciudad de México a través de Mérida. Mexicana suspendió su escala en Cozumel en julio de 1931 y desvió sus vuelos a Mérida. El 15 de abril de 1932, los isleños hicieron una colecta para reparar la pista de aterrizaje (con un monto total donado de veinticinco pesos) y Mexicana reinstaló el servicio. En 1933, la Compañía Aeronáutica de Jesús Sarabia, S.A. (Sarabia) comenzó a utilizar la pista de aterrizaje de la isla dos veces por semana para las conexiones a Mérida y Chetumal, hasta que la aerolínea suspendió operaciones en 1942. Sarabia fue vendida a TAMSA en 1943.

Un Sikorsky S-38 de Pan Am en la rampa de hidroaviones en la Calle 3 y el malecón de San Miguel, en 1929.

Incluso antes de que Estados Unidos fuera arrastrado a la guerra por el bombardeo japonés de Pearl Harbor en diciembre de 1941, el ejército estadounidense estaba preocupado por cómo defender el Canal de Panamá de posibles ataques de aviones japoneses procedentes de portaaviones. Estados Unidos tenía que ser capaz de volar sus aviones de guerra al sur de Panamá si era necesario, y Washington comenzó a negociar con el gobierno mexicano los derechos de sobrevuelo de aviones militares de Estados Unidos a través del espacio aéreo mexicano, reabasteciendo combustible en las bases aéreas de Tehuantepec y Yucatán. De los varios campos de aterrizaje disponibles en Yucatán, el de San Miguel de Cozumel parecía la mejor opción. Estados Unidos solicitó un permiso para renovar la pista de aterrizaje de la isla y México se lo otorgó en agosto de 1941, así como los derechos para utilizar el aeródromo de Pan American Airways en Mérida hasta que se completara el trabajo en la pista de Cozumel, que se esperaba tomara alrededor de un año. El gobierno de Estados Unidos planeaba contratar a Pan American Airways para realizarlo. Pan American, a su vez, subcontrataría a su filial mexicana para el trabajo: la compañía Mexicana de Aviación. En consecuencia, todas las labores que había que hacer en el proyecto de la base aérea de San Miguel fueron realizadas por una empresa mexicana, utilizando mano de obra mexicana, acorde con lo requerido en el convenio con México. El acuerdo también especificaba que una vez que la pista hubiese sido renovada (con fondos proporcionados por Estados Unidos), permanecería bajo el control de los militares mexicanos.

Al enterarse de que un contrato para comenzar un trabajo en el aeropuerto estaba a punto de adjudicarse, la Agrupación Obrera Mixta de Trabajadores Marítimos y Terrestres de Cozumel envió en 1941 a Ramón Zapata y a Julio C. Mac a la ciudad de México para ejercer presión, a fin de que el trabajo de construcción del proyecto fuera para los trabajadores sindicalizados de Cozumel. El esfuerzo fracasó y en 1942 la compañía Mexicana de Aviación subcontrató a Mexicana Constructora Azteca, S. A., una empresa mexicana que antes también había trabajado en el aeropuerto de Mérida de Mexicana. Constructora Azteca comenzó entonces a traer gente de fuera de Cozumel para hacer el trabajo.

Pista de tierra de Cozumel en 1942.

En mayo de 1942, los submarinos alemanes hundieron dos barcos mercantes mexicanos en el golfo de México. Este país no declaró de inmediato la guerra a las potencias del Eje (Axis Powers); en cambio, exigió una explicación a la embajada de Alemania. Unos días más tarde, obtuvo la respuesta alemana: un submarino alemán hundió dos naves comerciales mexicanas más. La Fuerza Aérea Militar (FAM) eran en ese momento una mal equipada parte de las fuerzas armadas mexicanas y no tenía aviones con los cuales realizar patrullajes antisubmarinos, por lo que solicitó ayuda a Estados Unidos bajo el programa "Prestar/Arrendar" ("Lend/Lease") que el Congreso norteamericano había promulgado para casos como este. Estados Unidos respondió con la entrega inmediata a la FAM de un grupo de aviones Vought Kingfisher OS2U, de manera que pudiera comenzar a patrullar, a lo cual le siguió poco después la entrega de otros aviones North American AT-6, Beech AT-11 y Douglas A24. Además, Estados Unidos también le dio a México fondos para operar las aeronaves, junto con suministros y repuestos para su mantenimiento.

En junio de 1942, el general de la FAM Roberto Fierro Villalobos, jefe de Operaciones Aéreas Militares Mexicanas, designó al coronel Alfonso Cruz Rivera como nuevo comandante del Segundo Regimiento Aéreo y lo puso a cargo de la Región del Golfo, que incluía el golfo de México, el Caribe y el istmo de Tehuantepec. El coronel Cruz envió entonces al tercero, cuarto y quinto escuadrones del Segundo Regimiento Aéreo para comenzar a volar en patrullas antisubmarinos los Voughts y algunos viejos y obsoletos biplanos Consolidated 21-M (aviones que la FAM tenía desde antes de la guerra), desde las pistas aéreas de Tampico, Veracruz, Mérida, Ixtepec y Cozumel. En julio de 1942, Estados Unidos pidió que, a cambio de los aviones que le había dado a México, se le permitiera a las fuerzas estadounidenses utilizar la pista de aterrizaje en Cozumel como base para llevar a cabo sus propias operaciones antisubmarinos en el Caribe. Se aceptó esta solicitud, pero antes de que el plan se ejecutara conforme a lo acordado, las cosas cambiaron.

En noviembre de 1942, W. L. Morrison, gerente y director de proyectos de construcción de la compañía Mexicana de Aviación en Tehuantepec y en Cozumel, fue convocado a la oficina del secretario de Defensa de México, el expresidente Lázaro Cárdenas, el mismo que había nacionalizado las compañías petroleras extranjeras y terminado las operaciones de Estados Unidos y de otras empresas petroleras foráneas en México en 1938. Se le dijo a Morrison que llevara a la reunión los proyectos programados para las mejoras que se iban a llevar a cabo en los dos aeródromos. Cuando se le mostraron los planos a Cárdenas, que incluían una serie de edificios que Mexicana iba a construir, además de la mejora de las pistas de aterrizaje, el secretario de Defensa quiso saber por qué se necesitaba toda esa infraestructura, dado que México nunca había convenido permitir que los militares estadounidenses se quedaran ni una noche, ni en Cozumel ni en Tehuantepec. Cárdenas dijo que el acuerdo era solo para que pudieran usar las pistas de aterrizaje en tránsito.

Pista de tierra de Cozumel, en julio de 1942.

Después de la reunión, Morrison informó a Pan American que México estaba preocupado por el hecho de que estos edificios planeados fueran un indicativo de que Estados Unidos tenía intención de estacionar soldados estadounidenses en las dos bases, y que el gobierno de México se oponía a eso. La posición del gobierno mexicano fue no permitir que hubiera bases de tropas extranjeras en suelo mexicano, aunque estas fueran tropas aliadas. A los técnicos norteamericanos solo se les permitiría operar y dar mantenimiento a los radares emplazados a lo largo de la costa oeste mientras les enseñaban a los mexicanos cómo hacer el trabajo, pero debían ingresar al país en grupos muy pequeños y vestidos de civil. Esta desconcertante noticia fue transmitida al Departamento de Guerra de Estados Unidos, y los norteamericanos todavía estaban tratando de entender lo que sucedía cuando, dos semanas más tarde, el secretario de Defensa prohibió a la compañía Mexicana de Aviación construir ningún alojamiento, comisaría u otros edificios ni en Tehuantepec ni en Cozumel, y le dijo que solo se le permitiría mejorar las pistas allí existentes, nada más. Cárdenas informó entonces a su homólogo de Estados Unidos que había detenido la construcción de las dos bases, argumentando que se trataba solo de una interrupción temporal mientras se estudiaba el asunto. Sin embargo, la autorización para continuar la construcción nunca llegó. A fin de proteger el canal de Yucatán de submarinos alemanes, Estados Unidos comenzó a volar misiones antisubmarinos desde sus nuevas bases áreas en San Antonio de los Baños y San Julián, Cuba, y en las Islas Caimán, países que acogieron con beneplácito la presencia y salvaguardia de los militares estadounidenses.

Para diciembre de 1942, la marea de la guerra estaba cambiando a favor de los aliados. La amenaza japonesa a Panamá había desaparecido y los submarinos alemanes habían sido llamados por Berlín desde el Atlántico occidental para que pudieran ayudar a proteger el norte de África. En consecuencia, las bases aéreas mexicanas ya no eran tan importantes como antes, y la suspensión del trabajo en el aeródromo de Cozumel no fue impugnada por Estados Unidos. En una nota del 11 de febrero de 1943 al jefe del estado mayor en el Departamento de Guerra, la situación referente a la oposición del secretario de Defensa a la base aérea planeada en Cozumel fue resumida así:

"La situación estratégica general en el Pacífico sufrió un decidido cambio como resultado de nuestros éxitos en los Mares del Sur. Esta y otras razones han hecho parecer cada vez más cuestionable si el Departamento de Guerra debería proceder más allá de estas líneas [con la construcción de bases aéreas en México]. Entre las consideraciones, está el nombramiento de Cárdenas como Ministro de Defensa Nacional de México y la plena conciencia de los representantes del Departamento de Guerra de que en ningún momento, excepto en caso de emergencia grave, se les permitiría a las unidades de las fuerzas aéreas o terrestres estadounidenses utilizar esas instalaciones de defensa para que fueran construidas en territorio mexicano".

En 1944, Pan Am mantuvo una pista del aeródromo de Cozumel solo para aterrizajes de emergencia. La otra pista fue ocupada por el ejército mexicano. Tras el fin de la guerra, Transportes Aéreos Mexicanos (TAMSA) comenzó a volar desde la pista civil seis días a la semana, a partir octubre de 1945, de Cozumel a Isla Mujeres, Carrillo Puerto, Chetumal, Mérida y Belice. El ejército mexicano continuó utilizando la otra pista.

Pista de tierra de Cozumel a finales de la década de 1940 o principios de la de 1950.

3. El Ejército de Estados Unidos no destruyó ningunas ruinas mayas, ni tuvo una base de submarinos en la isla de Cozumel

En Cozumel hay una historia muy citada que habla de una ciudad maya al norte de San Miguel que fue demolida completamente por los estadounidenses cuando construyeron una base militar en la isla. A veces, el villano es la Marina de Estados Unidos; otras, es el Ejército; algunas más, es la Fuerza Aérea norteamericana, y otras tantas, es la Infantería de Marina de ese país. En forma ocasional, se ha culpado a los Seabees o Cuerpo de Ingenieros. Independientemente de la rama del servicio a la que pertenecían estos malhechores, siempre se les ha descrito como norteamericanos. A veces supuestamente construyeron una base de submarinos. Otras, fue una base aérea para efectuar misiones antisubmarinos en el Caribe. En otras versiones, se dice que se trató de una base para entrenar buzos durante la Segunda Guerra Mundial. Múltiples variaciones y transformaciones de esta historia se han impreso y reimpreso tantas veces en las guías, páginas web y artículos de revistas que son demasiado numerosas como para contarlas. Algunas de las versiones más comunes son:

"Las mayores ruinas mayas de la isla fueron demolidas para dar paso a una pista de aterrizaje durante la Segunda Guerra Mundial". *Cozumel Sights*.

"Durante la Segunda Guerra Mundial, Estados Unidos construyó una pista de aterrizaje en Cozumel y operaba una base submarina". *Diving Cozumel*.

"Durante la Segunda Guerra Mundial, el Ejército de Estados Unidos construyó una pista de aterrizaje y mantuvo una base de submarinos en la isla. Desafortunadamente, también desmantelaron algunas de las más grandes ruinas mayas, sin darse cuenta de lo que estaban destruyendo". *Fodors*.

"Durante la Segunda Guerra Mundial, los estadounidenses construyeron una pista de aterrizaje y una base de submarinos en la isla, donde los buzos del Cuerpo de Marines entrenaban para los eventos por venir en Europa y en el Pacífico". *The Caribbean Dive Guide*.

"El Cuerpo de Ingenieros del Ejército norteamericano construyó una pista de aterrizaje en Cozumel donde los aliados también mantenían una base de submarinos". *Guide to the Yucatán Peninsula*.

"Una base de submarinos de Estados Unidos fue mantenida allí durante la Segunda Guerra Mundial". *Encyclopedia Americana*.

Y mi favorita es: "Gracias al Tío Sam, Cozumel se convirtió en una especie de capital cinematográfica de las Américas de películas clasificadas para adultos [cuando la] Fuerza Aérea estacionó un equipo de producción de Hollywood [durante]… la construcción de una base aérea estadounidense, período en el cual

algunos de los templos de Ixchel en Cozumel fueron demolidos".
Huffington Post.

Obviamente, los autores de estas engañosas historias no hicieron ningún esfuerzo por investigar los hechos, solo copiaban y reciclaban los errores y malentendidos que encontraban en impresos y en guías previas. Aunque la verdad es que Estados Unidos pudieron haber <u>querido</u> realizar misiones antisubmarinos desde Cozumel, el gobierno mexicano nunca les permitió utilizar la isla como base de aviones para cazar o vigilar submarinos, y mucho menos les dio permiso para construir ninguna base en la cual pudieran atracar y dar servicio a submarinos aliados.

Señal en la entrada al área de la base de la FAM en Cozumel, en la década de 1950.

Así que entonces, ¿quién mejoró el viejo aeródromo de Cozumel en 1942? Grupo Aeroportuario del Sureste S.A .de C.V. (ASUR) es una compañía matriz que, a través de sus filiales, se dedicaba a la operación, mantenimiento y desarrollo de nueve aeropuertos en el sureste de México. ASUR señala que "durante los años de la década de 1940, el gobierno federal [de México] construyó una serie de otras [pistas de aterrizaje] con ayuda de Estados Unidos en la Segunda Guerra Mundial. Aquellas que estaban en futuros territorios de ASUR se localizaban en Campeche, Chetumal, Ciudad del Carmen, Cozumel, Ixtepec, Mérida y Veracruz". La pista de aterrizaje de Cozumel se alargó considerablemente en la década de 1960, y fue pavimentada por primera vez. Hasta entonces, la pista solo había sido un camino de tierra.

Pero, ¿qué pasa con la historia de la demolición de las ruinas mayas para hacer una pista de aterrizaje? Si bien es posible que algún vestigio en los alrededores de Xamancab (el pueblo maya que De Grijalva, Cortés y otros dijeron haber visitado) fuera destruido en 1942 cuando se remozó la pista de aterrizaje de Cozumel, es obvio que los estadounidenses no pudieron haber sido los responsables, ya que el gobierno mexicano fue muy contundente en su postura de que todo el trabajo que se hiciera en virtud del acuerdo sobre las pistas de aterrizaje en Tehuantepec y Cozumel tenía que ser llevado a cabo por trabajadores mexicanos y empleados de empresas mexicanas, en este caso la compañía Mexicana de Aviación y Mexicana Constructora Azteca, S.A. Pero, incluso si cualquiera de estas empresas mexicanas hubiera destruido algunas ruinas al norte de la ciudad de San Miguel en 1942, esa pérdida sería insignificante al compararla con lo que los propios cozumeleños hicieron con las ruinas de los edificios mayas y templos que componían la mayor parte de Xamancab.

Hay muchos relatos de testigos en los que se detalla la plétora de las ruinas mayas y de la Colonia española que una vez estuvieron dentro de los límites de lo que ahora es el centro del actual San Miguel. En 1831, James Bell escribió sobre la isla, mencionando "the ruins of European edifices on the island of Cozumel, in the midst of a grove of palm trees". ("las ruinas de edificios europeos en la isla de Cozumel, en medio de un bosque de palmeras").

En la edición de abril de 1930 de la *Geographical Review*, hay un artículo de Oliver Ricketson, Jr. y Alfred E. Kidder, quienes habían acompañado a Lindbergh a Cozumel en octubre de 1929. En él,

Ricketson hace mención de "visiting a small ruin discovered during the construction of Pan American Airways landing field just north of San Miguel". ("la visita a una pequeña ruina descubierta durante la construcción de la pista de aterrizaje de Pan American Airways, justo al norte de San Miguel").

Grabado de la ruina en San Miguel, Cozumel, 1842, hecho por Catherwood.

El grabado que se muestra arriba se realizó a partir de un dibujo de Frederick Catherwood de un templo que estaba localizado en la ciudad cuando él y John Lloyd Stephens visitaron la isla en 1842. ¿Por qué en la actualidad no hay ninguna señal de este templo?

Stephens también describió las ruinas de la antigua iglesia española en su libro *Incidents of Travel in Yucatán*. En el capítulo dedicado a Cozumel, Stephens dice que vieron "... the ruins of a Spanish church, sixty or seventy feet front and two hundred deep. The front wall has almost wholly fallen, but the side walls are standing to the height of about twenty feet. The plastering remains, and along the base is a line of painted ornaments. The interior is encumbered with the ruins of the fallen roof, overgrown with bushes; a tree is growing out of the great altar, and the whole is a scene of irrecoverable destruction". ("... las ruinas de una iglesia española, de sesenta o setenta pies de frente y doscientos de profundidad. La pared frontal se ha caído casi en su totalidad, pero las paredes laterales se conservan en pie a la altura de unos veinte pies. El yeso se mantiene, y a lo largo de la base hay una línea de adornos pintados. El interior está lleno de los restos del derrumbado techo, cubierto de arbustos; un árbol está creciendo fuera del gran altar, y todo está destruido y parece irrecuperable"). Una vez más, ¿qué pasó con estas ruinas?

William Henry Holmes también visitó la isla en 1895. Más tarde escribió que: "there were large masses of shapeless ruins and mounds around the area of the old church". ("había grandes montones de ruinas ya sin forma y montículos alrededor de la zona de la antigua iglesia"). Holmes continúa: "The intact ruins mentioned by Stephens, were not to be found. In front of the ruins of the ancient Spanish church of which he speaks at length there is only a shapeless mound to represent the temple at that point". ("No pudieron encontrarse las ruinas intactas mencionadas por Stephens. Frente a las ruinas de la antigua iglesia española de la cual él habla en detalle, sólo hay un montículo deforme para representar el templo en ese lugar"). Luego, Holmes viajó al norte de la localidad de San Miguel, donde halló un santuario en un lugar llamado Miramar, el cual tenía una entrada sostenida por una columna con una talla en bajorrelieve que parece una mujer dando a luz. Fotografió el templo casi intacto, lo que es algo bueno para nosotros, ya que desde entonces este fue desmantelado y se llevaron la columna principal. Ahora se encuentra en el museo de la ciudad. Holmes describe otro templo cerca de ahí y luego observa que estaba "in an advanced state of ruin. The ready-cut stone of these buildings is so much more easily utilized for fences and building purposes by the present residents than is the rock in place, though the limestones are all soft and easily quarried along the natural exposures everywhere occurring, that it is surprising to find even these remnants left". ("en un avanzado estado de deterioro. La piedra ya cortada de estos edificios es mucho más fácil de utilizar por los actuales residentes para hacer cercas y construcciones en vez de sacar nuevas piedras, aunque las piedras calizas son blandas y de fácil extracción y se encuentran naturalmente dondequiera, [por lo] que es incluso sorprendente que hayan dejado estos restos de piedras").

Cuando Channing Arnold escribió sobre su viaje a Cozumel en 1908, se refiere específicamente a la destrucción de los templos mayas perpetrada por los cozumeleños. De los santuarios y templos mencionados por John Lloyd Stephens, dice: "Of these temples not a trace now remains around San Miguel save the north end, where a path through a plantation of cocoanuts leads to such a scene of vandalism as might be calculated to rouse the indignation of even the Conservator of Monuments, if he remained awake long enough to reach this spot. Here what had obviously been a minor temple has been broken up and converted into a quarry. Heaps of stones, broken past recognition, lie in a confused heap with smashed Indian pottery. The largest stones have been carted into the village, and formed a pathetic hotch-potch in a garden close to our hut". ("De estos templos no queda ahora ni rastro alrededor de San Miguel, excepto en el extremo norte, donde un camino a través de una plantación de cocoteros conduce a un escenario de vandalismo, que despertaría la indignación incluso del encargado de conservar los monumentos, si éste permaneciera despierto el tiempo suficiente como para llegar al lugar. Allí, lo que obviamente fue un templo menor ha sido destrozado y convertido en cantera. Piedras que han sido despedazadas de tal manera que impiden saber qué fueron antes yacen en un confuso montón junto con fragmentos de cerámica india. Las piedras más grandes han sido acarreadas hacia el pueblo, y formaban una patética mezcolanza en un jardín cerca de nuestra cabaña").

En 1940, antes de cualquier mejora significativa a la pista de aterrizaje original de 1929 de Pan Am en Cozumel, Henry Raup Wagner visitó la isla mientras investigaba para su libro *The Discovery of New Spain in 1518*. Wagner señaló que el pueblo maya de Xamancab y sus templos reportados por los primeros exploradores españoles estaban ubicados exactamente donde se encontraba la ciudad de San Miguel. Además, teorizó sobre el porqué no se habían encontrado ruinas en ese lugar: dado que la construcción de las calles y edificios en este pueblo más bien grande habría requerido muchas más piedras calizas que las que podrían haber sido extraídas con facilidad, los cozumeleños simplemente reutilizaron las piedras de las ruinas de casas, salones y templos de los que hablaron De Grijalva, Cortés y los otros.

He sido testigo de esta reutilización de las piedras y columnas de los templos mayas. A principios de la década de 1980, alquilé una antigua casa al cozumeleño Pedro Gual, en la esquina de la 5ª Avenida y la Calle 8. Tenía la intención de usar el edificio para alojar una imprenta, pero cuando llegó el momento de introducir las prensas, las puertas resultaron demasiado estrechas. Tuve que pedir permiso al propietario para ampliar una de ellas, con el fin de meter las prensas. Cuando los albañiles comenzaron a golpear la pared de dos pies de espesor con sus martillos para demolerla, resultó que las piedras utilizadas para construir la casa habían sido sacadas de estructuras mayas. Columnas redondas, piedras cuadradas revestidas, dinteles y metates fueron apilados uno encima del otro como bloques de concreto. Si se multiplica el tamaño de la pequeña abertura que hicimos por el volumen del resto de las paredes de la casa, ya se está hablando de suficiente material arqueológico como para construir todas las edificaciones mayas de la plaza principal de San Gervasio. Si además se multiplica la cantidad de material de construcción maya reutilizado en toda la casa por el número de otras casas de la misma época y por las construcciones en los alrededores, ya se está hablando de suficientes piedras revestidas como para construir un pueblo maya entero.

4. Jacques-Yves Cousteau no filmó un documental submarino en arrecife Palancar a principios de 1960

En 1955, Jacques-Yves Cousteau y Louis Malle hicieron un documental de una hora y veintitrés minutos titulado *Le Monde du Silence* (el mismo título que el libro publicado por Cousteau y Frédéric Dumas en 1953), que tenía escenas submarinas.

La película se estrenó en Cannes en 1956 y ganó la Palma de Oro. En 1957 obtuvo el Oscar al Mejor Documental en los premios norteamericanos de la Academia. Muchas personas en los últimos años han llegado a creer que esta cinta tiene escenas del arrecife Palancar, pero eso definitivamente no es cierto. Todas las escenas de este documental se filmaron en el Hemisferio Oriental. Todas las tomas submarinas se hicieron en el Mediterráneo, en el mar Rojo, el golfo Pérsico y el océano Índico. Ninguna fue filmada en México.

Muchos sitios web y guías de viaje consideran que la industria del turismo relacionada con el buceo en Cozumel comenzó su auge debido a un documental para la televisión que Cousteau hizo bajo el agua en el arrecife Palancar. Algunos sitios y guías afirman que esto sucedió en 1959; otros dicen que en 1960; y otros más, que en 1961. De hecho, la propia Sociedad Cousteau ha declarado que tal documental televisivo nunca existió.

El origen de este rumor de cómo un programa especial de televisión impulsó la industria del buceo en Cozumel surge muy probablemente de la confusión de la película de 1957 *Un Mundo Nuevo* con el documental de 1956 *Le Monde du Silence*. El director de fotografía Lamar Boden (quien más tarde se encargaría de la fotografía de la película *Flipper* y de la serie de televisión *Sea Hunt* protagonizada por Lloyd Bridges) filmó *Un Mundo Nuevo* en aguas de Cozumel en 1956, bajo la dirección de René Cardona. El arrecife donde se llevó a cabo el rodaje pasó a llamarse después arrecife Cardona, por el director de la película. Sin embargo, la historia de que fue Cousteau quien puso a Cozumel en el mapa en el ámbito del buceo se ha repetido tantas veces y ha sido publicada con tanta frecuencia por autores que se plagian entre sí, que ahora el público lo acepta como un hecho.

En cierto modo, el documental de Cousteau de 1956 *Le Monde du Silence* sí impactó en Cozumel, ya que inspiró la película de noventa y cuatro minutos de Cardona *Un Mundo Nuevo*. Sin embargo, fue el filme de Cardona el que puso a Cozumel en el mapa. Estrenada en la ciudad de México el 7 de agosto de 1957, la cinta fue protagonizada por el hijo del director, René Cardona Jr., y en ella también actuaron Antonio Raxel, José Pulido, John Kelly, Manuel Dondé, Rafael

Alcayde, Ángel Di Stefani, Lorena Velázquez, Arturo Arias y René Cardona Sr. El guion no era nada del otro mundo; la película era básicamente un vehículo para mostrar escenas subacuáticas de Cozumel y aprovechar la popularidad del documental premiado de Cousteau, *Le Monde du Silence*.

Carteles de cine de la película de 1957 *Un Mundo Nuevo*.

El filme de Cardona fue doblado al inglés y estrenado en Estados Unidos en 1958 como una película para televisión con el nombre de *A New World*. Después de eso, los estadounidenses se percataron de la existencia de la isla y de su belleza submarina. Ese mismo año, en la edición de mayo de la *Holiday Magazine* (en ese momento, una publicación de Curtis Publishing Company hecha para la American Automobile Association), apareció un artículo sobre Cozumel escrito por John R. Humphreys y titulado "Bargain Paradise Revisited". La carrera por el paraíso había comenzado.

Si bien Jacques Cousteau produjo varias series de televisión y documentales, la primera transmisión de su serie de televisión, *The World of Jacques-Yves Cousteau*, no se hizo sino hasta 1966. No hay ningún documental realizado por Cousteau, o programas especiales de televisión, o series con material filmado bajo el mar en algún lugar cercano a Cozumel que hayan sido emitidos hasta la década de 1970. La propia Sociedad Cousteau admite que nunca ha habido un documental de Cousteau sobre Cozumel. Los cozumeleños deberían estar orgullosos de su compatriota productor y director de cine René Cardona, y darle el crédito por ayudar a poner el buceo en Cozumel en el mapa de destinos turísticos.

René Cardona Jr., protagonista de la película *Un Mundo Nuevo* e hijo de René Cardona Sr., también filmó otras dos películas en Cozumel; una fue la cinta de acción de 1978, *El triángulo diabólico de las Bermudas,* y la otra, la película de desastres *Ciclón,* de 1978. Sin embargo, *Cyclone* (como fue titulada cuando se estrenó en inglés) probablemente no hizo tanto por el turismo de Cozumel como el filme de su padre. La trama era acerca de una repentina tormenta que provocaba que un avión se estrellara en el mar cerca de un barco con fondo de vidrio lleno de turistas de Cozumel. A la deriva en las corrientes marítimas, sin gasolina, los sobrevivientes recurrieron finalmente al canibalismo y luego algunos de ellos fueron devorados por tiburones antes de que rescataran al resto.

En 1976, Cardona Jr. acababa de terminar su película *Supervivientes de los Andes*, filmada en las montañas cerca de la ciudad de México. Luego rodó *El triángulo diabólico de las Bermudas* en Cozumel en enero de 1977 con John Huston y Carol Baker, en papeles pequeños. Filmó *Cyclone* en la isla un mes más tarde; la película no se llamó *Survive II*, como afirman muchos sitios web y guías de viaje.

Cardona Jr. compró el viejo casco del avión bimotor utilizado en la película *Cyclone* al gobierno de Cozumel, lo llenó de espuma de polietileno, y lo arrastró desde el aeropuerto de Cozumel hasta el mar. Desde allí, la aeronave fue remolcada a un lugar en alta mar y hundida en frente del hotel La Ceiba (ahora El Cid). Este avión fue un popular punto de buceo hasta que los huracanes Gilberto y Wilma esparcieron sus partes por todo el fondo del mar.

5. Nunca hubo un "caracol gigante marino" en la parte superior de la ruina El Caracol en Punta Sur, ni fue utilizado como faro, ni como sistema de alerta de huracanes

Un mito persistente y repetido con frecuencia es que hubo una vez un caracol de mar gigante encima de la ruina conocida indistintamente como "Ruinas del Islote", "Punta Islote", "Tumba de Caracol" y "El Caracol". Esta leyenda también asevera que el caracol gigante servía como una especie de sistema de alerta, pues silbaría cuando un huracán se aproximara. Esto es un invento.

La pequeña ruina presentaba un cono de mampostería truncado encima de su techo, el cual tenía varias conchas y caracoles de tamaños normales, colocados en cuatro filas verticales a lo largo del eje del cono. La parte superior de este cono se rompió y desapareció, y la leyenda cuenta que, sobre esta parte superior rota, se encontraba el caracol gigante. Una versión del mito dice que un rico norteamericano se lo llevó en la década de 1960. En otra, se afirma que lo robaron personas que vinieron a ayudar a reconstruir la isla después del huracán de 1955. Ninguna de las versiones es cierta.

El 2 de septiembre de 1938, tres miembros de la Expedición Científica Mexicana fueron al sitio de El Caracol, con el guía local Ramón Coronado. En el informe *Exploraciones Arqueológicas en la Isla Cozumel, Quintana Roo*, que el arqueólogo e integrante de la expedición Miguel Ángel Fernández publicó sobre la visita a la ruina, comenta que cerca de Punta Islote en Punta Sur encontraron "un pequeño santuario muy original y por fortuna bastante bien conservado. En la parte superior del edificio primitivo, correspondiendo al centro, está colocado un pequeño edículo, sobre el que descansa una especie de cono hueco que casi es un principio de cúpula (lámina 5) formada con caracoles marinos y la parte posterior [de los caracoles] asoma formando un elemento decorativo. El pequeño edículo tiene cuatro huecos de veinticinco por treinta centímetros, y me imagino que sería allí donde quemaban su incienso, con el objeto de que éste se esparciera por los cuatro puntos cardinales, así como por la parte superior. La fachada ve al oriente; la parte superior de todo el edificio está rematada por puntas de lanza de piedra".

Fernández incluyó en su reporte dibujos detallados que hizo del cono, los cuales muestran claramente que en 1938 este estaba intacta sin "caracol gigante" en la cima de la construcción. Todos los informes de avistamientos de este caracol en las décadas de 1950 y 1960 son pura tontería, lo mismo que la declaración de que éste silbaba cuando se acercaba un huracán.

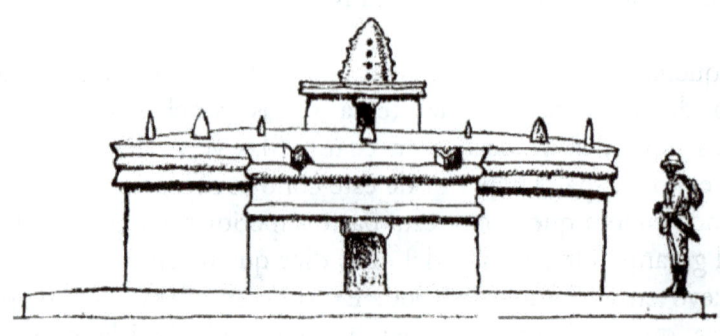

Dibujo 3 del arquitecto Miguel Ángel Fernández de la ruina El Caracol, 1938.

LAMINA 5.

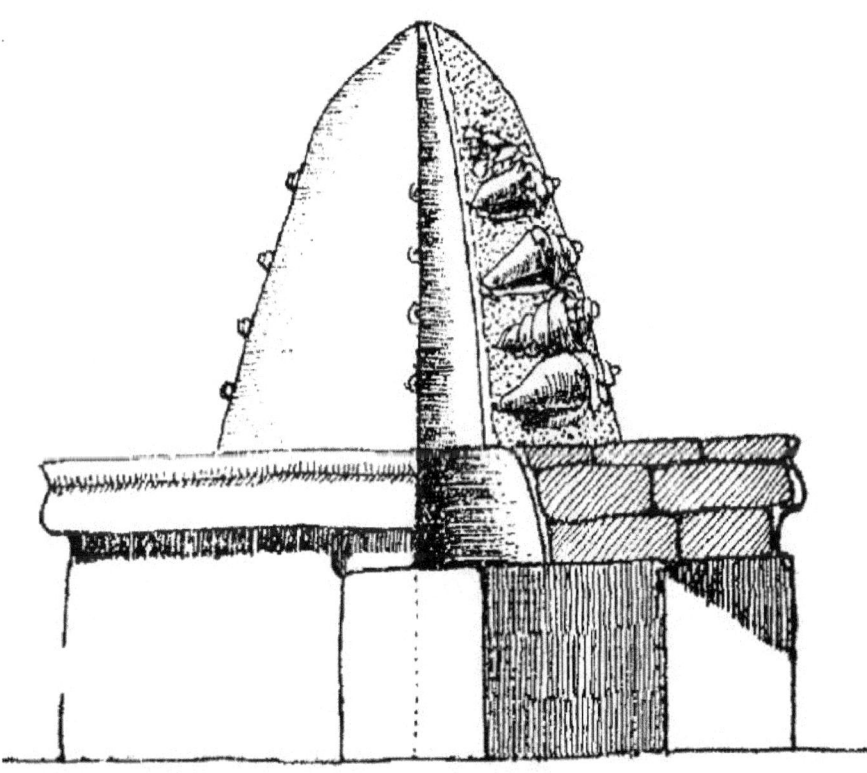

Detalles de la Cúpula de Caracoles.
Ruinas del Islote Celarain.

Detalle del dibujo del arquitecto Miguel Ángel Fernández de cómo lucía el cono de la ruina en 1938.

También hay una teoría que a menudo se cuenta de que los mayas utilizaron la ruina El Caracol como faro. Esto tampoco es verdad. Una vez, me arrastré por todo el interior del pequeño edificio y no encontré ningún signo de hollín o de daño causado por fuego. Si se hubiera encendido un fuego en ella para hacer un faro, el suave mortero de cal de las paredes y techos habría sido severamente dañado por el calor. El otro punto que vuelve absurda la creencia de que "El Caracol era un faro" es el hecho de que se trata de una estructura muy pequeña y baja. Los mayas sabían cómo construir altas torres y pirámides. Si estuvieran edificando un faro, ¿por qué iban a hacer uno que fuera tan bajo y difícil de ver? Existe otro edificio maya visible en la actualidad, que se encuentra al norte de El Caracol (edificio # 2 en el dibujo de abajo), pero la duna de arena que rompe la línea de visibilidad desde El Caracol (edificio # 1) y el mar ocultan los restos de otras tres construcciones (# 3, # 4 y # 5) y de lo que vi en la década de 1970, al menos dos grandes columnas fálicas. Si el bajo y pequeño edificio de El Caracol estaba destinado a ser un faro, ¿por qué erigieron los mayas estos otros edificios y columnas fálicas entre este y el mar, bloqueando con ello la línea de visibilidad?

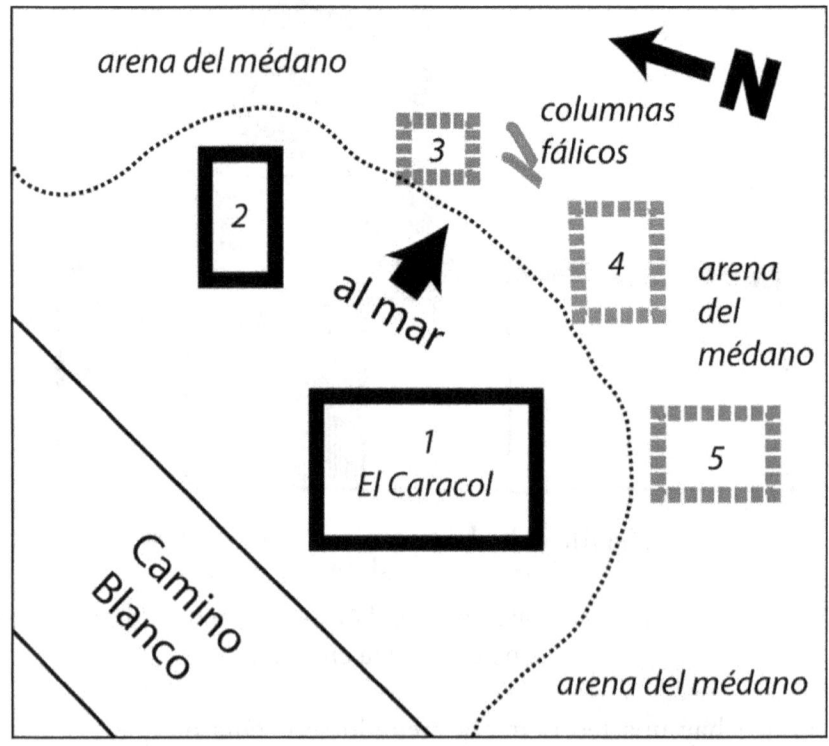

El complejo de construcciones de El Caracol en el parque Punta Sur.

Capítulo 16

Indiana Jones, espías alemanes y Cozumel

Ernesto Kentzler, ¿espía alemán?

Cuando estaba investigando la visita de Sylvanus Griswold Morley a Cozumel en 1918, descubrí que mientras trabajaba como arqueólogo del Instituto Carnegie, también lo hacía, de manera simultánea, para la Oficina de Inteligencia Naval norteamericana. Su expedición a lo largo de la costa de Yucatán y Belice era, en realidad, una fachada para su objetivo principal: la caza de espías durante la Primera Guerra Mundial y de simpatizantes alemanes, o de personas que pudieran estar en posición de ayudar al suministro de submarinos alemanes desde puntos secretos a lo largo de la costa caribeña de la península de Yucatán. Algunos dicen que Morley fue el verdadero modelo para el personaje de Indiana Jones.

Sylvanus Morley, ¿el verdadero Indiana Jones?

Estaba yo leyendo en Internet algunas cartas desclasificadas que Morley había enviado al Departamento de Estado, a través de la valija diplomática del consulado norteamericano en Progreso, y me sorprendió encontrar el nombre de Ernesto Kentzler en una de ellas. Ahora, me doy cuenta de que no podría haber sido el Ernesto Kentzler que yo conocía de Cozumel; estas cartas fueron escritas en 1918 y mi Ernesto Vera Kentzler tiene unos 60 años de edad. No, se trataba de un Ernesto diferente; pero el nombre Kentzler no es muy común en México, así que pensé que debían estar relacionados de alguna manera.

El Ernesto Kentzler que vivía en Progreso en 1918 era, Morley estaba seguro de ello, un simpatizante de Alemania, si no es que un colaborador declarado. En uno de los despachos que Morley envió al Departamento de Estado, el arqueólogo-oficial de inteligencia indicó que tenía copias de al menos tres telegramas intercambiados entre Ernesto y su padre, Emil Kentzler. El cónsul estadounidense los había interceptado y los había copiado con el conocimiento implícito de las autoridades de Telégrafos de México. Los telegramas habían sido enviados a Ernesto desde la ciudad de México, donde Emil Kentzler tenía una botica.

Buscando en Internet, descubrí la dirección de la Botica Iturbide de Emil, que en 1918 estaba ubicada en el número 21 de la calle de San Francisco (ahora avenida Madero) en la ciudad de México. Luego me enteré de que Emil estuvo en la "Lista negra" norteamericana de 1918; una relación de compañías e individuos que operaban en países neutrales (como México), considerados por la Junta de Comercio de Guerra de Estados Unidos (US War Trade Board) como cómplices por enviar suministros al complejo industrial militar alemán, de acuerdo con la *Trading with the Enemy Act of December 6, 1917*.

En otra carta desclasificada del Departamento de Estado, el cónsul estadounidense en Progreso, O. Gaylord Marsh, había informado que Ernesto Kentzler estaba trabajando en enero de 1918 en la Farmacia Puerto y Correa, en Mérida, pero que tenía planes de abrir pronto su propia farmacia, con fondos provistos por su padre, Emil. En un anuncio de la edición de *La Revista de Mérida* del 5 de marzo de 1913 aparecen algunos de los productos que la Farmacia Puerto y Correa promocionaba: "Elixir, Pasta y Polvo Dentífricos".

Indagué más profundamente en el registro de marcas registradas en México y encontré que Emil había registrado "Dr. Buettner's Elixir Balm" (el Bálsamo Elíxir del Dr. Buettner) el 15 de diciembre de 1900. El compuesto era en realidad un dentífrico, una de las primeras marcas del registro. ¿Había aquí algún tipo de conexión entre el espía alemán y la pasta de dientes?

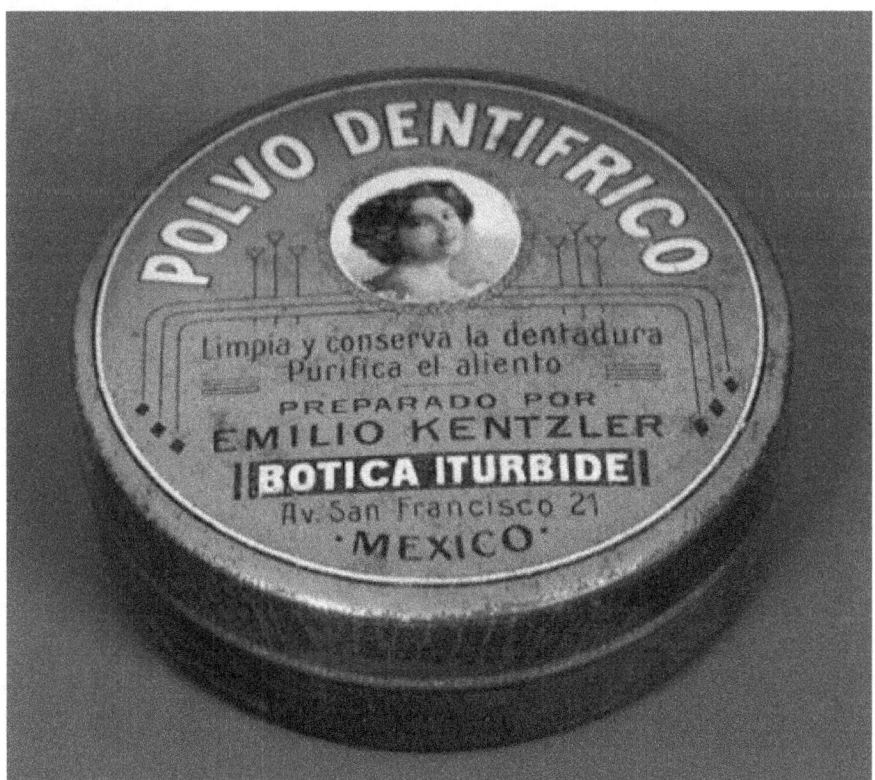

Dentífrico de Emilio Kentzler.

Además de su trabajo en la farmacia, Ernesto logró que lo incluyeran en la nómina del Departamento de Hacienda en el Ayuntamiento de Progreso. El cónsul Marsh estaba seguro de que se trataba de una fachada de Ernesto para tener acceso a información clasificada que luego pudiera transmitir a sus supervisores alemanes.

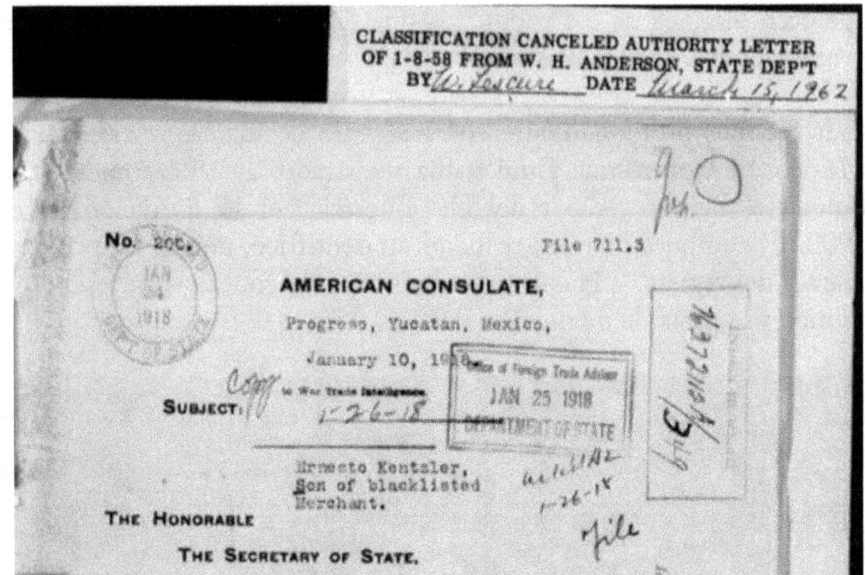

Despacho desclasificado con relación a Ernesto Kentzler.

Cuando llegó una carta anónima al escritorio de Marsh acusando a Ernesto de ser un espía, el cónsul le remitió de inmediato una misiva a Carlos Castro Morales, gobernador de Yucatán, en la que le decía que el joven alemán se había infiltrado en las filas de los trabajadores de su gobierno. En el transcurso de la semana, el gobernador le envió una carta a Marsh, en la que le respondía que habían investigado a Ernesto y habían encontrado que sus papeles no estaban en orden, ya que él había afirmado falsamente que era ciudadano mexicano. El gobernador lo hizo despedir en forma sumaria de su trabajo en Hacienda. El cónsul alemán en Progreso protestó por el despido, pero el gobernador se mantuvo firme. Ernesto se había vuelto una persona *non grata* en Progreso.

Emil Kentzler, su padre, es mencionado en varios archivos de Internet. Su nombre aparece en el manifiesto de pasajeros del MV Yucatán, en mayo de 1895 (junto con su esposa y su hijo Ernesto, de 3 años de edad, nacido en Alemania), que arribó a Nueva York desde Veracruz. En otro manifiesto de barco de 1903 se refiere que va con Ernesto, de 10 años de edad, a Alemania, para inscribirlo en la escuela allí. En una copia de 1908 del *American Druggist and Pharmaceutical Record*, hay un artículo que describe a Don Emilio Kentzler como "un farmacéutico graduado de la Universidad de Marburg, Alemania. Es titulado de la Escuela de Medicina y Farmacia, México, siempre ha tenido una gran reputación como farmacéutico, y su negocio se dedica principalmente al comercio de medicinas de primera clase. Entre 150 y hasta 200 recetas al día no son nada inusual allí".

Entre los resultados que arrojó Internet cuando utilicé como criterio de búsqueda su nombre en asociación con farmacias, encontré algunas otras menciones más de su Botica Iturbide, pero cuando traté de cruzar su nombre con las pastas de dientes, hallé algo raro. Había una Kentzler-Kaschner Dental GMBH en Alemania que hoy produce equipos dentales. ¿Estaban relacionados? Decidí preguntar, así que le escribí al Director General, Eric P. Kentzler, en Berlín. Recibí un muy agradable correo electrónico de su hija, Christine, quien lamentablemente tenía que informarme del reciente fallecimiento de su padre. Ella, sin embargo, resultó ser una gran fuente de información acerca del Emil Kentzler de la ciudad de México, quien fue su bisabuelo.

Emil y su esposa tuvieron cinco hijos, Hans (el abuelo de Christine), Hilde (cuyos descendientes aún viven en México), Heimito, Walter y Ernesto, el mayor. Christine me contó que la familia Kentzler seguía todavía en contacto, pero que ninguno de ellos supo nunca (o pudo averiguar) qué fue de Ernesto y sus descendientes. El rumor familiar era que algo tan malo le había sucedido que nadie había querido volver a verlo o hablar de él. Con el paso del tiempo, la familia le perdió la pista. Christine me envió una foto maravillosa de la familia de Emil, tomada en la ciudad de México, y ahí estaba el joven Ernesto Kentzler, parado orgulloso con un sombrero de paja, en la fila de atrás entre su niñera y su hermano más joven.

Provisto de la foto y de esta nueva información, averigüé el teléfono de Ernesto Kentzler Vera y le hice una llamada. "¿Conoce el nombre de su abuelo?", le pregunté. "Claro", respondió: "Ernesto". ¡Eureka! Le hice un resumen de lo que había descubierto en Internet, y le di la dirección de correo electrónico de Christine. ¡Tenían mucho que de que hablar para ponerse al día! A veces un pequeño desvío en una investigación archivística puede producir resultados sorprendentes.

Emil y su esposa tuvieron cinco hijos: Hans (el abuelo de Christine), Hilde (cuyos descendientes aún viven en México), Heimito, Walter y Ernesto, el mayor.

Espías alemanes en Cozumel

Sylvanus Griswold Morley no fue el único estadounidense que buscó espías alemanes a lo largo de la costa de la península de Yucatán. También lo hizo Leicester Hemingway, el hermano menor del escritor Ernest Hemingway. En el verano de 1940, Leicester y su amigo Anthony Jackson navegaron en su goleta, Blue Stream, desde Nueva York hasta México, Belice, Guatemala, Honduras, Nicaragua y Costa Rica, en búsqueda de depósitos de abastecimiento para submarinos alemanes. Durante esta expedición no gubernamental, los dos se detuvieron en Cozumel y de inmediato creyeron haber descubierto una gran conspiración en la isla: un equipo organizado de simpatizantes nazis, guiados por algunos eminentes cozumeleños, cuyo propósito era reabastecer submarinos alemanes con combustible diésel. Hemingway y Jackson escribieron una serie de artículos de prensa acerca de lo que ellos suponían que habían encontrado y, usando en ellos palabras incendiarias e insinuaciones, convencieron a muchos lectores de que las acusaciones eran ciertas.

El *North American Newspaper Alliance (NANA)* reimprimió los artículos en todo Estados Unidos, donde la serie fue producida entre el 21 y el 27 de agosto de 1940. "Bases de combustible para submarinos y criminales nazis se establecen en el Caribe", dice el título del primer artículo. "Investigadores aficionados encuentran base nazi ideal cerca de las costas de México", anunciaba el segundo. "Nazis controlan isla a 300 millas del canal de Panamá", advertía el tercero. "Petróleo almacenado en la isla de Cozumel, cerca de Yucatán, ¡se cree que pertenece a los alemanes!", exclamaba el cuarto. Los otros dos artículos eran sobre otras supuestas bases nazis encontradas en Nicaragua y Costa Rica. Estos artículos fueron después reunidos en uno solo y publicados en 1940, en el volumen 37 de la revista *The Reader's Digest*.

En los artículos, ambos escritores informaron que el cozumeleño Oscar Coldwell Fernández, hijo de Oscar Coldwell Anduze, estaba a cargo de esta nefasta operación. Sin embargo, al parecer confundieron a Jacinto Coldwell Fernández con su hermano Oscar, ya que Oscar había muerto tres años antes, en 1937. Hemingway cita a Jacinto diciendo que "Gran Bretaña nunca nos hizo ningún bien y cuando Hitler gane traerá orden al mundo".

Si fue o no Jacinto Coldwell en realidad quien hizo estas afirmaciones, nunca lo sabremos; pueden haber sido sus verdaderos sentimientos, o pueden haber sido solo palabras atribuidas a él por los dos escritores que estaban decididos a encontrar simpatizantes alemanes detrás de cada arbusto. Por ejemplo, Hemingway y Jackson también acusaron a otros dos cozumeleños, Mauricio (Moritz) Grau y Adolfo (Adolf) Klinger, de ser nazis. Eran dos socios austriacos judíos que manejaron una pequeña ferretería en la esquina sureste de la plaza, desde 1939 hasta finales de la década de 1980, cuya última voluntad y testamento fue destinar los ahorros de toda su vida para instaurar y financiar la Fundación Comunitaria Cozumel. "Entre los asociados de Coldwell hay dos 'refugiados judíos' antinazis sólo de nombre, que llegaron a Cozumel recientemente", declaraba uno de sus artículos, en un intento de implicar a Grau y Klinger en un imaginario complot.

En otro de los artículos, estos escritores afirmaron que Coldwell poseía un cobertizo de concreto al norte de la ciudad, cerca del litoral, en el que se guardaban trescientos barriles de diésel. Este era el antiguo depósito de combustibles de la Compañía Mexicana de Petróleo El Águila S. A., del cual Casa Coldwell era agente, y que estaba ubicado en la calle 12 entre el malecón y la 5ª Avenida. Ellos suponían que otros doscientos barriles habían sido almacenados detrás de la Casa Coldwell, en la plaza donde hoy se ubica un viejo hotel cerrado, al lado de Comercial Joaquín. En un tercer artículo, dijeron que se estaban almacenando quinientos barriles en el cobertizo frente al mar y otros doscientos en la Casa Coldwell. Con independencia del número real de barriles que poseía la Casa Coldwell, había para ello una razón suficientemente buena para que fueran muchos: la Casa Coldwell era el establecimiento comercial líder en Cozumel y, como único titular de la concesión de Pemex en la isla, suministraba toda la gasolina y el diésel a barcos y aviones que ingresaban al puerto y al aeropuerto de Cozumel. No hay ninguna evidencia en lo absoluto de que algún submarino alemán visitara jamás Cozumel, ni que fuera abastecido de combustible, o recibido suministro en la isla.

Luego de su aventurero viaje, Leicester se fue a Europa con el ejército de Estados Unidos y más tarde, en 1953, escribió su primera novela acerca de la experiencia, *The Sound of the Trumpet*, que fue bien recibida por la crítica. Después escribió una premiada biografía de su hermano Ernest. Sin embargo, el logro más memorable de este escritor aventurero es que se las ingenió para conformar la micronación República de Nueva Atlantis, el 4 de julio de 1964. Ese día, Leicester ancló una balsa de bambú de treinta pies de largo por ocho de ancho sobre un arrecife superficial en aguas internacionales, justo en las afueras de los límites territoriales de Jamaica, y lo declaró nación independiente aprovechando la Ley de Islas Guaneras estadounidense de 1856.

Esta legislación de Estados Unidos se promulgó originalmente para que los ciudadanos estadounidenses pudieran reclamar cualquier "isla, peña, o cayo desocupado", con el objetivo de explotar el guano (excrementos de pájaros) para su uso como fertilizante tanto en Estados Unidos como en el extranjero. Puesto que la ley no había sido nunca derogada, Leicester la utilizó para sustentar su reclamación de independencia. Después de una visita al arrecife acompañado por funcionarios jamaicanos y de asegurarles que su nueva república "sería una potencia pacífica y no amenazaría a sus vecinos del Caribe", Leicester obtuvo el consentimiento tácito de que no interferirían con Nueva Atlantis, y se eligió a sí mismo como su primer presidente. Lo primero que hizo como nuevo líder de la república fue autorizar una bandera nacional y comisionar la impresión de cinco denominaciones de sellos postales, los cuales tenía la intención de vender a coleccionistas de todo el mundo, con una enorme ganancia.

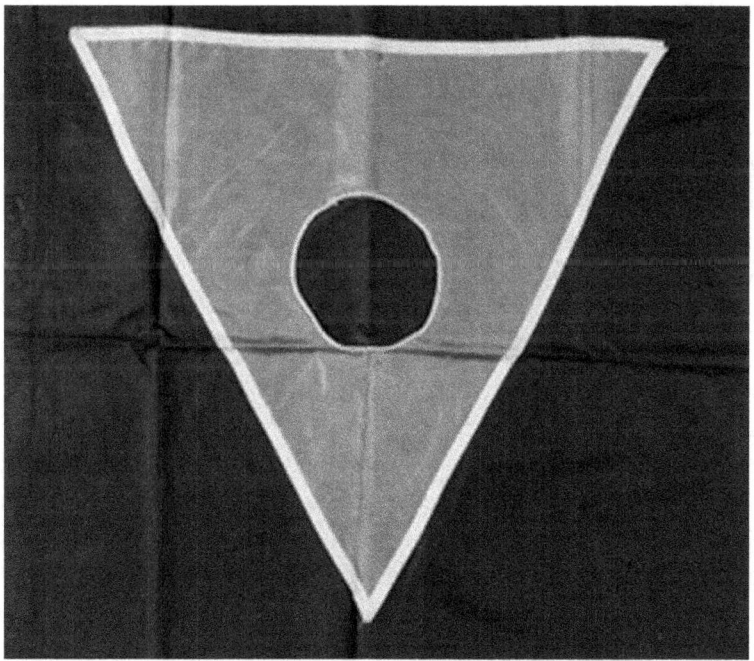

La Bandera Nacional de Nueva Atlantis.

Un sello de correos de Nueva Atlantis.

Por desgracia, la Unión Postal Universal, organización suiza a cargo de la administración de los sellos del mundo, se negó a reconocer la legitimidad de la república, o de sus timbres. El plan fracasó, y unos años más tarde la balsa se fue volando en una tormenta y la Atlantis desapareció debajo de las olas una vez más.

¿Submarino alemán hundido en el arrecife Chinchorro?

El interés del público en los submarinos alemanes de la Segunda Guerra Mundial hundidos parece ser interminable. Con frecuencia se escuchan reportes de que se ha descubierto uno, ya sea con una carga de mercurio, o con lastre de mercurio, dependiendo de quién esté contando la historia. A menudo, se informa de que el sitio donde se encontró este submarino es el arrecife Chinchorro, al sur de Cozumel. Pero, ¿existe en realidad un submarino alemán hundido en el banco Chinchorro, derramando lentamente su lastre de mercurio en el fondo del mar? No. No existe ningún submarino hundido en Chinchorro. Ningún submarino alemán, o norteamericano, o ruso, o chino o tibetano naufragó allí. ¿Por qué, entonces, tantas personas juran que esto es cierto? Porque su padre (o un tío, un amigo, un primo, etc.) se los dijo. O lo oyeron de un amigo, que tenía un amigo, que a su vez tenía otro amigo cuyo primo lo vio. Un dato revelador es que, en todos estos años, nunca se han tomado fotografías del submarino naufragado, y dada la poca profundidad del arrecife Chinchorro, un submarino alemán hundido sería un asunto muy fotogénico. Pero la verdad es que si algún buceador encontró un pequeño charco de mercurio en el fondo de algún hueco del arrecife, sería mucho más fácil de explicar la procedencia de ese metal líquido que inventar un submarino fantasma: proviene de un buque de carga que transportaba mercurio de Europa al Nuevo Mundo para ser usado en la refinación de oro a partir del metal de oro, en un proceso conocido como "amalgamación".

En el transcurso de los siglos, muchos de estos buques se hundieron antes de que pudieran descargar su cargamento de mercurio. Como el mercurio es insoluble en agua, hasta la última gota derramada en alguno de los naufragios sigue estando tan intacta como lo estuvo el día en que se hundió el barco: todavía yace en las grietas del fondo del mar, brillante, pesado y venenoso. Muchos de estos barcos de carga hundidos se han encontrado en los últimos años y muchas veces su cargamento de mercurio ha sido rescatado y vendido. En la actualidad, el mercurio se vende a aproximadamente cincuenta y cuatro dólares el kilogramo, así que es un lucrativo negocio.

Muchas otras naves antiguas se hundieron con cantidades bastante más pequeñas de mercurio medicinal a bordo. En los siglos XV y XVI se pensaba que si se inyectaba mercurio en el pene de un hombre infectado con sífilis, con una jeringa, esto le ayudaba a combatir la enfermedad. Casi todos los médicos a bordo de los buques en ese tiempo llevaban el mercurio y la jeringa para administrarlo, ya que la sífilis era aparentemente un padecimiento común entre los marineros.

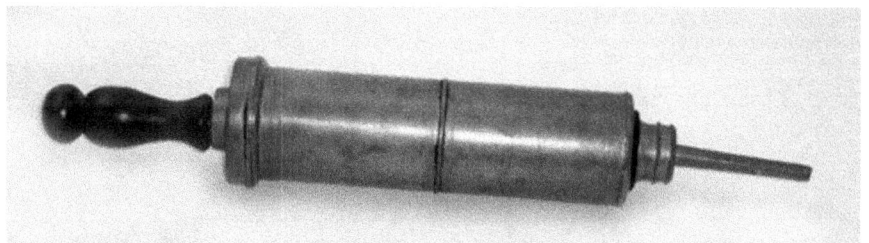

Una jeringuilla para pene de cinco pulgadas de largo, del siglo XVIII, utilizada para introducir mercurio en la uretra.

Todavía hasta 1918 se empleaba mercurio en la lucha contra esta enfermedad venérea. A veces un "masajista o sobador cualificado", o un médico, lo frotaba directamente sobre el pene del paciente. Otras veces se inyectaba en la piel o se insertaba en el recto como supositorio. En el *Practitioner's Encyclopaedia of Medical Treatment*, publicado por Oxford Medical Publications en 1915, se incluyó la siguiente descripción de cómo debía ser preparado el mercurio:

"El mejor método de prescribir el mercurio es en forma de unciones, pero éstas son inútiles, excepto en la sífilis congénita, salvo que las realice un sobador entrenado. Las unciones mercuriales son desagradables y causan en el paciente algunas molestias, debido al tiempo que ocupan. Más convenientes son las inyecciones de mercurio. Las preparaciones insolubles son más eficaces que las solubles. El compuesto más fuerte es el cloruro de mercurio, pero por desgracia su uso está tan frecuentemente acompañado de dolor y de la formación de abscesos ocasionales, que es mejor un poco de preparación del mercurio metálico. Cuando un paciente no puede obtener asistencia médica regular, el mercurio debe ser tomado en alguna forma; si este método causa depresión o provoca gastroenteritis o diarrea, la inserción de un supositorio cada noche justo antes de irse a la cama, a menudo aminora el problema".

Capítulo 17

La prisión de uno es el escape de otro

El infierno verde de Cozumel

Durante el reinado del emperador Maximiliano I de México (1864-1867), Cozumel fue utilizada como una especie de prisión, de "Isla del Diablo", donde mandaban como desterrados a los presos políticos. La ciudad de San Miguel solo tenía alrededor de cuatrocientos habitantes en ese momento. Estaba tan alejada del camino que las autoridades de la ciudad de México consideraban que alguien atrapado en la isla sería eficazmente neutralizado en su intento de huida. El periodista Yanuario Manzanilla y el editor de periódicos Eligio Ancona fueron dos de los disidentes más famosos que el gobierno de Maximiliano exilió en la isla en 1866. Manzanilla escribió después sobre sus experiencias en Cozumel en sus memorias, publicadas en 1888: "El aspecto del pueblo es pobre. Sus casas son de palmas y unas cuantas no más hay de cal y canto. Solo cuentan dos calles regulares. En tierra nos guardaba el Señor Benjamín Pasos, previamente enviado de Alcalde municipal y Comandante militar para aguardar á los que debían ser deportados y servirles de custodio. Este señor nos recibió con cortesía y nos dijo que quedábamos en libertad dentro la población, sin poder salir de su recinto. El estar libres en la población era una concesión forzosa, porque no existe ninguna prisión en ella, y la isla es tan poco frecuentada por las embarcaciones, que no nos podemos fugar, tal, que en más de dos meses que permanecimos en San Miguel, solo vimos dos en fondeadero. Así es que, el que entra allí, no puede salir a su voluntad. Se aísla del resto del mundo. Tiene murallas como la China, sin más que las suyas son de olas gigantescas que produce el mar".

Durante el gobierno del presidente mexicano Porfirio Díaz (1876-1911), cuando Yucatán se denominó "Infierno verde", también se utilizó a Cozumel como depósito para mantener a los disidentes. En

1913, el presidente mexicano Victoriano Huerta continuó con la práctica de enviar enemigos políticos a Cozumel.

Aunque toda la isla pudo haber sido considerada una prisión en un tiempo, después tuvo sus propias cárceles. Una de ellas se encontraba en la plaza principal de San Miguel, donde hoy está el centro comercial Plaza del Sol. No tenía baños y a los prisioneros se les permitía usar el baño en una casa más abajo de la calle. En El Cedral también había una pequeña cárcel. La antigua ruina maya que se encuentra cerca de su centro fue adaptada en algún momento después de 1915 con pesadas puertas de madera y se encerraba ahí al borracho ocasional durante toda la noche.

Ruina de un oratorio maya que fue utilizada como cárcel en El Cedral.

Desde el infierno a Cozumel

Al igual que Papillon (el prisionero francés que interpreta Steve McQueen en la película del mismo nombre), que escapó de la Isla del Diablo, penal francés frente a las costas de la Guayana Francesa, se han intentado otros intrépidos escapes desde Iles du Salut durante los años de 1852 hasta 1946, cuando la colonia penal estaba en funcionamiento. Una de esas historias trata de tres grupos diferentes de fugitivos que lograron escapar y, eventualmente, se reunieron de nuevo en la isla de Trinidad. Uno de los prófugos lo narra así:

"Estaba yo trabajando en el jardín de uno de los edificios de la administración de isla Royal [una de las tres islas que conforman las Iles du Salut]", escribió Jean Duvernay en 1939, "y había estado allí durante tres meses cuando, un día, me encontraba en la playa pescando mariscos y tuve la oportunidad de hablar con un pescador de la parte continental. Este pescador tenía una lancha de unos siete metros de largo y alrededor de metro y medio de ancho. En este momento particular, mis amigos, tres de los cuales estaban conmigo en isla Royal, cuatro en isla St. Joseph, y dos en la Isla del Diablo, me habían dado sus ahorros, diciéndome que contaban conmigo para hacer lo necesario [para escapar]. Tenía dos mil quinientos francos y le ofrecí al pescador quinientos para que permaneciera en el paso entre las islas después del anochecer y más tarde nos cediera la embarcación. Convenimos en que fueran mil.

"Les di la noticia a mis amigos y se acordó que nos encontraríamos en cierto punto de mi isla tan pronto como se hiciera de noche. A pesar del peligro de nadar en las aguas entre las islas infestadas de tiburones, el grupo se reunió conforme a lo previsto. Pronto estuvimos a bordo después de nadar cierta distancia hacia la lancha que estaba enfrente de la costa, ya que no está permitido que las naves anclen cerca durante la noche. En un tiempo muy corto el pescador nos llevó a la orilla, reunimos algo de comida y nos fuimos al mar, dándonos cuenta de que podríamos estar sacrificando nuestras vidas en aras de la libertad que tanto amábamos todos".

El grupo de Duvernay se perdió después de unos días debido a una brújula defectuosa y estuvo a la deriva hasta que un carguero británico les dio agua y provisiones y los dirigió hacia Trinidad, su objetivo previsto. Llegaron a Trinidad a los pocos días, donde se reunieron con otros dos grupos de fugitivos que también habían logrado escapar de la colonia penal francesa. Los tres grupos permanecieron unidos el tiempo que estuvieron en Trinidad, pero más tarde decidieron separarse y reorganizarse en tres nuevos grupos, integrados por nuevas combinaciones de los miembros de cada grupo original. El primero de estos nuevos grupos (de nueve hombres) navegó hacia Colombia, donde fueron capturados rápidamente y devueltos a la Guayana Francesa.

Velero de los convictos franceses.

El segundo de los nuevos grupos, compuesto por diez hombres, zarpó hacia Haití, pero los prófugos terminaron naufragando doce días más tarde en Curazao. Los habitantes de Curazao les dieron un nuevo barco, pero cuando zarparon para Aruba estrellaron su embarcación en las rocas del puerto justo cuando salían. Los isleños les dieron un tercer barco, en el cual navegaron hasta Aruba, y de ahí hasta Colombia. En Colombia, este grupo se dividió; tres de los fugados finalmente fueron arrestados y regresados a la colonia penal francesa, y los siete restantes se las ingeniaron para mantener su libertad.

Los fugitivos del tercer grupo se las arreglaron para que un barco carguero en Trinidad los llevara hasta la costa de Quintana Roo. Allí, en punta Herrero, se les dio una de las lancha del buque y los dejaron a la deriva. Este grupo estaba formado por Jonas Varennes, Pierre

Pouillon, Germain Jolion, Fernando Girial, Jean Goutelle y Louis Kieffer. Desde punta Herrero, los seis pidieron un aventón a un barco de Aduanas de México, que los llevó a Cozumel, junto con su pequeña embarcación, el 15 de agosto 1938. Allí vendieron la lancha en alrededor de doscientos pesos y se les permitió establecerse en la isla, donde utilizaron el dinero para iniciar una nueva vida.

Una nota archivada en el consulado general norteamericano en la ciudad de México en 1939 se muestra a continuación y esclarece la situación:

> American Consulate General,
> Mexico, D. F., Mexico,
> April 29, 1939.
>
> MEMORANDUM
>
> Mr. Arthur Falconer, whom I had known some years ago in San Luis Potosí when he was employed with the American Smelting and Refining Company, called this morning and stated that Vice Consul Stephen C. Worster of Mérida, Yucatán, had met him in Cozumel and had informed him of the desire of the Consulate General to obtain information concerning any convicts who may have escaped from French Guiana and come to Mexico.
>
> The inquiry had been made of Vice Consul Worster because of a report that Mr. John Abney and companions had purchased a boat on Cozumel in which certain escaped French convicts had come to that island. Mr. Falconer said that as a matter of fact four or five men had come to Cozumel in the boat in question which was practically unseaworthy and leaking badly. They sold the boat for 150 or 200 pesos to a resident of Cozumel and then remained there because the authorities would not allow them to depart. It seems that at least three of them are still living in the Comandancia in Cozumel and are working for a wage of about three pesos a day on Government projects and seem to be quite content. The one other member of the group seems to have become enamored of a Mexican circus performer in Cozumel some time ago. When she returned to Mérida she sent him two or three hundred pesos and he followed her to Mérida where it is understood he married her and is traveling with her and the circus at the present time.
>
> It would appear from the statements of Mr. Falconer who has spent the last two years in Yucatán and Quintana Roo for a chicle company that the authorities are perfectly well aware that these men are escaped convicts and, in fact, it was common knowledge that one was sent to French Guiana for murder, another for robbery with fire arms and another for some sexual crime. It would appear further that these convicts were received rather sympathetically and that no action against them is contemplated.
>
> Geo. P. Shaw,
> American Consul.

En resumen, la nota escrita por el cónsul norteamericano informaba que cuatro o cinco reos que habían escapado de la prisión en la Guayana francesa navegaron a Cozumel, donde vendieron su lancha por 150 o 200 pesos. Agregaba que las autoridades locales les habían permitido quedarse en la isla, y que tres de ellos estaban trabajando para la Comandancia de Cozumel en proyectos del gobierno, con un sueldo de más o menos tres pesos al día. Decía también que un integrante del grupo se había enamorado de una artista mexicana de un circo que pasaba por la ciudad, y que, más tarde, ella le había mandado dinero para viajar a Mérida. Se dice, añadía el cónsul, que en Mérida se había casado con la muchacha y ahora viajaban juntos con el circo. El cónsul comentaba en la nota que, aunque las autoridades mexicanas estaban conscientes de que estos hombres eran presos fugitivos y que uno habías sido condenado por asesinato, otro encarcelado por robo con arma de fuego y uno más estaba en prisión por un delito sexual, no contemplaban ninguna acción contra ellos.

Capítulo 18

Cómo el turismo, unas boas constrictoras y una estatua de Cristo de un solo brazo llegaron a Cozumel

Durante su exilio en 1869, el general mexicano Antonio López de Santa Anna (quien se rindió a los texanos en la Batalla de San Jacinto) persuadió a Thomas Adams, de Nueva York, de tratar de desarrollar un producto utilizando el chicle, la goma del árbol chicozapote (*Manilkara zapota*), que se encuentra en Yucatán, Guatemala y Belice. Luego de varios intentos fallidos de hacer juguetes, máscaras y botas de lluvia con el material, Adams finalmente le añadió saborizante surgiendo de esta forma la goma de mascar a base de chicle. La goma de mascar ya se conocía desde hacía unos años en Estados Unidos, pero hasta entonces su base había sido la goma de abeto y no había alcanzado gran popularidad. Esta nueva mezcla sí lo logró.

Primera goma de mascar Adams a base de chicle.

En 1880, William White mejoró la capacidad de mantener el sabor de la goma de mascar y lanzó una nueva línea llamada "Yucatan Chewing Gum".

La goma de mascar de William White.

Ese mismo año, Henry y Frank Fleer comenzaron la fabricación de los "Chiclets".

Los Chiclets de Fleer.

En 1891, con 29 años de edad, William Wrigley abrió un negocio de venta de jabón al por mayor a tiendas de abarrotes. Como incentivo para que sus clientes compraran más jabón, comenzó dándoles bicarbonato de sodio gratuito con sus pedidos. Cuando aumentó vertiginosamente la popularidad de este aliciente, Wrigley cambió el enfoque de su negocio, y pasó de vender jabón a vender levadura en polvo para hornear. Para ayudar a que este nuevo producto despegara, Wrigley comenzó a regalar goma de mascar en los siguientes pedidos de sus clientes.

Jabón de Wrigley.

Pronto Wrigley empezó a fabricar su propia goma de mascar, y su chicle provenía directamente de Yucatán. En 1893 introdujo la Juicy Fruit Gum (goma de mascar con sabor a frutas) y la Spearmint (con sabor a menta) unos meses después. Estas dos gomas de mascar, así como otras que se fabricaban en Estados Unidos se volvieron absurdamente populares y la locura por la goma de mascar impulsó una carrera para ver quién controlaba el suministro de chicle. El gobierno mexicano lo intentó, pero dado que la mayoría de los árboles de chicozapote se encontraba en tierras que estaban en poder de los rebeldes mayas cruzoob, al principio no hubo mucho que pudiera hacerse al respecto. Más tarde, en la década de 1910, después de que concluyera la Guerra de Castas, el gobierno federal mexicano comenzó a hacer respetar tanto las concesiones, como la exportación de chicle.

Para la década de 1920, Cozumel se había convertido en un importante puerto en el comercio del chicle y necesitaba un hotel para albergar a los compradores estadounidenses y a los funcionarios mexicanos que lo visitaban. Para tal fin, Refugio Granados construyó el Gran Hotel Louvre en Cozumel en 1924, en la intersección de Juárez y Zaragoza. En 1932, Felipe Rivero Herrera edificó el Hotel Yuri, ubicado en la calle 1 Sur entre las Avenidas 5ª y 10. Entre 1936 y 1938, el gobierno de Quintana Roo construyó el Hotel Playa en la Avenida Playa Norte (actual Avenida Melgar).

En 1919 se inventó el chicle sintético, pero no llegó a ser popular entre los fabricantes hasta finales de la década de 1920. Para la

Segunda Guerra Mundial, el comercio del chicle había quebrado. Sin ninguna otra industria o comercio que lo reemplazara, la economía de Cozumel estaba en ruinas y todos estaban viviendo momento difíciles. El Hotel Playa cerró sus puertas debido a la falta de viajeros de negocios. El antiguo hotel es ahora el Museo de la Isla.

Los años de la guerra fueron complicados para Cozumel. La base aérea estadounidense que el Departamento de Guerra de Estados Unidos había asumido que podría construir y hacer funcionar en Cozumel fue rechazada por Lázaro Cárdenas, secretario de Defensa y expresidente de México, quien había nacionalizado los campos petroleros mexicanos y expulsado a las compañías petroleras norteamericanas. Como resultado, muy poco del dinero, municiones y suministros que Estados Unidos le dieron a México a cambio del derecho a construir bases aéreas terminó en realidad en Cozumel. Algunos de esos fondos los usó Mexicana de Aviación (en ese momento, una subsidiaria de Pan American Airways) para mejorar la antigua pista de aterrizaje de tierra de la isla, pero las tropas estadounidenses y su dinero para gastos nunca aparecieron. Las pistas de tierra recién alargadas fueron, sin embargo, uno de los componentes básicos para la infraestructura turística de la isla, y eso fue un consuelo.

En 1948, se produjo un accidente náutico que tendría el extraño resultado de provocar indirectamente que un gran número de turistas estadounidenses visitara Cozumel. El 13 de febrero de ese año, el carguero Narwal pasaba por Cozumel en su camino desde Puerto Barrios, Guatemala, a Mobile, Alabama, cuando encalló en el punto de la costa este de Cozumel llamado Ixpalbarco. El buque era capitaneado por J. Wilson Berringer y llevaba 125 toneladas de plátanos. La tripulación de diez miembros logró desembarcar a salvo y cruzaron la isla a pie hasta San Miguel, donde Nassim Joaquín abrió para ellos el Hotel Playa, que estaba cerrado e inactivo. Cuando notificaron al dueño del barco, Charles Fair, del naufragio, voló a Cozumel desde su casa en Nueva York para supervisar la operación de salvamento. Durante su estancia, se impresionó con la isla y le dijo a Carlos Namur Aguilar, el cónsul honorario de Honduras en Cozumel, que se la recomendaría a sus amigos.

El Narwal

En mayo de 1951, el Comité para el Mejoramiento de Cozumel se reunió y comenzó a discutir la idea de promover el turismo en la isla. Un orador de la reunión, Roberto Sarlat Corrales, instó a Cozumel a unir fuerzas con el resto de la península para atraer a los turistas. A pesar de que la sugerencia recibió poca atención, el turismo no tardaría en convertirse en la salvación de la isla.

Cuando el Sr. Fair, propietario del carguero varado, regresó a Nueva York en 1948, fiel a su palabra, le contó a su amigo, el escritor John Richard Humphreys, sobre lo satisfecho que estaba con su estancia en Cozumel. Humphreys, a su vez, viajó a Cozumel para comprobar por sí mismo la recomendación de su amigo. Durante su estancia en el Hotel Playa por solo sesenta centavos al día, comenzó a tomar notas para un artículo. Unos meses después, regresó para otra estancia de un mes mientras terminaba de escribirlo. El artículo resultó ser una brillante promoción de la isla, pero durante unos cuantos años no encontró quien lo editara. *Holiday Magazine*, en aquel momento la revista interna de la Asociación de Automóviles Estadounidenses, decidió finalmente imprimir el artículo, en su edición de agosto de 1955. Titulado "Cozumel: A new island Paradise", el texto describía un idílico y asequible edén tropical. Humphreys escribió que "los turistas rara vez van allí. En sus playas, se ven muy pocos visitantes provenientes de Estados Unidos. Sin embargo, se puede vivir en Cozumel con estilo e incluso con relativo lujo por menos de 100 dólares al mes". El vuelo de ida de Miami a Mérida costaba 51.70 dólares, a lo que había que añadir otros 10.00 para tomar el DC-4 de Aerolíneas TAMSA en un vuelo de dos horas hacia Cozumel.

La población de la isla en ese momento era solo de alrededor de 2,300 personas. Las calles todavía estaban sin pavimentar, la vida era lenta, y los viajeros podían conseguir tres comidas al día por setenta y dos centavos de dólar en la Fonda Tropical (más tarde llamada Casa Denis). Humphreys contó que había contratado por cinco dólares al día un velero y había navegado hasta la pequeña localidad de Playa del Carmen, que describió como "un semicírculo de casas nativas de paja en la playa del continente".

El artículo conmovió a la opinión pública estadounidense. La descripción de una isla tropical en las inmediaciones, donde el filete costaba veinte centavos de dólar la libra, los trajes hechos a la medida tres dólares, las casas de cinco dormitorios se rentaban por treinta dólares al mes, y se podía contratar cocineros por cinco dólares al día, causó una gran afluencia de veraneantes que tomaron Cozumel por sorpresa.

En 1956, el director de cine mexicano René Cardona hizo la película *Un Mundo Nuevo* en Cozumel. El director de fotografía submarina fue Lamar Boden, quien más tarde sería el camarógrafo de la película *Flipper* y de la serie de televisión *Sea Hunt*, protagonizada por Lloyd Bridges. Esta película de Cardona llamó la atención de la opinión pública mexicana hacia los arrecifes de Cozumel. También comenzó a suscitar el interés de los buzos estadounidenses, cuando *Un Mundo Nuevo* fue doblada al inglés y transmitida en la televisión estadounidense en 1957 con el nombre de *A New World*.

En 1957, el buzo estadounidense Robert F. (Bob) Marx visitó Cozumel, junto con Mel Fisher y su esposa Deo, con objeto de filmar algunas películas promocionales submarinas para Pan American Airways. Después de la filmación, Bob se quedó en Cozumel y comenzó a usar el Hotel Playa como base de operaciones para una empresa de buceo-guía de turismo, el primer negocio de su tipo en la isla. Cobraba ocho dólares diarios por sus servicios, barco y equipo incluidos, según un artículo sobre Cozumel publicado en el *Esquire magazine* en 1959. Inicialmente, Bob daba clases de buceo y actuaba como guía de buceo para los turistas que deseaban probar el deporte, pero pronto tomó a un par de cozumeleños como ayudantes y los entrenó para cuidar de los turistas. Más o menos un año después,

Tiburcio García inauguró El Clavado Dive Shop y Ramón Zapata le siguió con la apertura de Aqua Safari en 1960, con los socios Juan Marrufo, Renato Bauche, Antonio Venegas y Orlando May.

En la edición de enero de 1958 de la *Travel Magazine* y luego otra vez en el número de febrero de 1958, Cozumel recibió buena publicidad. Los artículos señalaban que la aerolínea TAMSA volaba un DC-6 a la isla desde Mérida por diecisiete dólares la ida. También en 1958, un artículo titulado "Cozumel se Acapulquiza" apareció en el volumen 15 de la revista *Visión*. En él, se decía que los turistas norteamericanos habían estado yendo a Cozumel durante algunos años, debido en parte a artículos previos de revistas estadounidenses. También se lamentaba el hecho de que fuera más fácil llegar a Cozumel desde Estados Unidos que desde la ciudad de México. Algunas cosas nunca cambian.

Durante su estancia en Cozumel, el buzo Bob Marx escuchó sobre el naufragio de El Matancero (oficialmente nombrado Nuestra Señora de los Milagros), un buque mercante español que encalló en el arrecife de coral cerca de Akumal el 22 de febrero de 1741. En 1957, Marx cruzó de Cozumel a Akumal para echar un vistazo a los restos del naufragio. Aunque algunos pescadores sabían del barco hundido, todavía no había sido explorado. Después, Marx regresó con dos amigos suyos, Clay Blair (el editor asociado de *Saturday Evening Post*) y el fotógrafo de revistas Walter Bennett, y comenzó a rescatar los restos del naufragio. El primer esfuerzo rindió poco, pero cuando volvieron unos meses más tarde, encontraron y sacaron cientos de objetos que se habían hundido con el buque. Blair regresó a Estados Unidos y escribió un breve artículo sobre el hallazgo en el *Saturday Evening Post* del 1 de marzo 1958, y así el Instituto Nacional de Antropología e Historia (INAH) descubrió su secreto. Cuando él y Marx regresaron a los restos del naufragio en un tercer intento de sacar la carga, las autoridades mexicanas pusieron fin a su operación de rescate y en su lugar le concedieron un permiso a Pablo Bush Romero, que acababa de formar ese mismo año una organización llamada Club de Exploraciones y Deportes Acuáticos de México (CEDAM). Luego de algunos intentos fallidos, Bush y el CEDAM comenzaron a explorar en serio en 1959. Bush ofreció a Marx la oportunidad de participar con el CEDAM, por lo que la operación de rescate se conformó finalmente con alrededor de 25 estadounidenses invitados por Marx y otros 125 buzos mexicanos. Más tarde, Bush compró la tierra cerca de los restos del naufragio e hizo de Akumal la sede del club, donde más tarde se instaló el Museo CEDAM (trasladado desde entonces a Cancún). En 1960, Clay Blair publicó en Estados Unidos su libro *Diving for Pleasure and Treasure,* y luego, en 1961, lo sacó en Gran Bretaña. El libro detalla las aventuras de Blair y Marx en Cozumel y añadió más leña a la floreciente industria del buceo en la isla.

Un segundo artículo de Humphreys apareció en la edición de la *Holiday Magazine* en mayo de 1959, titulado "Cozumel: Bargain Paradise Revisited". Este nuevo texto describía las enormes diferencias que Humphreys encontraba que se habían producido en la isla desde que se publicara su primer artículo. Para empezar, Cozumel estuvo a punto de ser invadido por estadounidenses. La isla, escribió Humphreys, "había sido descubierta por miles de norteamericanos en busca de un paraíso caribeño". El agente de viajes de Humphreys en Mérida le dijo que los isleños se habían encontrado en medio de una estampida al estilo de la fiebre del oro. "Venían y venían, tanta gente, tan de repente... de Nueva Orleans y Miami, un avión lleno tras otro. Todos exigían ir a su isla". La frecuencia de vuelos de Mérida a Cozumel había aumentado de cuatro a nueve a la semana, e iban completamente llenos.

Humphreys también notó otros cambios en la vida de la isla. Las calles del centro de la ciudad estaban ahora pavimentadas. El antiguo Hotel Playa, que había sido construido por el gobierno en la década de 1930 y había tenido que cerrar por la falta de visitantes, fue arrendado y renovado por la familia Joaquín. Los precios de las habitaciones se habían elevado de los primeros sesenta centavos de dólar a uno astronómico de cuatro dólares por día. "Millonarios", escribió Humphreys, "acompañados de abogados e ingenieros de la construcción, llegaron y se fueron, dejando a su paso visiones de modernos hoteles, clubes nocturnos, dársenas para yates y enjambres de cruceros visitantes".

Debido a la amplia circulación de la *Holiday Magazine,* este segundo artículo también tuvo un gran impacto en la economía de Cozumel;

los estadounidenses estaban ahora listos y aptos para tomar vacaciones mexicanas en grandes cantidades, y así lo hicieron. Después de que apareciera el segundo artículo de Humphreys, otro autor escribió (en un artículo sobre Cozumel en la *Esquire Magazine*, 1965, vol. 64) sobre el viaje de Humphreys, diciendo que nadie en Cozumel le permitía pagar una cuenta durante su estancia.

Dos de los turistas atraídos a Cozumel por el primer artículo de Humphreys fueron un estadounidense nacido en Londres de padres rusos, Ilya (a veces traducido como "William") Chamberlain y su esposa norteamericana, Mary Helen Byrnes, quienes visitaron la isla en una corta estancia de dos días y se enamoraron de ella. Más tarde regresarían con algo de capital y renovarían las dos casas adyacentes de la Avenida Melgar (una de las cuales había alquilado Humphreys durante su segunda visita) y las convertirían en el Hotel Mayaluum en 1955. Ubicado en la esquina sur de la Avenida Melgar, en la Calle 8 Norte, tenía una discoteca y ofrecía la llamada "haute cuisine". Posteriormente, en 1960, Chamberlain añadiría a su empresa el Instituto de Arte de Cozumel.

Al otro lado de la calle del Mayaluum, los Barbachano abrieron el Hotel Caribe Isleño, en la esquina de la Avenida Rafael Melgar y la Calle 8 Norte, donde hoy se ubica Los Cinco Soles. Poco después, se construyeron doce cabañas, estableciendo el comienzo de las Cabañas del Caribe en playa San Juan, que luego se convertirían en la Zona Hotelera del Norte.

En 1959, los escritores Louis Renault y Richard José de la *Esquire Magazine* escribieron acerca de Cozumel en la sección de viajes de la revista. Cozumel estuvo de nuevo en las revistas en 1960 con el artículo "Centro Turístico Cozumel: de piratas a buzos" cuando apareció en la revista *Visión* del 21 de octubre de ese año. La isla también consiguió una buena mención en el libro *The Treasure Diver's Guide*, en 1960, escrito por John Stauffer Potter. Ese mismo año, el Hotel Mayaluum tenía publicidad en la revista *Saturday Review*.

Después de la caída del hombre fuerte del gobierno de Cuba, Fulgencio Batista, provocada por los rebeldes comunistas de Fidel Castro en el año 1959, Castro nacionalizó los hoteles y casinos de propiedad norteamericana en esa isla. Los estadounidenses comenzaron a buscar entonces otro destino para visitar e irse de vacaciones al Caribe. Cozumel fue uno de los beneficiarios de este giro de los acontecimientos, al igual que las Bahamas. Las compuertas estaban ahora abiertas, y los norteamericanos llegaban a la isla en masa. En 1961 Cozumel aparecía en la revista *Life* como un "lugar virgen para vacacionar". La construcción de hoteles en Cozumel despegó con la apertura de una docena de alojamientos antes de 1970 y el nuevo destino de vacaciones de Cozumel tomó el lugar que le corresponde en el mundo.

Otros visitantes establecen su residencia en la isla: llegan las boas

Antes de 1971, Cozumel era una isla libre de boas. Tenía alguna que otra serpiente no venenosa, como la verde de la vid (*Oxybelis fulgidus*) y la culebra engañosa norteña (*Xenodon rabdocephalus*), así como otras "ligeramente" venenosas, como la serpiente ojo de gato con colmillos traseros (*Leptodeira annulata*). Estas serpientes se alimentan de lagartijas, ranas y sapos, pero la isla estaba libre de cualquier serpiente grande arborícola que se alimentara de loros o sus huevos. En consecuencia, Cozumel era un paraíso para el loro de Yucatán (*Amazona xantholora*), también conocido como perico amarillo del Amazonas, o loro cabeza amarilla. Todo eso comenzó a cambiar en 1971.

En ese año, Felipe Cazals hizo su película de 112 minutos *El jardín de tía Isabel*, en la que narra la historia de sobrevivientes de naufragios españoles. La cinta se filmó en los Estudios Azteca de Churubusco (en la ciudad de México) y en Cozumel. Parte de la filmación en Cozumel tuvo lugar cerca de Xlapak, en el extremo noreste de la isla, y otras escenas más se rodaron en playa Palancar, en el extremo suroeste. El equipo de la película incluyó un proveedor de animales que llevó a Cozumel algunos pecaríes de collar, tarántulas, y seis boas para ser usadas como escenario extra. Una de las boas aparece en realidad en el filme durante cinco segundos. Estos cinco segundos resultaron ser desastrosos para Cozumel, porque una vez que se completó el rodaje, en abril de 1971, liberaron a todos los animales cerca de la Playa Palancar.

Las boas encontraron en la isla un hábitat ideal y comenzaron a reproducirse con gran rapidez. Una hembra es capaz de tener sesenta crías nacidas vivas cada dos años, y en 1991 estas serpientes comenzaron a aparecer por toda la isla. De hasta seis pies y medio de largo, las boas empezaron a diezmar la población de roedores y aves de Cozumel. Sus favoritas resultaron ser los loros de la isla. En unos pocos años, las anteriormente estridentes bandadas de loros amarillos que una vez fueron una de las más visibles (y audibles) formas de vida silvestre de Cozumel, se convirtieron en un espectáculo poco común; las boas fueron acabando con ellos. Hoy en día, los loros penden de un hilo y su número es mucho, mucho menor.

La estatua de Cristo en el parque Chankanaab

Contrariamente a lo que afirma el mito popular, Jacques Yves Cousteau no tuvo nada que ver con la estatua submarina de Cristo en el parque Chankanaab. En 1984, Ramón Bravo, el famoso explorador submarino y camarógrafo de Isla Mujeres, se acercó al gobernador de Quintana Roo, Pedro Joaquín Coldwell, con un plan para erigir una estatua de Cristo bajo el agua en el arrecife Palancar. Satisfecho con la idea, el gobernador encargó al artista Enrique Miralda Bulnes la confección de la estatua, como regalo a Cozumel en nombre del gobierno del estado. Cuando se transportaba la estatua a la isla, que venía en camión desde la ciudad de México, uno de los brazos se rompió, y hubo que volver a pegarlo en un taller de reparación local de Cozumel. Una vez que le fue repuesto el brazo, la estatua se colocó en la "herradura", en el arrecife Palancar, en 1984. Yo ayudé a verter el concreto para su base en un molde que montamos en la cubierta de un barco en Puerto de Abrigo. La base de cemento terminada se puso en el fondo marino en Palancar y la estatua fue bajada hacia la base y asegurada. Sin embargo, eventualmente se retiró la estatua de Palancar y se reubicó en el agua en frente del parque Chankanaab. La antigua base de la estatua aún permanece en el fondo marino de Palancar, y en ocasiones es visible cuando se queda expuesta por las tormentas o corrientes.

La antigua base de la estatua en la herradura, en el arrecife Palancar.

La estatua en el mar en frente de Parque Chankanaab.

Capítulo 19

La Cruz de Cozumel, Casimiro Cárdenas, la iglesia de El Cedral

La "Cruz de Cozumel"

Por cientos de años, ha habido muchas historias que vinculan a Cozumel con una especie de cruz de piedra especial. Algunas de ellas tienen su base en hechos, otras son pura fantasía, y otras tantas son una mezcla de ambos. Por ejemplo, hay varias versiones de una vieja historia sobre una cruz de piedra tallada que los primeros exploradores españoles encontraron en Cozumel; de acuerdo con ella, se trataba de un crucifijo de piedra tallado por los mayas antes de la llegada de los españoles. A veces esta historia de la "Cruz de Cozumel" se funde con el relato de la visita de De Grijalva a Cozumel en 1518 y la "cruz" que vio cerca de un templo que era, en realidad, una imagen del dios de la lluvia maya y coincidió que estaba conformada como una cruz. Otras veces, la cruz de esta historia se confunde con la cruz de madera que Hernán Cortés erigió en Cozumel en 1519.

El origen del mito que describe una cruz hallada por los primeros españoles en llegar a la isla de Cozumel está relatado en una línea de texto en la *Primera y segunda parte de la historia general de las Indias con todo el descubrimiento, y cosas notables que han acaecido dende que se ganaron hasta el año de 1551, con la Conquista de México, y de la Nueva España*, (también conocida como *Historia general de las Indias y Conquista de México*), escrita por Francisco López de Gomara y publicada en 1552. En ese texto, Gomara dice que en la isla de Cozumel "habia una cruz de cal tan alta como diez palmos, a la cual adoraban por dios de la lluvia". Este dios de la lluvia era Chaac, y la imagen de piedra tallada de esta deidad era similar a una cruz.

Otros historiadores españoles antiguos tomaron esta descripción de un dios maya con forma de cruz y la distorsionaron, convirtiéndola en una falsa historia que mostraba que antes de la llegada de los españoles, los mayas habían estado adorando a un dios que murió en la cruz y que los crucifijos de piedra se encontraban por todo Yucatán. A veces, la historia aún relata que los crucifijos estaban hechos de bronce. Obviamente, nada de esto es cierto.

Un panel de piedra tallada en Palenque que muestra la adoración de una "cruz" maya que era en realidad una imagen de Chaac, dios de la lluvia.

Bernal Díaz del Castillo, en su manuscrito de 1568 *Historia verdadera de la conquista de la Nueva España*, escribe que en 1519, en Cozumel, Hernán Cortés ordenó a sus carpinteros, Alonso Yáñez y Álvaro López, construir una cruz de madera. Díaz añade que esta cruz se colocó en un humilladero al lado del templo maya donde el capellán de Cortés había dicho una misa antes de salir de la isla. ¿Qué pasó con esta cruz de madera? Pedro Sánchez de Aguilar, en su *Informe contra idolorum cultores del obispado de Yucatán* de 1613, dice que Cortés: "puso una Cruz y la mandó adorar, quando pasó a México con su armada, la qual quitó el Governador don Diego Fernández de Velasco el año de 1604 y la enbio al Marqués del Valle nieto de Cortés". Si esto es cierto, la cruz de madera que Cortés erigió en Cozumel en 1519 es ahora cosa perdida.

Hay otras historias fantásticas que mezclan la cruz de madera que Cortés dejó en Cozumel con la imagen de piedra en forma de cruz del dios maya de la lluvia y con una cruz de piedra del siglo XVI que fue supuestamente encontrada en Cozumel en el período colonial y llevada a Mérida. Esta última cruz de piedra ahora se conoce como la "Cruz de Cozumel" o la "Cruz de la Conquista".

El origen de esta historia se puede encontrar en el manuscrito de López de Cogolludo de 1655, *Historia de Yucatán*: "En medio del patio que hace el claustro de nuestro convento de la ciudad de Mérida, hay una Cruz de piedra, que será del grueso de una sexma por cada parte de los lados, y como una vara de largo, y se echa de ver estar su longitud quebrada y faltarle algún pedazo. Tiene sacado de medio relieve, en la misma piedra, una figura de un Santo Crucifijo como de media vara de largo. Entendiéndose haber sido una de las que en el tiempo de la infidelidad de los indios se hallaron en la isla de Cozumel. Había muchos años, que estaba en lo superior de la iglesia, y se decía, que desde que la pusieron allí, no daba casi rayo alguno, y que de antes solían caer muchos en el convento. Cayóse con algún temporal, y la bajaron a la iglesia, donde algún tiempo la vimos arrimada al pié del altar de la capilla del capitán Alonso Carrio de Valdés, con poca decencia. Habiendo sido electo Provincial el R. Padre Fr. Antonio Ramírez, por decirse lo que se decía de esta Santa Cruz, y colocarla más decentemente, hizo labrar un asiento de piedra de sillería, y sobre él unas gradas, en medio una coluna de altura competente, en cuyo remate hizo fijar el de la Cruz, quedando derecha, y la efigie del Santo Crucifijo á la parte oriental; dorados los remates de la Cruz, que son labrados de vistosas molduras. Por la voz común así de religiosos como de seculares, y por no afirmar cosa de que no hay total certidumbre, se puso á las espaldas de ella un rótulo que dice: 'Esta Cruz se halló en Cozumel, sin tradición'. Habiendo sabido D. Eugenio de Alcántara (que murió beneficiado del partido de Hoctun, y fue de los ministros doctrineros que más lengua ha sabido de estos indios; curiosísimo en averiguar antiguayas suyas, grande eclesiástico y zelosísimo de que fuesen verdaderamente cristianos), que andaba yo ocupado en estos escritos, me dijo, no una vez sola, que podría escribir con seguridad que esta santa Cruz la tenían los indios en Cozumel en tiempo de su infidelidad, y que había años que se llevó á Mérida, porque habiendo oído á muchos lo que se decía de ella, había hecho particular inquisición con indios muy viejos de por allá, y se lo habían afirmado así".

En el texto de Cogolludo, se puede ver que todavía se aferra a ese viejo mito de que los mayas estaban adorando crucifijos de piedra antes de la llegada de los españoles y trata de relacionarlo con el crucifijo de piedra que estaba en el patio del convento franciscano de Mérida a mediados del siglo XV diciendo que fue encontrado en Cozumel. Quién lo encontró, cuándo fue encontrado, o de dónde proviene esta información, Cogolludo no dice. Lo que hace, sin embargo, es dar una buena descripción de la cruz derribada del techo del convento de Mérida y puesta en el patio, misma que no concuerda en absoluto con testimoniales brindados con posterioridad sobre el aspecto de la cruz que estaba en el museo de Mérida, aunque en el mito se pretenda que se trata de una y la misma cruz. Cogolludo también da una explicación del movimiento del crucifijo de la azotea a la capilla del capitán Alonso Carrio de Valdés, y de ahí al patio. A continuación, detalla las modificaciones hechas a la cruz por el padre Antonio Ramírez: los remates eran dorados y la cruz (que según él había perdido parte de su longitud cuando se rompió) fue cementada a un pedestal. Esta descripción también está reñida con fotografías posteriores de lo que se ha pretendido que sea la cruz real que Cogolludo dijo que vio en el patio del convento.

Justo Sierra O'Reilly publicó un artículo en 1841 en la revista *Museo Yucateco*, en el que indica que la cruz de la que Cogolludo escribió en 1655 fue retirada del convento franciscano por el padre Vicente Velázquez en 1820, cuando las tropas de Juan Rivas Vertiz destruyeron el interior de la iglesia. Sierra O'Reilly dice que después de eso, el padre Velázquez colocó la cruz en la sacristía de la iglesia de San Juan Bautista en Mérida. De ahí, cuentan los historiadores Michel Antochiw y Alfredo Argentino César Dachary, el padre Vicente Arnaldo la trasladó a la Iglesia de la Mejorada en Mérida.

John Lloyd Stephens visitó el antiguo rancho San Miguel en 1842 y escribió sobre las ruinas de la iglesia española que encontró justo al norte del mismo en su libro de 1843 *Incidents of Travel in Yucatan*. Stephens dice: "It is a notion, or, rather, a principle, pervading all the old Spanish writers, that at some early day Christianity had been preached to the Indians, and connected with this is the belief that the cross was found by the first conquerors in the province of Yucatan as a symbol of Christian worship. Prophecies are recorded supposed to show a traditionary knowledge of its former existence, and foretelling that from the rising of the sun should come a bearded people and white, who should carry aloft the sign of the cross, which their gods could not reach, and from which they should fly away. The same vague idea exists to this day; and, in general, when the padres pay any attention to the antiquities of the country, they are always quick in discovering some real or imaginary resemblance to the cross. A strong support of this belief is advanced in the 'Cozumel Cross' at Mérida, found on the island of Cozumel, and in the time of Cogolludo, as at this day, supposed to have been an object of reverence among the Indians before their conversion to Christianity. ("Es una idea, o más bien, un principio, que permea en todos los antiguos escritores españoles, que en algún tiempo anterior el cristianismo había sido predicado a los indios, y conectado con esto está la creencia de que la cruz fue encontrada por los primeros conquistadores en la provincia de Yucatán como un símbolo de adoración cristiana. Se registran profecías que supuestamente muestran un conocimiento tradicional de su existencia anterior, y presagian, desde el nacimiento del sol, que debía venir un pueblo de blancos y barbudos, y que debía llevar en alto la señal de la cruz, que sus dioses no podían alcanzar, y a partir de lo cual, ellos debían huir. La misma vaga idea existe hasta nuestros días; y, en general, cuando los sacerdotes prestan atención a los objetos antiguos del país, siempre descubren con rapidez alguna semejanza real o imaginaria con la cruz. Un importante soporte de esta creencia proviene de la 'Cruz de Cozumel' de Mérida, encontrada en la isla en los tiempos de Cogolludo, y desde entonces, como hasta hoy en día, se supone que ha sido un objeto de reverencia entre los indios antes de su conversión al cristianismo.).

"Until the destruction of that edifice it stood on a pedestal in the patio of the Franciscan convent, and, as we were told, from the time when it was placed there, no lightning had ever struck the building, as had often happened before. It is now in the Church of the Mejorada, and in looking for it at that place, Mr. Catherwood and myself were invited into the cell of an octogenarian monk then lying in his hammock, for many years unable to cross the threshold of his door, but in the full exercise of his mental powers, who told us, in a tone which seemed to indicate that he had done what would procure him a remission from many sins, that he had himself dug it up from among the ruins, and had it set up where it is now seen. It is fixed in the wall of the first altar on the left; and is almost the first object that arrests the eye of one entering the church. It is of stone, has a venerable appearance of antiquity, and has extended on it in half relief an image of the Saviour, made of plaster, with the hands and feet nailed. At the first glance we were satisfied that, whatever might be the truth in regard to its early history, it was at least, wrought into its present shape under the direction of the monks. And though, at that time, we did not expect ever to know anything more about it, the ruins of this church cleared up in our minds all possible mystery connected with its existence. ("Hasta la destrucción de ese edificio, ésta estaba sobre un pedestal en el patio del convento franciscano y, como nos dijeron, desde el momento en que fue colocada allí, ningún rayo había vuelto a caer en el edificio, como antes a menudo ocurría. Ahora es la Iglesia de la Mejorada, y en la búsqueda de ella en ese lugar, Mr. Catherwood y yo fuimos invitados a la celda de un monje octogenario que en ese momento yacía en su hamaca, y quien por muchos años no había cruzado el umbral de su puerta, pero que en pleno ejercicio de sus facultades mentales nos dijo, en un tono que parecía indicar que había hecho lo que le procuraría una redención de muchos pecados, que él mismo había cavado entre las ruinas, y que había montado, lo que se ve ahora. Está fija en la pared del primer altar a la izquierda; y es casi el primer objeto que captura la vista del que entra a la iglesia. Es de piedra, tiene un venerable aspecto de antigüedad, y extendida sobre ella en medio relieve hay una imagen del Salvador, hecha de yeso, con las manos y los pies clavados. En primera instancia nos quedamos satisfechos de que cualquiera que fuese la verdad en lo que respecta a su historia anterior, al menos su forma actual estaba hecha bajo la dirección de los monjes. Y aunque, en aquel momento, no esperábamos volver a saber nada más sobre ella, las ruinas de esta iglesia [en Cozumel] nos aclararon cualquier posible misterio relacionado con su existencia).

"In front of the building [on Cozumel] is a cemented platform, broken and uprooted by trees, but still preserving its form; and on this stand two square pillars, which, as we supposed on the spot, had once supported crosses, and we were immediately impressed with the belief that one of these missing symbols was that now known as the 'Cozumel Cross', and that it had probably been carried away by some pious monk at or about the time when the church became a ruin and the island depopulated. For myself, I have no doubt of the fact; and I regard it as important, for, even though crosses may have been found in Yucatan, the connecting of the 'Cozumel Cross' with the ruined church on the island completely invalidates the strongest proof offered at this day that the cross was ever recognised by the Indians as a symbol of worship. ("En frente del edificio [en Cozumel] hay una plataforma cementada, rota y levantada por los árboles, pero que aún conserva su forma; y sobre ésta se levantan dos pilares cuadrados, los cuales, supusimos en el acto, alguna vez sostuvieron las cruces, y pensamos de inmediato que uno de estos símbolos faltantes era lo que ahora se conoce como la 'Cruz de Cozumel', y que probablemente ésta hubiera sido trasladada de lugar por algún piadoso monje en el momento en que la iglesia se convirtió en una ruina y la isla se despobló. Yo no tengo ninguna duda del hecho; y lo considero importante, porque, a pesar de que las cruces pueden haber sido encontradas en Yucatán, la conexión de la 'Cruz de Cozumel' con la iglesia en ruinas de la isla invalida totalmente la prueba más fuerte que se ofrece hoy en día, de que la cruz nunca fue reconocida por los indios como un símbolo de adoración").

Claramente, la cruz que John Lloyd Stephens menciona en 1842 no era la misma que describe Cogolludo. Por un lado, está el sacerdote octogenario, quien dijo a Stephens que había desenterrado él mismo la cruz en Cozumel; si se resta la edad del sacerdote del año 1842 (el año en que Stephens habló con él), es obvio que no podía ser la misma cruz que estaba en el patio franciscano en la década de 1650, casi 190 años antes. Por otro lado, Cogolludo declaró que el Cristo de la cruz del patio estaba "sacado de medio relieve, en la misma piedra". Stephens, por el contrario, dice que el crucifijo de la iglesia de la

Mejorada "has extended on it in half relief an image of the Saviour, made of plaster, with the hands and feet nailed". ("y extendida sobre ella en medio relieve hay una imagen del Salvador, hecha de yeso, con las manos y los pies clavados").

En 1903, el director interino del Museo Yucateco de Mérida, Miguel Gamboa, emitió un informe en relación con recientes adquisiciones del museo, que incluía la "Cruz de Cozumel". En él, declara: "El eminente Dr. D. Justo Sierra, escribió las siguientes palabras en el año de 1845, en su periódico El Museo Yucateco, acerca de la cruz de Cozumel, que entonces se guardaba en la sacristía de la Iglesia de San Juan de esta capital: 'A nuestro amigo el padre Aranda, capellán de aquella Ermita, recomendamos el especial cuidado de conservarla, mientras que Dios mejora sus obras y se consigue la formación de un museo de antigüedades yucatecas, en que seguramente tendrá un lugar preferente esta celebre cruz de piedra'. Al colocar, pues, como últimamente hemos colocado, este celebre monumento histórico en nuestro Museo de antigüedades, dejamos cumplidos los deseos de aquel esclarecido yucateco".

Así pues, hay un documento en el que Miguel Gamboa, el director del Museo de Yucatán en Mérida, afirma que en 1903 este museo recién había adquirido la "Cruz de Cozumel" que una vez había estado en la iglesia de San Juan. Al parecer, el origen mencionado en el informe probaría que la cruz en el museo era la misma que había descrito Cogolludo en 1655, excepto que Cogolludo dice que el Cristo que había en ella estaba en bajo relieve en la misma piedra, y Stephens indica que el Cristo en la cruz que vio en la iglesia de la Mejorada estaba hecho de yeso. En algún momento, parece que fue introducida una cruz diferente.

Cinco años más tarde, en 1908, Channing Arnold visitó Mérida y dijo que vio la cruz llena de polvo en una exhibición en el museo de Mérida. En su libro de 1909, *The American Egypt, A record of travel in Yucatan*, escribe: "There is a Museum in Mérida, a poor affair and badly housed in three dark rooms; but there were several things we wanted to see specially, so we made our way thither after leaving the prison. With some difficulty (for our driver did not appear, with true Yucatecan stupidity, to know that his city contained such a very unnecessary adjunct) we ran the national treasure house to earth in a back street, where a small brass plate on a decayed-looking doorway announced itself as 'El Museo'. The director, a middle-aged Yucatecan, whose amiability was only equalled by his archaeological ignorance, was routed out of his hammock by his little ten year-old son who opened the door to us, and sleepily proceeded to do the honours of the place. It is a great pity that, with such limitless wealth and such boundless opportunities, Mérida has taken no pains to establish a Museum worthy of her position as the capital city of the Egypt of the New World. What we saw, if it had not been so sad, would have been really comic. Absolute confusion reigned. There was no catalogue, the smiling director forming a peripatetic one. Exhibits bore numbers which were thus meaningless to everyone but himself. It was Mexico Museum over again on a humbler scale. Wretched pieces of Spanish carved stonework from the interiors of churches or from the facades of seventeenth century houses, were jumbled up with really marvellous pieces of Indian workmanship, figures in bas-relief of gods and animals and warriors in feathered dress. But the good director had not been content with making a hotchpotch such as one sees in the shop of a dealer in marine stores and scrap-iron. He was guilty of archaeological crime, for on the top of a Spanish church pillar he had actually cemented a carved Indian head from one of the temples. In another corner a slab of stone, an eighteenth-century Spanish coat-of arms, had joined forces by means of cement with a wonderful Indian frieze. The result was ludicrous in the extreme: but when we expostulated with him, he smilingly explained that he had done it to 'prevent them from falling about'! There was, as far as quantity is concerned, an excellent display of Indian pottery, incense-burners, water-pots and domestic utensils, and small stone figures of gods. But these were all lying haphazard in a case with Spanish pottery and tile work. One of the most interesting exhibits from the archaeologist's point of view is the much disputed 'Cozumel Cross.' Found on the island of Cozumel in the seventeenth century, it was brought to Mérida and placed first in the patio of the Franciscan Convent, then in the Church of the Mejorada, whence it was removed to its present position. <u>It is a very ordinary stone cross, standing some three feet high with a two-foot cross-piece. On it, in half relief, is an image of the Saviour, made of plaster, coloured, with the hands and feet nailed</u>. Chiefly upon this relic has been based a ridiculous theory that at some remote date Christianity had been preached to the Indians and that the worship of the Cross was found to exist in Yucatan by the Spaniards". ("Hay un museo en Mérida, un pobre negocio mal instalado en tres cuartos oscuros; pero había varias cosas que queríamos ver especialmente, así que hicimos nuestro viaje hacia allí después de dejar la prisión. Con cierta dificultad (porque parece que nuestro conductor, con verdadera estupidez yucateca, no sabía que su ciudad contenía un anexo tan innecesario) nos encontramos con la casa del tesoro nacional, al fin, en una calle paralela, donde una pequeña placa de bronce en una puerta que lucía deteriorada, anunciaba 'El Museo'. El director, un yucateco de mediana edad, cuya amabilidad solo era igualada por su ignorancia arqueológica, fue sacado de su hamaca por su pequeño hijo de diez años que fue quien nos abrió la puerta, y somnoliento procedió a hacer los honores del lugar. Es una lástima que con tanta riqueza y tales oportunidades ilimitadas, Mérida no haya hecho ningún esfuerzo para establecer un museo digno de su posición como ciudad capital del Egipto del Nuevo Mundo. Lo que vimos, si no hubiera sido tan triste, habría sido muy gracioso. Reinaba una confusión absoluta. No había catálogo, el sonriente director sirvió como uno peripatético. Las exhibiciones llevaban números que carecían por lo tanto de cualquier sentido para todo el mundo menos para él. Era el Museo de México de nuevo, en una escala más humilde. Piezas españolas quebradas, talladas en piedra de los interiores de las iglesias o de las fachadas de casas del siglo XVII, estaban mezcladas con piezas realmente maravillosas hechas por los indios, figuras en bajorrelieve de dioses y animales y guerreros vestidos de plumas. Pero el buen director no solo se había contentado con hacer tal mezcolanza, como la que podría verse en una tienda de chatarra o con un proveedor de buques. Él era culpable de crimen arqueológico, porque en la parte superior de un pilar de una iglesia española estaba cimentada una cabeza de indio tallada de uno de los templos. En otra esquina una losa de piedra y un escudo de armas español del siglo XVIII, estaban unidos por medio de cemento con un maravilloso friso indígena. El resultado era ridículo en todos sus extremos: pero cuando protestamos, él, sonriendo, explicó que lo había hecho para 'evitar que se cayeran en pedazos' Había, en la medida en que se refiere a cantidad, una excelente muestra de cerámica india, incensarios, ollas de agua y utensilios domésticos, y pequeñas figuras de piedra de los dioses. Pero estos estaban todos puestos al azar en una vitrina con cerámica y azulejos españoles. Una de las más interesante obras expuestas desde el punto de vista del arqueólogo era la muy cuestionada 'Cruz de Cozumel'. Encontrada en la isla de Cozumel, en el siglo XVII, fue traída a Mérida y colocada primero en el patio del convento franciscano, luego en la iglesia de la Mejorada, de donde fue trasladada a su actual ubicación. <u>Es una cruz de piedra muy común, de cerca de tres pies de altura con una pieza transversal de dos pies. En ella, en medio relieve, está una imagen del Salvador, hecha de yeso, coloreada, con las manos y los pies clavados</u>. Sobre esta reliquia está basada una ridícula teoría de que en una fecha remota le había sido predicado a los indígenas el cristianismo y los españoles encontraron que la adoración a la Cruz ya existía en Yucatán".

La descripción de Channing Arnold de un Cristo de yeso coincide con la de Stephens, pero no con la de Cogolludo. Para hacer las cosas aún más confusas, la Sra. Carmen de Regil viuda de Molina, de la familia Regil de Mérida, ahora afirma poseer la cruz, que según ella fue removida oficialmente del museo de Mérida en 1915, pero las fotografías de la cruz que ella tiene no coinciden con las descripciones de Cogolludo, Stephens o Arnold. Aquí la historia se enturbia más. En su libro de 1991, *Historia de Cozumel*, los historiadores Michel Antochiw y Alfredo César Dachary declararon que habían sido informados de que la familia Regil había vendido la cruz a un coleccionista en Puebla, México. Sin embargo, Raúl Alcalá Erosa entrevistó a Carmen de Regil en el año 2000 y se le permitió fotografiar la cruz que la familia posee todavía. Alcalá incluye un breve resumen de las menciones históricas de la cruz, así como un par de fotografías de ella en su libro de 1998, *Historia y vestigios de la ciudadela de San Benito*.

La cruz de piedra que tiene la familia Regil no coincide con las descripciones hechas por Stephens y Arnold, ya que ambos dijeron que el Cristo estaba hecho de yeso, pero tampoco concuerda con la descripción de Cogolludo, que declaró que a la cruz le faltaba su parte inferior y que los remates eran dorados. Alcalá hace notar la similitud de la cruz de los Regil con un dibujo de un crucifijo de piedra identificado como la "Cruz de Cozumel" que apareció en la edición de la enciclopedia de 1888 *México a través de los siglos*, pero la ilustración tiene profundas diferencias con la fotografía de la cruz de los Regil y con las descripciones hechas por Cogolludo, Stephens y Arnold.

La Cruz de la familia Regil, fotografiada por Raúl Alcalá Erosa, que aparece en su libro de 1998, *Historia y vestigios de la ciudadela de San Benito*.

En su libro, que también versa sobre el convento de San Francisco, donde una vez residiera la "Cruz de Cozumel", Alcalá afirma que "casi al cierre de esta edición y luego de multiples pesquisas en varias localidades, he podido ubicar el paradero de la que considero que sea la legendaria Cruz de Cozumel, cuya fotografía me permitio incluir junto al dibujo que de la misma se presenta en su obra *México a traves de los siglos* (pág. 287) donde se hace una breve mención de su origen".

El dibujo que Alcalá incluye fue copiado de la ilustración que aparece en la edición de 1884 de la enciclopedia de Vicente Riva Palacio *México a traves de los siglos*. La ilustración de Riva Palacio no es más que un dibujo de un crucifijo con una corona separada, ambos diseñados para ser colgados o puestos en una pared y no para estar parados. Aunque el dibujo de la enciclopedia de 1884 está titulado la "Cruz de Cozumel", el corto texto sobre la cruz que está en la misma página de la ilustración de ninguna manera la identifica positivamente como tal. El dibujo utilizado por Riva Palacio para ilustrar la página es de un crucifijo en la pared, no de un crucifijo independiente que se sostiene por sí mismo. Aunque Alcalá afirma que el autor del dibujo fue Frederick Catherwood, no hay ninguna prueba de eso y el estilo en el que está dibujado es muy diferente a cualquier otro dibujo hecho por Catherwood.

A la izquierda: La presunta "Cruz de Cozumel" que aparece en *México a través de los siglos*. A la derecha: La versión de este dibujo que aparece en el libro de 1998, *Historia y vestigios de la ciudadela de San Benito*, de Raúl Alcalá Erosa.

Si bien la parte superior de la cruz de los Regil es similar al crucifijo de la pared de la enciclopedia de 1884 de Riva Palacio, la parte inferior de la cruz parada de los Regil es completamente diferente y su eje horizontal carece de las pequeñas bandas decorativas que se muestran en los brazos del crucifijo del dibujo. Hay otros aspectos de la cruz de la familia Regil que no coinciden con las descripciones históricas. En primer lugar, Stephens y Arnold afirmaron de manera clara que el Cristo en la cruz era de yeso; el Cristo en la fotografía de Alcalá, en cambio, es un bajo relieve tallado en la piedra de la cruz. En segundo lugar, está el hecho de que Cogolludo testificó que el padre Antonio Ramírez bañó de dorado las extremidades decorativas de la cruz antes de 1655 y no hay signos en la cruz de los Regil de ninguna aplicación de pintura de oro o de la capa inferior de estuco que primero se habría tenido que aplicar a la piedra para darle al dorado una superficie lisa sobre la cual pudiera adherirse. En tercer lugar, Channing Arnold declaró que la cruz que vio en Mérida en 1908 era de "three feet high with a two-foot cross-piece". ("tres pies de alto y con una pieza transversal de dos pies de largo"). La cruz de los Regil no tiene esas medidas. Hasta el año de 2015, la familia Regil aún se negaba a dar permiso al Instituto Nacional de Antropología e Historia para que uno de sus expertos inspeccionara la cruz con el fin de autenticarla.

Una reproducción reciente de la "Cruz de Cozumel" colocada encima de un monumento en El Cedral, Cozumel.

En el pueblo cozumeleño de El Cedral, el gobierno erigió un monumento con una placa y colocó encima una reproducción de la cruz, que es una copia del crucifijo de la familia Regil, hecha en un taller en Mérida en el año 2003 y donada a Cozumel por Raúl Alcalá Erosa ese mismo año.

La placa en el monumento también afirma, de manera errónea, que la iglesia del siglo XVI en Xamancab estaba situada en la parte superior de la colina donde en la actualidad se encuentra la torre de agua CAPA. Esta ubicación incorrecta se dio cuando el Cronista de la isla identificó equivocadamente los cimientos de un antiguo edificio en la cima de la colina en la Avenida 15 como las ruinas de la iglesia. Cabe aclarar que en cada ciudad mexicana, grande o mediana, existe un "Cronista de la ciudad", que es una persona que se encarga de compilar información, tradiciones, anécdotas y documentos que no necesariamente son históricos, pero que guardan la idiosincrasia de la ciudad en cuestión. Esto no quiere decir que el Cronista de la ciudad sea el historiador del lugar. La verdadera localización de la iglesia del siglo XVI era más de una milla hacia el norte, cerca de la 5ª Avenida y la Calle 12.

Casimiro Cárdenas y la Feria de Mayo de El Cedral

Por un largo tiempo, alrededor de cada primero de mayo, el pueblo de El Cedral en Cozumel ha celebrado la salvación milagrosa de Casimiro Cárdenas. La leyenda arraigada que da origen a la Feria de El Cedral es la afirmación hecha por la familia Cárdenas de que Casimiro salvó milagrosamente su vida durante una masacre en la iglesia de Saban, Yucatán, durante la Guerra de Castas. Según la historia, él estaba en la iglesia, con una multitud de otros residentes de Saban cuando los rebeldes mayas cruzoob atacaron el lugar. Todos en la iglesia fueron asesinados excepto él, porque se ocultó debajo de una pila de cadáveres y así evitó que detectasen que estaba vivo. Se dice que le atribuyó su buena fortuna al hecho de que estuviera aferrado a una pequeña cruz de madera; así que juró que si escapaba vivo de Saban, conmemoraría cada año su salvación con una novena en honor de la cruz. Y así, cuenta la leyenda, cuando Cárdenas se encontró seguro en Cozumel con el resto de los repobladores de 1848, se estableció en El Cedral y comenzó la tradición anual de celebrar una novena en honor a la cruz por su buena suerte. A veces, la historia incluso va más allá, al punto de pretender que Cárdenas fue el verdadero fundador de El Cedral.

Hoy en día, la festividad de mayo de El Cedral (ahora llamada Feria de El Cedral) incluye mucho más que la novena y una celebración religiosa el 3 de mayo; se han incorporado carreras de caballos, corridas de toros, bebida y baile. Una de las más emblemáticas danzas ejecutadas en la Feria de El Cedral es la llamada "Cabeza de cochino", una versión adulterada de la antigua ceremonia maya yucateca también conocida como Pool kekén, Okosta Pool, o K'u' Pool, en la cual la cabeza del cerdo es sustituida por una cabeza de venado sacrificado.

Una gran parte de las celebraciones en El Cedral ocurre en la fiesta católica del "hallazgo de la Santa Cruz" el 3 de mayo, uno de varios días que la Iglesia católica ha observado en recuerdo a la "cruz verdadera". En esa fecha se conmemora la compra que hizo Santa Elena (la madre de emperador Constantino) de lo que ella creía que era la "Cruz verdadera" en el año 355. Sin embargo, el Papa Juan XXIII eliminó este día de fiesta del calendario litúrgico de la Iglesia católica en 1960, con el fin de reducir el número de celebraciones importantes y centrar la devoción a la Santa Cruz en el 14 de septiembre. Esta abolición de la "Fiesta del hallazgo de la Santa Cruz" era algo que venía desde hacía mucho tiempo. En 1691, la Santa Inquisición expresaba ya su preocupación por esta celebración del 3 de mayo. La corte religiosa de México se quejó de que las festividades se llevaban a cabo en "lugares indecentes, y las celebraciones con la misa, sermones y procesiones se mezclaban con farsas, corridas de toros y mascaradas con el pretexto de honrar la cruz, lo que se traduce en un escándalo grave". Sin embargo, los mexicanos detestaban renunciar a la fiesta y los obispos mexicanos abogaron a favor de mantenerla y recibieron una excepción, por lo que ahora México es uno de los pocos países en el mundo donde los católicos todavía celebran el 3 de mayo como día festivo.

Todo esto lo convierte en una buena festividad, pero ¿cuáles son los hechos detrás de la conmemoración que instauró Casimiro Cárdenas?

En primer lugar, los registros muestran que Casimiro Cárdenas Sanguino nació en 1820 en Tizimín, unas 89 millas al norte de Saban. En los registros también se asienta que se casó con Vitoria Tapia Álvarez, de Tihosuco, a unas 20 millas al norte de Saban. No hay ningún tipo de registro sobreviviente que asocie a Cárdenas con Saban de ninguna manera.

En segundo lugar, en el *Padrón que comprende todos los hombres que forman el Pueblo de San Miguel en la Isla de Cozumel*, del 1º de enero del 1850, Casimiro Cárdenas aparece como residente masculino de veintiocho años de edad, de San Miguel. Los residentes de El Cedral y los ranchos periféricos no están incluidos en el censo. Sin embargo, algunas de estas personas que no residían en San Miguel aparecen en otras cartas y documentos tempranos, como Luis Luján, que es mencionado en una carta del alcalde José Francisco Rosel de 1850, como "dueño o personero del Rancho Santa María de esta jurisdicción, ubicado en esta misma isla a distancia de unas tres o cuatro leguas" y a su tío, Luis Borja. Rosel se quejaba en la carta al gobernador de que algunas personas, como Luján, se negaban a contribuir con mano de obra para trabajar en el pueblo de San Miguel, porque decían que vivían demasiado lejos.

En tercer lugar, el censo indica que Cárdenas era un trabajador de Tihosuco, presumiblemente porque es ahí donde vivía con su esposa cuando se mudaron a San Miguel. Aparece como un "hidalgo", que en esa época significaba un maya o mestizo que estaba al lado del Gobierno de Yucatán en la Guerra de Castas, y luchaba contra los rebeldes cruzoob. Vitoria, esposa de Cárdenas, también está incluida en el *Padrón que comprende todos las mugeres que forman el Pueblo de San Miguel en la Isla de Cozumel* como una molendera blanca de 20 años de edad, procedente de Tihosuco.

En cuarto lugar, aunque los registros muestran que Saban se rindió a los cruzoob a finales de 1847, no hay constancia de que hubiera ocurrido una masacre allí en ese momento. Más tarde, las fuerzas del Gobierno de Yucatán utilizaron la iglesia de Saban como un fuerte, del 17 de enero de 1848 hasta que abandonaron Saban a los cruzoob mayas en agosto de 1848. No hay registros de una masacre en Saban previa a la que ocurrió allí en 1853, tres años después de que Cárdenas y su esposa aparecieran como residentes de San Miguel de Cozumel.

La iglesia de El Cedral

El padre Cristóbal de Asencio se quedó en Cozumel durante seis meses en 1570. En su informe de la visita, Asencio menciona la condición de deterioro de las dos iglesias ramadas de Cozumel: "… y asi pase mis doctrinas y escuelas en cada pueblo, [San Miguel de Xamancab y Santa María de Oycib] reformandose las iglesias que estan como cosa de prestado". Esta es la primera mención de una iglesia en El Cedral. En su informe, el padre Asencio también incluyó un censo de todos los adultos que vivían en la costa occidental de Cozumel (los renegados mayas del interior y de la costa este de la isla no se contaron) y el total llegó a 159 en San Miguel y 202 en Santa María de Oycib (El Cedral).

La iglesia de hoy de El Cedral no se encuentra en el lugar donde se ubicaba la iglesia original del siglo XVI de Santa María de Oycib y tampoco donde estaba situada la segunda iglesia de El Cedral. La ubicación que tiene ahora, junto a la ruina maya conocida como "La cárcel", es posterior a 1885. En ese año, no había una iglesia al lado de esa ruina; en ese momento, la iglesia de El Cedral fue abandonada y destruida, y se encontraba "en el pueblo", mientras que la ruina maya estaba en las "afueras del pueblo", de acuerdo con informes de testigos presenciales.

En 1885, N. B. Miller viajó a El Cedral como fotógrafo de la expedición de la Comisión de Pesca de Estados Unidos que fue a Cozumel. En su informe de El Cedral, Miller dice: "Our appearance excited so much curiosity that the entire village turned out, so that I had a good view of them, I found their complexion to be that of a bright mulatto, very dark eyes, and with long, straight, coarse, black hair. The men had scanty black beards, and were in height about 5 feet 4 inches, with features blunt and short. I entered several of their houses, which were huts made of poles, with thatched roofs, the floors being made of cement, raised a foot or more above the ground, and kept very clean. In each case I found but one room in a hut where the entire family lived, cooked, and slept, their hammocks being tied up to the rafters during the day. But everything was very clean, all the women were dressed in loose, comfortable white gowns and the children the same — those that had anything on. Some were engaged in making cigars, some curing tobacco, and others making baskets. The occupation of the men at this time is that of wood-chopping, all being engaged in cutting cross-ties for railroad companies in Yucatan.

"Unlike the other villages of the island, the cattle here are not allowed to run at large about the houses, but are kept in big pens with high stone walls around them. I saw some old Indians that were unable to converse in Spanish, and who knew no language but the original Indian tongue. They all speak the Indian language somewhat. They have a small Catholic church in the village, but there having occurred several remarkable spiritualistic exhibitions among the inhabitants on the island, they have in consequence all turned spiritualists, and their church is neglected and about to fall down. Just on the edge of the village is an old ruin, which, these Indians say, was here at the time of the Spanish conquest, but they know nothing definite about it".

("Nuestro aspecto despertó tanta curiosidad que todo el pueblo apareció, así que pude verlos bien, me pareció que su complexión era como la de un mulato con tez blanca, con ojos muy oscuros, y con el pelo negro largo, recto y grueso. Los hombres tenían barbas negras escasas, y medían unos 5 pies 4 pulgadas, embotados y pequeños. Entré en varias de sus casas, que eran chozas hechas de palos, con techo de paja y piso de cemento, levantado un pie o más por encima del suelo, y se mantenían muy limpias. En cada caso encontré una sola habitación en cada choza, donde toda la familia vivía, cocinaba y dormía, sus hamacas estaban atadas a las vigas durante el día. Pero todo estaba muy limpio, todas las mujeres estaban vestidas con túnicas blancas cómodas y sueltas, y los niños igual –los que tenían algo puesto–. Algunas se dedicaban a hacer cigarros, otras curaban tabaco, y otras más fabricaban canastas. La ocupación de los hombres en este momento era cortar madera, todos se dedicaban a cortar durmientes para las compañías de ferrocarriles de Yucatán.

"A diferencia de los otros pueblos de la isla, el ganado aquí no anda libre alrededor de las casas, sino que se mantiene en grandes corrales con altos muros de piedra. Vi algunos viejos indígenas que eran incapaces de conversar en español, y que no conocían otro idioma más que su lengua indígena original. Todos hablan la lengua indígena de alguna manera. Tienen una pequeña iglesia católica en el pueblo, pero ha habido algunas notables exhibiciones espiritualistas entre los habitantes de la isla, y como consecuencia todos se han vuelto espiritistas y han descuidado su iglesia que está ya a punto de caerse. Justo en las orillas de la aldea hay una antigua ruina, la cual, dicen estos indios, estaba aquí en la época de la Conquista española, pero no saben nada definitivo al respecto").

Fotografía de Miller de El Cedral tomada en 1885 y convertida en un grabado, que apareció en la revista *Science Magazine* el 10 de abril 1885.

Más tarde, la gente del pueblo de El Cedral abandonó su religión "espiritualista", regresaron al catolicismo, y construyeron una iglesia de palos y techo de paja al lado de las ruinas mayas. En una fotografía de 1915 de la ruina de al lado de la iglesia de El Cedral, el laminado exterior de piedra y estuco de la ruina había sido removido, así como el dintel de piedra sobre la entrada. En algún momento después de 1885, la población de El Cedral los reutilizó como material de construcción. Luego se agregó una puerta de madera y la ruina se usó por un tiempo como cárcel. La ruina era un edificio típico maya de dos cuartos, con techos de bovedas maya. Tiene una puerta en la parte delantera y una puerta en el interior, en medio de la pared que da al cuarto del fondo.

La tercera "encarnación" de la iglesia de El Cedral como aparecía en 1915, cuando estaba situada al lado de la ruina maya conocida como "La cárcel".

La ruina maya de El Cedral como se veía en 1966.

En el año 2003, la ruina de al lado de la iglesia de El Cedral fue parcialmente restaurada. Las piedras enchapadas y el dintel, que se habían retirado entre 1885 y 1915 y se habían reutilizado como material de construcción, fueron reemplazados con piedras recién cortadas alrededor de la puerta y en la mitad inferior del edificio.

La ruina de El Cedral en 2003.

Sin embargo, los resultados de los esfuerzos para su reconstrucción dejaron a la ruina "para llorar" en comparación con el aspecto que tenía cuando fue fotografiada en 1885 por N. B. Miller, según se muestra a continuación:

La ruina de El Cedral en 1885, antes de retirar el enchapado.

Bibliografía seleccionada

Documentos previos a 1492

Códice de Dresde.

Códice de Madrid (*Códice Tro-Cortesianus*).

Pizzigano, Giovanni, *Portolano Pizzigano*, 1424.

Manuscritos y documentos impresos 1492-1600

Asencio, Fray Cristóbal de, *Informe sobre Cozumel*, 1570.

Benavente, Fray Toribio de (Motolinía), *Historia de los indios de la Nueva España*, 1541.

Capitulación otorgada por Don Fernando el Católico a Juan Díaz de Solís y Vicente Yáñez Pinzón en Burgos el 23 de Marzo de 1508.

Cerezada, Andrés de, *Carta de 14 agosto*, 1536.

Cervantes de Salazar, Francisco, *Crónica de la Nueva España*, 1558.

Colón, Bartolomé, *L'informatione di Bartolomeo Colombo della Navigazione di Ponente et Garbin di Beragna nel Mondo Novo*, 1503.

Colón, Fernando, *Historie del S. D. Fernando Colombo; Nelle quali s'ha particolare & vera relatione della vita & de' fatti dell' Ammiraglio D. Christoforo Colombo suo padre*, escrito entre 1537 y 1539, publicado en 1571.

Contreras Durán, Diego, *Relación de los pueblos de Nabalon y Tahcabo, y de la Isla de Coçumel*, 1579.

Cortés, Hernán, *Primera carta de relación*, 1519.

Cortés, Hernán, *Interrogatorio general presentado por Hernando Cortés para el examen de los testigos de su descargo*, 1534.

Díaz del Castillo, Bernal, *Historia verdadera de la Conquista de la Nueva España*, escrito antes de 1568, publicado en 1632.

Fernández de Oviedo y Valdés, Gonzalo, *Sumario de la Natural Historia de las Indias*, 1526.

Fernández de Oviedo y Valdés, Gonzalo, *Historia General y Natural de las Indias, islas tierra firme y mar océano*, parte 1 publicada en 1535, parte 2 en 1852.

Forli, Giovanni Ruffo de, *Carta a Francesco Chieregati, marzo 7*, 1520.

La merced de la isla de Cozumel al Almirante de Flandes por parte del rey don Carlos, marzo 28, 1518.

Landa, Fray Diego de, *Relación de las cosas de Yucatán* (un resumen parcial hecho en 1616 de la obra original que fue escrita alrededor de 1566 y ahora está perdida).

Las Casas, Fray Bartolomé de, *Apologética historia sumaria de las Indias Occidentales*, escrita durante el período entre 1527 y 1559.

Las Casas, Fray Bartolomé de, *Historia de la Indias*, escrita entre 1527 y 1561.

Las Casas, Fray Bartolomé de, *Extracto del diario de abordo*, escrito en la década de 1530.

López de Gomara, Francisco, *Primera y segunda parte de la historia general de las Indias con todo el descubrimiento, y cosas notables que han acaecido dende que se ganaron hasta el año de 1551, con la Conquista de México, y de la Nueva España*, (también conocida como *Historia general de las Indias y Conquista de México*), 1552.

Martire d'Anghiera, Pietro, *De Orbe Novo*, 1511.

Martire d'Anghiera, Pietro, *De Orbe Novo Decades cum Legatione Babylonica*, 1516.

Pané, Fray Ramón, *Relación acerca de las antigüedades de los indios*, 1498.

Proceso contra Pierre Sanfroy, Esteban Gilberto, Juan Luayzel, Jaques Montill, Glaudi Yubli, Guillermo de Ezila, Guillermo Conquerie, Marin Cornu, Issac de Rouet, Guillermo Cutiel y Guillermo Cocrel, 1572.

Ruysch, Johann, *Universalior ogniti orbis tabula ex recentibus confecta observationibus*, 1507.

Sahagún, Fray Bernardino de, *Historia general de las cosas de Nueva España*, escrito durante el período entre 1540 y 1585.

Santillán, Diego de, *Auto de don Diego de Santillán sobre iglesias en la isla de Cozumel*, 1573.

Tapia, Andrés de, *Relación de algunas cosas que acaecieron al muy ilustre señor Don Hernando Cortés, Marqués del Valle, desde que se determinó a ir a descubrir tierra en la tierra firme del mar Océano*, 1539.

Toral, Fray Francisco de, *Cartas al Rey, marzo 1, 1563 y marzo 3, 1564*.

Varthema, Ludovico de, *Itinerario de Ludovico de Varthema, Bolognese nello Egitto, nella Soria nella Arabia deserta y felice, nella Persia, nella la India & nella Ethyopia*, 1522.

Waldseemüller, Martin, *Cosmographiæ*, 1507.

Manuscritos y documentos de 1601 a 1700

López de Cogolludo, Diego, *Historia de Yucatán*, escrita alrededor del año 1655 y publicada en 1688.

Herrera y Tordesillas, Antonio de, *Descripción de las Indias Occidentales*, 1601.

Herrera y Tordesillas, Antonio de, *Historia General de los hechos de los Castellanos en las islas y tierra firme del Mar Oceano*, 1601-1615.

Lizana, Fray Bernardo de, *Historia de Yucatán: devocionario de Ntra. Sra. de Izamal y conquista espiritual*, 1633.

Osborne, Philip, *Depositions concerning cutting logwood October 29th to 3rd November 1672*.

Paxbolón, Pablo, *Probanza de Pablo Paxbolón*, 1610-1612.

Sánchez de Aguilar, decano Pedro, *Informe contra idolorum cultores del obispado de Yucatán*, 1613.

Solís y Ribadeneyra, Antonio de, *Historia de la conquista de México, población y progresos de la América Septentrional, conocida por el nombre de Nueva España*, 1684.

Manuscritos y documentos de 1701 a 1800

Canul, Joan (atribuido a), *Ritual de los Bacabes*, posterior a 1779.

Descripción y noticias del río Balis, río Nuevo, Isla Cozumel, la de Mujeres, Conttoy y Blanquitta, 1751.

Hoil, Juan Josef, *Chilam Balam de Chumayel*, 1782.

Ximénez, Francisco, *Popol Vuh*, 1701.

Documentos y libros de 1801 a 1930

Adams, Ephraim Douglass, *Correspondence from the British Archives concerning Texas*, 1837-1846.

Ancona, Eligio, *Historia de Yucatán, Desde la época más remota hasta nuestros días*, 1878.

Archivo do Conselho Nobiliarchico de Portugal, *Terra dos Corte Reais*, 1928.

Baqueiro Prevé, Serapio, *Ensayo histórico sobre las revoluciones en Yucatán*, 1878.

Bell, James, *A System of Geography, Popular and Scientific*, 1831.

British Archives, *Correspondence concerning Texas, 1837-1846*, 1913.

Calzadilla, José María de, *et ál, Apuntaciones para la estadística de la provincia de Yucatán que formaron de orden superior en 20 marzo de 1814*, 1871.

Canto, Eugenio do, *Carta d'Alberto Cantino, de 1501 ao duque de Ferrara*, 1909.

Carillo y Ancona, Crescencio, *Historia Antigua de Yucatán*, 1880-1882.

Case, Henry A., *Views on and of Yucatan: besides notes upon parts of the state of Campeche and the territory of Quintana Roo*, 1910.

Conder, Josiah, *The Modern Traveller*, 1830.

Correspondencia de la delegación mexicana en Washington durante la intervención extranjera, 1860-1868, 1870-1892.

Dunne, B.B., *Two Santa Feans Visit Bad Men on Cozumel Isle*, 1913.

Dunne, B.B., *Grave Danger in Visiting Isle of Cozumel*, 1913.

Dunne, B.B., *May Have Died on Visit to Cozumel Island*, 1913.

Gamboa, Miguel, *Informe que el C. Presidente de la H. Comisión de Instrucción Pública presenta al Ejecutivo local, acerca del estado que guarda dicha instrucción en todos sus ramos el año escolar 1902-1903*, 1903.

Gann, Thomas, *In an Unknown Land*, 1924.

García Icazbalceta, Joaquín, *Colección de documentos inéditos para la historia de México*, 1858-1866.

Goodrich, Claude L., *Cozumel Island: The New Tropical Paradise: Its History, Government, Character, Resources, Climate, Location, Soil, Products, Inhabitants, Etc., With The Inducements Offered Immigrants To Go There; Free Lands, Perfect Healthfulness And Beauty Of Climate, Splendid Chance For Homes And Fortunes.* 1874.

Holmes, William, *Archaeological Studies among the Ancient Cities of México*, 1895-1897.

Honduras Almanac, *Vessels employed in the Drogging and Coastal Trade*, 1829.

Humboldt, Alexander von, *Essai politique sur le royaume de la Nouvelle Espagne*, 1808.

Irish Monthly, *Nuns in Honduras*, 1883.

Kennedy, James, *Essays Etnological and Linguistic*, 1861.

LePlongeon, Alice, *Notes on Yucatan*, 1879.

LePlongeon, Alice, *Here and there in Yucatan*, 1889.

LePlongeon, Alice, *Beautiful Cozumel*, 1898.

Leslie, Frank, *Cozumel*, 1885.

Lothrop, Samuel K. *Tulum*, 1924.

MacNutt, Francis Augustus, *Fernando Cortés and the Conquest of México*, 1909.

Mason, Gregory, *Silver Cities of Yucatán*, 1927.

Mason, Gregory, *Motor Boating Magazine: Caribbean Blue*, 1929.

Medina, José Toribio, *Juan Díaz de Solís, Estudio Histórico*, 1897.

Molas, Miguel, *Derrotero de la Península de Yucatán desde todas las costas e islas, bajos, puertos, y arrecifes, trabajado por la práctica, experiencia y cumplido conocimiento de Don Miguel Molas, en el año 1817*, 1817.

Molina Solís, Juan Francisco, *Historia del descubrimiento y conquista de Yucatán con una reseña de la historia antigua de esta península*, 1896.

Morley, Sylvanus G., *Detailed report of a Coast Reconnaissance of the Peninsula of Yucatán*, 1918.

Morning Star & Catholic Register, *Oldest Church in America*, 1874.

Peraza, Martín Francisco, *Registro Yucateco: La Isla de Cozumel*, 1846.

Riva Palacio, Vicente, *México a través de los siglos*, 1884.

Science, Vol. 5, No. 114, "The Island of Cozumel", 1885.

Sierra O'Reilly, Justo, *El Museo Yucateco; La Cruz de Cozumel*, 1841.

Stephens, John Lloyd, *Incidents of Travel in Yucatán*, 1843.

Texas Government Archives, *Report of Henry L. Thompson, August 29, 1837*, 1837.

Texas Government Archives, *Texas Navy actions off Yucatán 1843*.

Texas Navy Resources, *Report of the Brutus's 1837 trip to Cozumel*.

Texas Navy Resources, *Log of the Schooner of War, Brutus*, 1837.

Topete, Juan Bautista, *Informe del viaje de la goleta Cristina a la Isla de Cozumel*, 1848.

Toribio Medina, José, *Historia del tribunal del Santo Oficio de la Inquisición en México*, 1903.

Torres, José Joaquín de, *Registro Yucateco: Más sobre Cozumel*, 1846.

US Executive Documents, Volume 508, 1848.

Vignaud, Henry, *The Letter and Chart of Toscanelli on the Route to the Indies by Way of the West, Sent in 1474 to the Portuguese Fernam Martins, and Later on to Christopher Columbus*, 1902.

Ward, Fannie B., *Cozumel*, 1888.

William, Prince, *Between Two Continents: Notes from a Journey in Central America*, 1922.

Libros y artículos de 1931 a 2015

Aguirre Rosas, Mario, *Gonzalo de Guerrero: Padre del mestizaje iberoamericano*, 1975.

Alcalá Erosa, Raúl, *Historia y vestigios de la ciudadela de San Benito*, 1998.

Alcalá Erosa, Raúl, *Origen y recorrido de la cruz pétrea de Cozumel*, 2003.

Andrews, Anthony P., *Rural Chapels and Churches of Early Colonial Yucatán and Belize*, 1991.

Andrews, Anthony P., *Maya Salt Production and Trade*, 1984.

Antochiw, Michel & Alfredo A. C. Dachary, *Historia de Cozumel*, 1991.

Antochiw, Michel, *Cozumel: Padrones y poblamiento*, 1998.

Aoyama, Kazuo, *Classic Maya lithic artifacts from the Main Plaza of Aguateca, Guatemala*, 2006.

Association internationale d'études du Sud-Est européen, *Actes du premier Congrès international des études balkaniques et sud-est européenes, Volume 4 , George Fisher*, 1969

Baedeker's Mexico, *Cozumel*, 1994.

Bagrow, Leo, *Imago Mundi*, 1964.

Bercht, Fatima, *Taino: Pre-Columbian Art and Culture from the Caribbean*, 1997.

Braham, Persephone, *El feliz cautiverio de Gonzalo Guerrero*, 2006.

Campos Jara, Salvador, *Gonzalo Guerrero, anotaciones entre la historia y el mito*, 1995.

Chamberlain, Robert S., *The Conquest and Colonization of Yucatán, 1517–1550*, 1948.

Clark, Alan, *Guerrero & Heart's Blood*, 1990

Coe, William R., *Environmental Limitation on Maya Culture*, 1957.

Cortesão, Armando, *Pizzigano's Chart of 1424*, 1970.

Escalona Ramos, Alberto, *Algunas Ruinas Prehispánicas en Quintana Roo, México*, 1946.

Feliciano Ramos, Héctor R., *El contrabando inglés en el Caribe y Golfo de México 1748-1778*, 1990.

Fernández, Miguel Ángel, "Exploraciones Arqueológicas en la Isla Cozumel, Quintana Roo, 1938", en *Anales del Museo Nacional de México*, núm. 1, 1945.

Florida State University Institute for Social Research, *Slavic Papers: George Fisher*, 1967.

Graham, Elizabeth, *Archaeology in Cuba*, 2002.

Hajovsky, Ric, *The Lost Kivas of San Lazaro*, 2010.

Harlow, George E. et ál, *Pre-Columbian Jadeite Axes from Antigua*, 2006.

Kerchache, Jacques, *L'Art Taino: Chefs-d'Oeuvre des Grandes Antilles Precolombiennes*, 1994.

Kerr, Justin, *The Maya Vase Book: A Corpus of Rollout Photographs of Maya Vases*, 2000.

La Península de Yucatán en el Archivo General de la Nación, 1998.

Lincoln, Abraham, *Speeches and Writings*, 2001.

Lindbergh, Charles, *Log of the Spirit of St. Louis*, 1953.

Lindbergh, Charles, *The Spirit of St. Louis*, 1953.

Loriaux, F., *Les Belges et le Mexique: dix contributions à l'histoire des relations Belgique-Mexique*, 1993.

Mason, Gregory, *South of Yesterday*, 1940.

Miller, Arthur G., *On the edge of the Sea; Mural paintings at Tancah-Tulum*, 1982.

Morley, Sylvanus G., *The Ancient Maya*, 1946.

Mueller, Roseanna, *From Cult to Comics: The Representation of Gonzalo Guerrero as a Cultural Hero in Mexican Popular Culture*, 2001.

Nusbaum, Rosemary, *Tierra Dulce: Reminiscences from the Jesse Nusbaum Papers*, 1980.

Patel, Shankari, *Religious resistance and persistence on Cozumel Island*, 2009.

Pellicer, Rosa, *El cautivo cautivado: Gonzalo Guerrero en la novela mexicana del Siglo XX*, 2007.

Prem, H. J., *The Canek Manuscript and Other Faked Documents*, 1999.

Rathje, William y Jeremy Sabloff, *Cozumel, Late Maya Settlement Patterns*, 1984.

Revelli, Paolo, *Un Cartografo genovese amico a Cristoforo Colombo: Nicolò Caveri*, 1948.

Richards, H. G. *Land and freshwater mollusks from the island of Cozumel*, 1937.

Romero, Rolando J., *Texts, pre-texts, con-texts: Gonzalo Guerrero in the Chronicles of Indies*, 1992.

Roys, Ralph L., *Political Geography of the Yucatán Maya*, 1957.

Roys, Ralph L. et ál, *Report and Census of the Indians of Cozumel, 1570*, 1940.

Rubio Mañé, J. Ignacio, ed. *Archivo de la historia de Yucatán, Campeche y Tabasco*, 1942.

Sabloff, Jeremy A. y E. Wyllis Andrews (eds.), *Late Lowland Maya Civilization: Classic to Postclassic*, 1986.

Sabloff, Jeremy & William L. Rathje, *Changing Pre-Columbian Commercial Systems*, 1975.

Sainsbury, William Noel, *Calender of State Papers: Colonial series, Great Britain, Public Record Office*, 1964.

Santiago, Juan-Navarro y Theodore Robert Young, *A Twice-Told Tale: Reinventing the Encounter in Iberian/Iberian American Literature and Film*, 2001.

Schávelzon, Daniel, "El Caracol de Cozumel" en *Cuadernos de arquitectura mesoamericana*, vol. 5, 1985.

Scholes, France V. y Eleanor Adams, *Don Diego Quijada, alcalde mayor de Yucatán, 1561-1565*, 1938.

Scholes, France V. y Carlos Menéndez, *Documentos para la historia de Yucatán*, 1936.

Solís Robleda, Gabriel & Pedro Bracamonte y Sosa, *Historias de la conquista del Mayab, 1511-1697 de Fray Joseph de San Buenaventura*, 1994.

Sons of Dewitt Colony Texas, *Coahuila y Texas-Index; Archival Correspondence: George Fisher*, 1997.

Thompson, J. Eric S., *The Moon Goddess in Middle America*, 1939.

Thompson, J. Eric S., *Maya History and Religion*, 1970.

Vivas Valdes, Veudi, *Cozumel: Raíces genealógicas*, 2015.

Wagner, Henry Raup, *The Discovery of New Spain in 1518*, 1942.

Whitley, David R., *Sally's Rockshelter*, 1999.

Diccionarios maya-español

Ciudad Real, Fray Antonio de, *Calepino de Motul*, 1570.

Coronel, Juan, *Arte en lengua de Maya recopilado y enmendado*, 1620.

Morán, Fray Francisco, *Arte y vocabulario en lengua cholti*, 1695.

Pérez Bermón, Juan Pío, *Diccionario de la lengua Maya*, 1866-1877.

Archivos del Gobierno

Archivo General de Indias (España).

Archivo General de la Nación (México).

National Archives of Belize (Belice).

National Archives (Gran Bretaña).

National Archives (Estados Unidos).

New Mexico Palace of the Governors Photo Archives, *Nusbaum Collection; Cozumel*, 1913.

Registro Civil (Cozumel).

Texas Government Archives (Texas).

Books by Ric Hajovsky available from Amazon.com and other retail outlets:

The Bizarre Events, Odd Theories, and Offbeat Characters of Tulum: Everything you need to know before you go to the ruins

Guide to the Mayan Ruins of San Gervasio, Cozumel, México

The Secrets of Xcaret: The surprising history that lies buried under this world famous Mexican theme Park

Cozumel Survival Manual

The Lost Kivas of San Lazaro: The discovery and excavation of two underground ceremonial chambers in the Tano Indian ruin of San Lazaro in the Galisteo Basin of New Mexico

The Adventures of Trader Ric: In Kuna Yala, San Blas Islands, Panama

The Adventures of Trader Ric: On the trail of Cristóbal Colón

The Adventures of Trader Ric: Towards the headwaters of the Tapanahonie River, Suriname

The Adventures of Trader Ric: In the Darién Gap, Panama

Spain: Hidden Secrets and Dirty Tricks; how to travel in Spain in high style, but at a budget price

The History of Horseshoes

December 21, 2012: Everything you should know to understand what all the fuss is about

–vale–

www.ingramcontent.com/pod-product-compliance
Lightning Source LLC
Chambersburg PA
CBHW050850160426
43194CB00011B/2099